U0856964

政治哲学论丛 ● 总主编 段忠桥

第 1 辑

何为政治哲学

What is Political Philosophy

段忠桥 主编

中国社会科学出版社

图书在版编目(CIP)数据

政治哲学论丛.2017.第1辑：何为政治哲学/段忠桥主编.—北京：中国社会科学出版社，2018.2

ISBN 978-7-5203-1793-1

Ⅰ.①政… Ⅱ.①段… Ⅲ.①政治哲学—文集 Ⅳ.①D0-53

中国版本图书馆CIP数据核字（2017）第324783号

出 版 人 赵剑英
责任编辑 杨晓芳
责任校对 卫建红
责任印制 王 超

出 版 中国社会科学出版社
社 址 北京鼓楼西大街甲158号
邮 编 100720
网 址 http://www.csspw.cn
发 行 部 010-84083685
门 市 部 010-84029450
经 销 新华书店及其他书店

印 刷 北京君升印刷有限公司
装 订 廊坊市广阳区广增装订厂
版 次 2018年2月第1版
印 次 2018年2月第1次印刷

开 本 710×1000 1/16
印 张 20.25
插 页 2
字 数 338千字
定 价 85.00元

总　序

自20世纪90年代以来，政治哲学在我国悄然兴起，并在短短的十几年里成为一门“显学”。在我国现行的学科门类中政治哲学虽然尚无一席之地，但实际上很多著名大学的哲学院、政治学院、法学院、公共管理学院都早已开设了多门与政治哲学相关的课程，中国人民大学哲学院自2013年起已开始招生政治哲学专业的博士生研究生。人们只要以“政治哲学”为主题词到“中国知网”或中国国家图书馆“文津搜索”检索，那就不难发现，无论是相关的丛书还是专著，无论是发表在刊物的论文还是硕士生和博士生的论文，其数量之大和增长速度之快都令人难以想象。

与政治哲学的发展不相适应的是，由于相关的学术论文都发表于不同时期的不同的杂志，而目前国内尚无一本汇集它们的专业期刊，这种情况使得学者们在进行研究时经常遇到查找资料的困难。为此，我们认为有必要编辑出版一套既能展现我国学者在政治哲学研究上已取得的成果，又能反映他们关注的重大问题的《政治哲学论丛》，这一想法得到了中国社会科学出版社领导的高度认可和大力支持。

本丛书是一套系列丛书，由若干分册构成。每一分册聚焦于一个重大问题，由一位学者从国内各学术刊物已发表的论文选编而成，并附有一个简要介绍各篇论文内容的“导读”。我们计划通过各分册的陆续出版，将更多的研究成果汇入丛书，以成大观。

希望这套《政治哲学论丛》能为我国政治哲学的发展做出独特的贡献。

段忠桥

目　录

导　读

政治哲学虽然早在20世纪80年末就引起我国学者的关注，并很快成为一门显学，但对何为政治哲学人们却从一开始就存在种种不同的理解，而且至今尚未形成统一的认识。导致这种情况的原因主要有两个，一是人们的理解深受当代西方学者对政治哲学的不同界定的影响，二是人们对在当前中国建构什么样的政治哲学有不同的追求。为了充分展示我国学者对何为政治哲学的探索过程和研究成果，本册论丛选录了在国内期刊先后发表的22篇有代表性的论文。现依照它们发表的时间顺序对其各自的内容做一简要介绍。

万斌发表在《政治学研究》1987年第3期的《略论政治哲学》是国内学者较早探讨“何为政治哲学”的论文。他在这篇论文中对政治哲学的对象、内容、内在规律给出了简要的规定。在他看来，政治哲学是广义政治理论的分支学科，居于政治理论体系的最高层次。广义政治理论，是以政治和一切政治现象、政治关系为研究对象的科学体系。依据认识主体的需要和主体认识所涉及的政治现象的性质、层次和范围，广义政治理论大致可划分为四个依次递进的层次：通俗政治学、应用政治学、理论政治学和哲学政治学。理论政治学和哲学政治学，都是具有整体性、全局性的高层次的政治理论，都是企图由具体的政治认识升华到对政治一般的总体把握，建构起一般的、整体的政治学体系和法则，因而往往被合称为政治哲学。政治哲学的基本宗旨，是从政治的普遍性来界说政治，探寻政治的起源、本质及其发展的一般规律，并以社会历史进步的一般法则作为政治评价的价值准则。

俞可平的《当代西方政治哲学流派评析》发表在《安徽大学学报》（哲学社会科学版）1992年第3期。他在这篇论文中指出，在当今西方，政治哲学流派众多，其中影响较大的有政治多元主义、政治精英主义、新保守主义和新马克思主义。政治多元主义作为一种政治哲学，它的最基本的含义是指国家内部权力中心的多元化。精英主义认为，人民群众当家做主或主权在民的民主政治从来就是一个虚构的神话，绝大多数群众始终受极少数统治者的统治。新保守主义理论家推崇自由，但却竭力反对平等，认为维持自由是国家的目的，但维持平等却绝不应当成为国家的目的。新马克思主义的政治哲学，既不同于正统马克思主义的政治哲学，也不同于一般的资产阶级政治哲学，它的基本特征是试图根据当代发达资本主义国家的政治现实来阐释马克思和恩格斯的某些论断，或者对马克思和恩格斯的某些论断加以自己的理解，然后反过来又用这种修改过的理论来分析和批判当代资本主义国家的政治现实。

应奇的《当代政治哲学的三足鼎立》发表在《国外社会科学》1999年第3期。应奇认为，从20世纪80年代初到90年代，在当代社会政治哲学中形成了新自由主义、社群主义和批判理论三足鼎立的态势。自由主义的影响主要体现在新自由主义内部即以罗尔斯为代表的左翼自由主义和以诺齐克为代表的右翼自由主义的争论，这一争论的实质在于后者认为洛克式的权利是基本的约束，而前者则否定这一结论。社群主义的影响主要体现在桑德尔等人对罗尔斯的新自由主义的批判。在桑德尔看来，罗尔斯的新自由主义的根本特征仍然是承诺自我是拥有独立特性的个体，其特性可以与所有社会价值和目标区分开来。批判理论的影响则体现在哈贝马斯与罗尔斯的“对话”，可以把他们二者的理论视为对当代社会的合理的多元分化和人们在基本的宗教、道德和哲学真理方面的深刻分歧的两种不同的反应方式。

韩冬雪的《政治哲学论纲》发表在《政治学研究》2000年第4期。韩东雪认为，政治哲学是探讨人类社会政治现象起源、反思既存政治关系和为政治发展提供价值指向的理论体系。西方传统政治哲学奠定了政治与道德一体、人类通过政治实践获得德行生活的基调。近代西方政治哲学以抽象人性论和机械唯物主义为基础，强调个人的价值和人的感性生活的至上性，因而完成了政治的世俗化进程。马克思主义政治哲学以辩证唯物主义为中介，通过对人的劳动实践的分析，提出了人类发展的最终目标是人类物质与精神自由的全面发展，国家必须以真实的自由和全面的平等为基本理念，通过倡导积极的公共生活而实现人的道德提升和精神自由的历史性命题。

任剑涛的《政治哲学的问题架构与思想资源》发表在《江海学刊》

2003 年第 2 期。任江涛认为，在一切制度都无法直接提供什么是最美好生活的答案的情形下，为宪政寻求价值支持与提供合理证明，就是现代政治哲学所要做的最为重要的工作，因为它最能够提供追问何谓美好生活的社会政治支持条件。政治哲学提供的价值研究成果，是最深层次的价值追问结果。这同政治学某一方面的研究对于价值问题的追问，自然不在同一个层次上。一般的政治问题议论，与时代相伴随的特点相当之强，而政治哲学的价值追问则具有超越时代的普遍意义。政治哲学的研究，事实上是围绕政治价值观问题展开的。假如说政治科学在处理政治现象的分析时具有某种技术性的一致性的话，政治哲学就从来未曾在一致性上有什么成就。或许正是这种不一致性，使得政治哲学具有了它的理论活力。

万俊人的《关于政治哲学几个基本问题研究论纲》发表在《天津社会科学》2004 年第 2 期。万俊人认为，按照苏格拉底、柏拉图和亚里士多德的经典诠释，政治哲学是政治学的理论基础，它是一门关乎公民国家社会治理的正当合法性根据或基本政治原理（原则）的智慧之学。在经济全球化趋势空前加剧的当代世界，政治哲学的理论视野还应当扩及国际政治和“世界公民”的领域，为建立国际政治的基本正义秩序提供普遍合理的政治原理和理据。政治哲学的基本问题关乎公民社会和国家政府两大领域，公民权利与国家权力实乃政治哲学的关键概念。由权利与权力这一对核心概念所引发出来的基本政治哲学问题至少包括：（1）政治的基本理念和基本原则；（2）政治原则与政治制度；（3）权利与权力的基本结构和互动关系；（4）法治的实践和程序；（5）公民义务与政治家的职责或责任；（6）国家意识形态与社会政治理想；等等。

顾肃的《试论当代政治哲学的学理基础》发表在《复旦学报》（社会科学版）2004 年第 5 期。顾肃认为，从字面上看，政治哲学是政治学与哲学的交叉学科，但有其特定的理论诉求和学科特征。政治哲学与政治学有共通之处，即皆以社会政治为其研究对象，但两者的侧重点不同。政治哲学更偏重于作为人文学科的哲学，即理论化的、哲学化的思想探索和论证，尤其是自罗尔斯以来，政治哲学的规范性价值的特征很明显。对诸如权力、权威、国家、主权、法律、正义、平等、权利、财产权、自由、民主、公共利益这些最基本的政治概念，政治哲学均需要进行基本的概念分析和理论推导，并表明自身的基本理论倾向。当代主流政治哲学的理论和方法论基础是与非理性主义相对立的广义的理性主义，它反对盲从和非逻辑思维，认为经验观察、理性思维、逻辑自洽和推理是伦理、社会和政治原则得以成立和可靠性的基础和标准。

陈晏清、王新生的《政治哲学的当代复兴及其意义》发表在《哲学研究》2005 年第 6 期。他们认为，肇始自苏格拉底的政治哲学是哲学的一个特殊分支。政治哲学不仅追求知识而且追求德行，不仅追求德行而且追问德行与知识之间的关系，因此，它是一种关于人类应当怎样生活的智慧。它的目标是对政治事物进行善恶之别、好坏之分的价值判断，对政治事物的内在本性进行形而上的反思。20 世纪后半期以来，政治哲学问题的讨论正日益成为哲学研究的一个重要领域，成为当代哲学一个新的栖居地。无论是施特劳斯对古典政治哲学问题的沉思所引发的争论，还是罗尔斯对正义问题的辨析所导致的政治学研究的革命性转向，或是社群主义与自由主义的对峙所引发的重新审视伦理学的基本问题的兴趣，都超越了以经验理性为基础的“精确的政治科学”的范畴，形成一种以考察政治事物的本性与政治事物的应然目的为内容的研究领域和致思进路。这种正在复兴的政治哲学因其不同于第一哲学和其他领域哲学的问题域，而成为一个特殊的哲学领域，也因其研究问题的方式区别于科学主义的知识原则，而成为一种研究政治问题的独特思路。

侯才的《政治哲学：政治的理性和良心——兼评施特劳斯的“政治哲学”概念》发表在《哲学动态》2005 年第 6 期。侯才认为，用哲学的方式处理政治问题与用政治的方式处理哲学问题是相互依赖、互为条件的：一方面，哲学需要通过政治的中介成就其反思性，需要政治为自己提供政治上的支持和辩护；另一方面，政治也需要哲学探究共同体的基础、共同体成员的权利和义务、共同体之间的关系等诸多问题，提供有关完善的政治秩序、美好的生活、公正的治理指南，以及关于“正当性”的答案。因此，用哲学的方式处理政治问题与用政治的方式处理哲学问题这两者不过是政治哲学中内在的、既相互联结又有机统一的两个方面，它们共同构成了政治哲学的完整内涵，都是政治哲学的题中应有之义。从学科定位来说，如果单纯基于政治的立场，政治哲学有理由被视为政治理论的一部分，例如被视为政治学的分支学科。如果单纯基于哲学的立场，政治哲学则无疑是哲学的分支学科，属于哲学的一个内在组成部分。但是如果把政治哲学与政治、哲学三者放在一起来综合考察，那么，政治哲学则成为政治与哲学的中介。

王岩的《政治哲学论纲》发表在《哲学研究》2006 年第 1 期。王岩认为，政治哲学是哲学与政治学相互渗透所产生的交叉学科，它既是哲学在政治领域的应用与发展，又是政治理论在哲学高度的抽象和概括；政治哲学是政治思想的一个重要组成部分和研究范畴，并且是政治思想的最高层次；建立在价值与事实相对分离的基础上，政治哲学是以哲学方法论为指导，以政治价值为内容，对政治生活进行价值评价的学科体系。政治哲学的基本的学理范畴应该体现为与“实然性”命题相区别的“应然性”命题，体现为形而上的学理透析，其价值诉求在于“真理性”，有别于“实然性”所追求的“事实性”；其基本的研究框架体现为对作为政治社会本质的最高层面的价值判断和意义的研究，体现为对现实政治社会正当性的理性批判与价值建构，并由此显现政治哲学与其他相关学科的区别。

刘擎的《汉语学术界政治哲学的兴起》发表在《浙江学刊》2008 年第 2 期。刘擎指出，政治哲学在汉语学术界的兴起首先是因为政治哲学的理路强调对根本价值问题（“应然性”层面）的研究，这对于经历各种“批判理论”洗礼的中国学术界来说具有相当的吸引力；其次是因为政治哲学关乎政治安排的基础性原理，它超越现实又具有强烈的现实关怀，这契合了中国儒生的传统；最后是因为政治哲学也是对“应当如何生活”的哲学追问，在“人文精神失落”、知识分子边缘化的时代，政治哲学为学人探索“安身立命之道”提供了某种方式。近十年以来政治哲学研究的中心论题有三个，一是“以罗尔斯为中心的对当代自由主义的讨论”，二是“以施特劳斯为中心的对古典政治哲学的讨论”，三是“以共和主义为中心的讨论”。未来中国政治哲学发展的一个重要方向，是寻找“适当的”（有别于西方的）独特方式，来阐释中国古典传统中的政治哲学思想，并介入与西方论述的比较与对话。另一个重要方向，是在对西方政治哲学的引介和研究逐步深化之后，各种流派（例如欧陆传统与英美传统）的政治哲学论述完全可能在竞争互补的格局中形成新的综合视野。

韩水法的《什么是政治哲学》发表在《中共中央党校学报》2009 年第 1 期。韩水法认为，政治哲学的中心关切乃是构造和确证人的基本社会行为的规范，而后者也就是社会基本善品分配的根本原则，即正义原则。政治哲学的中心关切与任务就是为社会善品的分配提供原则，作为原则根据的观念，以及对上述两项的确证，即正当性证明。政治学是对人的行为从权力关系或善品分配角度所作的实证研究或考察，而政治哲学探讨人的社会行为的基本规范，并且旨在营造和确证某种被认为是正当的规范。前者重在分析和考察人的政治行为是如何的，后者重在关切人的政治行为的规范应当是如何的。政治哲学作为一门旨在营造和确证正义规范的学科，它面临特殊的理论的和实践的困难：它构造和提出一套正义规范或原则，但后者又必须得到社会成员或曰现实的人的实际接受才能够成为现实有效的东西。现代政治哲学一方面必须清楚地意识到其所营造的规范的应当的性质；另一方面又要着力建立这些规范或原则与实证现象之间的复杂却又必不可少的关联，并且尤其重要的是，那些被营造起来的规范总是被期望落实为现实的行为。

吴根友的《政治哲学新论》发表在《江西社会科学》2009 年第 11 期。吴根友提出，政治哲学是对政治权力的来源及其行使的正当性，以及理想社会模式等问题从根本处进行思考的一门学问。它涉及的对象包括国家的起源与组成原则、个人与国家的关系、理想的国家制度及制度的根基等问题，但核心问题是关于权力与理想社会的理性思考。就政治哲学发展的思想历史来看，人类大体上经历过神权政治、君权政治与民权政治的历史时期。如何在综合中国传统政治哲学、西方近现代政治哲学和马克思主义政治哲学三大思想的基础上，逐步形成社会主义现代中国的政治哲学的思想体系与新的传统，对于当代中国政治哲学研究学人来说，将是一件非常有意义而且是充满着挑战的理论工作。

郭齐勇的《再论儒家的政治哲学及其正义论》发表在《孔子研究》2010 年第 6 期。郭齐勇认为，从亚里士多德的两种平等观、罗尔斯的两条正义原则来看，儒家在分配上的“应得”和“配得”，以及机会公平、对“最不利者”的关爱及其制度建构方面，均可以与之相呼应。此即儒家正义论的最有特色的内涵，乃实质的正义。儒家对政治权力的源头、合法性、权力分配与制衡等，有其系统论说、制度与实践。儒家重视社会力量的培植、社会自治、士大夫参政及言路开放。儒家的“道德的政治”就是要坚守政治的应然与正当性。中国传统文化，特别是儒家学说中的政治正当性，即认为政治权力之根源在天、天命、天道，之根据、本位在人民、老百姓、农工商，之基础是广阔的民间社会空间、民间力量及其自治，之指导、参与、监督与言责则在士人。由此可得出人民是政治的主体，士大夫是政治的主体。道德仁义系统、仁政学说及以上四方面为中心的儒家的政治哲学在今天还有极高的价值。

姚大志的《什么是政治哲学?》发表在2013年9月24日《光明日报》的第011版。他提出，政治哲学所关心的独特问题包括三个方面：政治价值、政治制度和政治理想。虽然这三者密切相关，但是它们所指涉的领域是不同的。政治价值涉及的是政治哲学的价值理论，政治制度涉及的是国家理论，而政治理想涉及的是传统上所说的乌托邦理论。政治哲学家不仅要就这些问题提出自己的观点，而且更要给出支持自己观点的理由。政治哲学的论证具有三个特征：政治哲学的论证是深层的，它要把自己的主张建立在某种更稳固的基础之上；政治哲学的论证是理性的，它在证明自己观点的过程中应该始终诉诸公共的理性；政治哲学的论证是道德的，也就是说，它在证明中归根结底诉诸的是道德理由。

王新生的《什么是政治哲学?》发表在《哲学研究》2014年第6期。王新生从三个方面对什么是政治哲学做了说明。第一，作为一种存在已久的学术传统，政治哲学的规定是萨拜因所谓“关于政治事物的受过规训的探究”。第二，作为一个现代学科，政治哲学不同于政治学，后者定位于认知性问题的研究，前者则定位于规范性问题的研究；政治哲学也不同于伦理学，后者处理的是私人领域中的价值问题，前者处理的是公共领域中的价值问题。第三，作为第一哲学，政治哲学关注政治事物的价值和政治活动的应然规范，同时也关注政治事物的内在本性。进而言之，政治哲学应当被理解为哲学活动的一种特殊方式，被理解为在一种特殊的场域内解决哲学根本问题的哲学形式。通过对政治事物一般本性的反思和对人类生活应然价值的终极追问，各种类型的政治哲学不仅以它们的“政治观”呈现了政治生活的本质，而且也以一种特殊的方式成为“世界观”。

李佃来的《施特劳斯、罗尔斯、马克思：政治哲学的谱系及其内在关系》发表在《中国人民大学学报》2014年第4期。李佃来认为，“何为政治哲学”是一个初始但全新的学术问题，而要检思这一问题，有必要将其植入施特劳斯、罗尔斯以及马克思所代表的政治哲学谱系当中。这三种政治哲学谱系彼此之间虽有一些交集，但总体论之，它们则对应着各自特定的总问题，分属于不同的理论范式。从描述和经验意义上讲，把握这三种政治哲学谱系及其相互关系，需要在它们之间予以必要“划界”。从规范和价值意义上讲，我们又应在“划界”前提下予以必要“越界”，即穿越这三种政治哲学所固有的理论边界，从他者的视角来洞观它们的优长与短缺，进而根据当代性问题意识做出价值排序与选择。从“越界”来看，施特劳斯及罗尔斯的政治哲学都有其被人们认同与接受的深刻理由，但马克思的政治哲学则应当是最值得我们深入开发的思想宝藏。

龚群的《何为政治哲学》发表在《吉首大学学报》（社会科学版）2014 年第 5 期。龚群认为，以亚里士多德为代表的古代政治哲学，既强调公民是城邦政治的参与者，也强调以德行为中心的共同体善，后者是当代社群主义的思想资源。现当代自由主义政治哲学则从强调善优先于权利转向权利优先于善，它不把善看成优先于正当或权利，而是把权利（或者说，自然权利、人权或个人权利）看成正义的根本要义。因此，现当代自由主义的政治哲学是权利的政治哲学而不是共同善的政治哲学。当代社群主义与自由主义的分歧在于诉诸共同体的善还是诉诸权利为其理论重心。

刘莘的《现代性政治哲学的基础共识：从施特劳斯到罗尔斯》发表在《西南民族大学学报》（人文社会科学版）2014 年第 6 期。刘莘以施特劳斯的经典论文《什么是政治哲学》对实证主义和历史主义的批判为契机，探讨了政治哲学事业内含的对正义和善的价值追求，勾勒了罗尔斯的经典论文《作为公平的正义》的核心关切，并通过海德格尔对共在的论述，澄清了现代性政治哲学的共在意识。他还进而解释了为何罗尔斯的政治哲学的核心话题是社会基本结构的正义问题，并指出罗尔斯与施特劳斯的区别在于：后者致力于阐释古典政治哲学的精神，而前者致力于在此基础上开出适合现代性历史进程的政治哲学话语。

杨国荣的《政治哲学论纲》发表在《学术月刊》2015 年第 1 期。杨国荣认为，作为一种社会系统，政治涉及多重方面，其内容包括：根据一定的政治观念（价值原则、政治理想等），建构相应的政治体制，通过这种体制的运行，使社会形成有序的形态，由此保证人类自身的生存和延续，并进而引向好的生活和自由之境。政治生活的展开过程，既涉及目的层面的正当性，也关乎程序层面的合法性与手段层面的有效性。作为具体的社会生活过程，政治与道德无法截然相分。要而言之，何为政治生活，何为理想的政治生活，如何达到政治生活的理想形态，这些问题既是政治领域所无法回避的，也从不同方面规定了政治哲学的内涵。

段忠桥的《古典政治哲学与现代政治哲学》发表在《四川大学学报》（哲学社会科学版）2015 年第 5 期。段忠桥指出，我国学者对何为政治哲学的理解深受西方流行的政治哲学的影响，尤其是施特劳斯讲的古典政治哲学和罗尔斯讲的现代政治哲学的影响。施特劳斯讲的政治哲学与罗尔斯讲的政治哲学是两种不同的政治哲学：前者探求的是关于好生活或好社会的知识，它是用关于政治事物本性的知识取代关于政治事物的意见的尝试，它的现实着眼点是最佳政制，它关注的主要问题是对所有政制都至关重要的善，它是解决政治争论的最高权威；后者主要涉及政治正义和共同善的问题，它试图确立规范政治制度与政策安排的原则，它求助于人类理性的权威，它是宪政民主社会的一般文化背景的一部分。就政治哲学在我国的建构而言，我们应追随罗尔斯而不应追随施特劳斯。当然，追随罗尔斯只是就其讲的政治哲学的问题框架而言，而不是就其对问题本身的回答而言。

孙晓春的《政治哲学的使命及其当下意义》发表在《天津社会科学》2016 年第 6 期。孙晓春认为，政治哲学是关于社会政治生活的应然性判断，它所关注的是政治的道德层面。如何使社会政治生活来得正当是政治哲学的核心议题，在最抽象的层次上理解社会政治生活是政治哲学的基本属性。自哲学产生之日起，政治哲学便处于哲学的核心地带。尽管近代以来的政治学是在与伦理学分家的前提下发展起来的，但是，以价值判断为核心的政治哲学仍有其不可替代的价值和不可忽视的意义。

略论政治哲学

万　斌*

政治问题是贯穿人类社会生活始终的永恒主题。在人类历史上，曾经发生过长期、曲折、惊心动魄的政治斗争，积累了极为丰富的政治斗争经验和政治斗争艺术。大量政治理论、政治著作的问世，正是这些经验和艺术的理论升华，表明了人们对于政治的热切关注和精心研究。近代在政治学领域里，人们不仅力求从更高的层次上揭示政治现象的本质和内在规律，而且开始把认识的视野转向了关于政治的知识、概念、范畴及体系的研究，揭示人类政治思想发展的内在逻辑。政治哲学也就是在这种背景下产生和发展起来的。本文不是全面论述政治哲学，而只是试就政治哲学的对象、内容、内在规律作一简要的规定。

一

政治哲学是广义政治理论的分支学科，居于政治理论体系的最高层次。广义政治理论，是以政治和一切政治现象、政治关系为研究对象的科学体系。依据认识主体的需要和主体认识所涉及的政治现象的性质、层次和范围，政治理论大致可划分为四个依次递进的层次。

第一，通俗政治学。这是政治理论的基本部分。它既是人们对政治现象的表层认识，又是人们进一步认识政治现象的知识基础。这个层次又包括两个方面的内容。一方面内容是以个别政治事件、政治行为、政治人物为确定对象，通过对这些对象的具体描述和考释，客观地复归事实的本来面目，给人们以关于这些政治现象的感性的、真实的、准确的印象和认

* 万斌：浙江省社会科学院教授。

识。有人也把这部分内容概括为政治历史、政治故事。另一方面内容是以通俗易懂的形式，并借助于某些典型生动的事例，对于政治理论做出简明扼要的介绍，给人以政治理论的一般的、基础的知识。这部分内容通常被称为政治常识，适合于普及性教育和政策性宣传。

第二，应用政治学。又可称为部门政治学。这一层次也包括两个方面的内容。一方面内容是以特定政治现象作为研究对象，如行政学、市政学等。另一方面内容是以特殊地区、时代的政治现象为研究对象，如中国政治学、近代政治学等。应用政治学的特点在于以局部（地区的、历史的）政治现象领域作为研究对象，它既要依据自身领域的需要，吸收第一层次已确立的政治事实，又要深化、扩展第一层次所普及的政治常识，并在此基础上构建内含一定理论色彩的逻辑体系，具有自身特殊的基础理论、概念、范畴和内在联系。随着社会政治生活的丰富和开放，人们对社会政治现象多侧面、多角度的审察的深化，部门政治学必将得到广泛重视和发展。

第三，理论政治学。这是在第一层次和第二层次基础上，通过对于政治现象的历史的、整体的观察、分析，构建起的关于政治及政治现象的一般法则和理论模式。理论政治学已经超越局部的、具体的政治现象，进入高层次的宏观领域，具有较强的逻辑性和抽象性。因此，理论政治学被更多地注入主体的利益和意志，打上了深深的烙印。但是，理论政治学作为一门严肃的科学，又绝不是主体的任意构造。它不仅要在事实上反映、符合政治现象的内部关系和外部关系，而且要在理论上自我确立，保持自身逻辑的一致性，并以这种符合和一致为尺度来论证自身存在的合理性、效用性。

第四，哲学政治学也可称元政治学。它不是直接以政治和政治现象为研究对象，而是以政治思想、政治理论为研究对象。哲学政治学的任务，一是通过对于政治思想的静态分行，揭示历史上各种政治思想的阶级的、时代的局限和认识上的失误。二是从动态上把特定的政治思想置于人类政治思想和文明发展的大背景中去把握，从而肯定它的历史地位和价值。通过这样两个方面的综合研究，哲学政治学将能明确地展示出人类对于政治的本质及其规律的认识的逐步深化、逐步完善所经历的历史道路和艰难探索，并以此为中介，加深对政治本质的揭示和理性把握。因此，哲学政治学实质上是政治学的自我反思和自我意识。

社会政治现象，是一种复杂的、多层次、多功能的结构。多层次、多角度的政治理论的构建，正是为了通过综合的方法，达到政治现象在理论上的整体再现。政治理论的多种层次，既有自己的特殊研究领域，又不是相互隔离的。特别是理论政治学和哲学政治学，都是具有整体性、全局性的高层次的政治理论，都是企图由具体的政治认识升华到对政治一般的总体把握，建构起一般的、整体的政治学体系和法则。因而往往被合称为政治哲学。

应该指出，政治哲学虽然在政治理论领域居于最高层次，具有抽象的、整体的性质，但是，与历史唯物主义相比较，它又只是一个局部的、具体的领域，处于较低的层次，并作为中介，成为沟通历史唯物主义和政治理论的环节。历史唯物主义是研究整个社会发展一般规律的科学。它也揭示社会生活各方面的本质和规律，包括政治、法律、经济、文化、宗教、艺术、心理等。但是，它是从具体社会现象在社会历史发展过程中的地位这种角度来研究这些现象的本质和相互联系的。它研究政治现象，并不是为着取代政治哲学，而只是企求凭借所研究的科学材料与结论，确定政治在社会发展中的地位和作用。同时，包括政治现象在内的各种社会现象的本质也是多层次的丰富规定。历史唯物主义对这些现象的本质的揭示，主要是从其与社会物质生活条件的内在关系作出最抽象的规定，而没有也不可能涉及、探求这些现象的本质的具体内容。所以，历史唯物主义虽然在政治理论的研究中，必然地居于科学指导的地位，并具有方法论的意义。但是，要具体、深刻地揭示政治这一特定现象的特殊规律，还必须有赖于专门化的政治哲学。

我国自古以来就重视政治和政治斗争，政治家人才辈出，政治典籍汗牛充栋，并由此形成悠久的伦理——政治型文化传统。但是，政治理论的研究却很大程度上停留在对具体政治现象的观察和描述，对“圣哲”或领导人物的言论、政策的说明和论证。政治理论高层次的研究相当薄弱。党的十一届三中全会中止了这种把政治与科学研究相脱离的不正常现象，改革、开放、搞活的实践唤起了人们探索政治理论的热情，政治科学得到了新的活力，但理论建设落后于实际需要的局面尚未根本改变，反映在政治哲学这一高层次的理论研究上尤为突出。

二

政治哲学的基本宗旨，是从政治的普遍性来界说政治，探寻政治的起源、本质及其发展的一般规律，并以社会历史进步的一般法则作为政治评价的价值准则。政治哲学一般包括两个方面的内容。一是政治的一般理论，即政治的内在方面；二是关于政治的一般理论，即政治的外在方面。政治哲学在政治理论体系中的独特地位，就在于它透过政治现象的地区性、民族性、局部性、具体性，进而研究政治现象的一般规定即普遍性。

政治的外在方面，是就政治与社会和其他社会现象的关系而言的。揭示这种关系，可以解决三个重大理论问题。第一，政治的起源。通过分析政治与社会物质生活及社会经济、文化、心理的内在联系，把握政治产生、发展的一般过程。第二，政治的本质。通过分析政治与国家、权力、利益、理性、正义的关系，确立政治所反映的社会时代背景和具体历史形态。第三，政治的功能。通过分析政治与法律、道德、管理及其他社会机制的关系，具体确立政治在社会生活中的特殊功能作用。如果我们从总体上统一地把握了上述三个方面，我们就可以深入社会结构的深层和社会生活的各个方面，全面地、准确地界说政治的性质、领域和价值。

政治的内在方面，是就政治自身内部的各种关系而言的。揭示这种关系，可以建构层次有序、网络分明的政治理论逻辑体系，推导出作为一般规律贯穿并指引各种部门政治理论的基本范式、概念和术语，并为具体政治行为、政治现象的研究、评价提供最一般的尺度和原则。具体地说，政治的内在方面表现为三个方面的内容。第一，揭示适应于一切政治现象、政治制度的最基本规定，即透过它们存在的特殊性而寻找、抽象出它们的共同点，阐明政治逻辑的普遍本质。第二，揭示政治和政治思想历史发展的规律，舍弃它们的偶然参数和对历史中轴的暂时偏离，把握它们发展必然遵循的逻辑和态势。第三，确立政治评价的一般准则，用科学的观点和方法，对历史的、现存的政治制度、政治事件、政治人物作出合理的评价。贯穿于这三个方面并构成政治哲学中心的是关于政治概念的研究。政治概念的确立，在逻辑上既是一切政治理论研究的前提，又必然表现为对一切政治现象的历史研究和科学抽象的结果，并且在这种研究中逐步得到丰富和完善。因此，政治概念的科学性与全面性，本身就是政治理论研究历史与逻辑的统一的表征，是政治理论体系科学性、全面性的尺度。

政治哲学研究内容的复杂性和丰富性，决定着政治哲学逻辑结构体系的复杂性和丰富性。在人类历史上，政治哲学虽然发轫于两千多年前，但作为一门独立的政治科学的产生，却是比较晚近的事情。在欧美，由于民族传统和研究方法的不同，政治哲学的研究还处于相对分化，不同学派并存的状况。但是，不管这些派别在其存在方式上有多大差异，其结构内部都必然地内含着事实、价值、形式三种要素。

政治哲学中的事实要素，主要是指对于政治现象（事件、行为、人物）及内在因果关系事实方面的分析。从原则上讲，这种分析，着重于对政治事实本身做出判断，并抽象地考察它们作为一种现实对于其他事件的影响及其对于其他事件的参与。在这里，政治哲学的任务在于追求理论本身的必然性、真实性、精确性。政治哲学中的价值要素，主要是指对于政治现象（事件、行为、人物）的态度、选择和对其未来发展所表示的关切，即对政治现象的主体性评价。因此，这种价值评价，虽然也要以事实为依据，但却渗透着浓烈的感情、利益、信仰色彩，成为影响、指导人们行为的信念、道德因素。在实践中，政治理论的事实要素和价值要素是很难截然划分的，它们总是融合在一起共同构成政治哲学的基本内容。萨拜因教授指出：政治哲学应该具有两层意义，内含两种要素，“第一，有带事实性质和带原因性质的因素：对实际存在的事态的理解，对处于这种环境中不同因素的相对重要性的估计，以及对前景的可能性的估量。第二，有带评价性质的因素：对重要性的估计（不是在可能发生什么的意义上，而是在应该发生什么的意义上进行估计）；区分好的方式与坏的方式；确信某些行动路线是道义上所必需的；从渴望或惧怕的态度出发，或从对什么是现时有效的东西和什么是未来可以出现的东西所抱的信念出发，做出选择”①。

政治哲学中的形式要素，主要是指政治哲学建构的角度和方法。不同的方法论，可以使学者们对于政治概念做出多元的理解和规定，产生不同的政治理论模式。譬如，当代行为主义政治学以实证主义和实用主义为方法论基础，强调观察、实证并依据严格的经验。行为主义设想有一种机械

---

① ［美］乔治·H. 萨拜因：《什么叫政治理论?》，转引自古尔德与瑟斯比编《现代政治思想》，陆嘉玉译，商务印书馆1985年版，第20页。

的模式，着重于说明政治体系各部分之间的关系，研究人们的行为而不推测行为所包含的目的。功能主义政治学则把生机勃勃的有机体作为它的模式，注重于整体体系和统一问题研究，力求实现行为的特定功能，使部分服从整体的系统。功能主义与行为主义都试图在自身的见解、方法论基础上构建政治的一般性理论，从而形成为当代世界颇有影响的两大政治哲学流派。

政治哲学各学派的分化，是当代政治学发展的特点。在一定意义上，它有利于提高对政治现象研究的深度、广度和精确度。随着人类理性思维能力的进一步提高和人对于政治现象各侧面本质认识的进一步深化，人们将会更加精确地揭示出政治现象内部深层的统一性及其与外部环境的必然联系。而各派政治哲学的相互补充、相互融合并在更高层次上的统一，已成为一种必然的趋势，建立整体的、统一的政治哲学的任务已经提出。

三

政治是人们活动的重要领域。因为人的自觉活动和人的利益、意志、情感、心理的参与，人类社会充满着权力的角逐和较量，呈现出惊心动魄的图景和变幻莫测的风云，确实不能像对自然现象那样进行精密的测量和控制。但是，政治仍然是一门科学，有因果关系可以探寻，有发展规律可以依据。政治哲学的任务，就是严格遵循历史唯物主义的立场、观点、方法，抽象出政治的一般规律和机制，对于政治做出一般的逻辑规定，探讨政治在社会调节、控制过程中的一般功能作用。

政治的基本规律，就是坚持人与自然、人与社会的整体性原则和具体的历史的统一，在社会允准的范围内，合理调节、控制个人、集团、阶级之间的利益和行为，创造一个适合于人类生存、发展的自然——社会良性环境，组持社会有目的和合规律的正常发展，促进社会的进化和繁荣。人类社会是一个生机勃勃的多层次的生态系统。在第一个层次上，人与自然的现实关系构成社会的基本内容。人们通过劳动，以生产工具为中介，实现与自然客体的联系，使人类主体系统、劳动资料系统、劳动对象系统成为一体，构成人类社会的物质基础。在第二个层次上，基于一定生产力水平，人们在劳动及其他共同活动中结成有机整体，也就是传统意义上的社会。一般来说，人与自然的关系在社会系统中具有决定性意义，它决定着社会的存在方式和性质，并从深层构成社会发展的内在动力。而人与人的相互关系，则由人与自然的关系所派生和制约。从理论上说，它应该适应于一定的人与自然的关系的性质。社会的第一层次和第二层次按其自然本性应该是和谐一致的。但是，人类社会并不是自在的自然界，它由现实的人来参与。因此，虽然它在总体上是被确定了的，不可移易，但在具体的历史发展中，则往往会由于人们之间利益、欲望等的矛盾和冲突而遭受干扰或破坏。政治的任务，从根本上说，就是要依据社会和阶级的根本利益及本身的发展规律，把握社会机体各层次之间及各层次内部的度的规定，调节具有不同利益需要和欲望的人们、集团之间的关系，实现对社会的自觉控制。政治的特性之一，类似于道德、法律，是作为维持社会机体平衡和谐的一般机制，也是人的理性的能动表现。但是，政治与法律和道德又有所不同。法律作为人的理性品格的实现，道德作为人的意志品格的实现，都为人的行为提供了规范和模式，而政治却是对法律、道德等社会机制的总调动、总运筹。在这个意义上，政治不仅应用于社会生活，而且伸展进入于自然领域。合理地认识自然、开发自然，发展社会生产力，在广义上也可归属于政治范畴。政治不仅存在于阶级社会，一定意义上也应存在于无阶级社会。政治虽然在不同社会形态里表现出不同的具体的社会性质，但就其一般功能来审视，却必然具有和社会共存的永恒的性质。

政治对社会的控制，一般来说，是要适应社会基本矛盾运动的发展和规定，历史地解决两对基本的矛盾。

第一，人们的全面发展的需求与社会在一定历史阶段所能提供条件之间的矛盾。社会是由人所组成的。在某种意义上说，社会的发展状况，是人的发展的结果，又是人的发展的前提和基础。而在一定历史阶段里，社会对人的发展所能提供的条件是有限度的，这就会出现人的全面发展的需求与人所处的现实社会之间的矛盾。当现实社会根本不能适应人的发展需求，便会发生根本性的变革，在阶级社会表现为社会革命。当现实社会局部地不能适应人的发展需求时，便需要进行改革或改良。改革通常从三个方面来进行：(1) 依据生产力发展的历史要求，改革不适应生产力发展的生产关系（经济体制），建立新的经济运行机制。(2) 依据经济基础发展的内在需要，改革不适应经济基础发展的上层建筑（政治体制），建立新的政治运行机制。(3) 依据社会物质生活条件变化的历史要求，改革传统的观念和文化，促进代表时代精神的新思想、新观念的产生和传播。这些革命和改革，在很大程度上反映了政治对社会的控制。从中也可看到，历史上许多具有进步意义的革命和改革，其内在的社会动力都或多或少地蕴含着人的全面发展的需求。而革命和改革的成功，又为人的全面发展提供有利的环境，从而表现为社会和人的发展走向更高级的阶段。

第二，人的个体利益和社会利益之间的矛盾。人生活于社会，是社会的存在物，个体和社会存在着内在的一致性。一方面，人有自身的利益和需要，而且和社会整体相对应，人又与所属阶级、阶层、集团、社团有更多的利益相关。因此，就往往会发生在个体（这里所谓个体，除了个人的以外，在一定程度上还包括个人所属的阶级、阶层、集团、社团等部分群众及其组织，下同）和社会之间发生利益冲突。另一方面，个体又是社会的一部分，社会超越他们的自然的、功利的需要成为他们最高利益的代表者。因此，“个别人的私人利益和所谓普遍利益，总是互相伴随着的”。[①] 所以，人不仅有切身的个体利益，而且也必然要受总体利益的制约，也就是说，人不仅有生理需求的本能，而且也有服从与个体利益相关连的社会需要的理性观念。黑格尔说：“动物也有冲动、情欲、倾向，但动物没有意志，如果没有外在东西阻止它，它只有听命于冲动。唯有人作为全无规定的东西，才是凌驾于冲动之上的，并且还能把它规定和设定为他自己的东西。”[②] 人的这种自我规定表现为社会关系的制约性。因此，人的发展不是直线式的肯定过程，而是通过一定的自我限制的中介否定环节实现的。政治无疑是实现这种限制的重要社会机制。政治机制的社会限定具体表现为两个方面：(1) 在人与自然的关系中，摆正经济效益、生态效益、社会效益的关系，防止对自然的技术主义的掠夺，以最小的消耗极大限度地向自然界索取财富。既要尽可能满足社会全体成员发展的物质、精神生活需要，又要保证自然生态良性循环和整体最优状态，使人与自然彼此协调，从而在社会系统第一层次获得自我调节、控制能力的加强和自然环境质量的改善。(2) 在人与社会关系中，摆正个人、集体（阶级、阶层、社团）、国家（社会）的位置，处理好民主与集中、自由与法律、奉献与索取、权利与义务、目的与手段的关系。既要以社会整体的最高利益为尺度评价和限定个体行为，把个体纳入社会整体轨道，又要充分调动个体的主

---

① 《马克思恩格斯全集》第3卷，人民出版社1965年版，第272页。

② ［德］黑格尔：《法哲学原理》，范进等译，商务印书馆1961年版，第23页。

动性、创造性，提供个体发展的良好社会环境，使人与社会彼此协调，从而在社会系统第二层次获得自我调节、控制能力的加强与社会环境质量的改善。

应该指出，在生产资料私有制占统治地位的社会经济制度下，社会整体发展过程中被外在强制性地插入一种异己力量。社会系统层次之间及各层次内部的关系被人为地破坏。社会通过政治机制对人与自然、人与社会关系的调节和对社会诸种矛盾的解决，是以大多数人甚至整个阶级的牺牲为代价的。社会只能以异化的状态来达到自身的整体发展。政治领域渗透着阶级的私利、个人的权欲，并且往往为少数人所把握，从而丧失了自身的本质和价值。只有在社会主义——共产主义社会中，政治才能洗去私有制强加的耻辱，重新作为社会整体利益的代表者、调节者，促进社会的健康发展。

当代世界，由于新技术革命的冲击，人与自然和人与社会的关系不断刷新和深化。作为社会主体的人的需要不仅在量上日益增大，而且在质态和结构上都有所更新，这就必然给社会的发展带来新的问题。政治作为社会整体调节者的功能作用不仅没有减弱，而且出现逐渐强化的趋势。在我国，由于社会主义现代化建设的深入发展，社会系统层次之间和层次内部关系必然发生历史性变化，这不仅对政治和政治科学提出了新的任务，而且为马克思主义政治哲学的构建和发展开辟了广阔的前景。

（原载《政治学研究》1987 年第 3 期）

当代西方政治哲学流派评析

俞可平[*]

在当今西方，政治哲学流派众多，其中影响较大的有政治多元主义、政治精英主义、新保守主义和新马克思主义。本文对它们作一简略评析。

一

多元主义原先是一种哲学思潮，它通常指认识世界的方法和关于客观世界的知识的多样性。其最著名的代表、实用主义哲学家威廉·詹姆士在《多元的宇宙》一书中系统地阐述了多元主义哲学观。他认为，我们不是处于一个单一的宇宙中，而是生活在多元的世界里。我们的知识不是固定不变的，而是开放的。解决问题的方法不是绝对的、唯一的，而是多种多样的。任何观念和思想都不是终极的，而要不断经受批判和检验。

多元主义哲学观一经出现便对社会科学研究产生了极大的影响，相继出现了伦理多元主义、文化多元主义和政治多元主义等理论。政治多元主义产生于20世纪早期，美国的阿瑟·本特利（Arthur F. Bentley）和英国的哈罗德·拉斯基（Harold Laski）是这种理论初期的代表。第二次世界大战后，受到行为主义政治学的影响，政治多元主义者不再把眼光仅仅停留在国家领域，同时也转向其他政治领域，从而使其发展到了一个新的阶段。这一阶段的主要代表人物有罗伯特·达尔（Robert Dahl）、查理斯·林德布洛姆（Charles Lindblom）和约翰·加尔布雷斯（John Galbraith）等。

关于政治多元主义，美国政治学家H. S. 卡列尔（H. S. Kariel）作过

---

* 俞可平：北京大学政府管理学院教授。

明确的解释："从公共事务和政治思想的角度看，多元主义指的是，(1) 配置和分享政府权力的特定制度结构，(2) 辩护这些制度结构的学说，(3) 理解政治行为的方法。因此，政治多元主义既是一种历史现象，也是一种规范学说，还是一种分析模式。作为组织和解释公共生活的方法，政治多元主义仍然是西方自由意识形态的核心。"[①] 由此可以看出，政治多元主义既是一种政治实践，也是一种政治哲学。作为一种政治哲学，它的最基本的含义是指国家内部权力中心的多元化。

政治多元主义认为，世界不是一元的而是多元的，人类的个性也不是一元的而是多元的。政治国家的最终价值不在于秩序和统一，而在于充分发展公民的个性和福利。而个性发展的政治条件即是民主、自由和平等，因此，民主、自由和平等是最根本的政治价值。这些政治价值与"一元国家"或集权国家是对立的，只有在分权的"多元国家"中，民主、自由和平等才能得到最大限度的保证。"多元国家"的实质是实现组织上的多元主义，组织多元主义的关键在于推行代议民主和多党政治。而代议民主和多党政治正是西方资本主义自由民主国家的两大政治支柱，因此，政治多元主义者断定，西方的自由民主制是最好的政治制度，只有它才能充分保证自由、平等和主权在民的政治价值，从而使个性得以最大限度的发展。

这种"多元国家"的现实表现就是当代西方发达资本主义的代议民主国家。对此，罗伯特·达尔作过详细的说明，他认为，"多元论"和"多元论者"这两个术语都指组织的多元论，也就是指在一个国家范围内许多相对自治的（独立的）组织（子系统）的存在。"在所有的民主国家里，一些重要的组织是相对自治的。如果一个国家是多头政治意义上的民主，并且重要的组织是相对自治的，那么这个国家就是多元主义的民主政体。因此所有民主国家都是多元主义的民主政体。"[②] 按照达尔的统计，这样的多元国家目前在世界约有 30 个。

政治多元主义继承并且发展了自由主义的个人主义传统，它是 20 世纪的新个人主义在政治研究中的体现。政治多元主义得以产生和流行的现实基础是利益团体在西方国家的政治生活中扮演日益重要的角色，它是站

① 见《国际社会科学大百科全书》第 12 卷，纽约麦克米兰—自由出版社 1968 年版，第 164 页。

② ［美］罗伯特·达尔：《多元主义民主的困境》，尤正明译，求实出版社 1989 年版，第 5 页。

在当代资产阶级立场上并运用他们的观点对当代西方发达国家现实政治过程的理论总结，它片面地夸大了西方发达国家的政治进展。把现实存在的西方自由民主国家当作实现主权在民和自由平等的唯一理想模式，这就注定了多元主义政治哲学的虚幻性和欺骗性。对于政治多元主义的虚幻性，当代西方流行的精英主义政治哲学从另一个极端作了很好的注解。

二

政治精英主义（Political Elitist）。理论产生于19世纪末20世纪初，至今已经过两个发展阶段。第二次世界大战以前流行的是传统的或经典的精英主义，其主要代表是意大利的盖塔诺·莫斯卡（Gaetano Mosca）、维尔夫雷多·帕雷托（Vilfredo Pareto）和瑞士的罗伯特·米歇尔斯（Ropert Michells），第二次世界大战以后，传统的精英主义理论发展成为当代的民主精英主义理论，其主要代表人物是约瑟夫·熊彼特（Joseph Schumpter）和赖特·米尔斯（Wright Mills）等。

精英主义政治哲学的基本前提是，任何社会都存在着统治者和被统治者两大阶级。极少数统治阶级，垄断着政治权力，履行着所有重大的政治职能。被统治阶是统治阶级的工具。人民群众当家做主或主权在民的民主政治从来就是一个虚构的神话，不可变移的历史规律是，绝大多数群众始终受极少数统治者的统治。莫斯卡在《政治科学的要素》一书中就极力宣扬此种观点，并强调被统治的绝大多数群众应向极少数的精英统治者“提供物质的生活资料和政治机体的存在所必播的基本手段”。[①]

这些属于统治阶级的极少数人不是经济上占统治地位的资产阶级，而是社会精英，是各行业中最杰出的优异分子。社会精英又可分为两个阶层，一个是掌握国家重大决策权的政治精英，另一阶层是一般的社会精英。精英论者特别强调政治精英的作用，认为他们引导国家的政治生活，决定着人类历史的进程。政治精英对社会生活起决定作用，用米歇尔斯的话来说，这是存在于所有人类社会中的万古不变的“寡头统治铁律”。

政治精英理论的核心内容是激烈批判所有的民主理论，彻底否定历史

---

① ［意］莫斯卡：《统治阶级》（《政治科学的要素》的英译本书名），麦格劳—希尔图书出版公司1959年版，第50页。

上和现实中的一切民主制度，倡导一种精英政治。在精英主义者看来，历史不过是少数统治寡头的兴衰史，主权在民的民主纯粹是骗人的东西，正像宗教一样，自由、平等和民主也不过是人类历史上的神话。他们认为，实际上，民主制与贵族制、君主制、共和制等政治形式一样，其实质都是极少数政治精英统治绝大多数群众。像在其他政治制度中一样，在民主制中，仍然存在着一个由极少数政治精英组成的统治阶级，他们结党营私，无止境地攫取利益。“实际上，不管何种政治形式，统治者总是确定地倾向于运用其权力控制各种事务，以便获得个人利益。”[①] 精英理论家对民主政治的一般结论是：民主政治不过是专制政治的现代翻版，有史以来的所有政府都是寡头政府，“人民表达其意愿的政治体制仅仅是理论家的幻想，在古往今来的东方和西方现实世界中从未出现过”。[②]

精英主义政治哲学的实质性特征是它对人类一直向往的自由、民主、平等等政治价值从根本上抱幻灭的态度。它片面地抹杀了历史上和现实中进步势力的作用，忽视了人类在政治民主方面的进步，把历史上极少数政治寡头统治绝大多数群众的政治现实上升为人类社会的普遍特征，并且认为这是不可逾越的必然规律，从根本上否认了人民群众反对资本主义压迫和剥削，争取真正属于自身的自由民主的可能性和现实性。正如罗伯特·达尔一针见血地指出的那样，精英主义的思想家是“对民主政治深感失望和表示怀疑的社会理论家”。[③]

这种带有严重悲观主义色彩的政治哲学自从19世纪末出现后，不仅没有消失，而且发展成为当代最有影响的政治理论之一。造成这种情况的原因无疑是多方面的，但其根本原因就是在当代资本主义现实社会中民主的理想与现实之间的深刻矛盾。

自从以卢梭为杰出代表的启蒙思想家提出自由、平等和人民主权的口号后，数百年来，民主就一直成为人类追求的目标，为了实现民主的理想，多少志士仁人抛头颅洒热血。然而，至今在资本主义社会民主却仍是一种人们企望的理想，无论在哪个“自由民主”国家，民主仍是一种企

① ［意］帕雷托：《帕雷托社会科学著作选》，弗·艾·普雷格出版公司1966年版，第266页。

② 同上书，第270页。

③ ［美］罗伯特·达尔：《现代政治分析》，王沪宁、陈峰译，上海译文出版社1987年版，第69页。

求。民主要求主权在民，但政治统治权却始终掌握在少数统治寡头手中；民主要求公平竞选，但经费和传播媒介等条件和手段却为少数人所拥有；民主要求平等，但政治、经济和人格的不平等却到处存在；民主要求分权，但政治和经济权力却越来越集中。冷静而又注重现实的精英主义理论家敏锐地看到了民主的理想与现实之间的严重脱节，并且对此做出了悲观主义的理论概括。

精英主义的政治哲学是对现实的自由民主的一种幻灭，我们可以明显地看到，在这一点上它与作为对现实中的自由民主的一种奢望的多元主义政治哲学有着重大的不同。也正是在这一点上，它还与推崇现存秩序的新保守主义政治哲学显著地区别开来。

三

新保守主义（Neo-Conservatism）是一个含糊的说法，它通常指传统保守主义的现代翻版，主要指两种政治思潮。一种是第二次世界大战前后拉塞尔·基尔克（Russell Kirk）、彼得·维雷克（Peter Viereck）、冯·海耶克（F. Von Hayek）和詹姆士·布坎南（James Buchana）等人对保守主义的复兴；另一种是20世纪70年代后以罗吉坎·斯克拉顿（Roger Scruton）为代表的新右派（New Right）。

像传统的保守主义一样，新保守主义的基本观点仍然是反对一切激进的政治理想，尤其是反对社会主义、多元主义和马克思主义，认为所有激进的政治思想都是促进人类文明堕落的腐蚀剂。新保守主义理论家极端重视现存的传统、秩序、等级和自由的价值，认为这些价值高于其他一切，维护这四大价值是国家的根本任务。从这一基本的保守主义信条出发，新保守主义思想家阐述了以维护现存秩序和反对激进改革为核心的政治理论。

新保守主义的政治哲学家极其强调国家权力的重要性。他们认为，社会的存在一刻也离不开一定的秩序，秩序本质上是一种等级结构，建立和维持这种秩序的关键在于建立一个强大的政治权威，它能有效地约束人们的行为，制止社会动乱，防止出现混乱的无政府状态，这个唯一的政治权威便是国家。国家不仅是权威和秩序的基础，而且是文明的积淀，传统和历史的捍卫者。唯其如此，“保守主义者相信国家权力的必要性，在面临任何反对国家权力的势力时，他们力图确立并强化这种国家权力”。[①]

新保守主义理论家推崇自由，但却竭力反对平等。他们认为维持自由是国家的目的，但维持平等却绝不应当成为国家的目的。他们说，人不是天生平等，而是天生不平等。人们的平等只局限于在上帝面前和法律面前，而不在财产、才能、地位和等级等方面。进而言之，平等与自由是对立的，人们在物质方面的不平等是“天然”的，一味强调平等必然会使一部分人感到更不自由。在新保守主义思想家看来，不平等是社会发展的动力，社会的秩序和个人的地位本身就建立在人们之间的不平等之上。只有维持这种不平等，人们才会献身社会，才有前进的动力。拉塞尔·基尔克甚至举例说，“没有不平等，连赈济或者感恩的机会都没有”。

从这种推崇自由而反对平等的政治哲学出发，新保守主义者对当代西方的“福利国家”进行了猛烈的批评。一方面，他们认为福利国家势必意味着政府大规模干预经济事务，它动摇了作为个人自由唯一保障的经济自由权，最终干涉了个人的权利和决策，是与自由市场经济的自然秩序相违背的。另一方面，他们指出，福利国家把本来可用于扩大再生产的相当大部分税收转变为公民的社会福利，这不仅导致了国家的巨额债务，严重地破坏了资本积累，削弱了生产力，而且福利国家奉行的这种平均主义政策助长了人们的惰性，导致了“平等革命”。因此，在新保守主义理论家看来，“福利国家在发行第一张价值一美元的债券时，就已宣布了它自身的死亡”。[②]

承认不平等的合理性，崇尚等级、秩序和权威，就必然漠视民主的价值。尽管保守主义内部流派众多，但在漠视民主政治这一点上是一致的。像埃德蒙·伯克等老保守分子一样，新保守主义者也声称，民主绝不是政府合法性的基础，“没有一个保守主义者会认为民主是其政治的基本轴心”。[③] 他们认为，一般群众才识平庸，缺乏自律，让他们执掌政权势必导致暴民政治或庸人政治。在他们看来，像美国和英国这些典型资本主义国家的政治传统与其说是民主政治不如说是代议共和政治。近代资本主义国家之所以危机重重，主要原因之一就是民主太过分了、自由太滥了。在民

---

① ［英］罗吉坎·斯克拉顿：《保守主义的意义》，企鹅出版公司1980年版，第33页。

② ［美］詹姆士·布坎南：《自由、市场和国家》，吴良健、蔡伍、曾获译，北京经济学院出版社1988年版，第213页。

③ ［英］罗吉坎·斯克拉顿：《保守主义的意义》，企鹅出版公司1980年版，第54页。

主问题上，新老保守主义的区别在于，老保守主义从根本上否定民主制而主张贵族制，新保守主义在民主潮流不可逆转的今天不再全盘否定民主制，而主张奉行有限的民主制，即对现存的民主政治加以严格限制，使人民在享受民主权利时受到严格的约束。他们称这种民主制为“宪法的民主”（Constitutional Democracy）或“权威的平民政治”（Authoritarian Populism）。

新保守主义政治哲学的生命力深深地植根于当代西方国家的社会现实之中。它从一个方面反映了统治阶级的需要，是当代西方主要资本主义国家的指导性政治意识形态之一。它强调现存秩序，反对错位性的变革，主张有限的民主，这不仅代表了中上层阶级的利益，而且也反映了下层群众的某种要求社会稳定的心态。因此，保守主义理论的流行与社会危机的关系尤其密切：它首先肇端于危机重重的法国大革命前夕，再度复兴于20世纪30年代经济大萧条时期，而在70年代末80年代初西方的福利国家面临新的危机时，它又进一步发展成为新右派的理论。这是因为，社会危机本身意味着传统的秩序面临着根本性的挑战，每当这时总有一些代表既得利益阶级或阶层的人挺身捍卫现存的价值。

正如历史上的保守主义总是与反对进步的力量联系在一起一样，在当代的新保守主义政治理论中也有许多否定进步因素的内容。它主张限制民主，实际上是抵制绝大多数群众参与政治生活，它反对平等，事实上是要维护既定的不平等的社会关系，它要求取消福利国家，实质上是反对政府对一般公民做出让步。归根结底，是为了维护现存的政治秩序。所有这些在信奉新保守主义政治哲学的保守政党的所作所为中得到了具体的体现：“保守党这一角色的实质，就在于制定一种维护财富和权力的等级制的政策，并且努力使这种政策对于一个民主国家来说成为明智的和合理的政策。”① 从政治意识形态的角度看，新保守主义的一个强有力的对立面是新马克思主义。

四

20世纪70年代以来，新马克思主义（New-Marxism）被认为是流行于

① P. 诺顿、A. 奥佛：《保守分子和保守主义》，莫里斯·T. 史密斯出版公司1981年版，第47页。

西方的几大政治思潮之一。所谓新马克思主义，就是西方学者试图按照他们所理解的马克思主义理论对当代发达资本主义的社会现实所做出的新的理论解释模式。它是马克思主义在当代的一种变异。在政治哲学方面，比较有影响的新马克思主义代表人物有尼科斯·普朗查斯（N. Pouiantzas）、阿尔都塞（Louis Althusser）、拉尔夫·米利班德（Ralph Miliband）、哈贝马斯（Jugen Habermas）等。

新马克思主义的政治哲学，既不同于正统马克思主义的政治哲学，也不同于一般的资产阶级政治哲学。它的基本特征是试图根据当代发达资本主义国家的政治现实来阐释马克思和恩格斯的某些论断，或者对马克思恩格斯的某些论断加以自己的理解，然后反过来又用这种修改过的理论来分析和批判当代资本主义国家的政治现实。因此，在新马克思主义的政治哲学中，我们既可以发现我们所熟识的经典马克思主义的理论痕迹，又可以看到许多为我们所陌生的东西。新马克思主义者在政治问题上众说纷纭，流派很多，但上述这一基本特征不但体现于各种流派的新马克思主义政治哲学理论之中，而且也体现于他们对每一个重大政治问题的研究中，尤其是体现在他们的国家理论、阶级理论和危机理论中。

在国家问题上，无论是以拉尔夫·米利班德为代表的“工具主义”学派，还是以阿尔都塞为代表的“结构主义”学派，都基本上肯定了经典马克思主义的主要观点，认为当代资本主义国家实质上是资产阶级进行政治统治的工具，它最终服务于资本主义的经济基础。“资本主义社会的‘统治阶级’是占有并控制生产资料的阶级。由于统治阶级握有经济权力，所以它能够把国家当作统治社会的工具而加以使用。”① 但是，新马克思主义者分别从结构的角度和功能的角度强调国家的相对独立性，提出一种不同于经典马克思主义的新国家理论。例如，他们认为，国家对阶级基础和经济基础而言都有很大的自主性，当代的资本主义国家起着一种类似“仲裁者”的作用，而不能简单地归结为是资产阶级的工具。

在阶级问题上，新马克思主义者一般都不否认当代资本主义社会中存在着剥削阶级和被剥削阶级的对立以及无产阶级与资产阶级之间的阶级斗争。但他们对阶级的定义、划分阶级的标准以及阶级斗争的作用做出了重新解释，从而修正了经典的阶级理论。例如，他们认为，当代发达国家的

---

① ［英］米利班德：《资本主义社会中的国家》，基础图书公司1969年版，第22页。

阶级基础已发生了根本性变化，无产阶级不再是局限于生产资料一无所有的劳动者。传统意义上的无产阶级已无法单独担负起打碎国家机器的使命，在当代发达国家中，马克思所说的社会主义革命的基础已经“消失”。

在危机问题上，许多新马克思主义者肯定当代发达资本主义国家都存在着深刻的经济危机和政治危机，但是，他们认为，资本主义的最深刻、最主要的危机已从经济领域转向其他领域，而且这种危机并不必然导致社会主义的革命。例如，哈贝马斯认为，当代资本主义通过政治调节有效地解决了生产的无政府状态问题，极大地缓解了经济危机。对当代资本主义国家而言，重要的是如何进行政治调节，以及这种调节是否显得公正，而这两个问题即是合理性和合法性问题。据此，哈贝马斯断言，当代资本主义社会的主要危机，已从马克思所说的经济危机转变为合理性和合法性危机。

新马克思主义的政治哲学之所以能够形成、发展，直至流行，主要原因是对当代发达资本主义国家的重大变化按照他们的观点做出了反应。第二次世界大战后，发达资本主义国家的政治生活发生了一系列重大变化。对此，有的人长期以来只加以简单的否定，而西方的一般学者则或是过高地估价这些变化的意义而没有看到其内在的深刻矛盾，或是看不到这些变化的某些价值，从而无视这些变化。与此不同，新马克思主义者既不简单地否定发达资本主义国家的这种政治发展，又指出了它所蕴含的合法性危机和经济危机。这样，它不仅在理论上独树一帜，而且，在一定程度上反映了那些对现实有所不满，而又不想推翻现存国家制度的人们的心理状态，易于赢得这些人的支持。

新马克思主义政治哲学是一个矛盾的复合体。它批判当代资本主义，主张对现存社会进行彻底的改造，从这个意义上说，它是一种激进的思想。但它反对用暴力手段改造现存国家，也反对任何形式的专政。它不认为无产阶级是当代资本主义掘墓人，从而看不得改造社会的有生力量，也没有真正找到替代资本主义的理想制度，从这方面看，它又带有沉重的悲观主义色彩。新马克思主义政治哲学的这种错综复杂性，大体上反映了当代西方发达国家中部分激进知识分子和左翼力量的既要求改变现状，又担心急剧的社会变革结果会使这种矛盾心理适得其反。

纵观西方政治哲学的发展，我们可以看到一种明显的趋势，即各流派之间的相互渗透和相互影响。在当代，虽然政治哲学各流派之间或多或少存在着一些重大的甚至带有根本性的区别，虽然为了叙述和分析的方便我们还不得不强调这些区别，但是，我们应当清楚，要像区分古典自由主义和保守主义政治哲学那样，泾渭分明地明确区分当今西方的各种政治哲学流派实际上是很困难的。

[原载《安徽大学学报》（哲学社会科学版）1992 年第 3 期]

当代政治哲学的三足鼎立

应　奇*

规范政治理论的复兴是20世纪70年代以来西方政治哲学中十分引人注目的现象，这一复兴的主要标志即是新自由主义的旗手罗尔斯（John Rawls）的扛鼎之作《正义论》（*A Theory of Justice*，1971）。《正义论》的目标是通过恢复和提高支配了启蒙运动政治思想的社会契约论的论证模式以取代在道德哲学和政治哲学中占有统治地位和压倒优势的功利主义。从20世纪80年代中期以来，争论的焦点发生了转移。这种转移是由对罗尔斯正义论的第二轮批判浪潮所带动的，从而形成了自由主义与社群主义的对立。

如果说，从20世纪70年代到80年代，新自由主义内部即以罗尔斯为代表的左翼自由主义和以诺齐克（R. Nozick）为代表的右翼自由主义的争论占据了当代政治哲学的中心舞台，那么，从20世纪80年代初至90年代，随着社群主义的崛起和批判理论（critical theory）介入这一争论之中，新自由主义、社群主义和批判理论鼎足而三的局面就已经成为当代社会政治哲学中最为突出的景观，其影响之大，使得有人断言，政治哲学已经取代语言哲学取得了当代西方学术的中心地位。

一　诺齐克—罗尔斯之争

在当代政治哲学的总体态势中，罗尔斯、诺齐克和德沃金（R. Dworkin）同属所谓新自由主义的主要代表人物。但在某种意义上，“诺齐克—罗尔斯之争”的尖锐程度并不亚于社群主义和批判理论与罗尔斯的论战，造成这种

* 应奇：华东师范大学哲学系教授。

情形的一个主要原因是自由主义传统本身的复杂性。

如果我们遵循在政治思想史中流行的对古典自由主义和现代自由主义的区分，罗尔斯显然是一位现代自由主义者。这也不奇怪，对罗尔斯理论的一种重要批判恰恰是来自像诺齐克那样的古典自由主义者。这种古典自由主义现在又被称作激进自由主义或意志自由论（libertarianism）。在最高程度上，激进自由主义同意支持最小国家（a minimal state），"古典自由主义理论的守夜人式的国家，其功能仅限于保护它所有的公民免遭暴力、偷窃、欺骗之害，并强制实行契约等"。①

激进自由主义将最小国家保护的权利视为自然（天赋）的或基本的权利，这些权利的满足本身就是好的，而不是由于偶然的理由才是好的，而且这种权利具有最高的重要性，不能因为任何理由遭到损害。激进自由主义必然要反对允许再分配从而侵犯财产权的罗尔斯的正义论。诺齐克的著作《无政府、国家和乌托邦》（*Anarchy*, *State and Utopia*, 1974）是原则的激进自由主义在当代最有代表性的著作。

诺齐克的政治哲学最具有独创性的方面就在于他认为激进自由主义可以解决关于无政府主义的问题。他认为，如果存在洛克式的自然状态，从而使得无政府主义者的梦想得到满足，最小国家仍将出现。具体地说，有两个使最小国家得以出现的条件：一是人们和他们的代理人以理性自利的方式行动；二是他们尊重其他人的权利，而不要伤害他们，或者至少当这样的伤害出现时，设法进行补偿。可以说，诺齐克的论证为某种"最小的准国家"（minimal-quasi-state）提供了证明，诺齐克的论证表明，尽管人们会因为某种财产的持有是由过去的不正义所造成的而谴责它，但是如果人们满足于由洛克式的自然状态所表述的机构类型，那么他们也同样乐意接受最小国家的安排。

这里就触及了最小国家与罗尔斯所支持的那种类型的国家的差别，简要地说，最小国家与罗尔斯的理论所支持的国家（简称"再分配国家"）的最关键的差别在于前者是由历史的正义概念而后者是由结构的或模式化的正义概念指导的。

历史的正义原则的要害在于，它认为一种给定的财产分配是否正义不

---

① ［美］诺齐克：《无政府、国家与乌托邦》，何怀宏等译，中国社会科学出版社 1991 年版，第 35 页。

是由这种分配的性质而是由财产产生的历史决定的，而且当一种财产的持有在它原初的起点上是正义地获取的，在它转让的每一环节又都是正义地转让的，它才是正义的。诺齐克正是以这一原则为基础对罗尔斯的理论从基本预设和实际含义两个层面进行了批判。

诺齐克和罗尔斯的冲突的理论实质在于前者认为洛克式的权利是基本的约束，而后者则否定这一结论。一旦如诺齐克那样认为这些权利是基本的约束，那就必然会反对原初状态中的各方决定支配财产分配的原则这样的观念。罗尔斯式的程序使得洛克式的权利只有通过由契约论的设计所表述的检验后才能得到承认和尊重，用罗尔斯的术语来说，就是必须通过公平的检验。

从实践含义的层面来看，诺齐克认为，罗尔斯的理论或者任何用来调节社会的结构、模式化的正义观在实践中必将导致要求国家持续不断地干预人们的所作所为这种难以忍受的后果。诺齐克认为，如果不去不断干涉人们的生活，任何目的论原则或模式化的分配正义原则就都不能持久地实现。

应当指出，诺齐克在这方面的批评是建立在对罗尔斯理论的巧妙的误解之上的。罗尔斯的理论所支持的那种国家并不如诺齐克指控的那样不断地干涉人们的生活。在法治条件下，众所周知的由结构化模式支配的税收政策和允许一种制度在一旦有机会出现时进行干涉之间存在巨大的差异。

可以看到，诺齐克的理论与罗尔斯的理论是当代社会政治哲学中新自由主义派的两种不同版本。自由和平等本来就是自由主义传统中两种相互冲突的要素。但是，罗尔斯的理论抱负是在自由主义的两种传统之间进行平衡与调和，其理论带有强烈的折中色彩和综合倾向，而诺齐克则站在一种极端的所谓超级自由主义的立场上，因此，尽管诺齐克的理论洞察到了罗尔斯正义论的弱点并做了机智的批评，但总体上难以提供一种可与后者全面抗衡的社会政治哲学。

二　社群主义的崛起

“社群主义”的英文表达 communitarianism 的词根是 community，后者通常译为“共同体”或“社区”，其内涵是“在认同、自我意识和共同利益方面具有同感的社会群体"[①]，德国社会学家滕尼斯（Ferdinard Tonnies）在"礼俗社会"或"共同体"（Gemeinschaft，community）和"法理社会"或"联合体"（Gesellschaft，association）之间进行了区分。在他看来，界定一个共同体的经验性质是由共同体的渊源所赋予的。人们能有意识地建立、设置和加入各种各样的联合体，而共同体则是有机的，是一个人生于斯、长于斯的场所，它基于血缘、亲族、共居处和地域以及一系列共同的态度、经验、感情和气质。在政治思想史中，左派和传统派或浪漫主义的右派这两翼都非常看重共同体或社群，但是在他们各自的观点中，社群存在的社会条件和它所体现的各种关系的性质是大异其趣的；另一方面，自由派人士虽然承认共同体或社群的做法所具有的感人力量，但他们却从未真正弄清楚如何将社群的丰富含义纳入自由主义理论之中。[②]

19世纪以来，对自由主义观念的批评呈愈演愈烈之势，卢梭之后的黑格尔和马克思是典型的代表人物。他们试图用有机的精神性的统一的社会秩序的观念去取代自由主义的社会概念。从这个意义上说，当代出现的社群主义对自由主义的批判并不新鲜，事实上，社群主义确实经常借鉴黑格尔对康德的批判，同情马克思对自由主义的批判，甚至出现了从亚里士多德那里借用理论资源的倾向。

要注意的是，社群主义者是把与罗尔斯有共同倾向的自由主义著作家当作他们的批判对象的，尽管如桑德尔这样的社群主义者把罗尔斯当作主要的对手，但像瓦尔策（Michael Walzer）、麦金泰尔（Alasdair MacIntyre）和泰勒（Charles Taylor）这样著名的社群主义者并没有把《正义论》当作他们直接的批判目标。因此，在下面叙述社群主义对罗尔斯的批判时，以桑德尔的批判为主。

在桑德尔看来，罗尔斯的新自由主义的根本特征仍然是承诺自我是拥有独立特性的个体，其特性可以与所有社会价值和目标区分开来。原初状态中的自我是相互冷淡的，而秩序良好的社会应当鼓励自我发展与他人的社会联系，但这并不影响自我存在方面的优先性和个人权利的优先地位。所谓秩序良好的社会就在于它能保证个人权利的优先性，社群只是人的外

---

① 杰克·普拉诺：《政治学分析辞典》，胡杰译，中国社会科学出版社1986年版，第24页。

② 参见《布莱克维尔政治学百科全书》，"社区，共同体"条目，中国政法大学出版社1992年版。

部条件和环境。

桑德尔认为，既然假定最初状态中的个人（自我）是相互冷淡的，那么他们如何与属性和目标从而也在他们之间相互联系起来呢？罗尔斯的回答是：通过选择。而桑德尔恰恰认为这种自我是没有选择能力的，这是因为这种自我不能在罗尔斯所赋予的意义上进行反思和深思熟虑。

值得强调的是，与经典的占有性个人主义对社会与社群的消极理解不同，罗尔斯认为，如同个人会追求其他价值一样，社群的价值也会在一个由正义两原则统治的社会中存在并得到培育。这就是说，罗尔斯着意于把正义论所理解的社会联合与私有社会、市民社会那种对社会交往的纯粹工具主义的理解区别开来。这种意义上的社群的善不仅表现在社会合作的直接好处，还表现在动机的质量以及伴随着社会合作并在这一过程中得到增进的情感。

与罗尔斯相对，桑德尔建议想象一种比情感主义解释能更彻底地穿透自我的社群观。在这种“社群的强理论”（the strong theory of community）看来，社群描述的不是他们作为同类的公民拥有什么，而是他们是什么；不是他们选择的关系，而是他们发现的忠诚和情感；不是他们认同的属性，而是他们认同的构成。

桑德尔在批评罗尔斯的理论时尖锐地指出：“如果说，功利主义没有严肃地对待我们的独特性（distinctness），那么，作为公平的正义则没有严肃地对待我们的共同性（commonality）。”① 这就是说，传统的功利主义由于忽略个体及其独特性从而使得他们的善理论招致了非人格性的目的论的坏名声，而罗尔斯的正义即公平论为了突出个人的自由权利而不顾人们实际享有的共同性和统一性，也只是为义务论赢得了一场虚假的胜利。

简而言之，社群主义的理论建构在形而上学即哲学基础的方面，是用社会本原取代自主的个人；在政治哲学方面，是用社群利益取代个人自由的中心位置；在道德哲学方面，是用共同的善取代个人权利的优先性。

社群主义作为一种后自由主义话语，本身是在自由主义高度发达的前提下产生的。一方面，作为一种社会政治哲学的社群主义在自由主义

---

① Sandel, M., *Liberalism and the Limits of Justice*, Cambridge, 1982, p. 174.

的基础信念已经成为人们的基本共识的社会情境中难以全面地取代自由主义；另一方面，自由主义和社群主义的相互论战和辩解也使得他们彼此不断调整自己的立场，社群主义的某些观点有时很难和他们攻击的自由主义区分开来，罗尔斯后期思想发展的某些方面亦似乎有向社群主义靠拢的趋向。这是当代西方社会政治哲学在三足鼎立的大势下的某种趋同倾向。

三 哈贝马斯与罗尔斯对话

罗尔斯和哈贝马斯分别是当代美洲和欧洲大陆最具代表性的思想家，同时也是20世纪70年代以来世界上最有影响的社会政治理论家。人们可以想象，这两位当代世界顶尖的思想家的思想交锋会是何等的精彩。但是，分析哲学和大陆哲学之间深刻的分歧和根深蒂固的偏见推迟了这两位当代最杰出的政治理论家的对话。

1992年，哈贝马斯的法哲学专著《事实与有效性》的出版与相隔一年罗尔斯的《政治自由主义》的出版，使得对罗尔斯和哈贝马斯的比较研究有了新的起点。十分引人注目的是，1995年3月，在哥伦比亚大学出版的《哲学杂志》的执行主编米歇尔·凯利（Michael Kelly）的撮合下，两人在该杂志上进行了一场激烈的交锋，由哈贝马斯攻擂，罗尔斯守擂，双方你来我往，把他们数年来的争论推上了一个新的起点。

下面我们结合在该杂志上刊登的哈贝马斯的长文《通过理性的公共使用达到的一致：评罗尔斯的〈政治自由主义〉》和罗尔斯的答复，围绕正义概念是政治概念还是综合概念以及正义的证明问题具体介绍这一争论。罗尔斯在《政治自由主义》中列举了政治的正义概念的三个特征：（1）正义应用于一个基本的社会结构，由一个社会的主要政治、经济和社会制度所组成；（2）正义不依赖于任何综合性学说，但获得后者的交叉共识的支持；（3）正义的基本观念属于政治的范畴，为公共政治文化所熟悉。罗尔斯把这种正义观称作“免除了立场”的正义观。这就是说，作为政治概念，正义即公平的目标是现实的，而不是形而上学的或认识论的，不是以包含真理的概念出现的。

哈贝马斯集中批评了罗尔斯认为正义观可以“免除立场”的观点。在哈贝马斯看来，罗尔斯的观点事实上已经表明正义与真理是不可分的。具体来说，罗尔斯没有在理论的可接受性和该理论实际被接受之间做出区别，而一旦做出这种区别，便可发现一个社会的成员首先要被一种关于正义的理论所说服，然后才会同意之。因此，关于正义的理论自身要提供这样一些前提，即“我们与其他人认为它是含有真理的，或它对于我们形成有关正义的基本共识来说是合理的”。①

关于罗尔斯用“合理的”（reasonable）代替“真的”，哈贝马斯认为“合理的”一词可以有两种含义：一是对于实践理性来说是合理的，这实际上是“道德上的真”，而这与“真理”一词是对等的；二是“深思熟虑的”，尽管这样理解接近罗尔斯使用“合理的”含义，但哈贝马斯强调思考是人的思考，而人的概念本身已经包含实践理性的概念。因此，哈贝马斯坚持认为无论罗尔斯如何解析，都不能脱离道德真理来讲合理性。

正义原则的证明是哈贝马斯和罗尔斯辩论的另一个重要问题。从《正义论》到《杜威讲演》，罗尔斯一直试图对他的平等自由的正义观进行一种康德式的解释，这个解释建立在康德伦理学的自律概念之上。罗尔斯认为，原初状态中相互冷淡的动机假设是符合康德的自律概念的，在不管我们的具体目的是什么，正义原则都适用于我们的意义上，按照正义原则行动也就是按照绝对命令行动。但是，在从《杜威讲演》到《政治自由主义》的发展中，罗尔斯放弃了对正义即公平的康德式解释，认为政治自由主义所致力于发现的并不是普遍的正义原则，而是适合于像美国这样的自由民主社会的原则，政治哲学的目标则是要表达和澄清存在于我们的公共政治文化中为我们所共享的观念，从而提供一种能够维持稳定和社会统一的政治的正义观。但罗尔斯仍然没有放弃原初状态的设计和反思的平稳的方法。一方面，“原初状态”是除“良序社会”和“道德人格”之外的第三个中介性模型观念；另一方面，具有主体意义的反思的平衡仍然是值得信奉的。②

尤为值得注意的是，在《政治自由主义》中，罗尔斯试图通过引入“交叉共识”（overlapping consensus）的观念重新解释现代民主社会中文化价值的合理多元和社会秩序的稳定统一之间的协调一致。在这一过程中罗

---

① Habermas, J., *Reconciliation Through the Public Use of Reason: Remarks on John Rawls's Political Liberalism*, in *The Journal of Philosophy*, Vol. XCII, No. 3, 1995.

② 参见《后〈正义论〉时期罗尔斯思想的发展》，《浙江大学学报》（社会科学版）1998年第3期。

尔斯强调正义不依赖于真理概念，其用意亦在于对各种综合性学说保持中立，并为社会多元取向提供论据。

哈贝马斯指出，罗尔斯的这些论证也许很符合人们的直觉，但难以与罗尔斯的正义理论——关于人的权利是第一位的，善是第二位的基本观点协调一致，这是因为所谓权利就意味着尊重每个人的想法，而这又意味着，如果正义即公平是合理的，那就对所有人都是合理的，这便要求所有人对什么是“合理的”有一个普遍的或综合的了解。所谓综合的或广泛的学说的意义即在于为我们提供这样一种认识和了解。如果我们把正义概念的合理性看作与普遍真理相脱离的，便无法证明其正确性，而证明正确就要求判断其真理性。因此，哈贝马斯认为，政治自由主义或政治的正义观并不能如罗尔斯标榜的那样免除立场、自我固定并使其自身合法化。

在《哲学杂志》刊登的答复中，罗尔斯指出，在自由民主社会中，政治概念存在三种不同层次的证明①。一是有限证明。如果说正义原则表达了自由民主社会的基本结构的实质性内容，那么，公共理性则是这一社会中的公民们决定这一实质性原则是否适当，是否能满足他们的社会政治要求的理性推理规则和公共“咨询指南”（the guidelines inquiry）。从这一角度做出的证明便是一种有限证明。二是完全证明，每一个社会成员作为公民接受一种政治观念，然后从他（或她）自己信仰的综合性学说去证明该观念是真的或是合理的，这又取决于该社会成员自己及其所信仰的综合学说能做到何种程度。三是公开证明，在这里，合理的交叉共识是沟通的桥梁，一个政治社会的所有理性的公民通过把他们各自分享的政治观念嵌入到各自所信奉的综合性学说中去，并同时意识到各自均有合理的综合性学说赞同这一共享的政治观念，只有当存在合理的交叉共识时，公开的证明才有可能，而公开证明则是一个多元化的社会接受政治的正义观的关键性条件。

罗尔斯所谓合理的交叉共识是指人们对于免除了立场的正义观的共识，而不是一般政治家们所承认的社会上实际存在的对共同利益的共识。在此基础上，罗尔斯指出，合理的交叉共识对于正义的证明不仅是一个政治社会出于良好理由而自我固定的根源，而且是政治合法性的根源。而政治的自由主义并不要求政治判断包含道德真理，而只要求合理的政治判

---

① Rawls, J., *Reply to Habermas*, in *The Journal of Philosophy*, Vol. XCII, No. 3, 1995.

断。"合理的"意指：（1）愿意提议并接受公平的社会合作条件，并且（2）愿意承担判断的任务，并接受由此产生的后果，所以"合理的"并不总是"真的"。政治自由主义既不否认道德真理的概念，也不对使用它提出质疑，而认为使用或否认道德真理、宗教真理和哲学真理是综合学说的事情。因此，政治自由主义是一种"免除了立场"的观点。

总的来说，可以把罗尔斯和哈贝马斯的理论视为对当代社会的合理的多元分化和人们在基本的宗教、道德和哲学真理方面的深刻分歧的两种不同的反应方式。罗尔斯在后《正义论》时期的发展中，回应了激进自由主义和社群主义的挑战，调整了自己的理论立场，并通过把他的政治哲学与以杜威为代表的美国传统的实用主义哲学联系起来，试图系统地表达和诠释蕴含于自由民主社会的公共政治文化中的基本价值理念，为一个稳定统一的社会提供支持；哈贝马斯则通过他的交往行动理论和商谈伦理学，实现了从意识哲学向交往哲学的转移，深刻地回应了后现代主义（在一定程度上也包括社群主义）对启蒙运动这一现代性谋划的质疑，出色地捍卫了启蒙运动所包含的基本价值理念。从这一角度来看，尽管哈贝马斯和罗尔斯在正义概念及其证明方法上存在很大的分歧，但其基本的价值关怀则是相通的。正是在这个意义上，哈贝马斯把他与罗尔斯的争论称作家族内部的争论。

（原载《国外社会科学》1999 年第 3 期）

政治哲学论纲

韩冬雪[*]

一

政治哲学究竟涵盖了哪些内容——这应该从对政治与哲学的规定性以及两者间关系的分析开始。政治是通过法律对人与人之间的社会关系做出的某种特定的制度安排。由于法律的强制性来源于公共权力，因而人们将权力视为政治的核心内容。哲学是人类对于社会和自然现象的本质以及相互间关系和规律的抽象概括，所以它的研究对象往往是超越了人的感性经验和有形体之外的存在。因此，哲学既是一门关于世界观的学问，同时又具有某种价值倾向和反思性质。政治活动和哲学思维这种不同的规定性，自然也决定了政治哲学的理论范畴和学理结构。首先，它要探讨人类社会出现政治现象的根源，即人性和公共权力之间的内在联系问题。其次，它要研究公共权力的合理性与合法性基准，也即人们服从公共权力的价值依据。而从对上述问题的回答中，还将自然地引申出政治的性质、目的和功能等结论。同时，由此推导而来的政治原则和政治制度，不仅将强制地规定着人们之间的社会关系和价值分配原则，而且还将作用于人们的思想和行为方式，影响着人们对于生活的目的、意义等问题的价值认知和道德判断。正是在这个意义上，“政治哲学被理解为与‘政治科学’截然不同的东西”①，亚里士多德因此而认为它是凌驾于一切学科之上的“群学之首”。

---

* 韩冬雪：清华大学马克思主义学院教授。

① ［美］列奥·施特劳斯、约瑟夫·克罗波西：《政治哲学史》，李天然等译，河北人民出版社 1993 年版，第 1 页。

从发生学的角度来看，政治现象是人类社会活动的自律性机制——道德规范无法约束社会生活之后的产物。这也就表明了公共权力的合理性与人类道德原则之间的逻辑关系。两者之间的区别在于，政治是以强制的方式将某种道德原则扩展为公共生活的共同规范。它见之于西方古典政治哲学的逻辑结构，就是亚里士多德先以《尼各马科伦理学》来阐述个体的道德原则，然后再通过《政治学》来探讨如何将它拓展为整个社会的价值基准和行为规范。他认为，前者探讨的是“个体的善”，后者研究的则是“公共的善”，“人自身的善也就是政治科学的目的”①。两本书的逻辑关系所隐含的一个重要原则，就是阐明政治的目的和任务，即在社会生活中实现某种道德规范所要达到的价值目标。

文艺复兴以后，始自马基雅维里并一直延续至今的西方近代政治原则，以强调政治与道德的分离为特征，其实质是道德和价值理念的世俗化以及由此而导致的政治原则的改变。与此相应，政治学的对象也从对价值原则的抽象论证转向对权力现象的实证分析。但是，这并不意味着近代政治原则由此而失去了它的道德支点。因为近代政治原则所抛弃的价值基础，只是形而上的传统伦理，取而代之的是近代社会的世俗道德。因此，近代西方政治与道德的分离，实际上是其政治价值观念与传统道德伦理的分离。因为近代政治原则得以建立的价值基点，不过是从一种新的道德观念开始进行论证而已。从这个意义上说，“现代政治哲学是同苏格拉底所奠定的原则实行自觉决裂的结果”。② 众所周知，西方近代政治制度的价值基础——人权思想，正是从人的自然权利的道德性质展开其理论体系的。事实上，道德作为人类社会的一种价值原则和行为规范，其内容必然要随着时代的发展而不断变换其内容。恩格斯曾经就此指出，“我们驳斥一切想把任何道德教条当做永恒的、终极的、从此不变的道德规律……一切以往的道德论归根到底都是当时的社会经济状况的产物……所以道德始终是阶级的道德”。③

但是，西方社会道德观念的近代转型，并没有采取一种现代道德取代

① ［古希腊］亚里士多德：《尼各马科伦理学》，苗力田译，中国社会科学出版社 1990 年版，第 2 页。

② ［美］列奥·施特劳斯、约瑟夫·克罗波西：《政治哲学史》，李天然等译，河北人民出版社 1993 年版，第 1 页。

③ 《马克思恩格斯选集》第 3 卷，人民出版社 1972 年版，第 133—134 页。

传统道德的简单方式。传统道德还继续以宗教和习俗的方式存留于人们的个体生活空间，成为一种供人们自由选择的价值信仰。这种现象说明，人类的道德文明不仅具有时代的特殊性，而且具有其一般性、连续性和继承性。正因为如此，现代西方社会呈现出一种以宗教为载体的传统伦理道德与现代世俗道德并存的文化现象。两者在社会生活中分别履行着不同的功能。前者以基督教的方式为人们进行诸如生命的意义和目的这类具有终极关怀性质的思想阐释，而后者则为人们的世俗生活和社会关系提供合乎“自然和理性”精神的价值依托。当代德国哲学家赫费教授认为：“按其批判的、非传统的概念，道德可理解为评价人类实践的一种形式。”① “由于近代的政治领域表现为法和国家的制度形态，政治的正义性也就是指法和国家的道德观念。”② 因此，以正义为核心的近代政治原则，正是从后者引申出来的逻辑结论。

道德是关于人类的生活方式和生存意义的应然性判断，它为人们的行为提供了“善”与“恶”的评价标准，而“道德哲学是关于规范和价值，关于是非善恶的观念，关于应该做什么不应该做什么的哲学探究”。③ 从词源学的角度考察，在中国的古代典籍中，“道”表示事物运动和变化的规则。对于人而言，它指的是为人之道，也就是做人的原则和规范。“德”则表示对“道”的认识、践履而后有所得，也即人们如果正确地认识和实践这种为人之道，即可获得益处之意。由此可见，从人的社会生活内容来看，道德概念蕴含着两个层面的内容。首先，它是对人的生活方式和生活目标提出的一种具有终极关怀意义的要求，它提出人的生活应该具有超越于人的自然性的品位和目的。其次，它又是对人与人之间关系所提出的一种伦理规范。它要求人与人之间的关系应该处于一种和谐的有序状态，并在这个基础上来进行社会价值资源的分配。显而易见，要实现道德的上述两个目的，必然需要一个共同的前提，这就是人只有在控制和约束自己的感性欲望基础上，提升和发扬自己的理性自觉，才可能实现道德所提出的目标。但是，政治现象的存在，意味着人类虽然在一方面为自己提出了道

---

① ［德］奥特弗利德·赫费：《政治的正义性——法和国家的批判哲学之基础》，庞学铨、李张林译，上海译文出版社 1998 年版，“中译本序言”第 1 页。

② 同上。

③ ［英］拉斐尔：《道德哲学》，邱仁宗译，辽宁教育出版社、牛津大学出版社 1998 年版，第 8 页。

德规范，另一方面却又无法以自律的方式来约束自身，因而它需要以政治这种方式来对社会生活进行规范。道德和政治的交织并存现象，正说明了人性和人类社会生活的复杂性。

那么，人类道德善恶判断的基准来源于何处呢？在学理上，这必须从对人的本体界定开始。因为只有首先回答了人是什么，才可能厘清道德层面的善恶判断与人学层面的人的本体论判断之间的逻辑关系。考察人类的伦理思想史，我们会看到，东西方社会对于“善”这一价值概念的界定，无一不是从对人的本体判断结论中推导而来，也即人类的善恶观念和道德原则，均是某种人学本体论的产物。在古希腊语中，“德”（Virtue）这个词的本意，就是“能够”“特长”和“能力”的意思。亚里士多德曾经指出，寻找道德善，必须从界定人的本质属性开始。因为对于人而言，道德是人的一种特殊能力和品质。在他看来，“理性活动是人所固有，所以，人的善就是灵魂合乎德行的现实活动”。[①] 依照这种思路，如果说政治哲学以伦理学为依托，而伦理学又要以人学为基础的话，那么政治哲学的本原的逻辑支点，正是来自于哲学的核心部分——人学。

人的本质属性究竟是什么？自从古希腊哲人苏格拉底提出哲学的根本命题——“认识你自己”[②] 以来，西方思想史上曾经出现了各种各样的人学理论，后人曾经将这些理论归纳为“人性善”说和“人性恶”说两大流派。前者如柏拉图的思想，后者如智者学派的理论。这两种学说之所以得以立论，是因为它们在如何界定人的感性与理性关系的问题上，坚持两种截然不同的立场。“人性善”说的立足点是将人的本质界定为人的理性能力，以此来强调人类追求精神生活的超越性和人际关系的伦理性，并由此对人性的发展持一种乐观的态度。“人性恶”说的出发点，则着眼于人的自然属性，并在这个基础上强调人的动物本能和由此产生的享乐倾向以及因争夺利益而引起的人际冲突的必然性。然而，由于人类本身就是一种动物性和超越性、自然性和社会性并存的复杂存在，因而从上述两种立场引申出来的价值原则，也就必然要从界定善恶价值的角度，片面地肯定一方并否定另一方。对人的理性能力持乐观态度的“性善论”者，必然要在道

① ［古希腊］亚里士多德：《尼各马科伦理学》，苗力田译，中国社会科学出版社 1990 年版，第 10 页。

② ［美］威尔·杜兰特：《探索的思想》（上），武国强、周兴亚等译，文化艺术出版社 1991 年版，第 12 页。

德价值的角度排斥和否定人的感性欲求；而对人性持悲观态度的“性恶论”者，则自然又要强调人的感性存在和要求的必然性与合理性。传统政治哲学正是从上述善恶观出发，推导出相应的政治原则——正义的理念。在古典政治思想的思维理路中，正义理念与道德善的一脉相承性，就在于前者是作为实现后者的一种手段而存在的。这也就阐明了政治作为实现道德之工具的手段地位。它规定了政治的任务和目的就是要通过国家的方式来完成人的社会化过程，使人从一个自然人成长为一个道德人。正是在这个意义上，亚里士多德认为政治的本质是对人的教育活动。①

上述梳理说明，政治哲学的学理结构是从哲学的人学理念推演出伦理学的道德原则，进而再引申出政治价值学说这一线索来展开逻辑的。这也就意味着，规定着政治活动的性质、任务和目标的政治哲学之思想来源，是某个特定时代的人学理念和道德原则的政治学演绎和逻辑结论。正因为如此，在人类生存的基本活动——经济生产方式的演变引起的社会结构的变化过程中，人学理念和道德价值观念的变化总是先于政治思想的变化，而政治思想的变化又为新的政治制度提供了理论依据。这一规律反映在社会意识形态层面，就表现为哲学思想的变化总是先于道德原则的变化，而一种新的道德原则的出现，又必然会孕育出一种新的政治思想。只有从这个角度，我们才能理解为什么几乎每一个时代的统治者，都要对政治思想的本源——哲学的动向表现出高度的敏感和关注。

需要强调的是，哲学作为对于自然界和人类自身的反思的产物，它不仅以一般性的方式表达了特定的时代精神，而且作为一种思维的产物，它还必然带有每个民族所特有的思维特征。这就意味着，政治哲学不单纯是以一般性的方式反映人类在某一社会阶段所表现出来的时代精神，而且还会以特殊的方式凝聚着某一民族和社会特有的文化内涵。正因如此，由于决定人类社会在某一特定历史时期的不同文化模式和价值原则的一个重要原因，在于人们的思维方式的不同，因而还可以得出的一个结论是，各个民族和社会在从传统走向现代的过程中，生产力和生产关系的变革以及包括价值观念在内的社会结构的转换是必然的。但是，各民族文化和思维方式的特殊性，又决定了其价值观念和政治原则在这一转换的过程中，不可

① ［美］列奥·施特劳斯、约瑟夫·克罗波西：《政治哲学史》，李天然等译，河北人民出版社 1993 年版，第 167—168 页。

能呈现出一元化的特征。每个民族都将以其特殊的思维方式，建立起特有的价值原则和政治理念。

由此演绎而来的一个结论则是，西方社会作为现代化的先行者，它在这个过程中确立的一套价值理念和政治原则，的确在一定程度上反映了人类社会从传统进入现代的一般规律性，但是它毕竟是特定的西方文化发展的产物。如前所述，从政治哲学结构的逻辑关系而言，既然这些原则是其哲学和人学思想逻辑发展的必然结果，因而它们也不可避免地带有其民族特有的思维方式的印记。由此推理，在我国社会由传统向现代转型的过程中，建立符合时代要求的政治哲学和文化体系，则必须在挖掘和继承我国传统思想和道德原则方面的优秀遗产的基础上进行。在这个问题上，我比较赞同余英时先生的观点："在检讨某一具体的文化传统（中国文化）及其在现代的处境时，我们更应该注意它的个性，这种个性是有生命的东西。"①

但是，这并不意味着我国政治哲学的重建，只有在新的哲学和伦理学体系出现之后才会成为可能。笔者认为，目前我国政治学理论工作在这方面的任务，首先是要从比较文化和历史的角度，深入地研究西方政治思想在其演变过程中，在不同社会发展阶段所提出的一系列政治概念、范畴和价值原则所具有的特定的哲学和伦理学的内涵及背景，总结其经验和教训。如前所述，在西方政治哲学的发展过程中，每一阶段的政治价值原则除了具有其时代内涵之外，还深深地烙着特定的历史文化背景和民族思维方式的印迹。正像唯物主义和唯心主义这两个源于西方哲学领域的基本概念，其内涵包容着西方文化对于思维与存在关系的特定理解一样，西方政治学理论中的一些基本概念，如近代以来的自然权利与自然法概念、理性与社会契约概念以及由此而推导出来的自由主义政治原则，它们在形成过程中所摄取的哲学思想和文化资源，很多都是我们这个民族文化中所不具有的因素，而且更应该强调的是，提供给这些原则的伦理学和哲学思想，又深深地带有西方民族思维方式的痕迹。也正是在这个意义上，我们才能理解为什么在一些基本政治理念的解释方面，不仅在意识形态领域，而且在东西方两种文化之间，会有如此之大的差别。这就是说，两者之间在概念方面的不可通约性，不仅来自于各自时代背景的不同，而且也来自其文

① 余英时：《中国思想传统的现代诠释》，江苏人民出版社1998年版，第5页。

化传统及其核心——哲学思维方式的差异。因此，认真地分析西方政治哲学发展过程中的文化特性，则是我们完成这项具有原创性任务的一项重要内容。

二

古希腊是西方政治文化的摇篮。恩格斯曾经说过："在希腊哲学的多种多样的形式中，差不多可以找到以后各种观点的胚胎、萌芽。"① 从政治哲学的角度来考察，虽然我们可以在当时的思想中寻找到近代人文主义的萌芽，例如，"文德尔班在《哲学史教程》中认为以智者为标志，希腊哲学和科学'走上了人学的道路，或者说走上了主体性的道路'"②，但它们毕竟不是那个时代的主流意识。因此，只有对自苏格拉底以来一脉相承的柏拉图和亚里士多德的政治思想进行梳理，才能准确地归纳出当时的时代精神和文化内涵。众所周知，古希腊哲学在人学观念方面有两个著名的命题：一是关于人是理性动物的观点，二是关于人的整体性存在的观点。在古希腊社会居于主流地位的政治哲学原则，都是这两种人学观点的产物。但是，柏拉图和亚里士多德在具体的人学观念、道德原则和政治观点方面，又具有许多明显的差异，并由此形成了后世西方政治思想的两大流派——理想主义和现实主义的根本分野和对峙。

在人的本质界定方面，柏拉图认为，人由可见的肉体和不可见的灵魂构成，灵魂支配着肉体的行动，并由理性、激情和欲望三个部分构成。③理性作为灵魂的最高原则，是区别人与动物的根本标志。在现实生活中，理性一方面指引着人类追求崇高的人生境界，一方面通过道德规范调节人与人之间的社会关系。因此，作为人的本质特征，理性是人的一种特殊的能力，也即所谓的"德行"，它同时也规定了道德意义的价值判定——"善"的理念的特定内容。而这一目的之所以必须通过政治这种方式来完成，其根本原因正在于人的自然性的客观存在。因此，作为人的灵魂载体的肉体和它所产生的自然性欲望，被柏拉图视为是人类生活"恶"的根

① 《马克思恩格斯选集》第3卷，人民出版社1972年版，第468页。

② 汪子嵩等编：《希腊哲学史》，人民出版社1993年版，第47页。

③ ［古希腊］柏拉图：《理想国》，郭斌和、张竹明译，第4卷，商务印书馆1995年版。

源，因而是作为人必须通过道德和政治这种实践理性的表现方式所要进行抑制和加以排除的东西。在这个基础上，他提出节制、勇敢和智慧是德行的内容和道德善的价值准则。将这种善转化为政治价值方面的正义原则，就是由这三种美德的不同代表——劳动者、军人和具有哲学修养的统治者在社会中各得其位、各司其职。符合政治正义原则的国家形态不仅意味着一种和谐的社会秩序，而且就其根本目的来说，它是一种通过国家使人过上符合人的道德理念的生活的必然方式。在柏拉图那里，人是社会性动物这一命题，不仅意味着人与人之间在劳动过程中相互协作和彼此依赖，更重要的是通过全社会对这种共同的道德善和正义理念的认同、遵守和追求，方能使人的生活具有人的价值和意义。因此，个体的人只有通过城邦生活才能成其为人。这就意味着，政治的任务不仅是通过公共权力来维持秩序和进行价值分配，它更为重要的意义和作用则在于通过国家的力量将一种道德观念推行于社会，从而使人在政治生活的引导下，不断地通过理性指导的实践而达到完善自身的目的。不过，柏拉图并不忽视个人，相反，他认为国家的道德品质来源于个人，“柏拉图明确地说，国家的这些形式和品质都可以在我们每个人身上找到，它们没有其他来源，只能来自个人，国家和智慧、欲望、激情等等都只能从个人身上找到来源”①。

在人的存在内容方面，亚里士多德并没有像柏拉图那样极端地拒斥感性。他认为理性是人的根本标志，他把“理性表述成为人的最有权威的因素，这是人的真正的因素”②。但同时又承认理性是以人的自然性为载体的，人类只有在满足其感性需求的基础之上，才可能发挥出理性的力量。在人的存在形式方面，亚里士多德完全继承了柏拉图的思想，认为人是一种整体的存在而非个体的存在，其原因不仅在于人们之间生存关系意义上的互相依赖，而且更为根本的是作为个体的人只有以群体的方式，通过对价值的共同认知和情感的相互交流，方能使自己成其为真正的人。由此可见，亚里士多德所言之理性，同样是指人通过自身的生活实践不断地克服其自然性而提升自己的价值和探索人生真谛的道德践履，也即所谓的实践理性。在这种人学观念基础上，亚里士多德提出了他的道德观念和价值原则。他没有简单地将人的感性视为万恶之源，而是将合理的感性要求界定

① 汪子嵩等编：《希腊哲学史》，人民出版社 1993 年版，第 778 页。

② ［英］W. 罗斯：《亚里士多德》，王略译，商务印书馆 1997 年版，第 255 页。

为善，将贪婪和纵欲视为恶。他指出，理性在这个问题上的作用，就是要将感性的要求控制在“合理的”（合乎理性的）范围之内。但在这个前提下，他又进一步指出，对于人而言，这种感性的“善”又不过是一种“外在的善”，而不是终极意义的“善”。人类终极意义的善是对于道德生活和真理的追求和探索，它是实现人生价值和意义的最终目的，也即他所说的那种符合善的理念和正义的生活。由此，亚里士多德提出了著名的“外在善”与“内在善”的区分。“外在善”指的是身体的善，它以理性控制下的感性的合理满足为目标；而“内在善”指的则是精神的善，它以寻求崇高的人生精神境界和道德践履为鹄的。前者是手段，后者是目的。在道德原则方面，两者不仅是一种相辅相成的辩证关系，而且这种善是一种为全社会所共同的、普遍的价值准则。

在这个基础上，亚里士多德提出了他的政治价值观。他认为，政治的前提性目的是为了维护社会的秩序，因此它必然需要借助公共权力的强制性来规定每一个体在社会关系中的位置并以此来进行价值资源的分配，因此，政治正义是一种在社会价值资源分配方面满足人类“外在善”的公正原则。他所提出的分配的正义和纠正的正义原则，正是作为满足道德善的前提条件而具有意义的。随后，亚里士多德又提出政治更为重要的作用是它通过这种过程所完成的道德教化使命，因而政治的正义原则只是从属和服务于道德善目标的一个理念。它不仅意味着个体的人之所以只有通过整体的方式才能得以生存，其更重要的意义在于个体只有通过社会公共生活方式，才能形成和获得道德意识、情感和共同的价值认知，因而人的“实践理性”只有通过政治的方式才能发挥作用（或者说政治就是人类实践理性的必然形式）。人类社会只有通过政治这种方式，才能使人在国家的引导下，通过不断的道德践履而成其为人。他关于“人是天生的政治动物”这句名言所蕴含的深刻思想也正在于此。

在思想史上，人们经常用“极端的柏拉图”和“中庸的亚里士多德”来形容这两个思想巨匠不同的思想风格。但双方的理论宗旨却是殊途同归的。两者的差异之处仅仅在于，前者在本体论和价值论中完全排斥了感性的地位，而后者却在手段和工具的意义上，赋予感性以相对的合理性；前者认为应该由具有统治资格的极少数哲学家来治国安邦，因而以“德治”和“人治”为其思想特色，而后者主张应该由以理性为特色的法律这种“无情的智慧”来统治社会。但两者在理论上的共通之处在于：首先，双方都坚持政治与道德合一的基本原则，因而他们都将政治视为道德的手段，认为政治的最终目标，是实现人类道德的完善。其次，他们的立论起点和贯穿整个理论的思想线索，都是以整体主义的世界观和人学观为基础的，并且他们都认为人类天生就是不平等的，因而他们理想中的国家，都是一种金字塔式的等级社会。虽然晚年的亚里士多德主张法治，但是他又对民主政治抱着审慎的怀疑态度，认为它极易走向无序和混乱的“暴民统治”。最后，双方都提出道德的善和政治的正义原则在逻辑上具有内在的统一性，因而对于一个社会而言，全体公民必须在对道德善的共同认知基础上来构建政治正义。正因如此，建立在正义原则基础上的国家，也就必然成为道德善的代言人和阐释者。

如果从认识论的角度对上述思想来进行考察，则会看到，在人学本体论问题上，统治着那个时代的是一种具体的人性观。它虽然用理性作为衡量人与动物之间根本分野的标尺，但在看待具体的人的价值时，又是从具体的人所具有的不同的理性能力来界定其在社会中的价值。由于现实中的人的理性能力和智慧程度必然是有差异的，因而就自然地得出了人与人之间不平等的结论。这与近代西方那种从抽象的角度提出人是理性的动物，因而人的价值是平等的思维方式截然相反。正是循着这种思路，古希腊人认为奴隶之所以不属于人的范畴，其根本原因就在于他们被认为是一些没有理性和任人驱使的工具。在柏拉图的理论中，社会之所以要分为不同的等级，其原因也正是在于人与人的价值本身就是不相等的，因而以政治方式将这种价值不等的人际关系通过特定的制度加以秩序化，这就实现了他所向往的社会正义。由于在价值序列方面，政治上的正义从属于道德上的善的理念，因此这种不平等的社会制度的最终目标，就是使统治阶级过上一种“属人的道德生活”。而亚里士多德在政治的根本目的的问题上，也与柏拉图持着完全相同的见解，因而这种将国家视为道德工具的政治原则在逻辑上蕴含的一个人性方面的理论预设，则必然是人性（当然是指统治阶级的）最终是可以达到道德善的境界的，但这个过程必须通过政治这种方式才能得以实现。因而对于道德善的界定，必然是通过国家进行的。由于国家的统治在实质上是由少数人进行的，因此统治者也就必然在法理上获得了对于道德善的解释权，从而为国家对政治正义原则的解释权提供了合法性基础。

进入中世纪以后，基督教文化与古希腊文明的合流，形成了西方政治文化的另一特征。这个时期的政治哲学虽然在一定程度上继承了亚里士多德的形而上学，但又产生出一种两极对立式的思维方式，也就是二元论的世界观。此一世界观由柏拉图开启，经由亚里士多德、斯多葛学派等奠定了基督教两岸世界的理论基础。[①] 这具体表现为，在人学的本体论角度，中世纪神学通过“原罪说”将人的感性和理性割裂并对立起来，以灵与肉的分离否定了人的自然性，因而在神学思想体系中，感性不但没有任何地位，而且成为理性否定的对象。而作为上帝救赎人类的手段，理性的意义仅仅在于它是人类理解上帝意旨的工具。在人的存在形式方面，神学利用宇宙秩序论来说明不平等的社会等级关系，并以此来论证神权等级制度的合理性。在价值学说层面，中世纪神学以不承认现世善的方式否定了亚里士多德的至善理念，并通过此岸世界与彼岸世界的设定，通过将善设定为天国的形式，将人生的价值定位于来世。显而易见，由此而推导出的政治思想，必然是上帝通过现世的公共权力在人间社会要完成的任务，就是通过对人的理性的呼唤和感召来抑制以至消灭人的感性，并通过这种方式使人类赎去与生俱来的罪孽。而对于理性应该理解和奉行的价值原则和思想的阐释，则由上帝在人间社会的代言人——教会来完成，这就在理论上赋予了教会以思想垄断者的地位。

在评价基督教文化在西方文明发展过程中的作用问题方面，学界曾经出现了许多见仁见智的观点。笔者以为，从政治哲学的角度而言，基督教文化的影响在两个方面是必须强调的。其一，它改变了古希腊时代对于人性的乐观态度。因为基督教不仅通过“原罪说”彻底否定了人的感性价值，更为重要的是，它将人的感性视为理性无法制约和克服的存在。感性不仅是引起世间一切罪恶的根源，而且是人类本身所无法克服的与生俱来的本性，因而人类只有通过上帝的救赎，才能以进入彼岸世界的方式使灵魂获得拯救。它不是像柏拉图和亚里士多德那样，认为属于人的自然性的感性，可以通过理性指导下的道德和政治实践而不断得到改变，从而实现人性的净化和升华，而是认为人性中的动物性本身是不可改变的，这就为近代政治原则在价值方面的重新定位奠定了基础。其二，基督教通过上帝这一超越人间现世的超人格的神的设定，为近代个人主义的思想自由内容

---

① 傅伟勋：《从西方哲学到禅佛教》，生活·读书·新知三联书店 1996 年版，第 158—162 页。

提供了不可缺少的思想资源。由于教会作为上帝意志——《圣经》在人间社会的解释者而拥有思想垄断的绝对权力，因此在宗教革命过程中，马丁·路德所做的第一件事，就是将《圣经》译成口语而使每个信者都获得了“直接与上帝相通”的思想自主权。而近代西方社会思想和信仰自由口号的提出与上帝的存在之间的逻辑关系，也恰恰在于当教会失去了思想垄断者的合法地位之后，近代资产阶级可以利用上帝赋予每个人的这种神圣权利，对于上帝的意旨进行随意的解释，从而在实际上赋予了现世社会中个体的思想自由以合法性，进而使每个个体都成为具有独立思想权利的主体。美国著名宪政理论专家卡尔·弗里德里希也认为：宪政理论通过基督教传统在政治哲学中获得了特殊的位置，其核心的目标“是保护身为政治人的政治社会中的每个成员，保护他们享有的真正的自治，旨在维护具有尊严和价值的自我，因为自我被视为首要的价值……植根于基督教信仰，最终引发了被认为是自然权利的观念”①。正是经过了这样的思想洗礼，西方社会迈进了近代的门槛。

运用唯物主义来解释人的存在，是近代社会的时代精神展开逻辑的起点。在人的存在内容方面，它首先在肯定人的自然物质性的前提下强调了人的理性；而在人的存在形式方面，它则以直观的方式解释了个体与个体以及个体与整体之间的关系。霍布斯系统地阐述了这种建立在唯物主义基础之上的人学理念、道德学说和政治理论。他从唯物主义的角度出发，提出了关于人在根本性质上是物质的而不是精神的，因而人性中高于动物性的理性的首要和根本的任务，就是服务于人的感性需求，从而在人的本体层面肯定了源于人的自然性的感性欲望的合理性，并规定了理性的价值和作用。他还从人际关系的角度提出理性是人的共同禀赋，因而人与人之间必然平等的结论。在人类的个体与整体的关系方面，他又从机械唯物论的观点出发，提出了社会整体无非是无数个体的简单相加，因而个体先于社会而存在的结论。这就从人的存在形式角度，否认了传统的整体社会观。在这种人学理论基础上，霍布斯建立了他的伦理学说的全部体系。他认为，人作为自然的组成部分，是按照其自然感觉的因果法则而进行活动的。人的观念的产生，实际上就是人的感觉传导到人的神经系统后所产生

① ［美］卡尔·弗里德里希：《超验正义——宪政的宗教之维》，王丽芝译，生活·读书·新知三联书店 1997 年版，第 15 页。

的一种直觉判断。由于人在生活中是根据其自然本能而行为的，因而人们往往是以一种“趋利避害”的原则决定其应该做什么或不应该做什么。在这个过程中，对于每个人而言，能够使人产生好的感觉的行为即为善；而引起坏的感觉的则是恶。由于每个人因为各种因素的影响而不可能形成对善的统一认识，因而在社会中就不可能存在共通的善的观念。正因为如此，从霍布斯开始，对善的价值判断纯粹成为一种个体性的选择偏好，由于社会中不可能存在共同的善，因而作为社会共同价值原则的政治正义，则被一种内容未做具体界定的“多数人同意”的原则所替代。霍布斯从唯物主义和自然主义角度出发，在人学本体论意义上对道德伦理所做的这种简单论证，为新兴的市民阶级和商品社会的发展提供了有力的思想武器。在这种人学—伦理学的思想模式中，每个人为了自我生存和自我保全而所做的任何一件事情都可以被认为是道德的。按照霍布斯的说法，由于人的理性是一种“合理地进行因果关系推算的逻辑能力”，因而人比动物的高贵之处，并不在于人与动物在生活目的和方式上的区别，而是人能够有计划地实现他的目标。因此，对于每一个人而言，理性实质上意味着他实现自己所认定和追求的善的一种综合能力，因而它是一种满足人的欲求的工具和手段。而在这种社会资源的有限性和每个人欲望的无限性的矛盾关系中，人与人之间的关系必然呈现出一种“所有人对所有人的战争”状态。[①] 也正是从人与人之间的这种源于其自然性而导致的冲突方面，霍布斯提出人性中的这种“恶”是一种永远也不可能改变的存在。

此后，洛克从唯物主义的反映论角度出发提出了心灵“白板说”，这在一定意义上否定了“人是天生的利己动物”的观点。但是，同样是直观唯物主义者的洛克，却又直接地继承了霍布斯关于人的善恶判断的价值来源理论。他认为，“趋乐避苦”是人类天生的行为倾向，快乐和带来快乐的行为就是善，而痛苦和带来痛苦的行为即为恶。但由于每个人的感觉因时间和地点的差异而各自不同，因而在善恶判断完全主观化的社会中，则不可能形成共同的善恶观和价值理念。这样一来，既然每个人都是根据自身的判断作为决定其自我保存行为的动机，因而人的自由就“存在于根据我们所选择的意志所决定的某种作为和不作为之中”。洛克并不像霍布斯那样，将人看作一种完全动物式的存在，而是强调人的知性在决定其自身

① ［英］霍布斯：《利维坦》，黎思复、黎廷弼译，商务印书馆 1985 年版，第 94 页。

行为选择过程中的理性判断和道德约束作用，从而为他关于个体受到自然法的普遍约束和因而达到社会天然和谐的理论提供了论证。因此，虽然洛克笃信外在于人类社会的自然法对于人类社会的约束性，但当他将对自然法的解释权赋予人的主观解释时，无疑又为源自自然法的道德理论的世俗化开辟了道路。

在近代伦理思想史上，将人类道德原则完全主观化的集大成者，是以经济学成就闻名的亚当·斯密。他在《道德情操论》一书中指出，虽然人的本性是利己的，但是任何利己的人也都具有对他人的同情与恻隐之心，它是人类道德观念得以形成的客观基础。人类道德观念得以形成的机制，就在于当每个人都以同样的心理来审视自己和推己及人时，人与人之间通过这种感情和认识的相互沟通而自然地形成了一种特定的是非观念。但在这个过程中，由于个体利害关系和具体生活背景的差异，使人们难以找到一种共同的道德原则和政治信念，因而斯密强调在这个过程中需要一种"公平的观察者"，也即通过上述的每个人都以客观的观察者身份来对自己和他人的行为进行共同的观察和评判，并以这种"情感和观念的市场式交换"的方式形成和达到对道德的共识。这样，人类就会如同经济活动中通过市场形成"公正价格"那样，形成的一种共同的道德准则。

那么，近代的这种通过"情感市场"而形成的道德的内容又是如何的呢？斯密对此提出了包括有谨慎、正义、仁慈等解释。从表面上看，斯密所使用的这些概念与古典的道德概念没有任何区别，但两者在内容方面却存在着实质的不同。在亚里士多德的伦理学中，谨慎意味着人类区别和达到道德善的一种特殊能力。而在斯密那里，它却被界定为一种对于个人的健康、财产、地位以及名誉进行维护的特定能力。在正义方面，亚里士多德认为正义作为实现道德善的一种方式，因而他所提出的分配正义和纠正正义两个原则，其实质是要求通过政治的方式积极地进行符合某种特定价值的分配活动。而斯密在这方面却完全是采纳了近代霍布斯和洛克的思想方式，他认为，正义原则并不应该成为一种积极的分配标准，而只能是在"防止社会成员彼此互相侵犯其各自的权利"这一意义上的一种限定，也即它只能禁止对他人幸福和财产的侵犯，并在这个意义上成为国家立法的基础。斯密认为仁慈就是增进他人的幸福。但是，这种仁慈与传统的仁慈的区别在于，传统的仁慈主要表现为对于亲人和朋友的关爱，而斯密的仁慈则是要通过市场交换来促进社会财富的增长，并以此来达到共同的富裕，进而来实现每个人的幸福。

斯密的道德学说具有两个鲜明的特征：一是他不承认道德是一种外在于人类的客观规范，而认为道德形成于人的同情心和人与人之间的“交流和同感”，因而有别于霍布斯和洛克将道德归结为先于主观的客观存在的自然法思想，进而为人们根据自己的主观感觉而对道德的内容进行解释开启了通路；二是斯密对于传统的德行的内涵赋予了完全世俗化的解释，进而完成了传统道德向近代道德的转变。然而，尽管斯密不承认人类应该受到客观道德规范的约束，但他毕竟还是承认了道德规范本身的存在和对人的约束性。而到了以边沁为代表的功利主义者那里，道德原理的合理性却受到了挑战和否定。在功利主义看来，快乐和痛苦作为自然的事实，应该成为人类行为唯一的价值基准。从这一点出发，边沁对传统的禁欲主义和斯密的“同感”理论进行了批评。他认为，禁欲主义实际上不过是满足道德说教者虚荣心的一种说教，因为世界上找不到任何一个始终以禁欲为生活宗旨的人；而“同感”理论所提出的将人们的普遍承认和否定作为道德基准的说法更是一种虚幻的说法，并且由于人们兴趣和志向的不同，道德本身也是随时发生变化的东西，因而在道德判断方面，将人们的同感作为评价道德标准理论是不能成立的。这样一来，功利主义通过把快乐和痛苦作为判断善恶之唯一基准的方式，将个体的感官幸福作为个体利益的衡量标尺，将社会利益视为每个个体利益的简单相加，并由此而得出了政治的目的在于达到“最大多数人的最大幸福”的结论。至此，作为近代政治原则之哲学基础的人学本体论和道德价值学说，终于形成了它完整的逻辑。

综上所述，建立在直观唯物主义基础上的近代道德理论，具有两个鲜明的特征：其一是它的感性优先性，其二是它的个体本位性。从这个角度来考察，以这种道德原则为基础的近代政治原则的直接逻辑起点——自然权利的内涵，则十分清晰地凸显出来。首先，它意味着这种权利所蕴含的自由，首先是一种源自人的自然性的自由，也即黑格尔所说的个体的“欲望的自由”。它通过对个体在社会中寻求安全保障和追求物质生活做出合理论证的方式，为近代市场经济社会中个体的行为原则提供了道德基础。其次，从“整体是个体的简单相加”这一原理得出的结论，就是每个权利所有者是构成社会组成部分的每一个体，社会不过是实现个体利益的手段，因而个体对社会履行义务的目的，无非在于实现自身的权利。也就是说，在权利和义务关系的价值序列方面，个人的权利是目的，而个体对于他人和社会的义务只是手段，这就为近代政治原则的权利本位论奠定了基础。近代自然法学派正是在这一前提下，从自然权利出发，通过自然状态、自然法和社会契约理论的演绎最终建立起具有特定内涵的政治学说。

社会契约论是近代政治学说得以展开逻辑的方法论基础，而自然权利和自然状态说又是这一理论的逻辑起点。根据近代自然法学派的解释，自然状态是一种每个人可以运用自己的力量来保存自身的状态，并且这种自我保存又以相互对立为特征。因为人与人之间在有限的社会资源面前，必然处于一种相互争斗的状态。在这种“所有人对所有人的战争”中，理性使人们发现了人类得以自我保存的自然法则。霍布斯认为，当人们从自然状态进入契约状态（政治状态）之后，如果要防止社会从契约状态重新回到自然状态，人们就应该将其所有的自然权利交付给缔约的另一方——国家。尽管霍布斯的理论具有明显的保守倾向，但在近代民主政治原则形成的过程中，是他第一次完整地提出了国家权力的合法性来源在于人民通过转让权利而形成契约以及国家的根本目的在于保护个体的自然权利的思想。同时，在国家与个人的关系方面，他关于国家对于个人自由的必要限制，其目的是为了保护个人自由的观点，也为近代自由理论的形成和发展奠定了基础。他将自然法的基本原则归结为“己所不欲，勿施于人”，则暗示着自然法作为一种理性的绝对命令，其使命并不是要求人们如何行善，而是要防止人们作恶。因此人类在现实生活中的自由，就必然存在于一种“没有外在障碍的状态”之中，这种将自由定位于“法律保持沉默”的领域内的主张，为近代政治原则的国家与社会分离思想提供了直接的理论来源。[①]

如果说，霍布斯的社会契约论论证了公共权力合法性来源，在于人民的同意和认可，那么，洛克理论的历史使命，就是要说明如何将由社会契约而产生的公共权力，置于人民的控制之下。与霍布斯一样，洛克也是从自然权利和自然状态理论出发而展开自己的逻辑的，但与霍布斯不同的是，洛克认为在缔结契约的过程中，每个人并没有向国家转让出全部的权力，他所转让的仅限于当别人侵犯自己利益时自身所行使的惩罚权，这就决定了国家行使其权力的领域，仅仅限于维护以人的生命和财产为核心的自由权利的范围。同时，为了防止公共权力对于个人自由的侵犯，洛克主

---

① ［英］霍布斯：《利维坦》，黎思复、黎廷弼译，商务印书馆1985年版，第164页。

张将其分解为立法权、执行权和对外权三部分，其中，立法权是至高无上的。在这个基础上，洛克提出对于公共权力进行约束的三项基本原则：首先，立法权尽管是人民委托的最高的权力，但是必须受到自然法的先验原则的制约，也就是说只有在自然法的约束下，为了公共利益的目的而行使时，立法权才是合法的。其次，立法权同时要受到它自身所制定的法的约束，也就是说公共权力必须要在法律的制约下运行。最后，立法部门不得将自己的立法权力转让给其他任何部门。而为了实现这种“法的最高统治”的信念，就必须将权力分解为互相制约的结构形式。显而易见，近代民主理论的权力合法性源于人民的同意、立法权至上、法治以及分权制衡等近代自由主义的基本原则，在洛克的思想中已经初见端倪。①

功利主义对自然法学派的批判，在于它认为自然法学派从自然权利、自然法和社会契约概念推论出来的政治原则，是一种凭空的杜撰和虚拟，因而不足以成为真实的国家合理性基础和立法的依据。但是，功利主义虽然用“功利”来置换自然权利，用“最大多数人的幸福”来取代抽象的“自由和平等”，而它们所要建立的政治价值原则却是同一的。这就是，它们都认为政治作为一种起源于人与人之间利害冲突的社会现象，其目的就是要以强制的方式，通过建立一种合理的制度来进行社会价值资源的权威性分配，从而在根本上规定了政治的性质和任务。功利主义从人的物质性决定人的感性欲望的原理出发，得出了人的自由首先是人的感性自由的原则。从理性是人类的共同禀赋，因而人与人之间是平等的原理出发，它认为民主制度的合理性，就在于这种制度可以最大限度地实现最大多数人的感性要求，因而人们以“多数人同意”的方式所形成的共同意志，也就是社会的“公正”和政治的“正义”。从人的存在形式以人的个体存在为基础的原理出发，它认为所谓的“公共利益”，就是“无数个体利益的简单相加”，因此增进社会利益最简单的方式，无非就是促使每个人的利益的最大的增长。这就是说，在功利主义理论中，其制度设计的指导思想所考虑的只是如何扩大个体利益的简单增长问题，而不是考虑如何将社会资源在社会成员中进行平等的分配。②

---

① ［英］洛克：《政府论》（下），叶启芳译，商务印书馆 1964 年版，第 82—91 页。

② ［美］列奥·施特劳斯、约瑟夫·克罗波西：《政治哲学史》，李天然等译，河北人民出版社 1993 年版，第 847 页。

正是针对功利主义的这一问题，以罗尔斯的正义理论为代表的当代西方政治哲学，对自由主义的功利价值原则进行了深刻的批判。罗尔斯以复兴自然法学派的自然权利学说的方式，通过“无知之幕”这一中介环节的设定，重新强调了平等原则对于自由的重要意义。他所提出的著名的两个正义原理是：(1) 每个人都应该拥有对于所有人来说都可以平等享有的、最大限度的自由权利，因此为了实现每个人的自由，则必须对某些人的自由加以必要的限制。具体而言就是：A. 一种不够广泛的自由必须加强由所有人分享的自由体系；B. 一种不够平等的自由必须可以为那些拥有较少自由的人所接受。(2) 公平原则优先于差别原则，即社会的、经济的不平等，只有在满足下述条件时，才具有其存在的合理性：A. 它必须能够为社会中的弱者提供获得最大利益的机会；B. 在公正的机会均等的条件下，社会应该向所有人平等地开放职业和机会，因而一种过高的社会存储率必须最终减轻承担这一重负的人的负担。[①] 以罗尔斯为代表的当代政治哲学对自由主义的功利主义价值原则的批判，在平等的意义上代表了社会良知对于自由主义只强调形式的平等而忽视社会实质平等的愤慨和不满。但是，罗尔斯正义理论对于自由主义的批判，仍然属于自由主义阵营内部的一种自我修正。在根本的意义上，它并没有超出自由主义的基本理念和框架范畴。因为只要不承认社会具有共同的道德“善”，并将对“善”的最终判断归结为每一个体的自由选择（无疑，在现代市场经济体系中，人们对于这种善的认同是以感性为内核的），那么，它就无法回避自由主义最致命的理论缺陷。

三

由上可见，西方政治哲学演变过程中的一个明显特征，就是其人学观念—道德价值原则—政治哲学思想的变化，在很大程度上来自近代科学对古典神学的冲击和否定。这个过程表现在人学本体论层面，就是近代唯物主义对于古典唯心主义的取代。在传统的人学观念看来，理性与感性的关系，表现为道德理性对于人的自然性的控制和改造，因而人生的目的在于

① ［美］约翰·罗尔斯：《正义论》，何怀宏等译，中国社会科学出版社 1988 年版，第 292 页。

道德的实践和精神的升华。如果从更深的理论背景而言，理性则被认为是宇宙规律在人间世界的一种存在形式，因而人的道德理性的实践，又被视为一种客观理性精神的显现。正是在这种人学观念下，人的道德价值原则被界定为一种形而上的行为规范，它以克己自律和追求良善的生活为特征。国家作为人间这种使命的完成者，也因此而被视为客观理性精神在人间现世的代表："国家是伦理理念的现实——是作为显示出来的、自知的实体性意志的伦理精神，这种伦理精神思考自身和知道自身，并完成一切它所知道的，而且只是完成它所知道的。"① 而从人的存在形式角度而言，人的群体性在现实社会中，是以有秩序的有机整体方式为存在形态的。从人的理性能力和禀赋差异的角度出发，古典的政治观认为正义的社会应该是一个以理性能力为基础而界定人的身份和进行价值分配的等级社会。而这种正义又不过是外在于人类社会的客观规律的一种表现形式。从这种整体观念出发，古典政治观认为在社会利益方面存在着一种"共同的善"，它在精神层面表现为社会整体的共同意志，而在物质层面则表现为社会的整体利益。因而在个体与整体的关系方面，由于个体的存在以整体为前提，因此在国家立法的指导思想方面，就贯穿着一种个体对社会的义务优先原则。这种原则的基本精神就是，只有在满足了国家所代表的社会利益的前提下，个体的利益才可能实现。因此，个体在处理自己与整体的关系时，必须将国家的利益置于优先的位置。正因为如此，在传统社会的权利与义务的关系范畴中，权利本身并不具有近代的个体与整体对立意义上的个体对国家的优先权。

如上所述，在由传统社会进入近代的过程中，西方社会人学观念的转变，主要表现为从直观唯物主义的角度（确切地说，是从自然科学的角度）对人进行的定义。在人的存在内容方面，它在将人视为一种"属物"的存在前提下强调了人的理性，并在概念上仅仅赋予理性以服务于自然性的性质，从而从根本上否认了人的实践理性对于人的自然性的改造意义。而在人的存在形式方面，它更倾向于从直观的意义上界定人与人之间的关系。这种界定方式在否认传统的有机社会观的基础上，不但得出了个体与个体之间平等的结论，同时也在个体与整体的关系方面推导出整体是个体的简单集合的结论。显而易见，正是在这样的人学观念基础上，引申出了

① ［德］黑格尔：《法哲学原理》，范杨等译，商务印书馆 1961 年版，第 253 页。

近代西方社会的世俗道德原则和政治价值理念。而这种世俗道德原则和政治价值理念的根本特征，就是在否认人性的自我超越能力前提下，将政治的价值定位于服务于以个体的欲望和自由为核心的人与人之间的平等竞争层面，理性在政治中的价值也因此而被理解为人类能够进行社会资源的有秩序价值分配而“作为公平合作系统之社会理念的一个要素”[①]，从而摒弃了动物界的互相残杀。也正是在这种以单子式的个体为单位的价值空间中，社会的道德选择机制失去了任何外在的客观基准，而只是一种以“个体的自由选择”为前提的“多数人的同意”。因此，道德的善和政治的正义之间必然要被割断其间的联系。也正是由于这种关系的断裂，政治正义的理念才成为一种可以被人们随意解释的原则。在近代以个体的感性需求为主导的商品社会中，在人们为了自己的利益拼命地竞争和角逐的状态下，失去了实践理性精神的政治必然沦为一种个体与个体之间以及个体与整体之间讨价还价的利益工具。那些被某些所谓的“理性人”津津乐道的“现代政治的世俗化”的本质，也正在于此。

毫无疑问，从社会发展的阶段性而言，我国目前正处于一个由传统向现代转型的过渡时期。在这个过程中，建立一种什么样的政治理念来引导我国社会的发展，就成为我们所面对的一个十分严肃的课题。前文曾提到笔者的这样一种观点，即由于文化的差异，每个民族在通往现代化的道路上，都将建立起一种具有民族特色的道德观念、价值体系和政治理念。从哲学的角度而言，笔者认为，中华民族在文化背景和思维方式等方面与西方文化的最显著的区别，就是我们有源远流长的辩证思维传统。正是基于这种思维特质，在文化学的意义上，我国社会才在近代西方种种社会思潮的冲击面前，最终选择了马克思主义。由此推理，在建设具有我国特色的政治哲学体系过程中，坚持马克思主义的本体论、认识论和基本原则，也必然是我们进行这一研究的题中应有之义。

马克思主义对近代人性论进行的批判，是从实现人类的彻底解放的高度进行立意的。马克思主义认为，人类将在不断改造外界自然过程中获得自身的改造和价值提升，最终将使人完全摈弃动物性的利己意识而彻底实现人的真正自由。在这个意义上说，它在继承了古希腊实践理性思想渊源的基础上，通过引入历史唯物主义，对人类实现自由和解放的规律进行了

---

① ［美］约翰·罗尔斯：《政治自由主义》，万俊人译，译林出版社2000年版，第51页。

科学的说明。这种说明的哲学基础，就是超越了近代直观唯物主义的实践唯物主义，而实践唯物主义的生命力所在，就是它的辩证的思维方式。同时，历史唯物主义与辩证法的有机结合使辩证法“不再是在抽象逻辑的范围内而是在实际力量的范围内”① 成为人类正确地认识和实现自由的思想武器。

在人学本体论方面，马克思主义是从实践唯物主义的角度解释人的本质的。在关于人的存在的内容上，它虽然也肯定人的自然性，但却否认它是不可改变的，因而主张人性并不是一成不变的。人的意识作为人在特定历史阶段由某种社会关系所决定的观念形态，必然将随着社会关系的变化而逐渐改变其内容。这意味着，从人的自然性和理性的关系角度而言，人类一方面通过理性来改造客观自然以满足自身的生存需要，另一方面在改造外在自然的过程中使自己的内在自然——也即人的自身自然的性质不断发生变化，因此，从人的生成过程来说，导致人类不断发展和变化的根本因素，就是人的劳动实践。也正是在这个意义上，马克思主义对人的本质的认识源自人的劳动实践，它意味着人是一个在理性指引下的劳动过程中不断变化的存在，“也就是说，被视为实践理性之主体的人才是至高无上的”②。它意味着，在人的进化过程中，理性具有两种功能：一是通过劳动实践来满足人的物质需要，一是在实践中实现自身道德和自由的形成和发展。显而易见，在马克思主义对人的本质的界定上，物质条件的存在对于人的价值，只是作为发展手段而具有意义的。人的发展的最后境界，则是人的道德生活的实现。连接这两种实践的中介，就是人们在劳动实践中所结成的社会关系，它将影响人的道德水平的进化程度。而人类的社会关系又不是随意结成的，而是由社会生产力的发展水平所决定和制约着的。由这种历史观出发，马克思主义提出了人不是单个的抽象物，而是一切社会关系的总和的观点。

人是一切社会关系的总和这一命题，首先意味着人之所以成其为人，源于其生产劳动实践和在这种实践中结成的社会关系，人的“活动和享受，无论就其内容或其存在方式来说，都是社会的，是社会的活动和社会

---

① ［美］乔·萨拜因：《政治学说史》，刘山等译，商务印书馆1986年版，第839页。

② ［德］康德：《道德形而上学基本原理》（1797）之《德性论》，第1卷。

的享受”[①]。十分明显，由此推导出来的必然是一种有机的社会观，它以人与人之间真正平等基础上的自由发展为价值取向。根据这种本体论进行价值推理，肯定自己的前提，必须要首先肯定他人和社会，而将这种肯定具体化为现实的社会关系，就必须建立起一种“同其整个人类联系在一起的具体的人特有的社会生活的历史的现实的行为所需要的那种社会平等”[②]的社会关系。而这种真正平等的社会关系的建立，又不是人们根据自己的主观意志所能随意决定的，而是必须通过生产力发展的客观规律来渐次完成的。马克思主义就是这样，通过历史唯物主义这一中介环节，将人们的主观价值理想和人类发展的客观规律连接起来，使人的本体论、价值论和社会发展的认识论三者有机地结合起来，从而建立起立意恢宏的科学的社会主义理论。其次，这一命题还推导出，既然人的发展的最终目标是人的道德的提升和精神的自由，因而人类改造世界的劳动就是在使人通过这种活动而得到进化和发展的角度而获得其意义的。这意味着人类在这个过程中需要一种统一的价值观念来指引人类的实践，而且这种价值观念将是使人成其为人的必要前提。

从马克思主义的上述人学本体论中，将推导出来一种什么样的道德观念和价值原则呢？从道德善的角度来看，人类的感性需要无疑是客观的和合理的，因为它是人类实现道德和精神发展的物质前提。但是，这种满足不能是一部分人的满足而必须是所有人的满足。因此，人类在这个层面的善以社会整体在这个意义上的自由为道德定位的价值基准，反映在政治理念方面，就是马克思主义更强调社会平等的意义。同时，人类社会在这个意义上的善，又不过是实现更高的精神自由的一个前提条件。因此，人类终极意义的善是一种人的全面发展的精神自由的善，并且这种善，又是以全社会“所有人的自由发展”为前提的，因此这种善也是一种社会整体的价值判断。

从这种道德理论推引出来的政治的正义原则就是，政治作为一种人性尚需要以强制力来进行规范的产物，它的任务就是要在社会价值分配的领域纠正某种生产关系所形成的人与人之间的不平等。具体而言，就是国家应该以立法和政策的方式纠正社会的经济不平等现象，以实现社会正义。

① 《马克思恩格斯全集》第42卷，人民出版社1974年版，第121页。

② ［意］德拉·沃尔佩：《卢梭和马克思》，赵培杰译，重庆出版社1996年版，第12页。

而在思想意识层面，政治的任务就是引导全社会形成一种以上述道德善为客观基础的统一的价值观念，并以这种价值观念来指引人们不断追求精神自由的真善美境界。需要进一步解释的是，以国家的方式倡导统一的道德信念和价值原则，决不等同于传统社会的政治与道德的一体化。因为国家在这个过程中，只是在社会生活中以引导的方式来组织人们进行积极的讨论，并以此达成对价值观念和道德原则的共识。

从目前我国社会发展的阶段性和我们所获得的生活内容来看，笔者认为，建立这样的政治哲学并以这种理念引导我们的社会生活，是符合这个时代的精神和民族发展的长远利益的。如果说，我国的社会主义实践从单纯的计划经济向市场经济模式的转制，是根据社会生产力发展的实际情况而做出的符合历史唯物主义的调整的话，那么在这个阶段上，如何通过政治的方式积极地推进社会正义，就更成为另一个必须引起关注的严肃问题。因为我们在建立市场经济体制时必须牢记，就社会价值分配的层面而言，市场经济是一种极易导致社会分配两极分化的纯粹的竞争机制，因此，以平等理念为价值原则的社会主义国家，绝不能对这种经济形式的弊端无动于衷和消极放任。在意识层面，市场经济是一种以欲望和利益为驱动机制的生产方式，它虽然可以创造出巨大的财富来满足人们的物质需求，但又具有腐蚀人们的道德性、以人的感性欲望取代精神理想的消极作用。所以，在这个阶段上，国家必须以提倡精神文明的方式来抵消市场经济带来的这些弊病。当我们以辩证的思维继承我国的优秀文化传统，建立起一种既鼓励物质文明，又提倡精神文明的哲学、道德伦理学和政治哲学体系的时候，中华文明将以它崭新的面貌重新崛起于世界。

（原载《政治学研究》2000 年第 4 期）

政治哲学的问题架构与思想资源

任剑涛*

汉语学界自20世纪90年代以来，对于政治哲学的研究已经较为重视：以政治哲学为命题的学术文献相对增加，举办有专门学术会议。政治哲学已进入大学课程体系。① 因此，此项研究工作，应当更为有效地展开。这种展开，以对政治哲学的问题清理和思想资源集纳为基础。因为，政治哲学的研究，与政治思想史、政治制度史、政治科学等相关学科的研究，取径、方法与意义，都大为不同。只有将政治哲学的问题架构与思想资源的问题性质与陈述方式凸显出来，才能期望政治哲学的研究建立起学科的独特语境，取得具有原创性的研究成果。

一　切入视角

我们进行政治哲学研究，需要首先讨论的问题，是政治哲学研究究竟应当从什么角度切入。因为，在政治学与哲学的边沿上寻找自己成立理由的政治哲学，必须将自己与相邻学科的界限划分出来。否则，它究竟应当以一个什么样的名称来命名自己所研究的问题和提供的成果，就无法给出一个边界清晰的回答。这样，也就会失去自己的存在依托。对此，西方的著名政治哲学理论家们曾有过集中而持续的讨论。② 这种讨论，就关注的

---

* 任剑涛：清华大学社会科学学院政治学系教授。

① 如在“西方政治哲学”或“中国传统政治哲学”这样的题目下出版的学术文献，不在少数。2001年内，北京、香港、广州三地就分别举办三次以“政治哲学”为主题的专门学术会议。仅就不完全了解，北京大学、中山大学等大学则开设或准备开设政治哲学课程。

② 对于这种讨论，商务印书馆1985年组织翻译出版的詹姆斯·A. 古尔德等编辑的《现代政治思想》有较好的收集之功。

问题而言，大致集中于政治哲学究竟属于哲学，还是属于政治学这一点。一般而言，他们认为，政治哲学以其研究社会政治领域中的价值设准、制度理念和生活格局问题，而显示出它与一般哲学（本体论、认识论）、政治科学以及经济学、社会学、法学的学科差异。① 以研究者思考政治哲学学科性质的视角而言，则可以划分为三种类型。

这三种类型，一是从政治思想史角度谈论问题的。较为典型的陈述是两位身为政治思想史家的著名人物给出的。一位是以写作《政治学说史》知名的乔治·H. 萨拜因。他从西方政治思想史的视角，对于“什么叫政治理论”的问题进行了回答。另一位则是以写作《政治哲学史》与《自然权利与历史》而著名的政治思想史家利奥·斯特劳斯。他也从政治思想史视角，对于“什么是政治哲学”的问题进行了解释。

就前者而言，萨拜因强调，研究政治哲学必须从政治学史出发。②“至于讨论政治哲学，就必须具备这门学科的历史知识。”在此基础上，他指出，所谓政治哲学“指的就是哲学家们关于人类社会的一切思想”。他没有对政治哲学与政治理论的区别问题给予特别的关心。③ 萨拜因认为，政治哲学正是以它处于“更为精确、更带有技术性的学科边缘上”来显示它的存在价值。并因此认定“用演绎和推理的方法争论一门科学或哲学学科应当有什么形式或者目的，这样做通常是没有益处的”。因此，萨拜因强调对于政治哲学或政治理论的研究而言，应当着重于政治理论产生的时代、地点、环境的分析，使得我们对于产生这种理论的当时形势以及后来相近形势的理解，具有加深之功。

而斯特劳斯以对无视价值问题的政治科学加以批评的方式，来申述自己的何谓政治哲学的看法。④ 他从柏拉图和亚里士多德的古典政治哲学传统出发，将政治哲学与价值追问紧紧地联系起来。一方面，他把政治哲学

---

① 参见 Robert E. Goodin 等编 *A Compation to Contermporary Political Philosophy*，第一部分。布莱克维尔出版社 1995 年平装本。

② 对于萨拜因关于政治哲学性质论述的概述，参见上书所收萨拜因论文《什么是政治理论》。

③ 其实，在《现代政治思想》一书中所收的诸政治理论名家作品中，大多数论者都是在“政治理论”的名义下来谈论政治哲学问题的。不唯萨拜因是这样，伯林也是这样。只有斯特劳斯较为顽强地坚持了“政治哲学”概念的准确性，而且以政治哲学与政治科学、政治思想的差异性作为理论的一个支撑条件。

④ 参见《现代政治思想》一书所收斯特劳斯的论文《什么是政治哲学》。

区分为阐述政治目的，为评价政治行为和政治制度确立标准的一门学问。另一方面，他特别强调政治哲学是作为寻求智慧的哲学的一部分。政治哲学“就是试图真正了解政治事务的性质以及正确的或完善的政治制度这两方面的知识”。就此而言，政治学说离开政治哲学是不可想象的事情。

第二种类型则是从狭义的政治理论角度讨论问题的。乔治·卡特林可以被看作这方面的代表。他强调政治哲学之作为“伦理学的分支”的学科特质。他认为政治哲学关心的问题与政治科学关心的问题，是一个目的与手段问题。前者关注个人行为的控制，后者关注基本价值观念。他甚至将政治哲学置于“美学的基本原理或公理所作的判断”基础上，为此，他明确认为只是从思想史的视角去说明政治价值观念，是不妥当的。①

与前两种类型相区别，第三种类型是从政治科学角度划分界限的。戴维·伊斯顿从系统分析角度对于政治理论的解释，以及罗伯特·达尔从行为主义的方法论角度对于政治理论的审视，T. D. 韦尔登的分析政治哲学，大致都属于此类。他们对于政治理论的学科规定性，基本上是从“已观察到的和可能观察到的人的行为来阐明一切政治现象”。或则强调政治哲学价值申述的有限性，表达一种揭示政治语言上的混乱的思想倾向；或则致力解释一类行为在某一制度中的功能。尽管他们之间的具体方法诉求和研究进路差异很大，但是，他们都力求将政治哲学的地盘缩小，以便在经验范围内提供更为准确的人类行为的政治解释。②

从上面诸家的论述可以看出，他们大多对于政治哲学是否应当坚定地称为“政治哲学”，态度都还是游移的。他们时而以“政治理论”来命名这门学问，时而以“政治哲学”来指称这项研究，时而又以“政治思想”来标示自己的论域。他们对于问题确认的相似性，可以启发我们对于政治哲学研究的切入视角，起码需要从三个方面加以认知。

其一，对政治哲学的政治指向与哲学论述方式的结合要加以重视。这是从政治哲学的学科归属性质上讨论问题。这符合形式命名上的“政治哲学”的指称。当然，政治哲学是否直接指向政治问题，抑或直接指向哲学问题，则是一个令人费神的问题。原因在于，哲学的问题解析与政治的问

---

① ［美］古尔德、瑟斯比编：《现代政治思想》，杨淮生、王缉思、周琪等译，商务印书馆1995年版，第57页。

② 参见《现代政治思想》一书有关论文。

题剖判，不仅在学科性质上是相当不同的，就是在存在状态上也差异甚大。而且，就这一不同的古典意味来看，哲学致思一开始就处于与城邦政治生活相冲突的状态。前者是个人的必然选择，因为“未经反省的人生是没有意义的”。后者则是城邦生活必需的，因为参与城邦政治乃是公民天经地义的要履行的义务。个人的深刻反思与城邦的从众生活难以和谐一致。这时的政治哲学致思，就是致思者对峙政治活动与哲学思考的举动。这是苏格拉底这样的政治哲学活动者被处死刑的原因。[①] 再就现代政治哲学致思的状况来看，我们很容易滑入一个不问价值问题、直探政治现象的陷阱。现代政治哲学的诸神之争从未间歇，但是，政治科学的致思方式对于这种争论的价值较为轻蔑。这使得政治哲学的致思既没有开阔的思维空间，也没有充分的可汲取的理论资源。为此，今天从事政治哲学研究的人们，需要对政治问题与哲学问题存在的差异与相关性给予高度警惕。一方面对于它在古典情形中的对峙性予以合理的解释；另一方面对于它在现代情景中的疏离关系加以理解。从而，在政治与哲学的紧密关联性上，为政治哲学的研究奠立基础。

其二，对政治哲学的价值基石与制度理念要加以关注。这是从政治哲学的研究内涵上而言的。政治哲学首先关注的是政治的基本价值问题。这种关注当然是有条件的。除开社会背景的条件之外，就是政治哲学自身的价值厘定问题。无疑，政治哲学的研究已经无法立定在古典政治哲学的视角里，这是现代政治生活独特方式注定的。从古典政治哲学的特定视角切入今天的政治哲学研究，只能获得个人价值追问与个人生活趣味的安顿，这种追问无法解释大型复杂社会的公共问题。因此，坚持现代政治哲学的基本原则，即坚持 17 世纪、18 世纪启蒙主义的基本价值信念，便成为我们研究政治哲学问题的价值基石。而这种研究要支持的是与之相关的制度理念，落实到宪政的正当性问题上，是这种研究的价值与制度一致性所要求的。换言之，在一切制度都无法直接提供什么是最美好生活的答案的情形下，为宪政寻求价值支持与提供合理证明，就是现代政治哲学所要做的最为重要的工作——因为它最能够提供追问何谓美好生活的社会政治支持条

① 参见萨拜因等《政治学说史》第一编（商务印书馆 1986 年版）。这一编对于政治思想家的思想活动与城邦政治生活间的关系，有很好的描述与分析。又见刘小枫《刺猬的温顺——伯林与斯特劳斯》，载萌萌编《启示与理性——从苏格拉底、尼采到斯特劳斯》，中国社会科学出版社 2001 年版。

件。也许这是现代政治哲学在划定自己的研究领地时所注定的理论命运。

其三，对政治哲学统率政治学研究的学科层次要加以认定。这是从现代政治哲学与诸相关学科的关系上考虑问题的。一般政治理论、政治发展、政治文化、政治制度、政治思想、比较政治的研究，相对于政治哲学来讲，都是次一层次的。即使这类研究也都追问价值问题，但是相比较于政治哲学的价值问题研究来讲，也都是次一层次的研究。因为，政治哲学提供的价值研究成果，是最深层次的价值追问结果。这同政治学某一方面的研究对于价值问题的追问，自然不在同一个层次上。一般的政治问题议论，与时代相伴随的特点相当之强。而政治哲学的价值追问则具有超越时代的普遍意义。这就是今天的政治哲学研究者还要去努力研习古代希腊、先秦的政治哲学，并以之为自己的政治哲学研究的重要思想资源的原因。所以，爱克斯坦才强调“政治哲学具有发人深思的能力，它可以为政治科学家提供概念、模式、远见、理论和方法的丰富源泉”①。政治哲学作为政治研究的高阶构成部分获得了自己独特的理论品格。

二　问题架构

确认政治哲学研究的独特视角或高阶性，并不等于确定了政治哲学研究的问题架构。而后者对于政治哲学的研究来讲，重要性绝对不亚于前者。因为，只有从政治哲学研究的问题架构方面，才足以显示政治哲学的学科独特性。

凸显政治哲学研究的问题架构，当然需要从政治哲学研究的具体问题着手。政治哲学所研究的问题是复杂的，因此，取决于政治哲学问题陈述的逻辑要求，需要对政治哲学的问题架构进行厘定。在萨拜因看来，几乎与政治哲学具有同样含义的“政治理论”，包括三个方面的内容。一是对于政治事实的论述，二是对于政治问题的因果关系的论述，三是政治价值观念的论述。② 而其他西方政治思想家大致也都同意，政治哲学提供给政治学以价值支持，具有一种无法替代的理论功用。③ 这类论述指示我们，

① ［美］古尔德、瑟斯比编：《现代政治思想》，杨淮生、王缉思、周琪等译，商务印书馆1995年版，第443页。

② 同上书，第14页。

③ 上节所举诸西方政治思想家，基本上都不同程度地承诺政治哲学的这一理论功用。

政治哲学的研究，事实上是围绕政治价值观问题展开的。政治价值观方面的诸神之争，从古至今就未曾歇息。假如说政治科学在处理政治现象的分析时具有某种技术性的一致性的话，政治哲学就从来未曾在一致性上有什么成就。或许正是这种不一致性，使得政治哲学具有了它的理论活力。这正是伯林刻意强调多元论对于政治哲学研究所具有的特别意义的原因所在。[①]

可见，政治哲学的问题复杂性与政治哲学的价值认同性的弱化情形是紧密联系在一起的。但是，这并不意味着政治哲学就没有一个可以辨认的基本上为各家各派所共同关心的问题架构——从政治哲学的历史发展与当代政治哲学的论争来看，政治哲学是有一个自身的理论架构的。之所以存在这样一个问题架构，是因为三个原因。其一，这是由政治哲学的学科特质所注定的。只要是谈论或关注政治哲学问题，就无法排除对于政治基本价值问题表态的共性。其二，是由政治哲学的问题的形式同一性所注定的。只要是政治哲学的研究，就必须对美德、善、自由、平等这一类政治哲学的古典问题或现代问题表明同意或反对的态度，申述自己的逻辑理由和实践选择，并进一步在此基础上建构起自己的政治哲学体系。否则，就没有希望被承认为政治哲学家。其三，便是从政治哲学的效用角度考虑的。所有政治哲学的研究者都希望或实际上从政治价值观方面影响人们的政治观念和政治行动。假如对某种政治现象的研究仅仅对于人们认识某个政治事实具有帮助，它就缺乏政治哲学的学科品性，缺乏政治哲学开阔的视野、持续的影响力、分析的穿透力。这就注定了政治哲学一定是在人们普遍关注的政治问题域中寻求理论认同和理论影响的。

其实，对于政治哲学相对集中关注的问题的形式一致性，政治哲学研究者是大致公认的。至于这种公认如何贴切地表述出来，则具有相当大的差异性。[②] 就笔者个人的意见，以为政治哲学的问题架构可以被概括为“一个核心双线对举，多重衍生”。

一个核心，即政治哲学研究围绕的最基本的问题圆心。这里的关键自然是如何可以找出政治哲学的核心问题。就现代政治哲学来讲，关于政治

---

① 参见《现代政治思想》一书所收伯林论文《政治理论还存在吗》，尤其是该文中间部分。

② 我们只要浏览一下前述的《现代政治思想》，以及伯恩斯的《当代世界政治理论》（商务印书馆 1983 年版），就可以知晓这一点。

哲学究竟以什么问题为核心，也有不少分歧。仅就汉语学界而言，便划分为两类意见。一种意见认为，自从政治哲学研究进入当代汉语学术界之后，关于“何谓政治哲学”的问题，有着相当大的歧义。但是，政治哲学的问题核心是明显的。恰如近期出版的一本政治哲学著作，便以“社会正义”来命名他们认定的这一政治哲学的核心问题，他们还以这种认定来概括当代中国的政治哲学研究。“社会正义是如何可能的——政治哲学在中国”既是命名政治哲学的核心命题，也是这一立场的明确宣示。[①] 作者对于自己的这一厘定提供的理由，一是因为社会正义的命题显示了政治哲学在理论上促使人们将社会逐渐改善为正义的社会的目的，二是因为政治哲学也显示了实际上的人民通过自己的政治参与建立正义社会的状态。[②]

另一种意见则对上述说法表示反对。一方面，论者认为社会正义是一个抽象的说法，各派政治哲学家对于社会正义的解说，有一种意识形态的对峙性。以社会正义为政治哲学的核心话题，就将政治哲学换算成为意识形态化的“正当性”争论。另一方面，政治哲学的核心问题应当是交锋双方的争论焦点，而不是一方压倒另一方的说辞。就此论者指出，“政治哲学的核心问题，用‘历史与自由的紧张’表述也许更加恰当一些。它是政治哲学演变的动力”。[③]

无疑，就政治哲学的核心问题的指认的确当性而言，后者要比前者来得合理。确实，仅仅将某一流派或某一著名的政治思想家提出的政治哲学核心命题作为整个政治哲学（包括古典的政治哲学与现代的政治哲学，尤其是现代政治哲学）的共同核心命题，是一种涵盖力较为有限的说法。我们必须从各家或主流的政治哲学诸流派的政治哲学命题中去概括出政治哲学的共同核心主题。否则，政治哲学的核心问题就无以显现出来。

于是，所谓政治哲学的“一个核心”，就是通过对于现代政治哲学思想综合把握，凸显而出的“自由及其实现方式”这个政治哲学问题。“自由及其实现方式”，也可以表达为“自由与历史的紧张”。前者着意于自由及其可能性的理论分疏，后者着意于自由及其实现的现实历史条件问题。从政治哲学的理论定位上来讲，后者也许更适宜于表达政治哲学的理论核

---

① 参见韩水法编《社会正义是如何可能的——政治哲学在中国》，广州出版社 2000 年版。

② 参见《社会正义是如何可能的——政治哲学在中国》，第 12 页。

③ 参见范素《“政治哲学”是如何可能的》，《中国图书商报书评周刊》2000 年 8 月 1 日第 6 版。

心问题。这个问题之所以构成政治哲学的问题核心，主要有三个方面的原因：其一，自古至今，人类从事政治活动的目的就是追寻自由。[①] 其二，自古至今，人类关于政治问题的思考就是围绕自由问题展开的。其三，分歧巨大、表现复杂的现代政治思想，也是在陈述各自思想流派的自由及其实现方式上来阐述他们的主张的。现代政治思想的三大流派——激进主义、自由主义、保守主义，都是在对于自由的论述中延伸自己的理论立场，并且就此划分出各自的理论界限的。当然，就政治哲学的古典形态与现代形态的差异性而言，自由及其实现方式之作为一个理论问题的阐释，是极为不同的。我们当然要站在现代的视角来观察与分析政治哲学的核心问题——作为现代问题的诸观念与行动的自由，而不是在古典的哲人式的沉思中去省思自由问题。这正是划分出现代条件下极端右翼政治思潮与主流的自由主义政治思潮的界限所在。哲人式的沉思既解决不了大型复杂社会的组织化生活的正当性问题和正义性问题，从而无法提供给人们通达自由的制度道路；同时，也无法解释个人的沉思如何可以传达给大众的政治问题，从而将政治与哲学完全对峙起来，无法实现政治哲学提供给政治生活以确当的价值指引的任务。就此而言，自由及其实现方式之作为政治哲学的核心问题，又主要是在现代政治哲学的视角下加以确认的。

所谓“双线对举”，则是从现代政治哲学申述其独特的问题进路着眼阐释政治哲学的。现代政治哲学之所以被称为“现代的”政治哲学，首先就是因为它与古典政治哲学具有重大的不同：一方面，这种不同体现为各自展开自己理论逻辑的社会背景，已经发生的巨大的差异；另一方面，则是因为它们各自论述问题的方法预设已经发生了重大的分化；再一方面，便是因为它们对于当下社会政治运转的影响方式也发生了根本差异，使得政治哲学与政治生活的联系更加复杂。这种分化，简单地讲，就是一种双线对举的思维方式被确立起来。现代政治哲学基本都是在“神性与人性”“个人与群体”“公共与私人”“国家与社会”“权利与权力”“法制与法治”“自由与奴役”“压迫与解放”“国家与市场”“自由与平等”“民主与专制”“主观与客观”“积极与消极”“一元与多元”“激进与保守”

---

① 参见邹铁军主编《自由的历史建构》（人民出版社 1994 年版），尤其是第 29—72 页对于西方古典社会自由观念与理论演变的描述。当然，全书都可以被视为是对于自由之作为政治哲学核心主题的证实性历史描述。

"科学与人文"等对举的话题中，来谈论政治哲学问题的。这是一种典型的二元思维方式的产物。这种思维方式是近代的产物。从哲学上讲，它与近代哲学的新传统联系在一起。一方面，英美经验主义传统使得这一思路具有了实际的经验观察与政治运作的支撑。另一方面，德法建构理性主义传统则使得它具有了理论思辨的观念基础。不论这种二元对峙或对应的思维方式有什么样的缺陷，它对于现代政治思维的紧要性则是不容忽视的。

二元思维对于现代政治思想的紧要性表现在，一方面，它构成现代政治在相互的关联结构中构造政治理念与政治制度的理性基础，从而使得现代政治的思想处于一种紧张的关系结构之中。这是多元思维的基础，也是以冲突求和谐的政治思维的基点。缺乏二元基点上的思想建构，我们就无法构造更无法理解什么是现代政治。另一方面，二元思维虽然不是真实世界的状态，但是，作为一种理解政治生活的分析工具，它是不可缺少的。任何分析都只有在确定的参照框架中才是可以理解的。而这种参照框架不是摇动中的万花筒可以在无尽的变幻中获得一个有益于理解某种事物的坐标。理解的参照框架必须是确定的，是由人类的思维在一定的条件下具有的确定性决定的。某种政治生活方式（从它的观念到与之匹配的政治制度和日常生活方式）是否确当，一定是相对于另一个确定的政治生活方式来显示的。历史的构成要素在不同的政治生活系统中一定是交叠的，但是作为具有自足性特点的政治生活系统，则只有在各自的确定性的对比中获得认知。中西政治哲学或中西政治文化的比较研究的正当性与重要性，都只有在这种方法中才能获得证明。再一方面，二元对举的思维是显示思想的清晰性的条件之一。没有明确的划界，就没有明晰的思想。最优的划界是多边的划界。满意的划界是对应的双边划界。最优的是理想。满意的则存在于现实之中。二元划界是准确划界的基本形式。在"是什么"——"不是什么"的关系结构中，我们才能准确地定位与理解复杂的社会生活现象的状态。在此意义上，二元划界可以逼近认识事物的理想类型目标。要想保证政治思想的清晰性，就无法完全排斥二元思维。①

而"多重衍生"则是基于现代政治哲学对于哲学、政治学、伦理学、法学诸多相关学科产生的边际效应，以及实际运作的政治过程发生的多重

① 参见焦树安《比较哲学》第六章"比较哲学的可比性问题"对于可比性与比较方法的讨论。中国文化书院1988年印行。

互动上来看待政治哲学的理论问题的。这种多重性投射于政治哲学研究的各个问题域中，而且为人们所熟知，因此就不赘言了。

三　思想资源

展开政治哲学问题的研究，一方面确实需要建立起具有逻辑力度的问题架构，另一方面也需要对解析这些问题的思想资源进行组合。这样我们就当然地需要借助于从传统政治思想到现代政治思想的多种思想资源，以及最能够促使政治哲学兴盛和繁荣的现实社会政治问题对于政治哲学提出的理论任务，来推动政治哲学的研究。

而要集聚政治哲学研究的思想资源，就需要首先对当代中国政治哲学思考的理论前提加以确认。这种确认涉及两个方面的大问题：一是对于中国社会政治氛围中思考政治哲学问题的政治环境诸要素的确认；二是转型中国对于政治哲学需要的迫切程度的感知问题。就前者来讲，在当代中国进行政治哲学的研究，所受到的诸政治要素的影响首推意识形态。意识形态的单一存在性与绝对支配性，对于政治哲学的研究是有负面作用的，这种负面作用主要体现为对于思想的排斥。同时，政治制度安排的理念基础也显得较为僵化，这使得政治制度理念的探讨缺乏空间。政治生活中公共问题与私人问题的搅和，对于人们的政治思考习性造成了不良影响。这些负面因素是需要我们在研究政治哲学的问题时必须加以清除的。就后者而言，开始于20多年前的中国改革，已经将中国推向了一个非得以政治体制的改革来继续推进中国的改革事业的地步。而政治体制的改革，当然必须以政治哲学的研究奠立基础。这不仅是从政治观念对于人们的政治行为具有深刻的影响这一特定视角说的，而且也是从观念上的探索容易为人们所忍耐、所接受的视角来申述的。由于观念的探索具有渐进的特性，又由于观念的传播具有过程性质，因此，为某种社会政治生活进行筹划的时候，历史经验显示，人们通常习惯于从旧观念的清理与新观念的引进着手。也许，政治哲学就这样被推到了中国政治生活的前台。如果说这种一般的说法还不足以支持政治哲学的研究之走到中国政治生活前台的话，那么，我们可以进一步讲，中国的改革开放在走完它的经济改革道路，并且将经济改革的成就做到了最大最足之后，经济改革需要政治改革出来支持它了，否则，经济改革就无法继续维持。而需要政治体制改革的支持，并不等于政治体制改革就可以像当初经济体制改革那样，在各方的支持下高调开场。政治体制营造出的既定思想结构、权力分享方式、政治制度习性，不是轻而易举就可以改变得了的。这就需要观念的播种，需要政治哲学来松动显得僵化的政治观念土壤。

如果说政治哲学的研究是要为政治体制改革提供观念基础的话，那么，政治哲学的研究能否有效集纳各种政治思想资源，就变得十分重要了。应当说，一方面由于中国政治哲学的研究的晚近性，另一方面又主要是基于从传统到现代转型的社会政治生活需要展开的研究活动，因此这种研究必须是在尽量集纳政治哲学研究资源的基础上展开研究活动。对于政治哲学研究的任何可能的思想资源，我们没有采取排斥态度的资格。

就此而言，对于汉语思想界来讲，历史的和当下的任何政治哲学流派、观点、思想，均应纳入我们政治哲学的研究视野之中。假如要将这些资源进行一个归类，则中国政治哲学研究的思想资源主要有三类：一是规范意义上的西方政治哲学理论；二是中国传统的政治哲学论述；三是当代中国，以及国际社会政治变革提出的亟须解决的政治哲学问题。

西方政治哲学何以成为中国政治哲学研究的首要资源呢？而且我们还首先给西方政治哲学冠上一个“规范的”前导词呢？这是因为，在中国政治思想的历史传统中，政治哲学的论述，常常隐藏在其他的思想形态——诸如政治时事的议论、政治理想的表达——后面，并不具有独立的理论形态。而在西方思想史上，政治哲学的论述从前苏格拉底到苏格拉底、柏拉图、亚里士多德以来，就有自己未尝中断的理论传统与辉煌成就。而且在近代政治思想的发展历程中，西方政治哲学的论述与西方凸显的那个独特的“现代”社会结构恰相吻合，对于后起的现代国家发生了巨大的制约作用。“西方的”在某种程度上已经与“现代的”发生了一定意义的重合。假如我们是期望“现代的”，那就不能不在辨析“西方特定的”与“西方普适的”这类微妙问题的基础上，在相当程度上依循西方的思想方式与发展道路。于是，这种规范意义，就不能在与“分析”的政治学研究的对举中加以对待。而且，现代西方的政治哲学研究成果，是我们现实地进行政治哲学思考的理论坐标之一，他们提出的理论规范、基本方法、研究范式，具有先起的研究强势，从事政治哲学研究的中国学者，自觉不自觉地会受到这类强势研究成果的影响甚至制约。虽然从研究的道义上讲，这不利于“中国的”政治哲学研究，但是我们无法否认，在一个相对趋同的大型复杂社会运作的模式中，这种研究所具有的典范意义。从今天中国政治哲学研究的概念、范畴、理论、推导方式诸方面来看，汉语政治哲学的研究完全是“西方的”政治哲学研究范式的翻版——不论这种研究具体的价值取向多么不同，研究者的意图差异如何巨大，研究所指向的具体政治问题是怎样的区别开来。正是因为如此，研究者甚至将这类研究径直称为“政治理论（哲学）在中国”，而不是将之命名为“中国的政治理论（哲学）”。①

中国古典传统政治哲学对于我们今天讨论政治哲学问题之所以是具有意义的，一方面，乃是因为我们在汉语文化语境中谈论政治哲学问题时，势必受到传统政治思维的重大影响。如果说这种断定具有某种决定论的色彩，因此不足以说明问题的话，我们进一步可以强调，古典中国的政治哲学研究，提供了人类进行政治哲学思考的基本问题域与基本思维方向。尽管这种思考的典范性、清晰性、系统性在现代视野中看来不那么足够，然而它的指示性作用则是不可忽视的。另一方面，中国古典政治哲学长期影响中国人的政治神经、左右中国人的政治思维、塑造中国人的政治行动方式，它所具有的历史合理性与区域正当性还是一笔需要清理的遗产。不论是将之作为历史的遗迹来加以处理，或者是作为现实思考的参照。况且中国之如何从传统政治形态向现代政治形态转化的问题，一直是搅动我们政治神经的现实问题，不理解传统政治哲学的基本理念、制度诉求与理想追求，我们就无法理解在告别传统的同时如何可以将传统政治哲学中有利于现代政治思考的东西凸显出来，那就无异于严重浪费政治哲学研究的思想资源了。而且，在诸如康有为、严复、梁启超、胡适、徐复观等思想家那里，他们的类似努力已经得到了思想回报，对于他们之理解和把握现代中国政治的脉搏具有较大的帮助作用。再一方面，中国传统政治哲学的致思，是我们得以理解现代西方政治哲学的既有参照。没有中国传统政治哲学的这种坐标作用，我们就难以划出我们接受与拒斥的政治哲学基本理念的界限。这不是说中国传统政治哲学只有作为现代政治哲学的死坐标，而是说理解传统成为理解现代的条件。这也许是确认中国政治哲学价值的最有力的理由。

---

① 参见前引韩水法所编书，以及陈祖为、梁文韬编《政治理论在中国》（牛津大学出版社 2001 年版）。

无疑，我们讨论政治哲学问题的目光，最终还是要聚焦在我们当下的政治生活所遭遇的问题上面。我们当下的政治生活，既包含我们作为主权国家的国内政治生活，也包含国际社会的社会政治问题。换言之，进入我们的政治哲学观察视域的政治生活，不单是我们“自己的”，也包括西方社会这一“别人的”政治生活。前者，是我们得以透过我们所熟悉的实际的政治生活，将我们对于政治生活的观察与理解上升为政治哲学思考的当下条件。缺乏这个当下条件，一切政治哲学思考就是空的，就是无己且有待的。无己，是指确认不了理解者自己的理解身份与欲求，这样就使得理解必须附设诸多条件，变得“有待”了，并无法显示这种理解究竟是何时何地何人何观念何指向的，从而使得理解变成挂空的东西。[①] 后者，是我们进行政治哲学思考的环境条件，所谓环境条件，不仅是从理论氛围上说的，也是从“国际社会”“全球化”处境上说的。我们所在的这个以“民族—国家”为国家间政治活动主体的时代，对于任何民族—国家而言，就国内政治讲，公民们享有其宪法赋予的诸社会政治权利，乃是不言而喻的事情。这是一切政治哲学思考的当然起点与当然视角。而在国际社会的政治生活中，如何将适用于国家主体的宪法扩展为“万民法”，已经不是一个乌托邦的问题了，它已经成为当代政治哲学思考的现实话题。在诸种政治哲学思想资源的吸纳中，稳住基本的现代政治价值立场，已经成为我们得以富有成效地进行政治哲学理论致思的前提。从一切政治哲学之作为当下政治生活需要的副产品的理论特性上来讲，中国目前面临的政治体制改革需要，与中国政治现代化的迫切性质，以及国际社会在稳定现代主流的政治生活方案的前提条件下，对于诸政治哲学流派的有效吸纳，便成为我们政治哲学致思的现实处境。

相对而言，前两者是理论性的思想资源，后者是实践性的思想资源。两个方面是不可缺少的。就前者来讲，它按照理论逻辑的自我延伸，对于政治哲学的研究发生制约。就后者来看，则依照理论依托的现实基础，对

---

① 当代中国政治哲学致思中，那些努力显示博学的学理阐释者，便常常落入这样的政治哲学阐释圈套。他们以为，在古今中西的学理间纵横，就足以凸显中国政治哲学的独特致思理路和思想成就。其实，在对于政治哲学思考的时空特性掉以轻心的情形下面，这种理论致思的“纯粹的”学理取向，既无法凸显“别人的”（或是“西方的”，或是泛义的“东方的”）政治哲学真义蕴，也无法凸显我们中国政治哲学研究“自己的”理论独特性和创新性。它就只能以含混的博学作为它存在的理由。它是无法在政治哲学致思的学术谱系上找到自己的位置的。至于超越西方人的学术贡献，则就更是缺乏了。参见注⑳中的一些作品，不难看出这一断定的所有事实依据。

于政治哲学的研究发生影响。假如研究者能够站在理论与现实的边界上，深入思考实际问题，并予之以富有力度的理论建构的话，那就意味着政治哲学研究的一种突破。自然，在实际的政治哲学研究中，对于政治哲学研究资源的吸纳，则并不一定必须同时是古今中西俱在的，站在某一种政治哲学立场或视角，对于当代政治生活做出某种理论反应，也都是可以获得创造性政治哲学研究成果的。

（原载《江海学刊》2003 年第 2 期）

关于政治哲学几个基本问题研究论纲

万俊人[*]

时下“政治文明”已经不仅仅是国民心中最热切的政治期待，而且也正式成为政府的政治承诺。这无疑是一个值得关注的课题。对这一课题的哲学关注，集中表现为政治哲学的理论思考。面对这样一个复杂而敏感的课题，需要多学科、多层次的反复探讨和辨析，才有可能获得真实可信的理论见解。本文仅就政治哲学的一些基本理论问题，发表一些初步的看法，供学界批评讨论。

一　政治哲学在哲学论域中的凸显

政治哲学话题的引出，并不仅仅是因为时下我国建设政治文明的时代要求。对于中国学界，这当然是首要的原因。但除此之外，至少还有两个重要的原因，使得政治哲学自20世纪后期以来一直占据着哲学的中心论域位置：第一，罗尔斯的《正义论》（1971年）发表后，不仅整个西方哲学，而且整个世界哲学的发展都发生了根本性的理论转向，注重哲学之知识合法性论证的分析哲学和语言哲学逐渐淡出哲学的主题论坛，让位于关注社会现实生活与价值秩序的政治哲学和道德哲学。尽管寻求哲学知识的技术化和合理性之理论热情仍然保留了下来，而且日益精密和深入，但越来越多的哲学家已经越来越清醒地意识到，理解“生活世界”本身及其意义、目的和行为实践，更应该成为哲学的思想关切和理论责任。哲学似乎又一次返回到了苏格拉底、柏拉图和亚里士多德或者孔子、孟子和荀子的时代，再一次重温“轴心时代”的哲学智慧。与近代西方人文主义——启

---

* 万俊人：清华大学人文学院教授。

蒙运动之哲学思潮的世俗回归有所不同，20 世纪后期西方政治哲学的回归不再带有鲜明而强烈的“现代性”启蒙冲动，也没有对一种全新社会政治理想——现代自由主义的民主政治理想——的直接诉求，而是一种基于对“现代性”（更准确地说是西方“现代性”）民主政治和自由主义政治理念的反省，重建自由主义民主政治理念和理想的哲学反刍。如果说近代人文主义——启蒙运动之哲学思潮发源于西方社会从传统向现代的结构性转型及其对全新社会政治理念——自由主义——的革命性吁求，那么，20 世纪西方政治哲学的回归则主要源于西方社会自身所遭遇的“现代性”危机，尤其是作为其基本政治理念和理想的自由主义价值观念体系内部的思想危机。因此，与其说 20 世纪西方政治哲学的回归是哲学自身的政治回归，毋宁说是西方哲学对自由主义“现代性”政治理想的一次自我拯救或重构。

第二，20 世纪的人类世界一如既往，从来就没有给哲学留下真正的纯粹学术化的知识生长空间，而且，事实上，作为一门基础性的人文学理论，只要哲学仍然不想放弃其追求生活智慧的理论宗旨，任何关于知识真理的探求都必定最终落脚于生活世界的本真意义及其哲学追问，因此，哲学的理论最终必须是关于现实生活的思想理论。苏格拉底、柏拉图和亚里士多德的哲学就仍然是难以更改的哲学原型。易而言之，哲学的人文价值精神必定在生活世界的精神空间中永恒。如果说，20 世纪前期风行欧美的分析哲学和语言哲学，的确表达了处于学科分化加剧、知识结构性分裂加深的特殊知识状况之中且面临日趋深刻的知识合法性危机的哲学力图摆脱形上孤独的知识科学化的愿望，那也是“启蒙时代”以降科学理性主义对哲学本身日益加重的压力所致。然而，哲学本身作为一门“非科学的知识”（non-scientific knowledge），其人文学野性使她最终无法接受科学理性主义的知识逻辑①。“苟且生，毋宁死。”不缚茧于逻辑和技术，则返本于生活与价值。罗尔斯的理论表达了这样一种哲学的理论自觉，而后“冷战”时代的人类生活世界以更生动也更严峻的事实经验，证实并强化了这一觉醒中的哲学意识：如果哲学真的像怀特海所说的那样，始终只能不断地重复柏拉图的哲学基调，那么，这只能说明哲学承担着某种不可改变的理论使命：提示生活世界的本真与意义！可变的是人类关于真理的理解和

① 参见万俊人《人文学及其“现代性”命运》，《东南学术》2003 年第 5 期。

解释，不变的是人类及其关于真理的信念和对于真理永恒的追求。诺齐克教授在其哲学绝作《不变者》中如是说[①]。

当代人类生活世界的真理问题，首先是政治道德问题，其次是文化政治问题，最后才是如何穿越政治、道德和文化之多样性或多元差异性鸿沟，达成普遍意义共识的人类真理问题。如果“现代性”理念所内含的市场经济、民主政治、科学理性和文化多元论已然成为现代人类世界的根本性选择和基本目标，那么，如何在寻求自由、竞争、效率的同时寻求公正的平等；如何在实现国家政治充分民主的同时求得国际政治的民主平等；如何在确立普遍科学理性精神的同时寻求多元文化的合理认同和沟通理解，以及如何在保持人类社会多元文化生态的丰富多样性的同时寻求诸文化传统之间的相互承认、相互理解的兼和之道，从而实现人类世界的人际、群际、族际和国际的共存共荣与永久和平，等等，就将成为哲学的当代主题，而政治哲学正是承诺这些当代社会主题的基本哲学方式。

二 政治哲学的核心理念：权利与权力的政治正义

按照苏格拉底、柏拉图和亚里士多德的经典诠释，政治哲学是政治学的理论基础，它是一门关乎公民国家社会治理的正当合法性根据或基本政治原理（原则）的智慧之学。在经济全球化趋势空前加剧的当代世界，政治哲学的理论视野还应当扩及国际政治和“世界公民”（康德语）的领域，为建立国际政治的基本正义秩序提供普遍合理的政治原理（原则）和理据。

由上述定义可以推出，政治哲学的基本问题关乎公民社会和国家政府两大领域，其核心概念是公民权利和国家（政府）权力，简而言之，权利与权力实乃政治哲学的关键概念。难怪黑格尔将其政治哲学专著命题为《权利哲学原理——或自然法和国家学纲要》（德文原文为 *Grundlinien der Philosophie des Rechts*，英译为 *Philosophy of Rights*，中文版意译为《法哲学原理》）。由权利与权力这一对核心概念所引发出来的基本政治哲学问题至少包括：（1）政治的基本理念和基本原则；（2）政治原则与政治制度；（3）

① 参见万俊人《不变的是信念》，《读书》2003 年第 1 期。

权利与权力的基本结构和互动关系；（4）法治的实践和程序；（5）公民义务与政治家的职责或责任；（6）国家意识形态与社会政治理想；等等。

正义是政治哲学的最高理念。这是由政治哲学的主题内容和性质所决定的。政治哲学关注的焦点首先是权利问题，即公民的基本权利及其保护问题。如何最大可能地确保和实现每一个国家公民的基本权利？这一基本政治目标蕴含着这样一个必然的政治推理：首先必须建立某种形式的政治组织或机构（政府）来保障公民的基本权利，并创造必要的社会条件促进其充分实现。公民的权利无法完全靠公民个体求得自我维护和自我实现，这是人类为什么要建立社会和国家的根本缘由。作为公民权利的保障机构或组织，国家（政府）是实现公民个体权利的充分必要条件。这也是社会契约理论关于国家和社会起源的基本解释。马克思、恩格斯的国家起源学说虽然更注重人类社会的经济生活条件和诸如阶级分化、阶级斗争等政治要素对于国家形成的关键作用，但其所依据的基本政治推理逻辑也还是属于社会契约论的基本范畴，只不过阶级的形成和分化斗争成为社会“契约”形成的主要解释元素，因而，社会的契约和契约过程首先且根本上表现为阶级的团契和阶级团契的政治集团化、权力专政化的过程。

公民权利的保障问题导出社会公共权力及其实践运用的问题。原则上，国家或政府的公共权力是基于公民权利的部分出让（让渡）契约而形成的，其运用原则只在于保障公民权利并促进其充分实现。但是，一俟公共权力正式形成，势必造成两个必须给予合理解决的实际问题：第一，公共权力一旦形成，便具有某种“利维坦”（霍布斯语）式的力量，成为独立于公民权利之外的、有可能失控和膨胀的权威化政治暴力。而权利一旦以契约的方式让渡出去，便不再属于权利主体本身，亦难以直接收回。而且，权力一旦以公共形式独立运行，就可能出现权力腐败和权力滥用。社会监控和权力制约是保证公共权力合法行使的基础。所以，公共权力的合法性标准只能是公共权利及其运用是否能够实际保障公民权利并促进所有公民而非某一部分公民甚至是某个公民的权利及其实现，否则将被视为非法和腐败。权力腐败是政治腐败的集中反映，其实质是公共权力的私有化和官僚资本化。

第二，如何使公共权力合法保障并促进所有公民权利的充分实现乃是一个政治正义问题。它涉及国家或政府对公民基本权利的正义分配和安排、正义的保障、正义的奖惩，等等。就此而论，政治的核心首先是正义之治。用中国古代儒家的话说，就是“政者，正也”。公共权力的运用若有失偏颇，便会导致社会的非正义后果，从而破坏社会的稳定，甚至引起国家政治生活秩序的紊乱，最终导致政治动乱、政治革命和权力颠覆。

可见，政治正义不仅体现在社会的基本制度安排上，而且直接体现在权利的分配和保障、权力的公共运用和合法制约上。就政治实践本身而言，正义实在是政治的第一要义，一如罗尔斯在《正义论》一书的开篇中所言：“正义是社会制度的第一美德。”[①] 正是从这一意义上说，我们可以把正义看作政治哲学的最高理念。但是，这只是从政治实践的道义论维度来说的。若从政治理论的目的论维度来看，政治正义就不能被视为政治哲学的最高理念，而只是最基本的现实合法性要求而已。比如，在政治哲学中的“完善论”（perfectionism）看来，“好生活”（goodlife）、“好政府”（good government）和“好社会”（goodsociety）才是政治哲学的最高理念，它们可以且应该面向无限完善的目标开放，而不应该仅仅停留在“政治正确（正当）”（political right）的显示合理性层面。无限开放的政治之“好（善）”具有最高政治理想的意义。柏拉图的《理想国》和亚里士多德的“城邦善（好）”最为经典地表达了这种政治哲学的价值理念。不过，社会道义论的维度和价值目的论的维度并非水火不容，只是近代以降，两者间的争执和歧义日渐彰显罢了。进至现代，随着社会乌托邦理论传统和政治浪漫主义与理想主义日渐式微，社会道义论的理路以其现实合理性和实际解释力而更受人们的青睐。

三　政治哲学的基本主题：原则与制度的政治建构

如果说，政治正义的基本理念聚焦于权利与权力之间，并凸显公民权利优先于公共权力的政治价值取向，那么，政治哲学的主题则首先是围绕

---

① John Rawls, *Theory of Justice*, Harvard University Press, 1977, p. 1.（约翰·罗尔斯：《正义论》，何怀宏等译，中国社会科学出版社 1988 年版，第 1 页）该中译本将原英文“virtue”一词意译为“价值”，似无不妥。但考虑到“virtue”在古希腊文中本有“优秀”“杰出成就”等含义，我个人偏向于仍然采用直译的方式。将“正义”视为社会基本制度的最高成就或杰出成就，是西方传统政治哲学和现代制度经济学都已然确定的基本理解，故仅从之。

着政治的基本原则与社会的基本制度安排而展开的，并且，在政治原理系统与社会制度体系之间，同样存在着一种类似于权利与权力之间的优先性秩序。当然，对于原则与制度之间的次序问题，不同的政治哲学流派或不同的政治哲学家是有不同看法的。在这一问题上，我个人基本认同罗尔斯的政治哲学观点，即认为，政治基本原则的确立不仅在形式上而且在实质上都优先于社会基本制度的建构。罗尔斯提供的主要论证理由是，人们必须首先在基本的社会政治理念和政治原则上达成明确的政治共识，并确立基本的政治正义原则，然后才能依此进行制度选择，建构社会的基本制度体系。社会基本制度体系是一个包括政治制度、经济制度和社会文化制度或体制在内的复杂的规范系统，这其中，政治制度具有头等的重要性。因为政治制度首先是通过国家根本宪法等法律体系表达出来的，而国家宪法之所以具有根本的政治意义，就在于它集中体现了公民的政治意愿和政治理想，是基于国家或社会的基本政治理念和政治原则而达成的全体公民必须承诺和遵守的根本法则。

罗尔斯的论证理由不可谓不充分，但他忽略了一个对于其正义理论来说至关重要的问题：当他认为社会基本制度的建构必须且首先要基于某种政治理想或理念的共识而展开时，他实际上已然预设了一种价值目的论的政治哲学前提，而这恰好与他所寻求的道义论正义理论立场是相互矛盾的。也就是说，罗尔斯的正义论是否真的能够成为——如他在《正义论》一书中所明确宣称的那样——比如说 18 世纪末 19 世纪初的英国功利主义目的论的自由主义政治哲学的替代品，至少在这一点上是令人怀疑的。当然，在罗尔斯的政治哲学（譬如《政治自由主义》一书）中，基本的政治理念是通过基本政治原则系统而得到充分表达的，这种规范化的政治理念表达方式多少淡化了其政治哲学的价值目的论色彩。因为任何价值理念的规范化或规则化都意味着责任承诺或义务约束。但是，这并不能完全消除人们对其正义理论的“规则功利主义”指控。

罗尔斯的理论尝试给我们提供了一个值得认真思考的政治哲学问题：当人们断定，对于社会基本制度的选择和建构来说，政治理念和政治原则具有某种优先性时，实质上这一论断只具有社会政治生成的原初意义。一俟社会的基本制度体系得以确立，政治制度与政治原则或政治理念就不再具有相互独立或分离的意义：基本的政治理念和原则本身业已通过基本制度表达出来，它们本身就是国家政治制度的一部分，而且是最为核心的一部分，因而具有实际的政治规范意义。反过来，一套健全而有效的社会基本制度首先必定是该社会基本政治理念或政治原则的体现。或许，一种较为合适的说法是，政治理念或政治原则与包括政治制度在内的整个社会基本制度体系，乃是一个政治共同体内相互证明、相互支撑的规范要素，不同之处仅在于，后者是制度化了的原则，而前者则是原则化的制度。从政治共同体生成的历时进程来看，政治理念或政治原则的生成确实具有时间上的在先性，而从政治共同体的政治实践过程来看，国家或社会的基本政治理念和政治原则必须且只能通过社会的基本制度体系，尤其是国家政治制度系统表达出来。

一个连带性的问题是，我们所谈的社会基本制度本身是一个十分复杂的体系，而且这一体系内的各基本元素并不一定都具有明显的政治特征。按照通常的一般解释，“制度”最广泛的意思是指具有行为约束意义的社会规范系统，其中既包括显形的制度系统，如法制系统、经济制度或经济体制系统、政府行政法规和政策，等等；也包括隐形的制度系统，如社会文化传统、社会风俗习惯，甚至是某些仪式化、程序化了的宗教信仰系统。政治哲学如何考量这些制度元素？历来就是一个存有争议的课题。罗尔斯的处理方式是，在理性多元论基础上寻求“重叠共识”，将一切“非政治的”因素排除在政治哲学的考量之外。罗尔斯的“重叠共识”实际上就是民主国家的政治共识。如果这一主张普遍有效，那么，政治哲学对社会基本制度的考量就只能限于那些具有明确政治约束功能的制度元素，符合这一规定的制度元素很可能只是那些社会显形制度，而像文化传统、风俗习惯一类的隐形制度元素则可能在被排除之列。

然而，至少有两个方面的因素使得上述主张显露局限：其一，即使是隐形的制度元素也并非全然是“非政治的”，其在社会政治生活中也不是没有作用或影响的，尽管它们发挥作用或影响的方式与显形制度元素相比可能更为隐蔽和间接。也许从政治伦理的角度更容易了解和解释这些隐形制度的政治功能和影响，但即便如此，完全把它们排除在政治哲学之外是否会削弱政治哲学本身的解释资源和理论说服力，是需要认真考虑的。其二，如果我们把政治哲学的理论视野拓展到国际政治领域，就不难发现，在全球化趋势日渐明显的国际政治生活中，地方性和民族性的文化因素——比如宗教信仰——实际上已然成为一种重要而复杂的政治因素，以至于许多学者都不约而同地提出了“文化政治”（the politics of cultures）

的概念，并认为除非我们运用这一新的“文化政治”的概念，否则，许多国际政治生活中的难题就无法得到充分合理的解释，更难以得到根本的解决。由此看来，制度研究仍然是政治哲学中的一个开放着的基本课题。

四　政治哲学的当代困顿：意识形态与乌托邦问题

谈到社会隐形制度和“文化政治”问题，便自然而然地引发了另一个政治哲学议题，这就是社会意识形态和国家意识形态的问题。社会或国家的意识形态问题始终是政治哲学的基本课题之一。尽管当代美国的一些自由主义思想家宣称意识形态已经终结，但这一宣称除了具有某种后“冷战”时代线性进步主义的反讽意味之外，并不能真正说明任何实质性的政治问题。当代社会——无论是国际社会还是国内社会——的意识形态争论并没有结束，意识形态作为社会或国家之政治生活的基本元素，其实际功能和影响更没有完全消失，尽管在不同的国家或地区，其影响程度或方式有所不同，甚至减弱。

“意识形态”（ideology）的本意是指一种具有普遍思想效力，并对特定社会文化和精神生活具有支配性影响的观念系统。任何一个社会或国家，都会产生或形成多种不同的思想观念，但只有获得社会普遍认可并对社会或国家政治生活发生主导性影响的思想观念，才能成为该社会或国家的意识形态。

意识形态本身是一个十分复杂的思想观念系统。它与特定的社会或国家的政治利益直接相关，甚至可以看作社会或国家政治利益的集中表达，因而也是社会或国家的政治理想或理念的观念表达形态。由于意识形态所具有的这一“政治”特性，使得它常常带有曼海姆所说的“利益心理”基础和政治论战特征①。如同政治本身有着特殊而明确的权力诉求一样，意识形态作为国家政治的观念表达也有其特殊而明确的社会话语权力诉求（甚或是话语霸权诉求）。在通常情形下，社会意识形态与国家意识形态是同质的，难以在两者间做出截然的分别。也就是说，当社会文化精神生活

① ［德］卡尔·曼海姆：《意识形态与乌托邦》，黎名等译，商务印书馆2000年版，第56—60页。

与国家政治生活根本相宜时，它们在思想价值观念的表达和话语诉求上也是“同调”的。相反，如果社会文化精神生活与国家政治生活发生矛盾，则社会意识形态与国家意识形态就会成为两个异质的思想观念系统，它们的话语也必定产生“异调”，甚至对抗。前一种情形属于社会思想状态的常态；而后一种情形则属于社会思想状态的非常态。当然，即使在常态下，社会意识形态与国家意识形态之间也会或多或少地存在某种思想张力，这是由于社会本身的文化丰富多样性和思想自由的精神活力总是国家政治生活（包括国家意识形态）的刺激或约束因素。美国政治哲学家达尔曾经提出过“以社会制约权力”[①] 的著名命题，而社会意识观念对国家政治权力的监督和批评，正是社会制约权力的基本方式之一，其所反映的也正是社会意识形态与国家政治意识形态之间的这种张力情形。对于一个健全的民主社会和民主政治来说，这种张力确实是一种“必要的张力”（库恩语）。既然“文化多元论”和“理性多元论”是自由民主社会的持久现象，保持社会意识形态与国家意识形态之间“必要的张力”，也就成为一个政治共同体所必需的政治生活条件。至于这种张力在什么时候、在多大程度上才是“必要的”或适宜的，则是需要政治哲学给予耐心探讨的课题之一。限于篇幅，本文在此不做具体讨论。

一个与意识形态密切相关的议题是社会乌托邦问题。如果我们确认社会或国家意识形态是社会政治理想和国家政治理念的集中表达或宰制性思想观念形态，那么，社会乌托邦就是社会政治理想和国家政治理念的超验图像。“乌托邦”的本意是“乌有之乡”，即不存在的虚构状态。它是人类对某种超现实经验的理想社会状态的一种预设或构想。曼海姆说：“一种思想状况如果与它处于的现实状况不一致，则这种思想状况就是乌托邦。”[②] 他还指出，乌托邦具有两个相互关联的基本特征：一是将思想指向“实际环境中并不存在的目标”；二是超越现实甚至打破现实既定秩序的行为价值取向。“我们称之为乌托邦的，只能是那样一些超越现实的取向：

① 参见［美］罗伯特·达尔《民主理论的前言》第三、五章，顾昕等译，香港牛津大学出版社 1995 年版。

② ［德］卡尔·曼海姆：《意识形态与乌托邦》，黎名等译，商务印书馆 2000 年版，第 196 页。

当它转化为行动时，倾向于局部或全部地打破当时占优势的事物的秩序。”[①] 就第一个基本特征而言，社会乌托邦与社会或国家的意识形态具有某种程度的内在联系——任何一个社会或国家的意识形态都会或多或少地以某种理想（甚至是理想主义）的观念形式和思想方式，来引导国家政治生活的价值导向，进而影响整个社会生活的精神面貌。就第二个基本特征来说，社会乌托邦与意识形态之间又存在着重大的差别。曼海姆将这种区别表述为：“一个人可能使自己［的价值］取向与现实不合和超越实际存在的目标，但这种目标在实现和维持事物的现存秩序方面仍然是有效的。”[②] 这就是说，个人或社会可以持有一种乌托邦的价值理想或超越性的思想观念，但这一理想或观念并不必然意味着要打破现存事物的秩序，换言之，该理想或思想观念有可能成为现存生活秩序的精神维系，而这正是社会或国家的意识形态所要实现的主要政治功能。就此而言，意识形态当然不同于社会乌托邦。

然而，我们是否因为社会乌托邦具有“打破当时占优势的事物的秩序”这一超越乃至破坏性的特征，就完全否认它对于社会或国家政治生活的某种积极意义？这是一个问题，而且是一个“现代性”的问题！

尽管乌托邦的理念超越人类生活的实际状况，但它却从来没有被人类真正遗忘过，直至近代启蒙时期，乌托邦构想都是人类思考社会理想的一种传统方式，从柏拉图的“理想国”到近代空想社会主义者构想的形形色色的“乌托邦”社会设计；从中国古代的“公羊学说”到毛泽东时代的“共产主义”，这一社会思想传统一直有着连贯的发展脉络，并对社会实际生活发生着或大或小的思想影响。进至当代，政治现实主义思想传统逐渐盖过并且在很大程度上取代了政治浪漫主义和理性主义，“冷战”的结束更是被看作后者在现代政治思想史上寿终正寝的标志。在一个工具技术合理性和功利实用化价值观念日益成为具有宰制力量的现代社会——许多学者将其称为“技术统治的世界”，社会乌托邦理念从人类社会生活和社会思想中淡出是不难理解的，这一点对于饱受“大跃进”“文化大革命”政治经济打击和文化精神创伤的中国社会界和中国思想界来说尤其容易理

---

① ［德］卡尔·曼海姆：《意识形态与乌托邦》，黎名等译，商务印书馆 2000 年版，第 196 页。

② 同上。

解。问题是，如果人类社会仅仅是一个技术合理化和功利实用化的生活共同体，如果因为乌托邦理想所造成的灾难性社会后果而全然抛弃其所内含的超越性社会理想精神，人类社会是否因此会变得真正健全起来？一种完全没有理想寄托和精神牵引的个人生活或社会生活是否真的比一种充满理想和精神追求的个人生活或社会生活更值得人类追求？答案恐怕不会是唯一的。重要的是，一种社会乌托邦构想本身与人们实践该社会构想的实际行动并不是一码事：前者固然对后者有着直接而深刻的精神作用和思想影响，但后者却并不完全取决于前者的精神资源供应和思想价值导向——这些因素当然不可轻视！最起码它还有赖于人们或社会所采取的实践某种价值理想、追求某一价值目标的行动方式和行为技术。个人行为和社会行为的综合条件供应与技术合理性，同样可以决定该行为的实际结果。行为条件的缺乏、行为技术的不合理和行动目标或价值理想的错位一样，都是造成行为结果的基本原因。同样，保持行为目标和理想的可欲性和现实合理性，同保证行为条件的充分性和行为技术操作的合理性一样，都是确保个人行为和社会行为达成好的结果的基本条件。我的意思只是想说明，一种必要而合理的社会理想精神和社会乌托邦理念，也仍然有可能成为一种积极的有价值的社会思想资源和精神动力资源，尤其是对于现代社会的文化价值批判和现代人的自我精神反省来说，更是如此。

（原载《天津社会科学》2004 年第 2 期）

试论当代政治哲学的学理基础*

顾　肃**

今天，政治哲学已经成为人文社会科学研究中的一大热门课题。无论西方还是东方社会，规范性的政治哲学成了评价现实内外政治、批判地思考社会体制构建、设计未来政治走向的一面思想旗帜。政治哲学在中国学术界还是一个新的学术领域，虽然在过去数十年里吸引了一批研究者的兴趣，但相对短暂的学科发展和新颖的探讨理路使之还不算很成熟，无论在人员配备，还是在课程和研究课题建设上都还比较薄弱。本文在此初步探讨当代政治哲学本身的学理基础。

一　学科特点：规范性论述

从字面上看，政治哲学是政治学与哲学的交叉学科，但有其特定的理论诉求和学科特征。政治哲学与政治学有共通之处，即皆以社会政治为其研究对象，但两者的侧重点不同。政治哲学更偏重于作为人文学科的哲学，即理论化的、哲学化的思想探索和论证，尤其是自罗尔斯以来，政治哲学的规范性价值的特征很明显。政治哲学不能回避对基本政治范畴或概念、围绕这些概念而展开的基本政治观点的回答。对诸如权力、权威、国家、主权、法律、正义、平等、权利、财产权、自由、民主、公共利益这些最基本的政治概念，政治哲学均需要进行基本的概念分析和理论推导，并表明自身的基本理论倾向。自 19 世纪中叶实证主义在西欧兴起以后，

---

* 国家社会科学基金资助项目（项目批准号：04BZX039）。

** 顾肃：南京大学哲学系教授。

一种拒斥形而上学、立足于对现象的经验研究的倾向对社会科学的研究影响深远。这种研究理路有助于摆脱形而上学的玄虚论辩、孤芳自赏地沉湎于自己所构建的抽象概念体系、拒绝接受社会实践检验的自娱倾向，开创了哲学上的新风气，不失为一服良药。但实证主义的现象主义倾向也导致了另外一个极端，即忽视了规范性的价值判断，以至于绝对化地追求价值中立，只对政治和社会现象进行统计式的理论概括。这种研究立场实际上把政治和社会哲学逼进了死胡同，使之只是对概念进行逻辑和语言上的分析，却无视现实社会中存在的大量需要进行实质性的规范价值判断的问题，因而也扼杀了政治哲学的发展。

这种实证主义政治和法律哲学的尴尬处境典型地反映在第二次世界大战结束后不久的纽伦堡审判中。对纳粹战犯的审判涉及政治法律哲学的一个核心问题，即公职人员或军人只要执行在形式上通过的“合法的”法律和上级命令，就可以不追究其道义上的责任。受审的纳粹战犯在为自己辩护时说，他们在纳粹执政时期只是忠实地执行了当时的德国国会和最高行政当局通过的法律和颁布的行政命令，因而并不存在犯罪的问题。如果按照实证主义的法哲学观点，法律即是合法通过的权威者的命令，那么就不必再进行规范的价值判断。事实上，纽伦堡法庭在给这些战犯们定罪时诉诸的不是这种实证主义的法律观，而是自然法，即超越了人定法的最高的人类律令，比如不得滥杀无辜，不能以任何名义进行种族灭绝。这样的基本律令也许并未订立于具体的成文法律中，但属于自然法的绝对命令，高于具体的法律，一切军政人员都有责任维护这些最高的律令。否则，随意侵犯、剥夺人的生命、自由和财产权，尽管执行了具体的法律，也不能免除反人类罪等项罪名。

纽伦堡审判之后，在美国出现了全国性的争取黑人等少数民族平等权利的运动，以及反对美国政府出兵干涉越南战争的抗议示威，同样激起了学术思想界对政治哲学本身性质的再思考。美国哈佛大学哲学系罗尔斯教授即在此背景下认真总结组织良好的社会基本正义原则的理论前提，设想了在原始契约基础上推出的两个正义原则及其优先性排列，构建了一个庞大的正义理论体系。此论一出，引起思想界的轰动，它把规范性政治哲学提到了理论的前台，也将政治哲学从实证主义和功利主义所导致的理论萧条中复兴了起来。“要想了解当代的各种正义理论，罗尔斯的理论是一个自然的出发点。罗尔斯的理论支配着当代政治哲学的论争，并不是因为人人都接受他的理论，而是因为其他不同的观点通常是在回应罗尔斯理论的过程中产生的。”①

罗尔斯批评了功利主义的伦理观，重新阐述了康德义务论的伦理原则，突出了规范性政治哲学的价值。从学理上看，这些努力具有普遍的意义。政治哲学不能只是描述“是”什么，即现有的政治和社会关系是怎样的，而需要强调“应当是”什么，即带有普遍性的原则究竟是什么。任何一个社会的现实都存在着不公正的荒唐现象，黑人从其被贩卖到北美新大陆的旅途开始就没有得到过公平对待，而且在解放黑奴运动以后，美国社会也还存在大量对黑人和其他少数民族的各种歧视和不平等待遇。如果仅仅从“是”而推导出“应当是”，以承认现实的犬儒主义态度来对待这些不平等现象，甚至振振有词地论证“凡存在的都是合理的”，那就失去了任何规范和理想的价值，理论就成了为现实和强权服务的奴婢，政治哲学也就失去了其理论感召力。

从政治哲学角度来看，平等的规范性要求及其论证具有超越具体历史条件的理论感召力。一些人以多年形成的实际上的不平等为理由而试图证明这种不平等永远具有其合理性，试图把这种不平等永恒化、固定化；还有人以人类历史上从未实现过完美的平等和民主，便以偏概全地论证规范的平等原则是多余的，并且抹杀在朝向平等的目标前进过程中，不同的社会建制和实践方式间的重要差别。这种片面的极端的认识曾经影响了政治哲学相当长的时间，它否定了规范的平等理论和一般政治哲学原则的可能性和为之奋斗的人文基础。今天，一些人嘲笑罗尔斯的规范政治哲学理论的理想化特征，并且以现实美国政府政策的某些错误来为否定罗尔斯的理论作辩护。但他们并未注意到，罗尔斯当年撰写《正义论》时，在相当程度上恰恰针对的是包括美国政府在内的一些政府政策对其公民的不平等、不公正对待，因而论证了他认为是普适的正义原则，包括保障公民平等自由，特别是良心自由，允许其非暴力反抗，以及宽容异见等等的基本原则。规范政治哲学不会因为对现实社会实践和政治权威的批评而捆住自己的手脚。政治哲学诉诸普适的规范理论，无论现实如何不合理，这种规范理论恰恰是把人们整合起来的旗帜。罗尔斯的理论选择也许在具体结论上并不全面，甚至有可能带有某些西方中心论的偏见，但我们却不能抹杀其

① ［加］威尔·金里卡：《当代政治哲学》，刘莘译，上海三联书店 2003 年版，第 19 页。

规范政治哲学在普适性方向上所做出的努力。今天的政治哲学需要沿着这一方向继续向前走，而不是倒退。

诚然，从“是”不能推导出“应当是”，反过来，也不能从“应当是”推导出“是”。政治哲学强调“应当是”，但并不是提倡脱离现实、不食人间烟火的苦行僧，而相信自己理论的感召力最终由现实的政治和社会发展来进行验证。今天，发展中国家的人们甚至把发达国家的政治哲学基本原则拿来对付促成全球化的人们，比如要求国与国之间的平等对待；要求全面开放的自由市场，不仅是在发达国家开发初期，而且在今天发达国家自身存在保护市场的保守倾向的时候，更应该对所有竞争者一视同仁。

当然，政治哲学并不具有标准答案，学者们立场有别，罗尔斯等主流的自由主义者与社群主义等即互有争论，他们所诉诸的基本前提也存在重要的分歧。但这并不能否定政治哲学追求规范理论的努力本身的价值。

二　方法论特色：理性主义的逻辑阐明

当今政治哲学研究的方法论特色是理性主义，与中世纪的神学政治论相对立。它不同于狭义的理性主义（在哲学史上常用唯理论相称）。后者与经验论相对，认为人的知识可靠性的来源只能是理性认识，如演绎推理，而不是感觉经验。而广义的理性主义既包括经验论者，也包括一些唯理论者，其特点是与非理性主义相对，要求认识、立论都建立在可质疑和探究、逻辑思维、可推导或论证的基础上，而不是诉诸无法论证的、因人而异的直觉或非理性的体验。因此欧洲近代的经验论者和唯理论者都曾经阐述了西方主流政治哲学的基本原理。而在此后的相当时期内，非理性主义者、浪漫主义者倒经常提出了一些为专制或准专制主义辩护的反自由民主的政治理论。

英国大哲学家霍布斯和洛克是著名的经验论者，成了英国自由主义政治哲学的经典阐述者；荷兰哲学家斯宾诺莎则从唯理论出发阐述了自由主义。数百年来，在作为西方主导的源远流长的自由主义思潮中，理性主义始终是其认识论和方法论的坚实基础。尽管一些浪漫主义者如卢梭和非理性主义者也曾经从直觉上表现出对自由的向往，论述过一些自由的原则，但他们始终未成为西方主流政治哲学思想的主角。相反，直至今日，那些与主流思想对立的代表性理论家大多信奉非理性主义（包括非逻辑主义）、浪漫主义、直觉主义等观念，在方法论上也往往是反逻辑的，诉诸内心的神秘直觉、跳跃的反逻辑思维，经常不能自圆其说。

这种广义的理性主义者并不是整齐划一的，不同的理论家尽管互有争论，但在伦理和政治理念上却都从某个侧面强调可靠知识和理论的真正来源。以此为基础，社会政治理论家们论证了自由民主理论的基本立场。例如，偏重于理性的理论家们认为只有自明的普遍的先验的原则和知识才是可靠的，而人具有一种思维能力来把握它们，这种知识包括数学和逻辑，以及对许多其他领域的洞见。在伦理方面，这种理论认为，判断善与恶、正当与不正当的最终法庭乃是理性，而不是感觉、习惯或权威。康德认为判断一个行动的方式是由理智来检验其是否自洽，以及是否能够作为一条普遍的原则成立。这种观点在现代自由主义中具有相当的理论基础，最重要的是自然法理论。尽管这一理论可以追溯到古代希腊和中世纪，但人们对其真正系统的阐述和坚持则是自近代开始。可是，这种理论却缺少可感知的现实的依据，因为它只是以抽象的天经地义的个人权利作为根本出发点，由此推导出国家、社会、法律的必要性和合法性的直正立足点，即保护个人权利。

社会可观察的现象构成了现代社会理论的坚实基础，完全脱离这一基础的理论难免成为空中楼阁。相当一些主流政治哲学家认为，真正的社会科学应当建立在经验观察的基础之上。例如，分析资本主义市场经济的学者试图从对经济现象的众多归纳的探讨中解释并预测市场的繁荣与萧条。相当一些政治社会学家反复观察政治体系中的决策过程，以此来解释社会中权力的形成与发展。而曾经影响了西方 20 世纪数十年社会科学研究的行为主义学派则干脆拒绝以“意向”“动机”等术语来解释人的行为，因为他们认为人的精神现象是无法由外部研究者来观察和测度的。这些在相当程度上都强化了自由理性主义的思考方式。

前面提到，在一个多世纪里，“实证主义”在思想界传播极广。尽管在此名称下所表述的思想和方法论不无分歧，但其主要倾向便是认为社会科学中的知识必须限于可由经验证实的范围。实证主义的成败均源自此根本性的原则。这在相当程度上克服了传统形而上学沉湎于脱离现实的抽象思辨的无谓思考，但也留下了现象主义的遗憾，即忽视了对社会现象深层次的探讨。这种思维方法对于西方主流政治哲学在相当时期内也有影响。自由理性主义者认为他们是在这样的意义上才是“实证主义者”，即他们从社会科学中排除价值判断，但他们在经验上也拒绝实证主义认识论的核心信条即社会科学的目的是发现社会世界的经验规则性。[①] 因此，当代自由民主倾向的政治哲学家没有全盘继承实证主义的认识论和方法论，而是比较全面地将经验观察与理论推演、归纳与演绎结合起来。比如，一些学者认为，法律并不是直接从经验归纳得出的，而是从少数有关人的本性的简单陈述演绎得出的。社会科学所揭示的规则性并不是历史或社会的“事实”，而是被认为是不变的人性的属性。在经济学领域，自由主义理论家提出了最系统化的理论知识，当然这些理论体系的相当一部分乃由少数有关人性的简单公理进行高度复杂的演绎得出。理论家认为“经济规律”是普适的，因为它们乃是从不变的人的概念推导而出的。[②] 可见，当代政治哲学在复兴规范伦理学的同时，也进一步改造了传统的实证主义认识方法，使之适应自由理性主义的理论阐述。

自由理性主义方法论的一个核心特征是以个人主义的术语来作解释。社会过程只是作为个人行为的构建来理解的。像“阶级”“国家”或“社会”这样的集体名词并不描述可观察的实体，因而包含这些名词的陈述只有在被翻译成有关个人行为的陈述时才具有意义。自由理性主义解释社会规则性的另一个重要特征是强调规则和遵循规则。这不只是指一个市场体系需要一套特定的规则，即尊重个人和财产权利的规则，而且是指所有社会秩序、延续性和恒久性只有通过遵循规则的观念才能阐述清楚。自由理性主义完全排斥这样的观点，即认为规则性和社会秩序是约束的结果，而坚持认为这样的秩序是个人遵循并内在化规则的结果。[③] 这当中预设的原则是，个人能够理解，那些规则为他们确立了自己应当遵循的恰当的行为标准。

总之，当代主流政治哲学的理论和方法论基础是与非理性主义相对立的广义的理性主义，它反对盲从和非逻辑思维，认为经验观察、理性思维、逻辑自洽和推理是伦理、社会和政治原则得以成立和可靠性的基础和标准。尽管不同的理论家侧重点不同，但其根本出发点和理论基础与极端保守主义、激进浪漫主义、专制主义等毕竟有着重要的区别。例如，许多

---

① K. Popper, *The Poverty of Historicism*, London: Routledge and Kegan Paul, 1957, pp. 105 – 119.

② F. A. Hayek, *The Counter-Revolution of Science*, Glencoe: The Free Press, 1952, pp. 74 – 76.

③ 参见 P. Winch, *The Idea of a Social Science*, London: Routledge and Kegan Paul, 1958；以及 H. L. A. Hart, *The Concept of Law*, Oxford: The Clarendon Press, 1961。

激进浪漫主义者根本不遵守基本的逻辑规则，甚至可以在同一篇政治宣言、文章或讲话中自相矛盾，进行没有根据的“论证”和跳跃式思维，以类似意识流的方式进行激进的批判，但其立论方面却明显显得不足。而各种反自由主义的专制主义的理论基础虽然有所不同，但无不带有难以自圆其说的特点，把虚幻的抽象概念及绝对排斥个人自由与平等的反民主的似是而非的原则当作理论前提，进行缺乏逻辑自洽的所谓“论证”。可以说，非理性、盲信、似是而非的论证、类似神学的独断论思维是这些理论的共同特点。相比之下，自由理性主义基础是理解当代政治哲学基本立论的关键的方法。

三　基础理论分析

当代西方主流政治哲学的主要基础理论是个人主义、功利主义、社会契约论和道德多元主义。这些理论互有争论，甚至势不两立，但不同的哲学家采纳其中的一部分，作为自己学理的根基，在此基础上构建理论规范理论大厦。限于篇幅，这里只对这些理论作简要分析。

一、个人主义。作为西方主流政治哲学的基础理论，个人主义基本上是个中性的概念，但由于围绕此概念展开的带有意识形态色彩的政治争论，它在某些语境下成了贬义词。近年以来随着总体政治生态的变化，个人主义的声音进一步增强。总的来说，个人主义是一种赋予个人自由以很高价值的政治和社会哲学，它通常强调自我引导的、相对不受约束的个人。

一般认为，个人主义这一概念是法国思想家托克维尔（Alexis de Tocqueville）发明或首先使用的。它原本指一种比较温和的自我中心意识，个人只关心其家庭或身边的朋友圈子。托克维尔曾以此来描述他所观察到的北美新移民的生活哲学。在此之后，学界所普遍使用的“个人主义”一词含义要广泛多了。作为一种哲学，个人主义涉及一种价值体系，一种有关人性的理论，对某种政治、经济、社会和宗教体制的一种态度或信念。这种信念或价值体系可主要由三个命题来表述：所有价值观都是以人为中心的，也就是由人来体验的：个人是目的本身，具有最高的价值，社会只是个人目的的手段，而不是相反；在某种意义上说，所有的人在道德上都是平等的，这种平等性的表述正如康德所说，是任何人都不能被当作其他人福利的手段。个人主义的这三个主要的原则属于西方近代以来社会思想的精华，可以从洛克、康德等大师那里找到其深厚的思想根源。

个人主义的基本信条是：每个人是其自身利益以及知道如何促进这些利益的最佳判断者。因此，赋予每个人以选择其自身目标和实现这些目标的手段的最大自由和责任，并采取相应的行动，便可最佳地实现每个正常成年人的利益。这当中预设的前提是，做出这些选择的行为促进了个人的发展和社会的福利。由此来看，社会只是被当作个人的集合体，每个人都是自我包容、并且从理论上说几乎是自足的实体。个人主义高度评价自我依靠、隐私权以及对他人权利的尊重。另一方面，它也对权威、对控制个人的种种方式（尤其是以国家面目出现的控制）表示了怀疑和否定。可见个人主义最看重的是个人权利，认为其他所有权利都建立在个人权利之上，是个人权利的集合或表现，因而都无法替代更不能压制个人权利。个人主义的制度表现即包含在这些原则之中。

当然，在政治制度选择上，个人主义并不是无政府主义的代名词。只有极端形式的个人主义才会信奉无政府主义，但大多数个人主义者都认为，政府应当把对个人的干涉限制在最低限度，应当把自己的职能大多限于维护法律和秩序，阻止个人对他人的干预，强制执行自愿达成的协议（契约）。因此在个人主义者看来，国家是必要的祸害，“最好的政府是管得最少的政府”。

个人主义同时也意味着一种财产制度，按照此制度，每个人都享有获取财富和设法处置财富的最大机会。在近现代西方社会思想史上，最先在经济和政治理论上系统阐述个人主义理论的是英国的亚当·斯密、边沁及其追随者。斯密最著名的放任自由主义思想相信个人意志的自然和谐。边沁的功利主义则信奉“每人只能算作一人，绝不多于一人”的信条。在经济领域，斯密认为自然自由的显见而简单的体系把自由竞争的市场中物品和服务的交换视为在相互促进中进行合作的理想制度。这样一种组织应当促进效率和自由的最大化，保障每个参与者在不伤害他人的前提下从其可得资源中取得最大的收益，实现公正的分配，这意味着按照个人贡献的比例来分享社会产品。

个人主义可以分为权利论和结果论两种，但其关键特征则是：在政治当中并不存在比个人目的更优越的原则。甚至那些结果论者也否认总体功利和功利间的人际比较的观念具有任何意义，因而把对政策、法律和制度的评价限于它们对个人的效应。而且，这里所考虑的个人是以人的状况的某些恒久和普遍的特征作为标志的，而不是他在特定社群中的成员资格。而且，经济个人主义与政治个人主义在相当一段时期内在民主理论中携手并行，它强调的是经济的财产权与政治决定权中个人所处的核心地位。但随着政治普选权要求的日益高涨，19 世纪下半叶一直发展到 20 世纪的政府对经济过程的干预加剧，经济与政治个人主义两者之间的紧张或不相容最终也出现了。对于干预的日益增长的要求似乎是严格坚持以个人主义前提为基础的经济理论的结果。古代希腊的亚里士多德即已强调，人是社会的动物。人的本性、需求和能力在很大程度上是社会及其制度的产物。人最有效的行为经常通过团体和组织来实现，这些团体和组织以各种方式干预完全自由结社和原子主义式竞争的个人主义理想。因而也产生了垄断和技术等方面的问题，周期性的失业在公众意识中经常与个人主义的经济理论联系在一起，导致了广泛的不满。

个人主义理念的威望在 19 世纪后半叶和 20 世纪前半期有所下降，使得与之相对立的社会组织原则（如集体主义）有所上升。然而，随着 20 世纪以集体的名义出现的国家主义、军国主义、国家社会主义（即法西斯主义）的猖狂肆虐和斯大林主义的历史性失败，人们重新开始重视自由主义及其理论基础个人主义，开始反思理论界相当一段时期内批判个人主义所导致的偏见和失误。在自由民主理论中，有关个人重要性的观念重新抬头，特别是战后人们发现那些个人主义理念占主导地位的国家和民族几乎都坚持了自由民主的基本理念，其政府和人民自觉抵制了法西斯主义，未让军国主义占主导地位。反之，那些未能抵制住这些祸国殃民的思想和政策的国家几乎都不允许个人主义价值观，甚至以官方意识形态猛烈抨击个人主义。这些的确促使人们尤其在近年重新反思个人主义作为一种政治社会哲学和伦理价值观的积极意义。

二、社会契约论。自从罗尔斯在战后数十年中详细阐述了以社会契约论为基础的正义理论以来，这一理论再度引起了人们的普遍关注。社会契约论的基本理论前提是指个人在特定的环境下为促进其利益而选择规则结构时所表现出来的方法，这一理论假定人们是在原初的状态下通过相互订立协议或契约而确立基本政治和组织原则、建立权力机制、制定法律规则的。

社会契约论源远流长，经历了长期的发展历程。这一理论的基本原则是说，合法的道德准则乃出于协议，我们不是受所谓的客观道德性所约束，而是受自愿做出的承诺所支配。某些形式的社会契约论认为，特定的道德准则、经济和政治体制乃出自特定的非道德的环境，它们是经过讨价还价的过程而产生或确认的。其他的社会契约理论则把契约看作保护事先已存在的道德构架，这些构架经常以个人权利的形式出现。相比之下，前面那种形式的社会契约论占据了主导地位。

英国“光荣革命”的理论家洛克以社会契约论来论证公民权利的神圣性。他认为人们结合成联合体时各自放弃单独行使的惩罚权力，交由他们中间指定的人行使。“这就是立法和行政权力的原始权利和这两者之所以产生的缘由，政府和社会本身的起源也在于此。”[①] 人们自愿放弃一些权利是为了更好地保护自身的安全、财产和自由。“人们联合成为国家和置身于政府之下的重大的主要的目的，是保护他们的财产。”[②] 契约论以承诺或允诺为其自明的前提，认为严守承诺是契约得以产生并得到尊重的基本条件。由自身的意志所约束的“承诺”的观念，成了政治和经济秩序的模式，而不是某些客观欲求的事实状态。当代的社会契约论者无人认为这样的承诺是曾经实际做出过的，或是这些承诺可在历史演变进程中施加义务。其实人们希望的是通过这种抽象的方法来构建恰当的准则（经常指社会财富和收入的分配准则），其构建途径是个人理性的选择，这些选择不受他们自身所处的现状（包括特权）所产生的动机所制约。尽管这种承诺和契约是假想的，但它可以在理论上推导出社会正义制度和伦理的基本原则。

可见契约论尽管是一种假想的前提，却成了论证像自然权利、自然法这些基本政治和法律概念的前提，因为像财产权神圣不可侵犯、不得滥杀无辜、救死扶伤等自然权利和义务很难找到经验上可验证的起源，求助于社会契约论却可以较好地解决其产生的理论前提问题。契约论的另外一个优点是方法论上的中立性，因为它假定人们通过主体选择达成的协议而产生了规则和制度，这些是作用于契约论的中立方法获得的，由此而产生的东西从程序上说是完全合法的。举例说，在社会福利方面的一种特定的协议结果的产生完全取决于道义同情心在订约人中的分布。订约人倾向于怎样的结果，便很可能影响其所订契约的内容。这里从价值观而导向契约结

---

① ［英］洛克：《政府论》下篇，叶启芳、瞿菊农译，商务印书馆 1964 年版，第 78 页。

② 同上书，第 77 页。

果的可能性显然存在。罗尔斯甚至也做出过这样的理论阐述，即从某种直觉得出道德结论，然后再表明这些结论何以可从契约论所描述的理性选择方式产生出来。这一思路中存在的某种悖论在于，价值论的理由以牺牲契约论的中立立场为代价。

尽管如此，契约论在方法论上仍然表现为某种优势，这就是它对于基本权利和制度的阐述优势。它要求人们通过抽象方法并抛开特定的利益牵扯来认识现存的社会实践，这些特定的利益牵扯往往会妨碍人们在促进其长远的目标时做出理性最大化的决定。古典自由主义者对契约论之所以情有独钟，是因为他们发觉这一理论特别适用于解决市场社会所不可避免发生的“囚徒困境”。这就是：两个同谋犯分别关押在不同的牢房里，相互隔离。如果两人均拒绝招供，则都可能受到最少的惩罚；如果一人招供而另一人不招，则一人受重罚而另一人受轻罚；但实际情况往往是两人都招供，从而都受较重的惩罚。由此延伸至市场理论，在自由市场中，个人的纯理性的选择有可能导致市场总体上的非理性结果，因而需要人们面对面地进行订约的协商。这正是一些自由主义者求助于契约论来解决公共产品、个人权利和制度正义等问题的重要理由。总之，以契约论来论证人的自然权利具有某些重要的优势，它不必纠缠于利益的算计而直接得出超越具体历史条件的自然权利概念。诸如公民的生命、财产、平等、良心和表达等方面的自由权利均可从契约论直接导出，因而在论证自由民主政治哲学基本前提方面具有直截了当、简单自明、不受具体经验约束等优点。

三、功利主义。前面提到过，功利主义曾经兴盛过相当长的时间，今天虽然受到了罗尔斯等人理论的冲击，但并未偃旗息鼓。其基本倾向即是认为一切立法、政府政策和道德原则的最终判定标准是其实行之后可能达到的功利水平。功利主义者是些经验主义者，以人的感觉所表现出来的快乐作为判定的基本出发点，而精神的安宁则是在此之上的更高的衡量指标。由此而推导出个人从事经贸、拥有财产、政治信仰自由、表达与创新的自由可以促进个人功利和社会总体功利的最大化。功利主义在其流行的时期也许是最具感召力的道德和政治学说，但也可以说是自由民主政治哲学理论基础中最具争议性的理论。功利主义关于“最大多数人的最大幸福”的信条看起来不受任何其他教条的约束，这些教条强调遵循规则的重要性。功利主义也是结果论的伦理理论，因为它以行为或伦理准则未来可取的结果为判定善恶的基准，而不只是纠正过去的错误。因此，功利主义也经常引起社会改革家和进步思想家的兴趣，他们常把科学技术带到政策的形成过程。从这个意义上说，功利主义也是一种“理性主义的”理论，其倡导者相信科学可解决社会问题并可实现社会和谐。而且，功利主义者自称不受任何别种意识形态的狭隘教条所束缚，这些意识形态经常自认为服务于一部分特定人群的利益，因为功利主义者强调自己的判断是从一个“理想的”或客观的观察者的角度做出的，所促进的是普遍利益而非狭隘利益。而且，功利主义还被认为是从个人主义的前提得出的结论，因为其理论出发点是个人的幸福，而不是抽象的社会福利或总意志。

然而从理论上说，功利主义的伦理学说与有关仁爱的经济、社会和政治学说之间有着明显的区别，至少在从前者推导出后者时会遇到一些困难。其伦理学说指的是一个人的行为应当以在每种场合均产生最大快乐为标准，而相应的社会政治学说则是为政府依据仁爱原则采取的行动甚至强制作论证的，这两方面都具有其重要性。当然，在政治自由主义的层面，社会经济政治的学说更显得重要，也是古典功利主义者主要关注的领域。功利主义的意义不仅在于它以普遍有利的结果对人的行为以及一般政治和社会政策所作的评估，而且在于它以特殊的方式对结果概念的解释。

功利主义原则的理论困难是存在的，其中最大的问题是对基本权利的忽略。如果以总体功利的计算为唯一标准，那么假如一个社会需要少量奴隶来提高总体的社会功利或快乐（即牺牲这一部分人而使社会总体功利最大化），则功利主义也可能为奴隶制作辩护。这也是当代社会契约论者罗尔斯批评功利主义的最核心的部分。而衡量快乐与痛苦的纯客观的量化的方法究竟能否适用，也是人们长期表示怀疑的。因为处于不同境况下的人们对于痛苦和快乐的感觉和衡量是相当不同的，很难做到纯客观的计算。尽管存在这些困难，功利主义曾经是，仍然是，并且在未来还会充当自由民主理论的基础之一。

四、道德多元主义。自由民主政治哲学并不主张政治和道德的相对主义和无是非观。其基本出发点不是犬儒主义或彻底怀疑论，而是道德多元主义。现代自由主义思想家放弃了以单一的客观道德秩序来界定个人的信条，他们主张自由民主政治哲学对于基本的道德争议采取中立的态度。德沃金便指出：“自由主义不依赖于某种特定的人性理论”，“自由派人士对于人们对政治事务是否选择公开表态或是过上古怪的生活不感兴趣……"[①] 罗尔斯则在《正义论》中强调自由的政治理论的关键假设不需要"关于人的动机的特殊的理论"。[②] 他在《政治自由主义》中进一步指出了自由主义关于重叠共识的理论。约瑟夫·拉兹也指出，自由主义"承诺道德多元主义，该观点认为存在着许多相互容纳的有价值的、值得尊重的关系、承诺和生活计划"。[③]

可见自由民主政治哲学有两个主要前提：一是确立独立于具体的善观念的一套指导政治行动的规则；二是最大限度地保障个人自由，即确定那些赋予个人以不受他人限制和干涉而追求自身生活计划的最大机会。正如罗尔斯所指出的，政治自由主义允许不同的综合道德观、价值观、信仰体系共存于民主的社会，但同时也强调社会以宪法为基础的重叠共识是社会稳定性的真正基础。艾克曼指出，通向自由主义的高速公路之一是有关超验意义的现实的怀疑论，但自由主义不只是对道德相对主义做出反应，因为大多数自由主义理论家试图解决这样一个悖论：自由主义不预设一种有关善或人性的特定的观点，同时又宣称它具有一种稳固的道德基础，而尽管存在第一序列上的道德分歧和道德怀疑论，这种基础仍然值得达成道德的共识。可见，自由民主政治哲学在回避彻底的道德怀疑论的结论时，强调社会共同规则和社会正义的重要性。通俗地说，他们强调的是公认的游戏规则。哈耶克强调的是程序正义，即真正普遍和无偏见的规则不能与分配问题有什么瓜葛，也就是无涉于物品和服务分配的社会正义。但对另外一些自由主义者如罗尔斯和德沃金来说，维护社会正义的国家行动对于自由主义同样是重要的，而且这种目的可以在不危害自由社会立法、与目标无涉的前提下得到实现。尽管自由主义者强调程序正义或社会正义的不同侧重点，但其区别于道德相对主义的根本点正在于规则或正义的基础，只是这种基础不依赖于一个社会部分人们的价值判断或道德观。这就将自由主义与全然无是非和正义感的道德激进主义区别了开来，也与那些以虚幻的共同体根本善恶观和人性观为基础的保守主义划清了界限。

[原载《复旦学报》（社会科学版）2004 年第 5 期]

---

① R. Dworkin, *A Matter of Principle*, Cambridge: Harvard University Press, 1985, p. 203.

② J. Rawls, *A Theory of Justice*, Harvard University Press, 1971, p. 130.

③ Joseph Raz, "Liberalism, Autonomy and the Politics of Neutral Concern", in *Midwest Studies in Philosophy*, 7, 1982.

政治哲学的当代复兴及其意义

陈晏清　王新生[*]

一　政治哲学的衰落与复兴

肇始自苏格拉底的政治哲学是哲学的一个特殊分支。政治哲学不仅追求知识而且追求德性，不仅追求德行而且追问德行与知识之间的关系，因此，它是一种关于人类应当怎样生活的智慧。它的目标是对政治事物进行善恶之别、好坏之分的价值判断，对政治事物的内在本性进行形而上的反思。可是，19 世纪以后，随着自然科学日益突出的成就，其方法论原则也日益渗透各个知识领域并逐步占据统治的地位。这就使以探讨政治事物的价值和意义、追问政治事物的内在本性为目标的政治哲学陷入了知识合法性的危机。科学主义的知识论原则不承认政治哲学的合法性。根据这种知识论原则，只有关于经验事实的知识才是真知识，因此，对政治问题的科学研究只能诉诸事实而不能进行价值判断，更不能诉诸形而上的思辨。也就是说，科学研究的目的是为了探求真理，而探求真理就必须遵循价值中立的原则，必须以可证实的经验事实为依据，而不能以价值判断或理性思辨为依据；政治哲学的价值判断和形上思考阐述的则是一些规范性命题，既无所谓真也无所谓假，它们不仅不是认识真理的有效方式，而且会妨碍人们对政治问题的真理性把握，因而现代政治科学的一个重要任务就是要革除这些附加在人类知识中的“赘物”。自 19 世纪中叶至 20 世纪六七十年代，政治科学的研究经历了从政治思想史家们称为“传统主义时期”到“行为主义时期”的发展，虽然这期间政治哲学的规范性问题始终未被完全排除掉，但实际上政治哲学的衰落与危机已是一个不争的事实。

---

* 陈晏清、王新生：南开大学哲学院教授。

政治哲学的危机只是从一个侧面反映了在强大的科学话语面前整个人文话语的衰落。正如19世纪末的英国学者梅尔茨在总结这一人类知识原则转变时所说的那样，“科学据说是精密的、实证的和客观的，它同那些不精密的、模糊的和主观的其他思想相对立。科学据说用确定的、直接的和一般的术语传达其结果或观念，而有一个很大的文学和思想部门则以不确定的、象征的和间接的表现方式运动。科学声称立足于清晰和精确的知识，因而与其他立足于意见、信念和信仰的思想领域相对立”[①]。梅尔茨指出，19世纪中叶以来，这种科学主义的知识原则首先在法国，然后在英国，最后在德国日益渗透学术研究和大学教育之中，并成功地将与之相对的宗教和人文话语驱逐出去，形成了科学主义的一统天下。政治哲学在19世纪以后的衰落与危机实际上从属于知识观的如下演变过程：开始是人文话语与科学联手铲除宗教观念，接着就是科学主义的知识原则对人文话语的放逐。在人文话语被科学话语所替代的同时，政治哲学也就被作为科学的政治学和行政学所替代。

近代以来，以经验理性为基础的实证主义知识原则不断扩张并取得了节节胜利。它不仅建立了现代的科学体系，而且建立了整套的现代知识观和以这一知识观为基础的世界图景。这种结果的一个方面是，原本试图通过哲学而获致知识的完整性和统一性的愿望遭到了重创，甚至被抛弃。各门具体科学在相互隔离的知识领域中进行着日益细化的知识积累，具有各种不同专业知识的科学工作者在日益专门化的分工中进行着几乎各不相干的劳作。在这些劳作中，人们得到的是一个破碎化了的生活世界。这种结果的另一个方面是它所导致的“社会的技术化统治”和“技术统治的意识形态”的形成。在一个被充分技术化和“合理化”的世界中，经验理性正在以新的物化方式塑造着个体和社会的生存个性，塑造出一个高度理性化的生活世界。在这样的世界里，一切超越性的关怀和价值性的诉求，均因其不可与实证知识相通约而被贬斥为“非科学的”或“非理性的”，被排除在“合法知识”之外。世界的技术化统治说明，想要克服意识形态的经验理性自身已经变成了一种独大的意识形态，想要排除非理性的实证性知识自身已经变得恣意狂妄。怎样在经验与理性、真理与价值、实然与应然之间保持一种张力？怎样既使现实世界接受生活意义的指引，又使理想世

---

① 梅尔茨：《十九世纪欧洲思想史》，周昌忠译，商务印书馆1999年版，第61页。

界接受经验理性的限制，从而避免它们在世界秩序建构中产生单一性的膨胀？对于这些困惑，当代人只能重新求助于哲学，因为在宗教信仰的权威被摧毁之后，只有哲学仍然担当着知识之完整性和统一性的责任，守望着人类的应然价值。在当代复兴的政治哲学正是在人们对哲学的这种期望中重新登场的。

纵观当代哲学史我们可以看到，20 世纪后半期以来，政治哲学问题的讨论正日益成为哲学研究的一个重要领域，成为当代哲学一个新的栖居地。无论是列奥·施特劳斯对古典政治哲学问题的沉思所引发的争论，还是罗尔斯对正义问题的辨析所导致的政治学研究的革命性转向，或是社群主义与自由主义的对峙所引发的重新审视伦理学的基本问题的兴趣，都超越了以经验理性为基础的“精确的政治科学”的范畴，形成一种以考察政治事物的本性与政治事物的应然目的为内容的研究领域和致思进路。这种正在复兴的政治哲学因其不同于第一哲学和其他领域哲学的问题域，而成为一个特殊的哲学领域，也因其研究问题的方式区别于科学主义的知识原则，而成为一种研究政治问题的独特思路。

当然，政治哲学的思考方式会随着时代的变化而变化，因而，政治哲学的当代复兴并不意味着传统政治哲学的直接复活。例如，政治哲学中的根本问题之一是对“政治是什么”的问题的追问，但是，追问政治是什么的问题有一个方式问题，即思入此问题的路径的问题，而这一方式或路径在不同的时代里是大不一样的。在古代，这一问题是一个可以被直接谈论的本体论问题；而在当代条件下，当传统的形而上学已经遭到持续而有说服力的批判之后，对这一问题不再像古代哲学一样采取一种直接性的态度，将其作为一种直接的本体论证明去对待，而是将其转换为一种限定和澄清思的条件的思考。当代的分析哲学其实就是通过对语言和逻辑的分析，澄清人们可以在何种意义上以及在什么语言条件下谈论这一问题。罗尔斯对公正、正义的分析因循了古代政治哲学中的基本问题，因而他的《正义论》的问世被看作政治哲学在当代复兴的标志，但他却是在接受并利用了当代分析哲学成果的基础上构造其政治哲学体系的。他的正义问题研究虽然冲破了 20 世纪以来伦理学研究中的形式主义倾向，强调研究实质性道德观念在政治哲学中的中心地位，却不再以预设一个当然的道德结论为起点，而是力图避免古代政治哲学的这一独断论的思入问题的方式。他非常清楚地知道，政治哲学的研究必须时刻站在现代哲学所构筑的语义和逻辑分析的方法论基础之上，通过对语言和逻辑的小心分析和对不同道德观念的反思平衡得出结论。也就是说，在很大程度上，他所要做的工作就是对正义、公正之思之条件的澄清。和古代政治哲学家一样，罗尔斯的这种公正、正义“是什么”或“应当是什么”的研究，是对政治观念的善恶判断和应然态度的哲学反思，可是，他却完全是以现代哲学的方式阐述这些问题的。

在一定意义上，我们可以将重新复兴的政治哲学看作一种典型样式的当代哲学，因为它的问题域、切入生活世界的独特视角，以及对现实世界的理想性关怀，使它成为反思当代人类生存问题的最佳方式之一。作为对于政治的内在本性和应然价值的哲学反思，政治哲学关注的是政治价值观、理想的政治模式和政治规范的理论基础。这就决定了它的批判锋芒直接指向了经验理性的单一膨胀所导致的人类生存困境；也决定了它不像一般哲学那样远离现实的生活世界，不像有些领域的哲学那样缺乏价值评判的视野，而是直接面对人的当下生存状态。它不仅从一个不同于政治科学的角度揭示了经验理性的困境，而且从一个不同于其他领域的哲学的角度彰显了哲学在解决当代人类生存困境中的独特价值。因此，理解政治哲学的复兴，也将会为我们理解当代哲学的发展脉络和致思路径并在此基础上发展哲学，提供一种极具价值的进路。

二　政治哲学与政治学的知识论分野

政治哲学的复兴意味着以哲学的方式考察政治问题重新获得了合法性，也意味着哲学这种知识类型在当代的重新登场。当代哲学史家保罗·利科说：“政治哲学实际关心的是对理论根据或基础的问题进行分析，这一点使其与日益增加其描述性与经验性论述的政治学形成对照。”① 的确，虽然政治事物始终是人类关注、思考和言说的对象，但是，在不同的学术视域内，人们对政治事物的思考方式和言说方式却存在着很大的差异。正是这些差异，构成了具有共同关注对象的政治哲学与政治学的根本区别；也正是这些差异，为说明政治哲学的复兴提供了知识论的根据。

科学是以讨论和解释经验世界为目标的，因而，作为科学的政治学关注作为经验事实存在的政治事物，关注政治事物的具体表现、政治活动的

---

① ［法］保罗·利科主编：《哲学主要趋向》，商务印书馆1988年版，第302页。

具体过程。政治学通过对政治事物的经验性研究把握政治活动的过程、公共权力的存在形式及其运作规律等。这种关于经验世界的说明是由我们称为“经验陈述”的命题构成的，它们只陈述事实而不涉及价值，只谈论“是什么”而不追问“应当是什么”，因此，只要这些经验命题与人们所观察的经验世界相符合，它们的真理性就可以被证实。政治哲学则关注政治事物的内在本性，关注政治事物的价值指向和政治活动的应然规范，因而，它主要通过对涉及公平、平等、正义、自由等基本社会价值的研究，把握政治评价的基本准则；通过对政治事物总体性特征的反思，把握它的内在本性。规范性活动的核心是“应当是什么”的问题，因此，政治哲学对政治事物的价值论研究就是要对人类应当怎样生活，或者说对人类生活的伦理目标进行哲学的追问。这些追问由一些规范命题构成，是关于政治事物的价值判断和形上反思，不可能得到经验证据的证实。

但是，这绝不意味着政治哲学不提供有用的知识。政治哲学不是直接地研究现实的政治事物，而是对政治思考的反思，是对政治理论的基本理念、规范、准则得以成立的条件及其价值的再思考，即关于政治之思的条件和意义的反思。所谓反思政治理论得以成立的条件，就是要澄清政治理论中相关范畴、理念和准则确立的基础和前提。哲学是理念层面的东西，政治哲学则是建立人类政治活动的理念，即为人类的政治活动提供理念的支撑。一个社会为什么要建立和实行这样的而不是别的政治制度，一个国家和政府为什么要制定和实施这样的而不是别的政策和政治措施，一个人或一个群体为什么会采取这样的而不是别的政治行为，凡此种种皆由人们的价值准则决定，即由他们认为是应当的行为准则决定。将这些价值准则用特定的规范固定下来并实施于特定的政治共同体，就是具体的政策、制度和法律。这些价值准则是政策、制度与法律的根，而后者只是前者的藤蔓和枝叶。一个民族的文化因子中所含有的特殊价值观念之所以常常使外来的制度发生适应性的变形，原因即在于价值准则对具体政策和法律发挥着潜在的制约作用。因此，人类当然不仅需要研究政治共同体具体实施的政策和法律，也要追问这些政策和法律所依据的价值准则。即使是对于一些有理论素养的政治学学者来说，这一点也是明确的。美国政治学家莱斯利·里普森在其产生了广泛影响的政治学著作中探讨完政策和法律问题之后说：“上面对制度的审视表明，尽管它是政治自由的基础但是却不能保证善的生活。虽然可以通过程序的制定帮助自由，接下来的目标是制定政策。决策的内容和实现的方法都应当包含在国家的哲学中，而要完成的目标比使用的方法更重要。国家在寻求社会的一体化时必须有伦理理想，否则不是善的生活具有对权力的优先性，而是权力窃取了福利的优先性。在这种情况下，就无法回答奥古斯丁提出的问题：如果没有正义，国家与大的抢劫集团有何不同?"① 也就是说，仅仅以经验的方法研究人们的行为和约束行为的制度是不够的，必须进一步追问支配行为的伦理准则，必须进一步追问制定制度所依持的伦理根据，而后者只有通过政治哲学才能完成。政治哲学的复兴不是偶然的，因为任何一个政治共同体的人们都不仅关心它们采纳什么样的制度，同时也会关心这些制度的伦理根据。

实际上，在人类的知识体系中，存在着三种可能的知识类型：一是以对世界的观察为基础的经验知识；二是以逻辑推理为基础的分析知识；三是以多种不同理论为根据的规范知识。美国政治学家阿兰·艾萨克认为，政治哲学主要是一种规范知识，政治学严格地属于经验知识，而分析知识则是政治学家和政治哲学家共同使用的。他说，当代政治学家只承认前两种知识的有效性，但是，当他们"试图将自己的知识运用于现实的世界，以解决社会和政治问题"时，就无可避免地要运用规范知识。他又说："尽管哲学家偏重于规范，科学家偏重于经验，但他们又往往在相同的基础上相遇。"② 的确，正是实践的企图使作为科学的政治学遭遇到政治哲学，遭遇到一种无法克服的知识类型和思维方式的重新出场。

三　哲学之作为政治哲学

海因里希·迈尔说："在史学家首先看到的是苏格拉底死的地方，哲人恰如其分地看到了政治哲学的生。"③ 尽管迈尔的这一说法里包含着一种对政治哲学和苏格拉底的双重特殊理解，但他力图从古代哲学的早期转向出发说明政治哲学与第一哲学的关系的意向却是值得肯定的。这一意向凸

---

① ［美］莱斯利·里普森：《政治学的重大问题：政治学导论》，刘晓等译，华夏出版社2001年版，第331页。

② ［美］阿兰·艾萨克：《政治学的视野与方法》，张继武、段小光译，南京大学出版社1988年版，第17—18页。

③ ［美］海因里希·迈尔：《为什么是政治哲学——或回答一个问题：哲学何以要转向政治哲学》，载萌萌主编《启示与理性》，中国社会科学出版社2001年版，第5页。

显了如下追问的重要性：苏格拉底之所以要从研究宇宙、自然的本性问题转向人的、社会的、政治的问题，是不是意味着他不再关注世界“存在”的奥秘？这是不是仅仅意味着哲学的问题域和研究对象向“人”的一种转向？这些问题将从哲学史的源头上向我们显示，作为哲学的政治哲学是何以可能的。

在苏格拉底看来，政治生存是作为文明人的城邦公民唯一有意义的生存方式，因此，研究关于人的哲学与研究关于政治的哲学是一致的。他甚至认为，只有通过说明人的政治生存才能真正地说明人的生存，因此，研究关于人的哲学，研究与人的生存密切相关的政治哲学，并不意味着放弃对世界终极问题的考察，而是要通过对人这种特殊存在及其社会生存方式的考察，有效地深入世界存在的奥秘。在他看来，对于人来说，世间最基本的存在就是人本身，而政治的生存方式则是最能体现作为社会动物的人之本性的生存方式，只有通过对这种存在和生存方式的把握，才能有效地思入存在本身。苏格拉底将“是什么”的问题转化或落实到“何以是好的”问题上，这就使哲学在政治哲学中得到了典型的体现，使哲学成为政治哲学。对于古代哲学而言，达到了对存在本身的把握也就是把握了终极的真理，这是哲学的使命。因此，在苏格拉底看来，人作为只能通过对自身的反思而认识真理的存在物来说，只有通过对“何以是好的”问题的追问，才能达到对“是什么”问题的理解。与前苏格拉底的哲学相比，这一致思进路无疑是一个转折，因为追问“何以好的”就是追寻合理的生活，而合理的生活只有在追求善的政治生活中才能充分显现出来，才能被更真切地反思。人无法离开自己和自己的生活世界抽象地考察外部世界，只能在完善自己和改善生活世界的过程中不断拓展自己的外部世界，理解自己的外部世界。这就是苏格拉底完成的哲学转向。从这一转向中我们可以看到，政治哲学并不是哲学在政治领域中的应用，而是哲学活动的一种特殊方式，是解决哲学根本问题的一种特殊方式。换言之，政治哲学并不是关于政治学知识的概括和总结，而是通过对政治事物的一般本性的反思而深入地理解人的生存和世界本性的学问。在这里，政治事物不仅仅是一个特殊的场域，更是思入人生和世界切要问题的一个特殊视点。在这一视点上，哲学通过透视人的政治生存方式而显现人的一般生存方式，通过显现人的一般生存方式而显现存在本身，显现人的全部生活世界及其对人的意义。

从政治哲学的问题域来看，政治哲学只是一种特殊的哲学形式，但是，政治哲学之所以能够在当代复兴并成为哲学研究中的一种显学，并不是因为它所关注的领域的特殊性，而是因为它以一种特别的方式切入哲学的根本问题，因而它以一种切中了当代人的生存困境的特别方式，为人们理解世界和人生的根本问题提供了一种独具价值的反思路径。现实的生活世界不是一个抽象的整体世界，而是一个多层面、多维度的总体世界，因而当代哲学也必然是多视角的。不同的视角从不同的维度“看”同一个总体的世界，以不同的方式“说”同一个总体世界，形成了当代哲学中不同的哲学视界。近代哲学向现代哲学的转向使得对世界笼统的直接性追问成为不合理的理性僭越，也使得以此为基础的体系哲学的建构成为不合时宜的宏大叙事。因此，从现实的人出发，从人的现实生活世界出发进行哲学之思，就成为不同形式哲学的当然归宿。在当代，哲学不可能再以直接的方式言说总体，因为那种言说方式只适合于素朴的视界所把握到的混沌总体；按照韦伯的说法，在人类的现代知识系统中，这已是不得不被祛除的“巫魅”。哲学曾与科学联手击败了统治世界的宗教，在这一过程中哲学也改造了自身。在经过了科学知识原则的“洗礼”之后，哲学更需要从一个个深度的切口上探入，在不同的维度上深刻地把握总体世界。这些不同的维度并不是总体世界的各个孤立部分或要素，甚至不是它的不同层面，而是总体世界不同的显现方式。例如，对于人这种存在物而言，其生存境况既可以通过生产劳动显现，也可以通过精神文化活动显现，还可以通过政治活动显现，这些不同的显现形式都不仅是人的生存的一个方面，而且是透过这个方面显现出来的总体生存境况。从精神文化的贫困中透射出来的是人的总体生存困境，而不仅仅是精神的被奴役；从异化劳动中透射出来的也是人的总体生存困境，而不仅仅是经济的被奴役。既然这些不同的维度本身就是世界总体的显现，那么，对其不同维度的认识也就不是对总体世界不同要素、部分甚或层面的有限性认识，而是在不同视角上对它的总体性把握。虽然不同的维度的认识是从一个个有限的视点上切入，但却从一开始就超越了这些视点的有限性而指向总体和根本。这种把握世界的方式之所以不可为科学的方法所替代，就在于它的对象是总体的世界，在于它试图通过对总体世界的把握而探寻人类生存的意义。这也就是我们透过政治哲学的当代复兴所把握到的当代哲学的价值与意义。

（原载《哲学研究》2005 年第 6 期）

政治哲学：政治的理性和良心

——兼评施特劳斯的“政治哲学”概念

侯　才*

政治哲学研究首先遇到的棘手问题直接涉及该学科研究对象的“政治哲学”概念本身的界定，其核心是如何理解政治与哲学的关系。对此，本文拟从下述两个方面来加以考察。

一　政治与哲学的双重变奏

施特劳斯对政治哲学的核心定义正是基于对政治与哲学的关系的分析和揭示。在他看来，政治与哲学具有两种关系，据此，可以相应地对政治哲学做出两种理解和界定。一种关系和界定是，在“政治哲学”表达式中，“哲学”表示研究的方法，“政治”表示研究的内容和作用；而“政治哲学”就是表示用一种关联政治的哲学方式研究政治问题。另一种关系和界定是，在“政治哲学”这一概念中，“政治”起形容词作用，没有表明什么内容，而只是指处理方式，依此而论，“政治哲学”主要不是指用哲学方法处理政治生活，而是指用政治的方式来处理哲学问题，或者说，用政治的方式让人们走进哲学。简言之，对政治哲学可作两种定义，一是用哲学的方式来研究和处理政治问题，一是用政治的方式来研究和处理哲学问题。这两个定义的着重点显然是不同的：在前者那里，哲学是方法、手段或视角，政治则是对象、内容和目的；而在后者那里，事情就被颠倒过来，政治成了方法、手段或视角，哲学则成了对象、内容和目的。那么，人们应对此做出何种选择？至少在《僭政论》（初版，1948；修订补

---

* 侯才：中共中央党校哲学部教授。

充版，1963）中，施特劳斯明显欣赏、强调和肯定后者。他申明，正是所谓政治哲学是用政治的方式来处理哲学问题这一界定，才揭示和表明了政治哲学的更深一层的含义。在《法拉比的柏拉图》等文中，施特劳斯也明确表示，隐微的写作艺术最深的理由并非在于政治，而在于那些利用这种艺术的人的哲学意图。

强调政治哲学主要是用政治的方式处理哲学问题当然是有其历史和理论的根据的。政治哲学是哲学的分支和组成部分，它自然应服从和服务于整个哲学的宗旨和目标。而且，在原始的哲学形式里，政治哲学广义上就是哲学的核心，或者准确地说，是“第一哲学”。就政治和哲学的各自对象而言，政治牵涉的是具体的特定领域，体现特殊，而哲学则牵涉所有领域，是对根本性和全面性问题的认识和探寻，体现一般；因而，可以说哲学具有先于和高于政治的地位。但是，论据不限于此。施特劳斯还给出了另外一个重要的理由，即政治本质上是压迫性的，而哲学本质上则是批判性的。施特劳斯提示，在历史中，哲学与社会（从而与政治）的关系是“失衡的”，二者之间存在着冲突。其重要原因是，哲学的本性是批判的，它质疑人们珍视的东西和相信的真理，质疑一切权威（当然也包括政治的权威）。这样，即便是出于自卫，社会意志也总要压制哲学思想，尽管前者理应受到后者的审视和引导。

施特劳斯对政治哲学所持的上述立场和认识无疑是明晰的，然而似乎并不是一贯的。在他的名篇《什么是政治哲学》（1949 年）中，他又对政治哲学做出了如下界定：政治哲学是对获得美好生活和健全社会的知识这一目的性的追求，是试图真正了解政治事务的性质以及正确或完善的政治制度这两方面的知识，是对政治现象进行哲学的或科学的探讨。如果人们仔细辨析，就不难发现，在这一界说中，哲学被表述成了方法、手段，而政治则被表述成了对象、内容、目的，因此，这一定义所强调的重心实际上并不是用政治的方式去处理哲学问题，而恰恰是用哲学的方式来处理政治问题。也就是说，施特劳斯在这里所提出和强调的定义与他在《僭政论》中所阐述和强调的定义相抵触。为何会发生这种情况？是何原因导致在施特劳斯那里发生了这种理论重心的嬗变和矛盾？人们当然可以做出各种不同的猜测和判断。但是，不管怎样，从认识论上分析，有一点是不容置疑的：用政治的方式处理哲学问题与用哲学的方式处理政治问题，这两者是密不可分、互为前提的，即便在理论思维中我们也很难将它们之间的界限明晰地固定下来。

施特劳斯在“政治哲学”概念阐释上的这种重心的变化和悖论，促使我们更深入地思考政治与哲学的关系以及更全面地理解政治哲学的内涵。在我看来，或许我们有理由认为，用哲学的方式处理政治问题与用政治的方式处理哲学问题是相互依赖、互为条件的。两者共同反映和体现了哲学与政治的相互关系：一方面，哲学需要通过政治的中介成就其反思性，需要政治为自己提供政治上的支持和辩护；另一方面，政治也需要哲学探究共同体的基础、共同体成员的权利和义务、共同体之间的关系等诸问题，提供有关完善的政治秩序、美好的生活、公正的治理指南，以及关于“正当性”（Richtigkeit）的答案。因此，用哲学的方式处理政治问题与用政治的方式处理哲学问题这两者不过是政治哲学中内在的、既相互联结又有机统一的两个方面，它们共同构成了政治哲学的完整内涵，都是政治哲学的题中应有之义：用哲学的方式处理政治问题，体现了政治哲学的现实性和实践性；用政治的方式处理哲学问题，则体现了政治哲学的理想性和目的性。而政治哲学的完整本性也就寓居和实现于这双重维度之中。

一般说来，用哲学的方式处理政治问题这一维度往往容易被人们所关注、所重视——实际上，人们通常主要是在此意义上去理解和运用“政治哲学”概念的——而用政治的方式处理哲学问题这一维度则往往容易被人们所忽略。然而，正如施特劳斯在《僭政论》中所言，用政治的方式处理哲学问题的维度恰恰是一种更深层、更重要的维度。这是因为，这一维度有着更为宏观的视域：它把整个哲学的内容都纳入了理论的视野，而并不仅仅限于把哲学作为单纯的方法论。比如，马克思哲学固然有理由被视为一种一般意义上的哲学，然而，从用政治的方式来处理哲学问题这一视域来审视，它（作为整体，而非某一部分）也未尝没有理由不被视为一种地地道道的政治哲学。因为马克思正是从无产阶级的立场、从人类解放的立场来看待哲学的本性、使命和终极目的的。正像他在《黑格尔法哲学批判导言》（1844）中所申明的，“哲学把无产阶级当作自己的物质武器，同样，无产阶级也把哲学当作自己的精神武器”；“哲学不消灭无产阶级，就不能成为现实，无产阶级不把哲学变成现实，就不可能消灭自身”。甚至就连马克思的政治经济学和社会主义理论，如果将其提升到哲学高度来看的话，其中也隐含了政治哲学的内容：他的整个政治经济学，可以看作对资本主义现代性的一种分析；而他的整个社会主义理论，则可以视为一种独特的然而却堪称真正的“正义论”。就此而论，诚如海德格尔在《关于人道主义的书信》（1946 年）中所指出的：“人们可以用形形色色的方式来对待共产主义的学说及其论证，但在存在的历史上可以确定的是：一种对世界历史性地存在着的基本经验，在共产主义中表达出来了，谁如若只把‘共产主义’看作‘党派’或者‘世界观’，他就想得过于短浅了。”

二　政治的理性和良心

在政治哲学概念中，哲学与政治两者的关联不仅体现在哲学和政治两者可以互为观察和认识的视角，如上所述，可以从哲学的视角去看待政治，亦可从政治的视角去看待哲学，而且体现在政治和哲学两者之间互相具有价值功能和意义。由此出发对政治哲学的概念进行解读，我们看到，从政治哲学对于政治所具有的意义而言，政治哲学不是别的，它就是政治的理性和良心。要明了这一点，需要深入探讨和澄清哲学和政治的关系。

哲学与政治具有复杂的关系。它们分属不同的领域，各自都具有自己的特殊规定性和一定的相对独立性，因而彼此具有异质的性质，并且就此而论都有自己发展的内在逻辑，都是某种意义上的（虽然是“相对”意义上的）“自为存在”物。

同时，哲学与政治之间的联系也是显而易见的。哲学不仅具有学术意义上的科学属性，而且具有政治属性，属于意识形态的一部分。哲学的这种意识形态性质，是其价值性的突出表现。这就使哲学与政治的关系具有了同质的和亲缘的性质。哲学与政治的这种同质性、亲缘性，为政治家们把哲学隶属于政治乃至把哲学变成政治的婢女提供了某种根据和口实。然而，归根结底，同质性总是以异质性为前提。就认识秩序而言，人们必须予以充分关注的首先应是哲学与政治的差异和各自特点。哲学与政治的一个明显的区别是，哲学作为人类把握自身和对象世界的一种特殊形式，具有超验的特点，它总是诉诸和指向一般或普遍物。而政治作为拥有正当使用强力的特权来维护、规定和管理社会秩序的行为或技术，则具有具体的和现实的特点，它总是诉诸和指向当下和特殊物。更重要的是，哲学因具有一般性和普遍性而具有批判的本性。它在本性上是否定一切既有的、现存的东西的，也包括否定既有的、现存的政治。而政治总是指向当下的存在，当下的利益，寻求现存的合理性及其论证。在此意义上，哲学与政治甚至是对立的。政治总是希冀哲学成为自己存在之合理性的论证工具。但是一切政治的现存都是有限的、暂时的。因此，即便哲学需要甚至有责任去为现存政治的合理性做论证和辩护，这也不是它的主要的政治功能，毋宁说，它的主要政治功能是对现存政治的审视、反省和批判。而这，恰恰也是现存政治的发展与进步所必需的。

哲学与政治相互关系的另一重要表现是两者的相互依赖与相互影响。哲学依赖于政治。哲学只有通过政治特别是政治权力才有可能把自己变成现实。这点可以解释为什么古今中外的哲学家们往往希冀自己能够成为王者之师。同时，政治也依赖于哲学。政治需要智慧，需要理性和德行（正义和善）的引导。而哲学对于政治来说不是别的，就是政治的理性和良心。政治有其内在逻辑，政治运行需要遵循、依据其内在逻辑。因此，政治需要诉诸理性，需要理性为之立法。以理性原则为指导的政治，与理性相结合的政治，可以称为理性政治。而与政治相结合的理性则可称政治理性。政治不仅有其内在逻辑，还有其价值指向、价值主旨和价值基础。正如马克斯·韦伯所说，一旦问及政治家怎样才能有望正确履行权力加于他的责任，就把我们带入了伦理学问题之域（《学术与政治》，1919 年）。政治总是指向一定的目的，总是为了实现一定的利益。权力也总是与责任相联系。政治权力本身在一定意义上就是维护和满足人们的利益、调节人们之间利益关系的工具。所以，政治不仅需要理性的头脑，还需要德行的心脏。不仅需要理性为其立法，还需要价值为其定向。在此意义上，政治又是一种德行政治，需要以正义和善为坐标。而指导政治的德行，为政治定向的德行，则可称政治德行。这样，哲学对于政治来说在理性和德行两个根本的方面都是不可或缺的，正像人不能缺少头脑与心脏。缺少理性的政治是无头脑的政治，而缺少德行的政治则是无良心的政治，是比缺少理性的政治还要糟糕的政治。

鉴于哲学与政治两者的异质性和相互关联，需要在哲学与政治之间保持一定的建设性的张力。这既为哲学的发展所必需，也更为政治的发展所必需。缺乏这种必要的张力，抑或消解这种必要的张力，必然导致政治对哲学权力的僭越，泯灭哲学的本性和功能，同时也使政治自身丧失自我理解和自我批判的能力。

事实上不仅在哲学与政治之间需要一定的必要的张力，在哲学自身所具有的学术性与意识形态性这两种性质之间也需要一定的必要的张力。在一定意义上，哲学自身所具有的学术性与意识形态性这两种性质之间的张力还是哲学与政治之间的张力赖以存在的前提。因为如果没有哲学自身所具有的学术性与意识形态性这两种性质之间的张力，哲学与政治的关系只能有两种结局：或者是一种绝对的同一，即哲学完全沦为政治的附庸，或者是一种绝对的对立，即哲学完全与政治脱节、分离。

从以上关于政治与哲学的关系的探讨中可以看出，从应然的立场来说，政治哲学要担负起自己的使命和责任，必须完整包容和体现政治与哲学之间的密切关联。也就是说，要把政治与哲学两个各自彼此独立的学科之间的关联变成政治哲学自身内部两种构成要素之间的关联。从学科定位来说，如果单纯基于政治的立场，政治哲学有理由被视为政治理论的一部分，例如被视为政治学的分支学科。如果单纯基于哲学的立场，政治哲学则无疑是哲学的分支学科，属于哲学的一个内在组成部分。但是如果把政治哲学与政治、哲学三者放在一起来综合考察，那么，政治哲学则成为政治与哲学的中介。它作为一座可以由此及彼又由彼及此的桥梁，既把政治和哲学连接起来，又使政治和哲学保持一定的间距，成为政治与哲学相互作用的一个联结点、缓冲带或张力域。或许正是在这里，政治哲学显露出它的完整的独立意义和价值：作为政治和哲学的中介，一方面凝结、升华政治实践的经验以及反映政治的需要和诉求，为哲学输送必要的因素和养分；另一方面把哲学对政治的引领作用具体化，直接承担起为政治提供政治理性和政治良心的功能。

韦伯认为，对于一个政治家来说，“权力本能”属于他的正常本质。但是这种追求权力的行为，一旦不再有客观性，不是忘我地效力于“事业”，而变为纯属个人的自我陶醉，他便开始对自己的职业崇高精神犯下了罪过。而在政治领域里，致命的罪过说到底只有两种：缺乏客观性和无责任心（《学术与政治》）。如果韦伯对政治上的致命过失说得不错，那么，政治哲学的功用就在于，它恰恰是通过为政治提供理性和良心来解决政治的客观性与责任心问题的：理性解决客观性的问题，良心解决责任性的问题。因为理性本质上与政治的科学性有关，良心则本质上与政治的伦理性有关。

韦伯还指出，政治的客观性与政治的责任心虽然不总是，但也常常是一回事。韦伯的这一说法我们也可以这样来表述：政治哲学所承载、体现的政治理性和政治良心是统一的，它们彼此联结，不可分割，统一于政治哲学的整体框架中。

总之，究其实质，对于政治而言，政治哲学就是政治的理性和良心。政治哲学通过政治理性和政治良心为政治立法。

（原载《哲学动态》2005 年第 6 期）

政治哲学论纲[*]

王 岩[**]

借助于全球化趋势和市场经济的新特点，国内学者们更多地致力于当代西方政治哲学发展的前沿问题的解读和论争，尤为关注以罗尔斯、哈耶克为代表的当代西方学术大师的思想，这无疑对我们了解当代西方政治哲学的现状具有重要的指导作用。但是，西方政治哲学意识形态的性质是不容忽视的。在弘扬主旋律、建设社会主义和谐社会和政治文明的今天，我们面对着如何在马克思主义理论指导下，规范当代中国政治哲学研究、建构马克思主义政治哲学的基本理念和理论体系的重要职责。这应该是当前中国政治哲学研究的主要任务。

一 学术界关于政治哲学基本问题的几种界定

尽管政治哲学古已有之，但关于政治哲学的研究对象、学科性质、本质特点、一般功能等基本问题，在中外学术界尚未形成相对公认的看法，至于政治哲学中的其他具体问题则更是百家争鸣。综合学术界对政治哲学基本问题的研究，主要包括以下几种观点：

最具代表性的观点认为，"政治哲学"是哲学发展的一个重要分支和门类，也是当代政治学研究的一个特殊方向。从哲学方法论的视域出发研究政治哲学的学科性质和基本问题，是这一观点的重要特征。"政治哲学是以哲学的方式探讨政治存在、政治价值和政治话语的一种理论知识体

---

* 本文为作者主持承担的国家哲学社会科学基金项目"西方近现代政治哲学流派批判与当代中国文明建设"（04BZZ003）和江苏省教育厅高校哲学社会科学基金项目"政治哲学基本理念研究"（05SJD810004）的阶段性成果。

** 王岩：南京航空航天大学人文与社会科学学院教授。

系。它的主要研究对象是政治存在、政治价值和政治话语。”（朱士群）“政治哲学作为哲学的一个分支学科，是从世界观和历史观的高度对社会政治生活本质及其发展规律的概括和把握。”（李瑞清）可见，把政治哲学视为哲学的一个重要分支，从纯正的哲学本体论、认识论和方法论的角度阐释政治哲学，把政治生活的本质和规律上升到哲学世界观的高度加以分析和理解，是我国学术界研究政治哲学的主要趋势。在西方，以研究政治哲学史著称的列奥施特劳斯也毫不隐讳地把政治哲学归为哲学的一个重要分支：“政治哲学就是要试图真正了解政治事物的性质以及正确的或完善的政治制度这两方面的知识”（转引自古尔德等，第61页），认为政治哲学是人们摆脱凡俗、追求善德、颖悟至高理念（善）的一种过程，更是一种企图用关于政治活动本质的知识（善），尤其是关于城邦正义的知识，取代有关政治事物的“意见”的活动，是人们对获得美好生活和健全社会的知识的目的追求。这一几近经典的哲学本体论的表述方式使政治哲学的学科性质和本质特点昭然若揭。

第二种观点与上述观点相似，认为政治哲学的核心范畴与研究对象是政治价值，政治哲学是政治价值的提炼与升华。俞可平指出，政治哲学是“关于现存政治生活的一般准则以及未来政治生活的导向性知识，即主要关注政治价值，为社会政治生活建立规范和评估标准”，“政治哲学的研究对象是政治价值和普遍性的政治原理”。（俞可平，第1、2页）西方政治哲学家乔治·卡特林是在“事实”与“价值”分离的基础之上，从伦理学的角度阐释政治哲学的。他认为，如果说政治学关心的是手段，那么政治哲学就因其过分关心“目标”或“价值”而具有浓厚的伦理色彩，从而构成了“伦理学的分支”，政治哲学的实质就是“政治伦理学”。“政治哲学在内容上与伦理学的联系，比伦理学与在传统上被看成是哲学一部分的逻辑学或本体论的联系更紧密。”（转引自古尔德等，第51页）卡特林进一步指出，由于伦理学与美学密不可分，政治哲学又是伦理学的一个重要分支，政治哲学也当属于美学的范畴，并且应当将政治哲学的目的性和价值性的评判标准建立在美学的基础之上，以回避政治哲学固有的价值误区，避免极权主义的不人道的错误。可见，把政治哲学与伦理学和美学相提并论，足以显现卡特林政治哲学的价值论倾向。

第三种观点从政治思想体系的内在结构出发，认为政治哲学是政治思想的一个重要组成部分，并且是政治思想的最高层次。有学者还把政治思想体系的内在结构划分为四个序列：政治心理、政治观点、政治学说和政治哲学，其中，政治哲学“是最高层次的政治理论，是政治学的‘元理论’”（张桂林，第1页）。刘泽华认为，政治哲学可以列入政治思想的研究范围，“从先秦政治思想史看，至少如下一些问题，都可以算为政治哲学……这些问题与政治思想有极为密切的关系，其中一些问题是政治思想的理论基础”。（刘泽华，第2页）罗予超亦认为：“政治哲学是研究政治世界的最深层本质与普遍规律的科学”，政治的知识可以合理地划分为三个层次：经验政治学、政治理论、政治哲学。经验政治学是研究政治的事实科学，政治理论则进一步把握政治世界的本质，至于政治世界的“本质的本质”则只能是政治哲学的研究对象。（罗予超）可见，政治哲学本质上属于政治思想，但又不能简单地归之于政治思想，而是政治思想的最高层次，具有哲学方法论的意义。

第四种观点是从政治哲学与政治科学的相互区别与联系中把握政治哲学的内涵和属性。刘晓从“比较性概念”的角度探讨了政治哲学，认为政治哲学在与政治科学的历史的和现实的比较中得以彰显。政治哲学的主要内容包括：第一，政治的价值性范畴及其关系的探讨，以及在此基础上对政治的合法性的论证和对于理想政治秩序的理论构建；第二，政治价值范畴及其关系的元理论；第三，社会政治批判理论。在此基础上，他提出了政治哲学的诸多特征，形成了政治哲学与政治科学的价值与事实、形上与经验并列存在、同轴互补的政治哲学新理念。（刘晓）哈里埃克斯坦同样赞同在比较中鉴别政治哲学。他认为，政治科学与政治哲学存在着一体两面的性质：一个关注经验事实，一个关注价值原则；一个追求实证真理，一个追求抽象思辨；一个以经验证实为检验标准，一个以理论自身为检验原则。由此显现出政治哲学的形而上的性质，并且也正是在此意义上政治哲学被称为政治学的“‘超理论’，即关于理论的理论”。（转引自古尔德等，第449页）

第五种观点则从交叉学科的视角研究政治哲学，认为政治哲学是建立在政治学与哲学两大学科相统一基础之上的交叉学科，具有应用哲学的特色。《中国大百科全书政治学》指出：“政治哲学是研究社会政治关系的本质及其发展一般规律的科学，又是研究政治理论的方法、原则体系的科学，是政治学与哲学这两大学科体系的中介环节。”（第512页）新近出版的《政治哲学》一书把政治哲学定义为：“政治学、哲学、伦理学交叉综合性的应用哲学”，其研究对象“主要是对政治现象进行本质研究和价值分析，研究政治家的政治思维方式和政治行为准则，即他们的政治智慧和政治品德”。（宋惠昌等，第29—30页）这可谓国内学术界对政治哲学基本问题的较为全面的描述，对有关政治哲学的争论具有相当的兼容性。从中我们可以看到，政治哲学是集政治学与哲学、经验与先验、事实与价值相统一的具有较大包容性的学科。同时，将应用性的属性赋予政治哲学，认为政治哲学具有较强的社会功能，从而体现出交叉性学科的特有性质，是这一观点区别于上述其他观点的主要标志。

二　政治哲学的学科性质和本质特点

在系统考察中外学者关于政治哲学观点的基础上，笔者认为，从政治哲学产生的历史和现实的背景出发，依据其作为独立的交叉性学科和分支哲学的应有的品质，在马克思主义基本理论指导下，总体上把握政治哲学，研究和思考政治哲学的基本问题和本质特点，是我们深入研究当代中国政治哲学的前提。下面就政治哲学的一般问题谈谈笔者的认识。

首先，政治哲学是哲学与政治学相互渗透所产生的交叉学科，它既是哲学在政治领域的应用与发展，又是政治理论在哲学高度的抽象和概括。具体科学与哲学的相互渗透古已有之，“百科全书式的思想家”亚里士多德就是这方面的最早代表。到了近代，尽管哲学因具体学科先后从中剥离出去而变成纯粹的辩证法、认识论和逻辑学的理论体系，但哲学向具体学科的渗透一刻也没有停止过，并且这种渗透更具有了理性和思辨的特征。其中，哲学与政治的联系尤为密切：哲学宇宙观笼罩下的社会发展规律，哲学方法论指导下的社会政治建构，哲学价值观熏染下的现实政治态度，哲学理论体系包容下的社会上层建筑，哲学思辨模式映射下的政治理论体系，以及在哲学世界观指导下所产生的对社会、国家、革命等一系列现实政治问题的辩证思考，这些足以显示出哲学向政治的渗透，使哲学在政治领域内产生了巨大的作用。另一方面，由于政治的“属人”性质，人们对政治问题的探索和思考自始至终与宇宙和生命密切关联，政治学与哲学、伦理学等“人”的学科一直处在相互渗透、交织的状态，构成了政治学的历史传统。在哲学与政治学相互渗透、相得益彰的过程中形成了新的交叉性的哲学门类——政治哲学。如果说政治学着力回答的是政治生活的一般，那么哲学着力回答的则是宇宙的一般以及由此而引发的自然、社会的“是其所是”。现实情况是，在社会政治生活中，隐含着政治发展规律背后更深层的本质和规律，即世界发展的“本质的本质”、历史发展的“动力的动力”、社会进步的“规律的规律”等问题。对于这些问题的回答，已经超出了纯粹的政治学的界限，至少只靠政治学已很难或无法进行。它们只能是政治哲学的研究对象。这就是政治哲学得以产生、存在和发展的理由。也就是在这种意义上，我们认为政治哲学是政治的“一般理论的理论”，即埃克斯坦所谓的“超理论”。政治哲学的产生既是哲学发展的必然，也是政治学发展的要求，政治哲学就是在政治学与哲学的这种相互渗透、交叉作用下发展起来的。

其次，政治哲学是政治思想的一个重要组成部分和研究范畴，并且是政治思想的最高层次。尽管政治哲学是哲学与政治学的交叉学科，具有两者的突出特色，但政治哲学面对的毕竟是人类生活的政治社会，是人们对政治社会的形而上的思考。同时，马克思主义认为，社会意识是社会存在的反映，人们对政治社会的思考也只能以社会意识——政治思想的形式反映出来，而政治哲学是对政治社会最深层本质和规律的认识和把握。政治哲学虽然具有高度的思辨性和抽象性，但最终只能归之于政治思想的范畴。必须说明的是，笔者将政治哲学归之于广义的政治思想范畴，并不意味着将政治哲学等同于政治思想。作为一门独立的学科体系，政治思想是一种外延更广的学科，它不仅包括在严格哲学思想指导下形成的政治理论体系，还包括更多的相对独立的政治原则和政治学说，甚至还包括一些自发的、零散的和朴素的政治观点。因此，作为一般意义上的政治思想所探讨的对象是生活在特定社会历史背景下的思想家们提出的一切有价值的政治观点、学说和理论；政治哲学的研究对象则侧重于对特定历史背景条件下思想家们在哲学世界观指导下形成的对一系列政治现象进行的理性的、系统的思考。它首先是哲学家们对关于政治价值观、政治方法论、政治运动规律等一系列政治最一般问题的哲学回答；同时，它又是思想家们在其哲学世界观指导下形成的严密、系统的政治理论体系，是一般政治思想的最高表现。

最后，建立在价值与事实相对分离的基础上，政治哲学是以哲学方法论为指导，以政治价值为内容，对政治生活进行价值评价的学科体系。如果说在政治事实与政治价值之间，政治科学注重事实的话，政治哲学则更注重的是价值。为此，我们有必要对政治哲学与政治科学的研究重点作一个简单的鉴定，从而更好地把握政治哲学的研究对象。

西方学术界一般认为，政治哲学与政治科学区别的哲学依据是休谟将人类知识分为“事实”与“价值”的划时代结论。“在很大程度上，休谟奠定了现代哲学和科学的基础，并且对政治发表了富有洞察力的观点”（艾萨克，第8页）。事实对应于经验的存在，价值归属于先验的范畴，并由此显现出政治科学与政治哲学不同的研究对象。政治科学是以经验世界——政治事实为研究对象，在实证的基础上判断对象的真伪；政治哲学则以先验世界——政治价值为研究对象，用规范命题来陈述价值判断，无所谓真假。也就是说，政治科学是关于政治世界“是什么”的命题，政治哲学则是关于政治世界“应当怎样”的命题，这原本是一体两面的问题，然而，在科学主义的强大压力下，在政治学科学化的进程中，传统的以价值论著称的政治哲学必然因其远离实证而受到排挤和冷落，甚至有人惊呼：“政治哲学死了。”（冈内尔，第14页）历史经验说明，在社会政治领域一味追求经验科学而否定价值判断的做法是根本不可能的，现代政治学的“事实”与“价值”截然分离的观点必然受到人们的质疑与批判。以先验的价值判断作为政治哲学的研究方法一直是政治哲学发展的传统。如果说政治科学的研究对象在于经验事实——国家、阶级、军队的存在及其具体设施，并由此上升到国家、阶级、军队的一般，再升华到政治社会的一般理念的话，政治哲学的研究对象则在于抽象、思辨和先验的价值范畴——正义、自由、平等、秩序等，所有这些恰恰是政治生活的深层本质所在。可见，政治哲学的研究对象具有明显的价值判断的倾向，必然要涉及政治体的本质、社会团体的目的、人类存在的理由、政治生活的原则等等。这些问题是我们无法加以回避的，并且必然要做出评价。不仅如此，作为价值判断，人们对这样的论题做出评价和解释的时候，很难形成统一的看法。正如伯林所说：“假如我们提出一个康德式的问题：‘在哪种社会里，政治哲学（其中包含着这种讨论和争论）在原则上可能成立！’答案必然是，‘只能在一个各种目标相互冲突的社会中’。”（转引自古尔德等，第413页）实际上，政治问题分歧的根源在于无法取得广泛一致的价值，这正是政治科学无法取代政治哲学的原因。

三　政治哲学的学理范畴与研究框架

在系统考察和客观界定政治哲学的学科性质和本质特点的基础上，我们面临的是在马克思主义基本理论指导下，梳理政治哲学的基本研究框架和规范政治哲学的学理范畴的重要职责。根据上文对政治哲学基本问题的研究，笔者认为，政治哲学的基本的学理范畴应该体现为与“实然性”命题相区别的“应然性”命题，体现为形而上的学理透析，其价值诉求在于“真理性”，有别于“实然性”所追求的“事实性”；其基本的研究框架体现为对作为政治社会本质的最高层面的价值判断和意义的研究，体现为对现实政治社会正当性的理性批判与价值建构，并由此显现政治哲学与其他相关学科的区别。政治哲学的学理范畴与基本研究框架如下图所示：

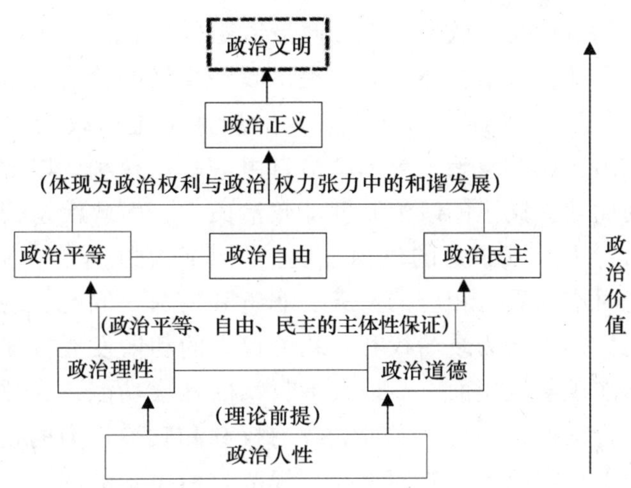

政治哲学的学理范畴与研究框架图示

以政治人性作为政治哲学的逻辑基础，是因为人以及人的社会性是一切政治活动的前提。霍利斯认为，政治人性是政治哲学的一个经典命题，如果说政治哲学探讨的是“应当服从谁，以及应当如何生活”（霍利斯，第2页）的话，那么其出发点则是“人的模式”，即休谟所说的“对人性中恒常而普遍的原则”的理解。马克思更加明确地指出：“人的本质不是单个人所固有的抽象物，在其现实性上，它是一切社会关系的总和。”

（《马克思恩格斯选集》第1卷，第56页）在此基础上，马克思主义政治哲学以历史唯物主义为中介，借助于对人的社会性的核心范畴——劳动实践的分析，批判了超阶级的人性论和资产阶级的政治诉求，界定了全面的平等和真正的民主等理念的真实内涵，提出了自由的实现途径——“在真实的集体的条件下，各个个人在自己的联合中并通过这种联合获得自由”。（《马克思恩格斯全集》第3卷，第84页）由此确立了马克思主义政治哲学的理论体系。因此，人性的本质、人性的发展以及人们对人性的界定必然在极大程度上影响到政治的发展，它直接构成了政治哲学的历史的、逻辑的起点。政治哲学的理论结构是按照从哲学的人学理念推演出伦理学的道德和理性原则，进而再引申出平等、自由、民主等政治哲学的相关理念这一逻辑线索来展开的。

在马克思主义指导下完成对政治人性的设定，在追溯、反思人性存在的政治性和社会性这一政治哲学的理论前提之后，就必然要涉及政治社会的主体向度。笔者认为，政治理性和政治道德是政治人（主体）必须拥有的价值属性，舍此，政治主体将无从提出政治生活的价值诉求，也难以保证政治参与过程的正当性和有序性。政治理性催生出政治主体的政治能力，促使其提出相应的政治平等、政治自由等政治权利，以及推动社会为保障这些权利而建立民主的政治制度即政治民主；而政治道德则规定着政治主体的政治行为及其张力的道德维度，要求政治主体在主张政治权利、实现政治行为时应当具有相应的义务、职责和使命。同时，两者作为政治主体的价值属性，必将为政治权利和政治权力的和谐发展构建理性和道德的屏障，从而在现实性层面上展现政治哲学的社会功能，为政治社会实现其政治行为的合法性、为公民实现其政治权利和政治权力的正当性，从政治价值的层面上设定政治平等的路径、规范政治民主的图式、描绘政治自由的蓝图，勾勒政治正义的科学内涵和实现途径，也为当代中国社会主义政治文明的构建提供价值导向、奠定理论基础。

在政治正义层面上研究政治社会的深层本质，规范政治生活的价值标准，评判政治活动的正当性与否，是政治哲学本质特点的一个极为重要的表现。如果说对自由、民主和平等的探讨体现出政治哲学的现实性、具体性特点，那么对政治正义的探讨则体现出政治哲学高度的统合性和思辨性特点。实际上，政治的现实功能就在于各种社会关系的协调和各种利益关系的平衡，使社会得到稳定和发展，而政治正义就是要在政治社会的最深层面上为现实政治确立价值原则，这是政治的伦理目标和价值核心。罗尔斯指出："正义是社会制度的首要价值。"（罗尔斯，1988 年，第 1 页）它追求社会"公共的善"，在本质上体现为全体人民的"共同利益"。艾德勒认为："正义有两大领域。一个是关于个人与他人，以及个人与有组织的社区（即国家）之间的正义。另一个领域则是关于国家与构成国家人口的人之间的正义。"（艾德勒，第 191 页）在这两种正义中，社会和国家的正义是最重要和最根本的，为社会成员实现平等自由和人生理想提供公正的条件。可见，政治正义是政治生活的主题，它从根本上统摄着自由、平等和民主等具体政治哲学理念的基本价值走向，规范着政治主体的最高道德要求以及国家权力合法性与正当性的评判标准，从"应然性"意义上昭示出制度安排的深层价值依据和权利义务再分配的根本伦理原则。政治正义展现给我们的不仅仅是政治体存在的伦理原则和价值规范，更是完美意义上的社会政治理念，折射出的是政治社会的理想追求。正是在这个意义上，政治正义理所当然地成为政治哲学的最高范畴。

从政治哲学的价值取向和学理视野探究政治文明，必将为当代中国的政治文明建设增加理论的深沉性和历史的凝重感，这里有必要界定一下政治文明与政治哲学、政治科学和政治行为之间的关系。笔者认为，政治文明具有不同层面的科学内涵，既包括政治哲学层面的学理范畴——政治价值、政治正义、政治理性、政治道德、政治民主、政治自由、政治平等、政治人性，也包含有政治科学和政治实践层面的基本理念——政治规律、法治和德治，政治决策的民主化、政治过程的程序化、政治制度的科学化、政治关系的正常化、政治信息的公开化、政治权威的法制化、政治权力的制度化、政治监督的有效化等，这些内涵分别从不同层面上反映了政治文明的特点和实现途径。如果说政治行为从实践层面上体现出对政治文明的现实诉求，政治科学从实证层面上体现出对政治文明的理性诉求，那么政治哲学则从超现实层面上体现出对政治文明的价值诉求和实践批判，是政治哲学"较强应用性"特点的最高表现，三者在最终的价值旨归上实现了和谐的统一——现实政治生活的文明状态，即政治文明的实现。政治文明取决于经济基础。社会主义政治文明是重新解释和界定的制度文明，体现了社会全面进步的要求。当代中国的政治文明建设必然与市场经济的价值取向和本质特点有着内在的联系，必然与政治哲学的学理范畴和实践原则（诸如正义、理性、道德、自由、平等、民主等）有着内在的一致性。这些范畴和原则不仅是西方市场经济关注的焦点，也是社会主义市场经济不容回避的问题，同时更是政治文明的内在要素。因此，在历史唯物主义指导下，根据中国社会主义市场经济的特殊国情，赋予这些范畴和原则全新的内容，以揭示政治哲学与政治文明的特殊关系，这对于中国政治文明建设有着十分重要的作用。

四　政治哲学的基本功能

上文谈到了政治哲学的“较强应用性”的特点，并说明了政治哲学对现实政治文明的价值诉求和实践批判是这种“应用性”的最高表现。这里需要进一步说明的是，政治哲学的所有应用性特点都是建立在对现实政治社会的价值追问和应然性判断的基础之上，建立在对现实政治生活正当性与否的学理解析和理性评判的基础之上的。罗尔斯说：“政治哲学的一个任务——也就是说，它的实践作用——就是关注那些高度争论的问题，并且抛开现象，看一看是否能够揭示出哲学一致和道德一致的基础。”（罗尔斯，2002 年，第 2 页）因此，“我们把政治哲学视为现实主义的乌托邦，即探索可行的政治可能性的界限”（罗尔斯，2002 年，第 7—8 页）。这既为政治哲学参与政治生活提供了合法性依据，同时，也为政治哲学渗透现实政治生活提供了应有的场域和有效作用点。

政治哲学对政治社会产生的功能主要体现在三个方面：

其一，政治哲学以其特定的政治世界观和方法论来阐释现实政治社会的“是其所是”，并根据政治实践的价值指向进行自我完善和自我修复，从而维护其隶属阶级的根本利益。马克思指出：“人们的一切法律、政治、哲学、宗教等等观念归根结底都是从他们的经济生活条件、从他们的生产方式和商品交换方式中引导出来的。”（《马克思恩格斯全集》第 21 卷，第 548 页）作为政治上层建筑的重要组成部分的政治哲学，同样以社会经济生活为基础，是不同阶级的思想家在其世界观指导下，对现实政治生活的理性反思和价值诉求。从这个角度看，政治哲学的发展规律同社会经济发展和阶级斗争发展的规律有相一致、相协调的一面。因此，政治哲学的意识形态的性质是不容置疑的。意识形态以其特有的性质和功能对政治哲学做出了界定、阐释和推广，使得政治哲学总是要受到一定的意识形态的塑造，难以超脱意识形态的影响。不仅如此，政治哲学本身还是政治意识形态的基础和核心，其首要的和根本的任务就在于结合政治发展的主题，在最本质的价值设定的层面上论证现实社会的合理性，引导政治行为的正当性，诠释政治权力的合法性，昭示政治信仰的崇高性，维护政治统治的合理性。近代以来，资本主义政治哲学的发展及其逻辑演进清晰地向我们展现了政治哲学的这一功能。如果说上一时期资产阶级的政治哲学是为资本主义"理性王国"的最终确立而鸣锣开道的话，那么这一时期资产阶级的政治哲学则是为资本主义政治制度的存在和发展保驾护航了。自由主义、实证主义、功利主义、保守主义以及唯意志主义等政治哲学的纷纷出笼及其清楚明白的价值指向，淋漓尽致地体现了政治哲学的自我完善和阶级维护功能。改革开放以来，中国共产党人创立和发展了与时俱进的马克思主义政治哲学的方法和原则。从实践标准到生产力标准，从"三个有利于"到"三个代表"重要思想，无不体现出具有中国特色的马克思主义政治哲学对中国现代化建设的指导作用和对中国特色社会主义的科学解读，显示出马克思主义政治哲学的强劲的社会功能。

其二，围绕着主流意识形态对现实政治生活的干预和渗透的要求，政治哲学具有批判性和整合性的特点，对非主流意识形态和现实政治实践具有同化和否定功能。作为从哲学世界观的高度为人们认识和反思政治社会的正当性提供价值评判标准的学科，政治哲学在对各种相互冲撞的政治理念、价值规范及其有可能带来社会混乱的政治实践进行评析、论争、纠错的基础上，为人们的政治活动规定价值取向和规范化标准，引导人们进行正确的政治实践活动。政治哲学所确立的政治正义原则是规导现实的政治秩序、评判现实的政治制度、扩张主流的意识形态、同化现实的政治信念、整合不同的价值观念的逻辑前提。这是其价值评判功能的最重要的表现。同时，作为政治学的"元理论"，政治哲学不仅具有鲜明的思辨性和抽象性，而且具有高度的前瞻性、超越性和理想性，这又决定了政治哲学总是要以一种批判性视角反思现实、评判社会，对政治社会的"实然性"进行价值追问和理性评析，在理性层面挖掘出现实政治生活非正当性的内在根源，在"共同善"的目标驱动下整合现实政治资源、化解政治矛盾，为政治理想的实现找寻一条有效的途径。

在当代西方政治哲学的发展过程中，无论是丹尼尔·贝尔的《意识形态的终结》、福山的《历史的终结与最后的人》、亨廷顿的《文明的冲突与世界秩序的重组》、尼克松的《1999：不战而胜》，还是以罗尔斯、哈耶克、伯林、诺齐克、德沃金、麦金泰尔、哈贝马斯等为代表的自由主义、保守主义和社群主义等政治哲学流派，其显露出来的意识形态的本质和政治价值取向已经对我国的主流意识形态和主导价值观产生了一定的影响，这是政治哲学的内在功能所致。我们必须在马克思主义基本理论指导下，建构适合中国国情的政治哲学的基本理念和理论体系，强化马克思主义政治哲学的意识形态性质，提高其价值批判功能和同化、否定功能，以应对来自非主流意识形态的挑战。

其三，作为主流意识形态的目的性和价值性诉求，政治哲学则以其特有的思辨风格、深厚的理性底蕴和鲜明的价值导向来协调政治生活中的利益冲突，规范政治实践的发展方向，构思未来社会的理想模式，展示政治生活的“应然性”。罗尔斯指出：“政治哲学的一种作用是有助于人们思考作为一个整体的政治制度和社会制度，以及作为具有自己历史的社会——一个国家——的基本目标和目的……而我把这种作用称为定向（orientation）作用。这是一种属于理性和反思（理论上的和实践上的）观念，它能够在（概念）空间中为我们定向。”（罗尔斯，2002 年，第 5 页）正是在这个意义上，我们把政治哲学视为现实主义的乌托邦。也就是说，政治哲学以其理性的力量和思辨的功能，通过对现实政治社会的反思和批判，提炼出未来政治发展的理性的和正当性的目标原则，勾画出政治发展的理想图式，并促使这一目标和理想内化为政治主体的政治信仰，转化为对理想社会追求的一种精神内驱力。不仅如此，政治哲学对推动现实政治演进及其变革的导向作用也是清晰可见的。这种导向作用不仅体现为方法论的指导作用，还体现为政治进步的导向意义。在西方近代史上，马基雅维利、斯宾诺莎、孟德斯鸠、卢梭、康德、黑格尔等资产阶级“理性王国”的设计者们用他们天才的睿智和满腔的热情向人们勾画了一个又一个资产阶级理性王国的美好图景，建立了一个又一个风格迥异的政治哲学体系，借以表达他们对封建专制制度的痛恨和对人类自由王国的向往，并且最终在风起云涌的资产阶级革命的政治实践中实现了其政治哲学的现实价值，建构了资产阶级的“理性王国”。政治哲学的“现实主义的乌托邦”功能由此可窥一斑。

可见，无论政治哲学所建构的这种理想政治理念和理想政治模式是什么，以及它在现实政治实践中实现的程度如何，它对现实政治生活的影响、渗透、革新、改造等作用都是毋庸置疑的，尤其是在狂飙突进的社会变革时期，政治哲学在观念先导、理论创新等方面的探索所体现出来的巨大能动作用是人类进步所不可或缺的，它客观上构成了人类社会进步的极为重要的推动力。

参考文献

[1] [美] 穆蒂莫·艾德勒：《六大观念》，郗庆华译，生活·读书·新知三联书店1991年版。

[2] [美] 艾伦·C. 艾萨克：《政治学：范围与方法》，郑永年、胡谆、唐亮译，浙江人民出版社1987年版。

[3] [美] 约翰·C. 冈内尔：《政治理论：传统与阐释》，王小山译，浙江人民出版社1988年版。

[4] [美] 詹姆斯·古尔德等编：《现代政治思想》，杨淮生、王缉思、周琪译，商务印书馆1985年版。

[5] 马丁·霍利斯：《人的模式》，范进、朱士群、柯锦华译，光明日报出版社1990年版。

[6] 李瑞清：《政治哲学初探》，《内蒙古社会科学》2000年第2期。

[7] 刘晓：《政治哲学初探》，《政治学研究》2000年第3期。

[8] 刘泽华：《中国传统政治思想反思》，生活·读书·新知三联书店1987年版。

[9] 约翰·罗尔斯：《正义论》，何怀宏等译，中国社会科学出版社1988年版。

[10]《作为公平的正义——正义新论》，上海三联书店2002年版。

[11] 罗予超：《作为部门哲学的政治哲学及其现实政治意义》，《湖南师范大学社会科学学报》1997年第4期。

[12]《马克思恩格斯全集》，人民出版社1960年、1965年版。

[13]《马克思恩格斯选集》，人民出版社1995年版。

[14] 宋惠昌等：《政治哲学》，中共中央党校出版社2003年版。

[15] 俞可平：《权利政治与公益政治》，社会科学文献出版社2003年版。

[16] 张桂林：《西方政治哲学》，中国政法大学出版社1999年版。

[17]《中国大百科全书政治学》，中国大百科全书出版社1992年版。

[18] 朱士群：《政治存在、政治价值和政治话语——试论作为公共哲学的政治哲学》，《学术界》2000年第3期。

（原载《哲学研究》2006年第1期）

汉语学术界政治哲学的兴起*

刘　擎**

最近三十年的中国人文与社会科学历经了复杂的演变历程，形成了丰富多样的发展方向。其中，对政治哲学越来越热烈的关切与讨论是一个引人注目的趋势。① 尤其是21世纪以降，以“政治哲学”为主题的著作、译作和论文大量出现。发表的媒介载体既有专业学术期刊，也有公共性读物。而政治哲学论题的著述者在专业背景上的分布也非常广泛，不仅有政治学、哲学和法学专业的作者，也有许多来自文学、历史学、经济学、文化研究和艺术领域的作者。这些现象似乎表明，政治哲学在今天似乎已经成为一门“显学”。② 那么，如何理解政治哲学在汉语学术界兴起的成因？目前相关的研究著述在问题意识与论题方面有哪些值得关注的焦点？未来的发展走向如何？本文试图就这些问题提出一些非常初步的观察和分析。

一　思想背景：重返“重大问题”

如果要探讨政治哲学在中国大陆学界兴起的原因，有必要注意这一兴起的两个显著的特征：首先，以改革开放之后的三十年为观察时段，政治

* 本文受到上海市重点学科建设项目资助，项目编号：B406。

** 刘擎：华东师范大学政治学系教授。

① 一个虽然十分粗略但多少具有参考价值的经验证据是百度搜索引擎的查询结果，以“政治哲学”为关键词进行检索得到的结果约为95万个条目，这在数量上远远超过了“政治史”（35万）或“政治历史”（27万）、“政治社会学”（8.5万）以及“政治心理学”（1万），也超过了“道德哲学”（17万）、“文化哲学”（13万）、“语言哲学”（13万），甚至“现代哲学”（33万）。这是2007年8月中旬的检索结果。

② 本文所讨论的政治哲学研究状况主要限于中国大陆的范围。这与中国台湾和香港地区具有相当大的差异。

哲学在前二十年显得相当沉寂，而在世纪之交开始出现了迅速的“兴起”，发展的态势仍在持续；其次，虽然中国学术界在20世纪90年代不断走向学科建制的“专业化”，但推动政治哲学迅速发展的主导力量并不是来自专业学科建制。

在中国大陆学界，“政治哲学”作为一个学术语词何时开始出现？何时开始流行？这是一个有待考据的问题。至少，早在二十多年前翻译出版的论文集《现代政治思想》[①]就收入了施特劳斯的一篇演讲文稿《什么是政治哲学?》，但这篇（后来被视为重要文献的）文本在当时并没有引起任何反响。1988年罗尔斯的政治哲学名著《正义论》的中译本面世，但这部著作是作为“外国伦理学名著译丛”中的一种出版的，在“译者前言”中，罗尔斯是作为著名“哲学家”和“伦理学家”被介绍给中国读者，整个译者前言当中也没有出现“政治哲学”字样。[②] 1993年，施特劳斯等主编的《政治哲学史》翻译出版，印数只有3000本，也没有引起关注。[③]而哲学界的权威刊物《哲学研究》迟至1998年才出现了第一篇标题中含有“政治哲学”字样的论文，[④]政治学界的权威刊物《政治学研究》则迟至1999年才出现了第一篇这样的论文。[⑤]

以上个别的文献史事实与更大范围的数据统计结果相一致。在“中国期刊全文数据库”中以“政治哲学”为关键词进行检索，可以发现相关的论文数量在2000年出现了一次快速的增长：在1994—1997年四年间发表的相关论文一共只有302篇，1998年与1999年分别为97篇和95篇，到2000年增长到150篇，此后每年连续增长，到2006年为413篇。这些经验证据虽然是初步的，但或许能支持我们的直觉印象：在中国改革开放起步之后近二十年的时期内，政治哲学一直是“沉寂”的，学术界很少有人使用“政治哲学”这一术语，几乎没有人自觉地以政治哲学的视野来处理和研究问题，而这个沉寂的状况在2000年前后发生了根本性的变化。

---

① ［美］詹姆斯·古尔德等编：《现代政治思想》，杨淮生、王缉思、周琪译，商务印书馆1985年版。

② 参见［美］约翰·罗尔斯《正义论》，何怀宏等译，中国社会科学出版社1988年版。

③ 参见［美］列奥·施特劳斯等主编《政治哲学史》（上、下），河北人民出版社1993年版。1998年此书第二次印刷时的印数为8000本。

④ 参见任剑涛《人性诘问与早期儒家政治哲学》，《哲学研究》1998年第4期。

⑤ 参见张桂琳《理性与功利：谁是权威——休谟政治哲学述评》，《政治学研究》1999年第1期。

那么，为什么到了世纪之交，政治哲学会在中国学界“突然”兴起，以至于成为当下的“显学”？一个可以设想的解释是：中国学术界的专业学科建制发展或许推动了政治哲学的兴起。因为我们都知道，中国知识界在20世纪90年代经历了“学术专业主义”发展，国家也一直通过体制的力量推动“学科建设”。① 但是，经验证据并不支持这个假说性的解释。首先，在中国的专业学科建制中，“政治哲学”并不是一个“学科”：它既不是“政治学”也不是“哲学”（或其他任何一级学科）之下的任何二级学科。其次，初步的经验证据表明，有关政治哲学的研究论述首先活跃在体制规划力量的“边缘”，随后刺激和带动了“中心”的响应。众所周知，在人文社会科学领域中，学院体制最重要的规划力量之一是通过倾斜性地支持在CSSCI（核心）期刊（特别中国社会科学院主办的“权威核心刊物”）上发表“科研成果”。但通过分析表1所列出的统计数据，我们可以发现，以“政治哲学”作为关键词的论文发表数量首先（2000年）是在“非核心刊物”中出现明显的增长，直到大约四年（2004年）之后，相似的增长才发生在“核心期刊”以及“学位论文”类别之中。而作为“权威核心刊物”的《哲学研究》和《政治学研究》仍然没有表现出明确而显著的变化趋势。这些数据表明，政治哲学在中国大陆学界的兴起并不是由体制规划力量所主导和推动的，而是具有“边缘”带动“中心”的自发性特征。

表1 **数据库检索结果**

（1997—2006年以“政治哲学”为关键词的论文篇目数量）

年份 / 篇目数	1997	1998	1999	2000	2001	2002	2003	2004	2005	2006	总计
哲学研究*	0	1	0	1	1	0	1	4	3	6	17
政治学研究*	0	2	4	4	2	1	3	5	4	1	26
CSSCI期刊*	未知	20	17	24	24	25	29	45	56	100	340
学位论文**	0	0	0	4	12	17	28	57	73	87	278
总期刊***	85	97	95	150	159	182	213	271	310	413	1890
CSSCI/总期刊		20.6	17.9	16.0	15.1	13.7	13.6	16.6	18.1	24.2	18.0

数据来源：* 中文社会科学引文索引；** 中国优秀博硕士学位论文全文数据库；*** 中国期刊全文数据库。

① 参见刘擎《“学术”与“思想”的分裂》，《二十一世纪》2005年4月号。

那么，政治哲学为什么会在世纪之交开始迅速兴起？笔者认为，这个问题难以从学科发展的角度予以恰当的解释，而必须被置于中国知识界的思想发展背景中来理解。简单地说，这是由于政治哲学提供了一种新的思考与论述框架，它能够以“学术”的却又是超越具体学科限制的方式来探索重大的、根本性的问题，从而使中国思想界能够承接在20世纪80年代出现的重大问题。这些问题的讨论由于特殊的历史原因而被中断，但并没有消失。在90年代这些重大问题在各种思潮的竞争中变得更加紧迫和复杂，但在所谓“思想家淡出，学问家凸显”的背景下，专业主义的学科壁垒使得任何单一学科的研究都难以独自处理这些重大问题。学术专业了，但问题仍然悬而未决。中国学术界期待着“学术”与“思想”的一次新的综合：在学理上超越80年代而在思想上超越90年代。“政治哲学”的兴起恰恰满足了这种超越与整合的需要。

所谓重大的根本性问题就是“中国向何处去”以及“人应当如何生活”。在20世纪80年代的“新启蒙叙事”叙述中，现代化是主流共识。在历经了“思想解放”之后，这些重大问题似乎很快有了明确的回答：中国要走向现代化，应该过一种“现代人”的生活。我们的目标似乎已经明确清楚，剩下的只是路径问题，只是“如何走向现代化”的问题。虽然在20世纪80年代，人文学界已经开始引介一些对“现代性”予以质疑批判的西方思潮（例如，最有影响的是尼采与海德格尔的著作）叙事，但对于整个思想界而言，这只是“潜流”，只是留给未来的思想分化和冲突的历史“伏笔”。在80年代末一个意外的“休止符”中断了热烈的思想争论。在1992年之后的“市场经济”大潮下，重大的问题逐渐开始重新出现，但答案不再是明确清晰的了。中国思想界“启蒙阵营”的分裂、各种思潮的竞争、自由主义与新左派的争论等，使得所有现成的答案都会遭到许多质疑的问号。“走向现代化”的目标不再是自明的，而是变成了“现代性问题”——现代化意味着什么？自由主义民主的制度框架对于中国是可欲的吗？“现代人”的生活是一种“好生活”吗？所有这些疑问与忧虑不仅来自理论思考，而且有切身感受的依据。我们似乎重新回到了“中国向何处去”“人应该如何生活”等根本性的问题。

转型时期的中国需要回答重大的问题，但问题已经变得相当复杂。这意味着20世纪80年代的启蒙论述或者“文化大讨论”的方式，已经不能满足这种需要。而90年代学术专业主义的发展在结构上倾向于支持对学科内部（纯粹的、个别的、专业性的）问题的研究。使学术事业越来越远离重大的根本性问题。我们期待一种所谓“有思想的学术与有学术的思想”。政治哲学正是由于可能满足了这种期待而得以勃兴。这是因为政治哲学的研究同时要求敏锐的“现实感”和深刻的“超越性”思考，它既是“政治的”（面对现实的状况），又是“哲学的”（超越既定的现实而指向根本的价值问题），它当然不是唯一的但却是极其富有潜力的视野与进路，为探索和回应时代的重大问题提供了可能。在这个意义上，政治哲学既不是政治学的一个分支，也不是哲学的一个分支，而是一种超越学科建制的思想努力。正如甘阳和刘小枫在一篇序文中开头所写的那样：“政治哲学在今天是一个颇为含混的概念。政治哲学作为一种学业在当代学院体制中的位置亦不无尴尬。例如政治哲学应该属于哲学系还是政治系？应当置于法学院还是文学院？对此我们或许只能回答，政治哲学既不可能囿于一个学科，更难以简化为一个专业，因为政治哲学就其本性而言就是一种超学科的思考。”①

就中国学术界的历史发展而言。政治哲学也是生逢其时、应运而生。首先，政治哲学的理路与狭隘的“科学主义”和“实证主义”取向对立，强调对根本价值问题（“应然性”层面）的研究，这对于经历各种“批判理论”洗礼的中国学术界来说具有相当的吸引力。其次，政治哲学关乎政治安排的基础性原理，它超越现实又具有强烈的现实关怀，这契合了中国儒生的传统。最后，政治哲学也是对“应当如何生活”的哲学追问，在“人文精神失落”、知识分子边缘化的时代，政治哲学为学人探索“安身立命之道”提供了某种方式。

二 相关著述的现状与特征

学术出版界在近十年来发表和出版了上千篇（种）有关政治哲学的论文和著（译）作，“产量”相当客观，以至于我们可以谈论“政治哲学的兴起”。但就研究著述的总体学术水平而言，所谓的兴起仍然处在“起步”阶段。如果对目前的千百篇文章论著做一个快速扫描式的浏览，可以发现

① 甘阳、刘小枫为华夏出版社“政治哲学文库”丛书所写的总序《政治哲学的兴起》，《南方周末》2006 年 1 月 12 日。

论题的谱系是广泛多样的。有许多研究是对历史上个别思想家（如西方的柏拉图、亚里士多德、马基雅维利、霍布斯、洛克、卢梭、康德、黑格尔、尼采等，以及中国的孔子、老子和墨子等）展开政治哲学的分析，有一些是对思想流派的政治哲学疏理。也可以读到对当前国家意识形态的阐发（从论述毛泽东、邓小平、江泽民的“政治哲学思想”，到对某一公共政策的“政治哲学”解释）。这些著述的学术质量相当参差不齐。其中不乏富有新意和洞见的讨论，但不少文章的学理水准差强人意，不过是借用半生不熟的“政治哲学”语言来包装陈腐与平庸的意见。还有一些文章旨在澄清“政治哲学”与其“母学科”和“亲缘学科”的关系，试图以学科建制的框架来“规范”政治哲学的发展。这类为政治哲学做“学科定位”的论说大多是徒劳无益的“现代八股”。只有少数研究具有启发性的见解，例如，从思想史和学术史的脉络中阐明了政治哲学——作为对“科学主义”和“实证主义”的反动——重新复活了政治思考的“应然性”维度的意义；[①] 或者从相关论域的思想背景中疏理政治哲学论题所面对的现代性紧张及其与现实政治问题的相关性。[②] 就学术水准而论，中国学者的“原创论述”总体上远低于认真翻译的西方学术文献。

一个难以回避的事实是：在中国学术界兴起的政治哲学著述具有一个格外“西化”的面貌。无论是考察相关主题的书籍还是研究论文，乃至发表在公共传媒的文章，从中我们都可以发现，对西方政治哲学论著的大量翻译、介绍和引用成为近十年来汉语政治哲学著述的主要部分。无论是在概念范畴和基本理论层面上的讨论（诸如自由、平等、正义、权利、美德、自然法、人权、主权、合法性，革命、权威、权力，国家、法律和宪政等），还是在价值取向和思想流派意义上的取舍与亲疏（比如马克思主义、自由主义、保守主义、共和主义和后现代主义等），我们几乎完全陷入西方思想家所创造和言说“西方话语”之中。虽然有少数作者具有强烈而警觉的“中国意识”，并明确宣称，“我们必须在马克思主义基本理论指导下，建构适合中国国情的政治哲学的基本理念和理论体系，强化马克思主义政治哲学的意识形态性质，提高其价值批判功能和同化、否定功能，

---

① 陈晏清、王新生：《政治哲学的当代复兴及其意义》，《哲学研究》2005 年第 6 期。

② 万俊人：《关于政治哲学几个基本问题研究论纲》，《天津社会科学》2004 年第 2 期。

以应对来自非主流意识形态的挑战”。[①] 但其论述所援用的理论资源几乎全部来自西方论者。于是，我们似乎有必要面对一个多少有些反讽的问题：所谓“汉语学术界政治哲学的兴起”意味着什么？究竟是“中国政治哲学”的兴起，还是汉语书写的“西方政治哲学”的兴起？

这类司空见惯的质疑并非政治哲学领域所特有，听上去也似乎振振有词，但在笔者看来，实际上并没有构成实质性的挑战。目前中国政治哲学著述的“西化”面貌是一个事实，这固然昭示了其尚处于起步阶段的特征，但这并不意味着晚近政治哲学的兴起就注定缺乏独立的“中国主体意识”和中国的问题意识，也不意味着它对西方主流意识形态的依附。恰恰相反，就当今中国的社会与精神状况而言，只有全面而深刻地理解和介入西方内部的思想争论（特别是政治哲学的相关争论），才有可能真实地面对并有效地回应中国自身面对的重大问题，才有可能发展出中国自己独特的政治哲学论述。这是因为，中国自晚清以来的重大历史变迁已经使得一个传统的，与西方独立无关的、“纯粹的”中国不复存在。当然，传统中国的各种思想通过不断转化，仍然以明显或潜在的方式在现代中国的各个方面发生着影响，这使得中国总是“具有中国特色”。但是，无可否认的事实是：中国在政治意识形态，文化价值观念、社会制度安排、经济生产方式、公共传媒与通信，乃至饮食起居的日常生活方式等所有层面上都与所谓“西方”世界发生了千丝万缕的联系与纠葛。也就是说，由于近代以来的文化转变，中国已经越来越深地卷入了黑格尔意义上的“世界历史”。因此，一个僵化的“中国”对“西方”的二元对立框架已失去其现实经验基础，也不再具有有效的解释力。中国所面对的当然是自己的“现代性问题”，但对这一问题的把握与应对——即便我们的目标是致力于挣脱所谓西方模式的“世界历史”——已经不再可能脱离西方来“单独处理”，而必须被置于世界性的思想视域之中。在这个意义上，理解西方，特别是研究西方对于现代性问题的政治哲学思考与内部争论，恰恰是为了理解中国自身，为了回应我们自身所面对的重大问题。因此，中国学者研究和讨论罗尔斯和施特劳斯等西方政治哲学家的论述，并不是书斋里无关痛痒的奢侈清谈或者附庸风雅，而是怀着自身紧迫的时代问题意识。

---

① 王岩：《政治哲学论纲》，《哲学研究》2006 年第 1 期。

三　政治哲学研究的几个中心论题

如果按照重要的主题对近十年以来中国学界的政治哲学论述予以大致的划分，我们可以辨识三组受到广泛关注的核心论题。第一组可以被称作“以罗尔斯为中心的对当代自由主义的讨论”，其中的主要论题涉及自由主义的当代发展、现代性与价值多元主义、自由主义与社群主义的争论、自由与平等之间的紧张、制度安排与分配的正义问题等。虽然罗尔斯的《正义论》在 1988 年已经在中国大陆翻译出版，[①] 但当时中国的社会背景还没有充分显示出罗尔斯所讨论的主题与中国现实的相关性。而是在经历了 20 世纪 90 年代“市场经济”的迅速扩张，当社会出现越来越严重的难以忽视的贫富不均之后，罗尔斯的问题才成为“我们的问题”。大约从 90 年代后期开始，罗尔斯本人的著作相继翻译出版，对罗尔斯的研究讨论逐渐走向深入，涉及对罗尔斯的批评者，包括持社群主义立场的桑德尔、麦金太尔和泰勒等，以及（被认为）是持“放任自由主义”（libertarian）立场的思想家诺齐克和哈耶克等，也涉及与罗尔斯立场相近的“左翼自由主义”思想界德沃金和哈贝马斯等。介入相关研究讨论的包括知名的中国大陆学者何怀宏、何包钢、万俊人、俞可平、姚大志、顾肃、韩水法、徐友渔、李强、邓正来、曹卫东和童世骏等，也包括在大陆发表文章的中国港台地区的著名学者石元康和钱永祥等。较为年青一代的学人应奇、徐向东和周保松（香港）等对罗尔斯思想以及自由主义思想的讨论做出了学理上更为深入和精致的批评研究。[②]

在政治哲学的视野中对罗尔斯以及西方当代自由主义展开深入的讨论，给中国学界带来了新的理解。人们开始意识到，即便在以自由主义作为“主流意识形态”的西方社会，自由主义的理论与实践都是复杂的。首先，自由主义思想内部有不同的分支，其源流与取向有所不同。比如，放

---

① 在《正义论》之后相继出版的罗尔斯著作的中译本包括：《政治自由主义》，万俊人译，译林出版社 2002 年版；《作为公平的正义——正义新论》，姚大志译，上海三联书店 2002 年版；《万民法》，张晓辉等译，吉林人民出版社 2003 年版；《罗尔斯读本》，万俊人编，中央编译出版社 2006 年版；《道德哲学史讲义》，张国清译，上海三联书店 2003 年版。

② 参见应奇《两种政治观的对话——关于哈贝马斯与罗尔斯的争论》，《浙江学刊》2000 年第 6 期；徐向东：《自由主义、社会契约与政治辩护》，北京大学出版社 2005 年版；周保松：《自由人的平等政治》，华夏出版社，即出。

任（右翼）的自由论者与平等（左翼）的自由主义者之间有着持久而重大的分歧；康德传统的自由主义与洛克传统的自由主义之间也具有思想紧张。其次，自由主义与宽泛意义上的马克思主义和保守主义之间也有着长期而复杂的争论。因此，即便在西方，基于某种形态的自由主义理念所做的社会制度安排在政治哲学意义上并非不言自明，其正当性有待于公开的证成（public justification），而这种证成一直遭遇来自内部和外部的各种其他思想的挑战与质疑。深入理解并介入这些讨论使西方自由主义思想本身呈现给我们一个更为复杂的格局，有助于我们在学理层面上开阔视野并走向成熟，使得我们既看到自由主义思想在现代性条件下的潜力与优势，同时也意识到它的困境与危机，我们也因此超越了 20 世纪 80 年代的知识分子群体（以肯认自由主义民主为核心）的“新启蒙共识”，而更为自觉地以审慎的反思性态度来面对中国自己的政治发展以及可能的选择空间，其中现存的自由主义民主方案不再是一个天经地义的选项。这必将激发和邀请中国思想界展开更具有创造性的思想探索。这正是对罗尔斯以及西方自由主义的相关政治哲学讨论所产生的积极意义。

另一组引人注目的政治哲学论题始于 21 世纪之初，可以被称作“以施特劳斯为中心的对古典政治哲学的讨论”。毫无疑问，刘小枫和甘阳是这场讨论的最主要的发起者与推动者。① 早在 1998 年刘小枫在一篇书评文章中已经提到了施特劳斯及其弟子布卢姆（Allan Bloom）在美国学术界与思想界的影响。② 2001 年 3 月出版的《启示与理性》（萌萌编选）收入了刘小枫、张志扬和林国华撰写的三篇论述施特劳斯的文章。③ 2002 年年初，贺照田主编的《学术思想评论（第六辑）》推出“施特劳斯论文小辑”，以刘小枫撰写的长篇导言《施特劳斯的“路标”》开篇。④ 几个月之后，长达 55 万字的文集《施特劳斯与古典政治哲学》出版。⑤ 2003 年 1 月施特劳斯的《自然权利与历史》出版，冠以甘阳撰写的长达 5 万字的导

---

① 青年学者张旭为这场讨论的最初阶段写过翔实的述评文章。参见张旭《施特劳斯在中国：施特劳斯研究和论争综述》，《吉首大学学报》（社会科学版）2003 年第 12 期。

② 参见刘小枫《施米特与自由主义宪政理论的困境》，《二十一世纪》1998 年 6 月号。

③ 参见萌萌主编《启示与理性：从苏格拉底、尼采到施特劳斯》，中国社会科学院出版社 2001 年版。

④ 参见贺照田主编《学术思想评论（第六辑）：西方现代性的曲折与展开》，吉林人民出版社 2002 年版。

⑤ 参见刘小枫主编《施特劳斯与古典政治哲学》，上海三联书店 2002 年版。

言《政治哲人施特劳斯：古典保守主义政治哲学的复兴》。[①] 此后，施特劳斯本人的著作文章及其西方学者的相关研究陆续被翻译出版，产生了相当广泛而显著的影响。[②] 越来越多的中国学者（特别是年轻学人）对施特劳斯的政治哲学产生强烈的兴趣，出现了中国学界的“施特劳斯热”，以至于远在美国波士顿大学任教的施特劳斯弟子罗森（Stanley Rosen）说，“一个非常、非常显著的施特劳斯仰慕者的圈子已经在中国出现”。[③]

“施特劳斯热”产生的原因可以大致归结为两个方面。首先，也是最为重要的原因是，施特劳斯的政治哲学论题直接而深刻地切中了当下中国知识分子所关切的核心问题意识，也就是在整个社会迈向“现代化”的进程中所展开的现代性困境——越来越严重的价值“失范”状态。在相对主义和虚无主义的蔓延中滋长的精神危机，在知识上大无畏的寻求真理、在道德上寻求善的共识，以及在政治上达成公正而有序的制度安排之间的紧张和冲突。所有这些令当代中国人焦虑的问题都在施特劳斯所关切的论域之内。他通过对“古今之争”哲人与城邦的冲突”以及“信仰与哲学的紧张”等问题的阐发和讨论，对现代性困境做出了极为深刻的诊断，对现代性的根本前提做出更为彻底的反思批判，并以古典政治哲学为资源就应对现代性问题提出了具有启发性的思路。其次，施特劳斯深厚的古典学养以及阐释经典文本的独特方式在学理上令人肃然起敬。特别是施特劳斯及其弟子对英美学术主流的抗拒，对同代许多著名学者（包括在中国学界具有相当影响的卡尔·波普尔以及罗尔斯）的鄙薄和蔑视，契合了青年学人心目中的学术大师形象。尤其是中国学界在经历了20世纪90年代的激烈争论之后多少变得像“武林”，而施特劳斯很像是一位身怀绝技的武林高手，孤傲而特立独行的风格具有格外的吸引力。但无论“施特劳斯热”的成因

---

① 参见甘阳《政治哲人施特劳斯：古典保守主义政治哲学的复兴》，载［美］施特劳斯《自然权利与历史》，生活·读书·新知三联书店2003年版。此文于2003年8月1日在当时著名的中文学术网站“世纪中国”发表。

② 目前已经翻译出版的施特劳斯著作主要包括：《自然权利与历史》，彭刚译，生活·读书·新知三联书店2003年版；《霍布斯的政治哲学》，申彤译，译林出版社2004年版；《关于马基雅维利的思考》，申彤译，译林出版社2004年版；《论僭政——色诺芬〈希耶罗〉义疏》，何地译，华夏出版社2006年版；《回归古典政治哲学：施特劳斯通信集》，朱雁冰等译，华夏出版社2006年版。

③ 罗森的原话是“A very, very significant circle of Strauss admirers has sprung up in, of all places, China.”报道参见Jeet Heer, “Straussians abroad,” *Boston Globe* (May 11, 2003)。

是什么，它进一步深化了中国学术界对现代性问题的思考，使我们更加彻底地面对现代政治与社会生活的根本性问题。相关的讨论还关涉并推动了对施米特、科耶夫以及沃格林及其政治哲学思想的关注，形成了活跃而富有潜力的研究议题。

与此同时，“施特劳斯热”极大地推动了中国学术界对西方古典政治哲学的研究。[①] 在北京大学、复旦大学、中山大学等著名学府，都出现研读西方经典文本的教师和学生的群体。中国知识界从未产生过像今天这样对西方古典思想热烈而广泛的研读兴趣，我们甚至会不期而遇地在《甘肃农业》这样的杂志上读到对柏拉图《会饮篇》的政治哲学解读文章。[②] 在中国学界也像在西方学界一样，施特劳斯的政治哲学思想及其对经典文本的阐释方法也引发了争论，许多中国学者（如李强等）对施特劳斯热持有较为审慎的态度，也有一些学人（如陆兴华）对此有激烈的质疑与批评。但无论如何，在一个浮躁多变的现代情景中，吸引和激发更多的青年学人潜心研读经典文献是难能可贵的。正如刘小枫在一篇序文中所告诫的那样：“我们也许不必急于从施特劳斯那里得到现存的教义式信条，倒是值得学习施特劳斯所倡导的对古典思想文本的敬重和‘细读’，进入纠缠历代思想大家的种种问题，从而与他们一起思索真正属于哲学的问题。”[③]

第三组突出的论题可以被称作“以共和主义为中心的讨论”，这在很大程度上是对西方学界半个世纪以来的“共和主义复兴”思潮的回应。共和政体作为与君主制度相对立的一种政治传统由来已久，也在现代宪政体制中获得了发展和表达。但晚近共和主义作为一种政治哲学思潮的复兴具有特殊的问题意识，主要是针对意识形态化的自由主义展开反思。西方的许多批评者都对“现存的”自由民主社会抱有深刻的不满，并认为其弊端的根源在于那种信奉消极自由的、权利观念主导的、原子化的、个人主义本位的自由主义。这种自由主义意识形态纵容了这样一种“现代社会”——它以“消费者”取代“公民”，以私利取代美德，以市场取代政治，正在瓦解社会的政治公共性，最终会威胁自由民主制度的正当性与政治秩序。阿伦特、哈贝马斯、斯金纳、波考克以及佩迪特等著名学者都为

---

① 刘小枫主编的“经典与阐释”系列译著（华夏出版社，华东师范大学出版社）已经出版几十种，为研读西方古典政治哲学提供了文本基础。

② 参见姚健《柏拉图〈会饮篇〉中的政治哲学思想》，《甘肃农业》2005 年第 7 期。

③ 刘小枫：《编者前言》，《施特劳斯与古典政治哲学》，第 6 页。

此做出各自独特的探索，试图从共和主义的思想传统中寻找资源，重新思考政治共同体与公民政治的多个维度，以此来克服以自由主义主导的现代政治的危机。这种问题意识也契合了中国学术界所面对的重大问题。特别是在历经20世纪90年代思想界的重大争论之后，无论是自由主义的批评者还是支持者都必须认真对待自由主义所面临的矛盾与困境。

2003年年初，王焱主编的《公共论丛（第7辑）》以“宪政主义与现代国家”为主题，专题讨论中收入了高全喜、李强、钱永祥和江宜桦的论文，虽然他们的讨论在字面上并没有以“共和主义”为核心，但实际上彰显了“共和宪政主义”的理路。同一辑还收入了（王）天成的文章《论共和国——重申一个古老而伟大的传统》。[①] 许纪霖主编的《知识分子论丛》分别在第2辑《共和、社群与公民》（2004年）和第5辑的《公共性与公民观》（2006年）集中介绍了欧美学者和中国台湾学者所做的相关研究。[②] 大陆学者刘训练在一篇综述文章中，对共和主义的复兴思潮做出了清晰翔实的学术史梳理。[③] 应奇在翻译和介绍共和主义思潮（特别是其政治哲学维度的理解）方面具有突出的贡献。他为佩迪特著作《共和主义》的中译本所写的长篇导言，深入地论述了当代共和主义的政治哲学和政治实践意义。[④] 应奇与刘训练组织编译的论文集《公民共和主义》以及《第三种自由》汇集了西方学术界相关研究的最主要文献。[⑤] 此外，李强、高全喜、许纪霖以及台湾学者萧高彦、江宜桦、钱水祥和蔡英文等都参与了相关的讨论。对共和主义的政治哲学讨论，为中国学术界对于“自由”“民主”“宪政”“国家”“公民”“美德”“共同善”以及“政治参与”等现在政治的核心概念与理论获得了更为深入与丰富的理解，有助于我们理解中国自身政治发展所具有的可能性空间以及所面对的困难。

---

① 参见王焱编《公共论丛（第7辑）：宪政主义与现代国家》，生活·读书·新知三联书店2003年版。

② 参见许纪霖主编《共和、社群与公民》，《知识分子论丛（第2辑）》，江苏人民出版社2004年版；《公共性与公民观》，《知识分子论丛（第5辑）》，江苏人民出版社2006年版。

③ 参见刘训练《当代共和主义的复兴》，载《知识分子论丛（第5辑）》。

④ 参见应奇《迈向法治和商议的共和国》，载佩迪特《共和主义》，刘训练译，江苏人民出版社2006年版。

⑤ 参见应奇、刘训练编译《公民共和主义》，东方出版社2006年版；《第三种自由》，东方出版社2006年版。

四 未来发展的走向

中国当代的政治哲学问题不可能隔绝于西方的相关论述而“单独处理”，但也不可能抛开中国的思想传统而获得恰当的把握。这两个陈述之间并无矛盾，而是相辅相成的。目前对中国思想传统（尤其是儒家思想传统）的政治哲学探索仍然有待发展，而中国学术界已经越来越明确地意识到这种探索的重大意义，并一直为此付诸努力。近年来，从著名学者（如陈来、杨国荣和胡伟希等）到青年学者（如彭国翔和陈赟等）都试图寻找“适当的”（有别于西方的）独特方式，来阐释中国古典传统中的政治哲学思想，并介入与西方论述的比较与对话。[①] 这些探索不仅是对中国古典思想的“纯粹学理”的研究，也是在当代的问题意识中和当代条件下对中国传统文明做“创造性转化”从而使其复兴的可贵的思想努力。这是未来中国政治哲学发展的一个重要方向。

同样，在对西方政治哲学的引介和研究逐步深化之后，各种思想传统之间的分歧未必会造成相互割据的学术“封建化”状态。相反，有迹象表明，各种流派（例如欧陆传统与英美传统）的政治哲学论述完全可能在竞争互补的格局中形成新的综合视野。应奇在最近出版的“当代西方政治哲学读本”系列丛书[②]的序言中也指出，施特劳斯、罗尔斯和哈贝马斯等都以各自的方式敏感到现代性内部的各种紧张与危机，因此“我们一方面要避免闻新保守主义之风而动，轻率地无视和否定西方主流现代性政治哲学之与当代中国语境的相关性……另一方面我们又必须看到，由于回避原子主义政治文化的本体论痼疾，‘政治的而非形而上学的’自由主义不但无

---

① 对中国思想传统的政治哲学探索以往多在“政治思想”这个大范畴中展开，只是在新世纪以降才开始越来越多地使用“政治哲学”这个标签，并注重与西方政治哲学论述的对话。这方面的著述相当丰富，例如刘泽华《中国的王权主义》，上海人民出版社 2000 年版；杨国荣：《儒家政治哲学的多重面向——以孟子为中心的思考》，《浙江学刊》2002 年第 5 期；何显明：《儒家政治哲学的内在理路及其限制》，《哲学研究》2004 年第 5 期；胡伟希：《中国传统政治哲学的困境及其现代转换——兼论现代政治哲学的构成》，《政治学研究》2004 年第 3 期；陈赟：《通达与敞开：中西政治哲学中的公共性》，《学海》2005 年第 5 期；陈来：《中国早期政治哲学的三个主题》，《天津社会科学》2007 年第 2 期。对这方面的相关文献的综述，参见郭晓东《现代性焦虑下之迷思：近年来的儒家政治哲学研究》（http：//www. chinese—thought. org/zwsx/002932. htm）。

② 应奇、刘训练主编的《当代西方政治哲学读本》系列由江苏人民出版社 2007 年 1 月开始出版，目前已经推出两辑 12 种。

力解决自由多元社会的自我赓续问题，而且由于政治哲学目标的自动降格，更极大地遮蔽了一种扩展的反思平衡和视界融合在全球普遍交往时代的必要性和可欲性”。同样，甘阳和刘小枫在“政治哲学文库”丛书总序中指出，“（我们）虽然近年来都曾着重论述过施特劳斯学派的政治哲学，但我们决无意主张对西方政治哲学的研究应该简单化地遵循施特劳斯派的路向。无论对施特劳斯学派，还是对自由主义、社群主义、共和主义或后现代主义等，我们都主张从中国的视野出发进行深入的分析和批判的讨论。同样，我们虽然强调研究古典思想和古典传统的重要性，但我们从不主张简单地以古典来拒斥现代。相反，就当代西方政治哲学而言，我们以为更值得注意的或许是，各主要流派近年来实际都在以不同的方式寻求现代思想与古典思想的调和或互补……中国学人不应该成为任何一派的简单信徒，而是要以中国学术共同体为依托而树立对西方古典、现代、后现代的总体性批判视野”。由此可见，“亦中亦西”并“亦古亦今”的相得益彰才是政治哲学的发展之道，也预示着未来中国政治哲学发展的方向。

（本文为邓正来先生主编《中国人文社会学回顾与前瞻》一书所撰，承蒙主编同意，先行单独发表，特此致谢。）

（原载《浙江学刊》2008 年第 2 期）

什么是政治哲学

韩水法*

人们已经从事了几千年的政治哲学研究，但什么是政治哲学这个质询却似乎是一个新的问题，并且迄今依然是悬而未决的。这样一个看似简单的论断却关涉现代学科划分的深层理论和困难。这个质询所要求的答案是关于一门学科的界定的，这是一个现代的问题。上面说政治哲学已经为人们研究了几千年，这是就其内容而论的，亦即今天归在政治哲学名下的那些议题和内容在几千年前就为古人所关注和探索。不过，人们并不以政治哲学这个名称来指称那些研究，他们或者以其他的名称来称呼它们，或者根本没有这样的意识。这不仅因为学科体系乃是现代知识体系化和学术制度化的结果，而且也是由于政治哲学的内容和对象向来就与相关的政治、道德、经济和法律等问题盘根错节地结合在一起，因而被看作政治的、道德的或综合的研究，而没有为之划出一个单独的领域。即便到了 20 世纪下半叶，在英美，政治哲学的学术活动在多数人看来也是属于道德哲学或其一个部分①，而在德国，政治哲学更是一个新的名称，依照德国的学术传统，相关的研究是归于“法和国家哲学”或“法和国家的哲学伦理学”

---

* 韩水法：北京大学哲学系教授。

① 罗尔斯将自己的《正义论》主要看作一本道德哲学的著作，参见该书前言。当然，我这里还可以追溯到更早的时期，鲍桑葵在其《关于国家的哲学理论》里面就不仅已经使用了政治哲学这个概念，而且它与国家哲学、社会哲学等概念同等使用。（参见鲍桑葵《关于国家的哲学理论》，商务印书馆 1995 年版，第 47 页）他在这本著作引用了一位看起来更早的女哲学家 M. T. 福莱特《新国家》的一个观点时是这样的表述的，“政治哲学家们谈论国家，但是，直到我们缔造了国家才有了国家”（参见《关于国家的哲学理论》，第 37 页）。虽然就凭此段引文我不能肯定，政治哲学这个概念就是 M. T. 福莱特的原话，但如果鲍桑葵的引证是严格的，那么那位女哲学家大概也使用政治哲学这个概念。

这样一类名称之下的[①]；在那里，政治哲学这一名称只是代表了英美学术活动的影响，尽管它呈现出为越来越多的人所接受的趋势。在英语学术界，政治哲学不仅被归于道德哲学之下，而且也通常与法律哲学、社会哲学甚至一般社会理论杂糅在一起。

这些现象一方面表明，政治哲学在学科分类上的确是一个新的科目，因为迄今将政治哲学从道德哲学分离出来，以及与其他学科区分开来，依然是一项尚未完成的工作；诚然，这种区分并不能够在政治哲学与其他学科之间划出截然分明的界限，但它却要奠定自己的基础，澄清和界定自己的核心内容与研究对象等。另一方面，它也为把握政治哲学的内容和对象提供了指针。诸如法和权利[②]、国家、社会以及组成社会的个人，都是政治哲学的关切所在而构成政治哲学的对象范围。不过，政治哲学并不只是一般地研究这些问题，而是研究作为它们根据的观念，或者说价值；就此而论，道德哲学与政治哲学有着某种共同的基础。

那么，像法和权利、国家、个人和社会这样一些不同的实体和领域是如何与政治哲学相关的？或者准确地说，它们的哪些内容或层面对于政治哲学来说，乃是具有某种或某些共同性的东西？倘若说对观念、原则等的追根究底式的研究，正是哲学的本务，那么这些共同的东西在政治哲学的名下就是政治的东西，也就是说，无论法、权利、国家还是个人与社会都有某种在政治与政治哲学视野之下共同的东西。于是，就如法哲学乃是关于法和权利的哲学研究，国家哲学乃是关于国家的哲学研究一样，政治哲学就是关于政治的研究，就是关于那些具有共同的政治性质的东西的研究。那么政治在这里意谓什么？从歧见丛生的无数观点中，我先选择两个典型的观点来进行分析，这不仅可以使人看到关于政治理解之间的巨大差异和尖锐对立，而且也可以让人看到政治哲学在确定自己的研究内容和对象上的巨大张力。

一种是现代的古典观点，它是由施特劳斯表述出来的。这样一种特别的情况对我这里的阐述具有一种特殊的帮助，它让人同时了解古希腊人关于政治的观点及其现代的奋庸者的思想。

施特劳斯是着力回答什么是政治哲学这个问题的先行者。他这样来规

---

① Otfried Hoeffe. *Political Justice* ［M］. Cambridge：Polity Press，1995：4.

② 法和权利在德语是同一个词，即 Recht。

定政治哲学："于是，政治哲学就将是以关于政治事物的本性的知识取代关于政治事物的本性的意见的努力。政治事物按其本性要经受赞成与反对、选择与拒绝、颂扬与谴责。出于政治事物的本质，政治哲学不是中立的，而是对人的服从、忠诚、决定或判断提出要求。倘若一个人不是严肃地对待它们的明白的或含蓄的要求并据好与坏、正义与不义予以判定，换言之，倘若一个人不是以某种好或正义的标准来衡量它们，他就不能理解政治事物之为政治事物的如其所是。要做出坚实的判断就必须了解真正的标准。如果政治哲学希望正确地处理它的主题，它就必须争取获得有关这些标准的真正知识。政治哲学就是要真正地既认识政治事务的本性又认识正当，或善，政治秩序的努力。"①

施特劳斯的观点可以分析如下。第一，政治哲学就是一种知识，而不是一种意见，知识或认识与意见的区别，当从柏拉图的区分上来理解，其高下之别自然就不言而喻，前者是持久的、永恒的、真理性的东西，在后者是暂时的、晦暗的、不真实的东西。第二，这种知识不是中立的，而是依据一定的价值标准，或者说善恶标准做出判断的，并因而要求人遵从等等；换言之，没有这种价值判断与以之为基础的要求与主张，就无所谓政治事物，自然也就无所谓政治哲学。第三，政治哲学的基本任务于是就有两项，其一是认识政治事物的本性，即它要对人提出一定的要求，包括道德的要求与意志的要求；其二就是获得关于正当、正义或善的知识。这就是古典政治哲学的现代表达，或者说，对古希腊人思想中所包含的政治哲学思想的现代概括与重述。

柏拉图的知识论是其理念论的一个组成部分，而这就意谓存在着一种确定不变的知识的对象，后者不仅是精神性的，而且也独立于这个现实的世界而存在，但却是这个世界的样板。这一观点在现代很难为人所接受，并且与现代政治哲学以及政治学、法学和经济学的基础相冲突。由此，施特劳斯所谓的政治事物的本性和正当、正义或善的知识从其本义上来说就是某种外在于现实世界而却要为这个世界立则的价值或观念；而人们必须按照它们来对这个世界做出判断和决定。不过，施特劳斯并没有直接申明上面所提示的那些古典观点的深层意义，但这样也就会造成根据阙如的漏洞。这些观点所表明和提示的是那种古典政治哲学或者施特劳斯的政治哲

① Leo Strauss. *What Is Political Philosophy* [J]. *The Journal of Politics*, 1957, 19: 344 - 345.

学与现代政治哲学在基本哲学立场上面的区别，而正是这些根本性的差别使得善恶、正义与不义这些概念具有大相径庭的意义。

那么，政治在施特劳斯那里究竟意谓什么呢？施特劳斯的观点依然是古典的："政体（regime）意谓那样一种整体：我们今天习惯于主要地以一种碎片化的形式来观看它；政体同时意谓一个社会的生活形式，它的生活的样式，它的道德的品位，社会的形式，国家的形式，政府的形式，法律的精神。我们要试着把简单的思想与复杂的思想联结起来，它以政治（politeia）这个术语将自己表述如下：生活是指向某个目标的行动；社会生活是指向只能由社会来追求的这样一个目标的行动；但是为了追求一个特定的目标——它也是社会的全面的目标，社会必须以符合那个目标的方式组织起来而被赋予秩序，构成起来而被赋予法律；然而，这就意谓，在这个权威之下的人们必须调整而去适合那个目标。"①②

施特劳斯的政治概念因此有两个要点：第一，政治就是政治共同体生活的全部，从道德到政治，包罗无遗；第二，整个社会有一个共同的目标，政治就是一种追求这个目标的行动；整个社会就是为了这个目标并且根据这个目标而组织起来的，一切秩序和法则也是依此而建立起来的。上述观点既关涉哲学的立场，亦关涉方法的问题。所谓哲学立场就是指共同体的目标，这种古典的政治观在古代是否发挥了重要的作用并因而具有现实的意义，这不在这里的题目的范围之内，但它在现代社会中是否还具有意义却是大有疑问的，因为它与社会的多样性和观念的多元性是正相抵触的。从方法上看，此种做法，即要求包罗无遗地控制一个社会，或者退一步说，将一个社会完全地安排或组织在依照一个特定目的而制定的秩序里，无论在理论上还是在实践上都是不可能的，并无成功的事例。在古希腊，一些城邦之所以能够接近这个目标，乃是它原本就将人类的大部分贬为非人，然而尽管如此，它们也无法达到这样的目标。在今天，由于政治

---

① Leo Strauss. *What Is Political Philosophy* [J]. *The Journal of Politics*, 1957, 19: 362-363.

② 这里我们对照着来看一下亚里士多德的规定："我们见到每一个城邦各是一种类的社会团体，一切社会团体的建立，其目的总是为了完成某些善业——所有人类的每一种作为，在他们自己看来，其本意总是在求取某一善果。既然一切社会团体都以善业为目的，那么我们也可说社会团体中最高而包含最广的一种，它所求的善业也一定是最高而最广的：这种至高而广涵的社会团体就是所谓'城邦'，即政治社团（城市社团）。"（亚里士多德：《政治学》，商务印书馆 1981 年版，第 3 页。）显然，施氏的规定比亚氏的更为复杂，而且中心与重点也不突出。亚氏的说法经过适当的限定，在某种意义上，要比施氏的说法更具现代性。

一社会共同体的规模巨大，所有人享有同等的或大体同等的资籍，从而人的多样性与社会的多元性更其复杂，要在施特劳斯所谓自由的状态下确立某个共同的目标（而在古希腊所谓城邦的共同体目标就是道德目标），是完全不可能的。

出于这样一种复古的理想，施特劳斯认为政治哲学应当与政治科学就是同一个东西。政治既然就是那种包罗万象的社会的行动，那么政治事务也就等于人类的全部事务或整体事务，而政治科学也自然而然地包括对人类全部事务的研究。政治哲学也就是这样一个囊括一切的学术活动。因此，他不仅不承认哲学、人文学科与其他经验学科之间的区别，也抗议包括经济学、心理学、社会学等现代学科相对于政治哲学的独立和彼此之间的分立。据此他断定，政治哲学在今天已经不复存在①。

施特劳斯在现代追问政治哲学的真谛，结果却是古希腊政治学的重述，而后者至少有两个要点在今天是无法获得确证，也无法为人所普遍接受的。首先就是社会共同目标的观点。现代社会虽然必须遵守一些使自己能够构造起来的基本观念与原则，但并不接受某个特定的道德目的为社会的唯一或最终目的。社会共同目的说虽然是古代政治思想的理想，但即便在那个时代它也不具有普遍性。其次，政治只是人类社会生活的一个层面，尽管是至关重要的层面，但绝不是社会生活的全部。虽然施特劳斯将政治做了最为广泛的理解，事实上，今天人们所理解的那种政治在古代社会所起的作用远没有道德所起的作用大，并且也没有像在今天社会生活中那样普遍化。

另一个关于政治的经典定义是完全现代的观点，这是由韦伯提出来的。韦伯完全从经验科学的立场来分析什么是政治这个问题——这是与施特劳斯针锋相对的立场。韦伯的界定直接从国家来着手，“我们打算只从一个政治团体——也就是今天的国家——的领导权或该领导权的影响力这个角度，来理解政治”。② 在韦伯看来，国家的特点在于它所拥有的特殊的手段，这就是使用暴力。“国家是这样一种人类团体，它在一定疆域之内（成功地）宣布了对正当使用暴力的垄断权。请注意，‘疆域’也是国家

---

① Leo Strauss. *What Is Political Philosophy* [J]. *The Journal of Politics*, 1957, 19: 346.

② ［德］马克斯·韦伯：《学术与政治》，冯克利译，生活·读书·新知三联书店 1998 年版，第 55 页。

的特征之一。现在的特点是，其他机构或个人被授予使用暴力的权利，只限于国家允许的范围之内。国家被认为是暴力使用‘权’的唯一来源。因此，对我们来说，‘政治’就是指争取分享权力或影响权力的分配的努力，这或是发生在国家之间，或是发生在一国之内的团体之间。”① 可以看到，韦伯这个定义具有某种马克思主义的色彩，因为后者认为，“国家无非是一个阶级镇压另一个阶级的机器”，而此种镇压既包括政治统治，亦包括经济压迫②。不过，韦伯的定义比马克思主义的定义更具一般性，并不仅仅将权力局限于镇压和压迫的功用。不过，暴力垄断虽然是国家的典型标志，但却不是一般政治的核心，政治的核心体现为权力分配，而权力却是有其指向的。在这里，倘若人们考察以权力为中心的政治行动，那么他们就会发现政治的范围原本要比国家的界限宽广得多；换言之，政治不仅先于国家，而且其行动也比作为政权机构的国家的活动要广泛和深入得多。

因此，在现代社会科学的领域里，政治的界定对人们来说也不是并且也不可能是一致的。达尔在分析现代政治时指出，“亚里士多德和韦伯称之为政治的每项事物，拉斯韦尔也称之为政治，但拉斯韦尔认为是政治的某些事物在韦伯和亚里士多德看来可能不是。例如，拉斯韦尔就认为一个商行或一个工会，也有‘政治的’方面。因此，让我们大胆地把政治体系定义为任何在重大程度上涉及控制、影响力、权力或权威的人类关系的持续模式”③。达尔这里所说的控制、影响力和权威的人类关系都可以归在一般的权力及其作用之下，因此我们可以说，政治就是人类群体之中的权力运作。就此而论，达尔的观点并未脱出韦伯定义的窠臼，只不过后者的定义更为狭窄和确定，政治仅仅与国家权力的运作有关，而不包括那些无关乎国家形式的权力运作。对政治作尽可能广泛的理解，比较符合学术兴趣的一般要求，或者满足学术彻底性的要求，而对这里的主题来说，韦伯这样有其限定范围因而具有典型性的定义却更切合政治哲学之政治的特点。

在甄综各种观点和考虑的基础上，我认为，在政治哲学的视野之下，

---

① ［德］马克斯·韦伯：《学术与政治》，冯克利译，生活·读书·新知三联书店 1998 年版，第 55 页。

② ［德］卡尔·马克思：《法兰西内战》，中共中央马克思恩格斯列宁斯大林著作编译局译，人民出版社 1961 年版，第 13、53 页。

③ ［美］罗伯特·A. 达尔：《现代政治分析》，王沪宁、陈峰译，上海译文出版社 1987 年版，第 170 页。

政治可以规定如下：政治是人类在一定共同体内为分配社会善品而发生的行动。这里所谓的共同体一般具有一个垄断这种分配权力的最高机构、一定的制度、一定的领土。政治的范围无论是就人类社会—历史的时间维度来考虑，还是就其空间维度来考虑，都要大于国家的界限。然而，无论如何，国家是人类政治行动最为集中、典型的场所①。

因为，政治哲学所关涉的政治原则不仅具有普遍的性质，而且也具有强制的性质，而一种原则的普遍运用和强制实施在现代社会只有在一个像国家这样的共同体之内，才是可能的，才有其现实性。从另一个角度说，正是国家这样的政治共同体形式才需要普遍的原则来构建其主体结构。从作为一门学科的一般意义着眼，现代政治哲学所要研究的那些政治价值观念，正是为具有这种性质的原则提供根据和理由的，这样的界定就切合了政治哲学的历史的分析与批判的工作，而就政治哲学的营造的性质来说，它为甄选基础政治观念及原则提供了范围与性质的指导。

毫无疑问，上述的定义和韦伯的定义依然是实证的，而非哲学的。这里可以来看一个有关国家的但却属于哲学的规定。“政治哲学的基础问题，即一个在若干有关国家应如何组织的问题之前的问题，是任何国家究竟是否应当存在。为什么不要无政府呢？由于无政府主义的理论，倘若站得住脚的话，切掉了政治哲学整个主题的支撑，所以从考察其主要的替代物来开始政治哲学是适当的。那些认为无政府主义并非一种没有吸引力的理论的人们，会认为有可能政治哲学就在此终结了事。”② 很显然，政治是什么以及国家是什么，这些均属于实证科学的问题，而国家是否应当存在这样的问题，才具有哲学的性质。诺齐克这个问题其实也并非纯粹哲学的，它包含了实证的科学可以处理的内容，人们能够从经验的层面来提出某种回答。政治哲学的纯粹关切当就实存的国家提出国家应当如何的问题。

无论韦伯的定义还是达尔的界定都没有关涉政治权力应当如何的问题，而这对政治哲学来说乃是根本性的。在诺齐克问题的基础上，人们还可以进一步追问，为什么要有这种性质而不是另一种性质、这种类型而不是另一种类型的政治权力；或者更为直接地要求，政治权力应当是这样的，而不是那样的。政治权力虽然抽象地说可以出于任何可能的理由并用

---

① 正是在这个意义上，人们有时直接地将政治哲学的对象归结为国家。

② Robert Nozick. *Anarchy*, *State and Utopia*, New York: Basic Books, 1974: 4.

于任何可能的目的，但是它的正当性始终是受到人们追问的，是要经受人类理智的质疑并在其中获得诠证的。在韦伯定义以及达尔诠释的基础上，我可以补充说，政治权力的一般而根本的目的和指向乃是社会善品的分配。而所谓社会善品就是指从权力、财富、地位一直到环境、教育等社会之中为每一个人所必需、所追求和所尊崇的东西。

现在，我可以进一步来规定政治哲学之政治。所谓政治就是指在一个共同体内强制而普遍地分配社会善品的行动。换言之，以分配社会善品为根本目的的政治始终是在一定的共同体之中依照一定的原则通过一定的制度而普遍地实现的。这样一来，考察的视角就发生了转变：我不再从现存的政治权力及其机构出发来考察它们的行动，以及追问它们的根据，而是从公认的社会善品入手来探讨和研究如何分配它们的原则，以及其观念的根据。这样一来，政治哲学之政治在理论上就从现存的政治现象之中抽象了出来，它不再是对那个现象的描述与概括，不是政治哲学研究的理论前提，反而成为政治哲学这种思想活动的结果，政治在这个意义上是由政治哲学构造出来的。这样构成出来的政治对于政治哲学的学术活动以及其他学术活动就有双重的意义：一方面为考察、分析和批判历史上既有的政治提供范式，另一方面为理想的政治共同体制定蓝图。

在这样理解下的政治哲学就是一种构成的理论活动或者说营造的哲学思维，而后者的产物就是一种理想的政治活动，在罗尔斯所谓原初状态的无知之幕后面的那些代表的活动就是一个经典的例子。理想的政治也就是按照一定的规范进行的政治，并且在政治哲学中，这样的规范是先于政治行为的，而不论在实际的社会—历史中，规范事实上来源于人们对现实的政治行为的反思与评价。政治哲学并不描述实际的政治现象，也不对之进行实证的分析，因此它之构造理想的政治行为或活动重在其模式，而后者的观念形式就是规范或原则。在此文中，理想的政治行为也就是社会善品的分派活动。因此，现代政治哲学的中心关切也可以说就是社会善品分派的规范和原则的构成与确证。

所以，现代政治哲学的工作是有其限度的，它并不具体地去设计、制定和安排实际的政治制度与机构，也就是说，并不处理由人类最为基本的政治行为模式所衍生的其他更为具体的也更为复杂的行为模式。因此，它只是构造社会善品分配的一般原则，为这些原则提供观念的根据，从而证明这些原则的正当性，亦即为这些原则提供确证。这些构造与确证就要直接关涉个人、社会及其各种形式的团体，并表明对它们的基本态度。不过，在实际的理论进程中，这些关系并非单向的，而是双向的或多向的。这里我可以总结说，政治哲学的中心关切与任务就是为社会善品的分配提供原则，作为原则根据的观念，以及对上述两项的确证，即正当性证明[①]。在今天，政治哲学如果不以此为中心关切，就会失去自己存在的理由。当代政治哲学的复兴就是以这些观念性的东西重新得到人们的重视、关注，尤其是得到人们的重新诠释、确证和营造为契机的。罗尔斯认为，政治哲学就是为一套适当的制度寻求一个共同的基础以保卫民主的自由权和平等，而这样一种基础首先是观念性的东西[②③]。

当然，根据各种政治哲学的实际学术形态，我这里也可以对它作出如下的中庸的规定：政治哲学研究上述政治行动所遵循的原则，这些原则所遵从的价值观念，这些观念的基础；研究根据这些原则构成的社会基本制度和结构；研究不同的政治哲学学派就此提出的各种判断和观点；政治哲学同时还研究有关上述问题的方法论。

至此为止，我对什么是政治哲学这个问题给出了一个初步的回答。不过，即便就此而言，这里还有三点需要做进一步的阐发，即1）正义，2）作为人的行为的政治活动，以及3）社会目标。

第一点关涉对正义的理解。抽象来说，正义是对政治行为或活动的一种积极的评价，或者用形而上学式的术语来说，是指政治行为或活动的某种性质。正义判断总是以某种相应的观念、规范或原则为标准和前提的。于是，从哲学上来说，政治哲学的主题就是正义。因为政治哲学并非提供任何一种政治行为规范，而是要构造和确证某种正当的或对的政治行为及其规范。政治哲学在这个意义上也就可以称为正义哲学。

第二点关涉对作为人的行为的政治活动的理解。前文已经提到，政治

---

① 达尔认为，“政治哲学的特殊贡献就在于它曾特别关注关于价值、规范和标准的信念”。这个说法并不十分确切，因为对价值、规范和标准的关注与研究乃是政治哲学的一般工作，它的特殊贡献在于提出和确证新的价值观念，并以此为根据和出发点建立相关的原则体系。

② Jonn Rawls. *Political Liberalism*, New York: Columbia Press, 1996: 8.

③ 在这一点上，诺齐克也有大体相近的态度。他说，“道德哲学为政治提供基础和界限。人们相互之间可以做什么、不可以做什么的约束，也限制着人们通过一种国家机器可以做的事情，或者为建立这样一种机器可以做的事情”。诺齐克所谓道德哲学提供基础的说法并不令人满意，因为很简单，个人之间行为的普遍约束倘若存在，那么它们并不可能来自道德，而只能来自政治的规定。关于这一点，在后文我还要深入讨论。

哲学研究人的政治行为及其规范，其旨在营造理想的基本政治行为模式及其规范。它并不以人的政治行为的实证分析与考察为中心关切，也不从经验上研究上述基本政治行为与所有其他行为之间的关系。不过，需要注意的一点是，人的基本政治行为在理论上以及在实践上直接关涉人的其他基本行为模式，比如经济的或法律的行为方式，并且政治哲学所构造和确证的基本规范同样也是适用于人的其他行为的基本原则。

所谓的人的基本行为的说法蕴含了作为整体的人的社会行为，而后者就是人文学科与社会科学研究的对象。社会科学和人文学科的区分的根据并不在于人的行为的区分，而在于不同的视角、着重点和方式。这就是说，不是因为人的行为原本就分别由经济的、法律的、政治的或其他的行为组成的，而是因为经济的、政治的、社会的和历史的等视角从人的整体行为之中抽象出不同的层面。人的任何一个特定的行为都是整体的，都可以从上述不同的视角来考察，也就是说，都具有经济的、政治的等意义。这样，人们就可以明了，政治哲学与政治学、与经济学等的区别，并不在于对象的差异，而在于视角的不同。现代学科之间关联以及挪移的可能性就在人的社会行为原本就是整体的和重合的。

不过，这里有一个关键之点需要注意：一旦说到人的基本行为，这就意谓某种哲学的反思与构造的性质。政治学是对人的行为从权力关系或善品分配角度所作的实证研究或考察，而政治哲学探讨人的社会行为的基本规范，并且旨在营造和确证某种被认为是正当的规范。前者重在分析和考察人的政治行为是如何的，当然也会关涉人的政治行为的规范是如何的问题，而后者重在关切人的政治行为的规范应当是如何的。两者的区分就关涉事实与价值两分这个经典问题。政治哲学作为一门旨在营造和确证正义规范的学科，它面临特殊的理论的和实践的困难：它构造和提出一套正义规范或原则，但后者又必须得到社会成员或曰现实的人的实际接受才能够成为现实有效的东西。现代政治哲学一方面必须清楚地意识到其所营造的规范的应当的性质，另一方面又要着力建立这些规范或原则与实证现象之间的复杂却又必不可少的关联，并且尤其重要的是，那些被营造起来的规范总是被期望落实为现实的行为。

这里稍微提及一下事实与价值之间的区分以及相应的方法论问题或许是有益的。正如人类认识史和学术史所表明的那样，在实际的认识过程和学术活动之中，人们自觉地意识到应当如何与事实如何之间的区别，是很晚的事情。这种区分最早是由休谟清楚地表达出来的，随后的经典模式就是康德予以截然分别的理性两个领域——尽管康德坚持理性本身是统一的。19 世纪末 20 世纪初的德国新康德主义者曾试图通过价值、历史性与经验或实证性的区别，在人文学科、社会科学和自然科学之间划出清楚的界限。这样一种努力即便也依然是有意义的（因为以好坏判断或曰价值判断来代替事实研究，在今天依然是社会科学和人文学科研究中的现实危害。在中国，此种情况危害尤甚），不过，所谓的区分只有在严格的限定下才有实际的效果。因为价值的标准与历史性的标准并不是同一的；历史性的东西同样也涉及事实，而价值的东西也涉及一般性。这就是说，当新康德主义者努力诠证某门人文学科，比如历史学因其处理历史性的东西因而乃非经验科学时，他们并不能够同时说，它就是一门价值性的学科。同样，当人们说伦理学是一门价值学科时，他们同样也不能说它就是一门历史性的学科，后者仅仅处理一次性发生的事件。

当然，不同意价值与事实之间的两分，作为一种理论态度，比如普特南的观点，自然也有提醒人们自然语言复杂性的作用。然而，他关于价值与事实之间区分消解的根据，却也可以用来证明一切事物之间区别的消解，比如事物与观念之间区别的消解，进而一切学科之间区别的消解。这自然是一种极端而又复古的做法。不过，普特南的论证基本上是不成功的。

倘若对事实与价值之间的区分没有清楚的意识和方法论上的自觉，那么逾越价值与事实的界限就是难以避免的，而事实上在现代学术活动中，这样的现象比比皆是。这尤其明显地体现在经济学和政治学等学科的泛滥之中。韦伯很早就意识到这个问题对现代学术造成的危害，从方法论上对经验的学术研究提出了价值无涉的要求，这个要求至今依然是有效的，尽管现如今一些学者也不能够准确地理解韦伯的意思①。在今天，混淆事实与价值判断之间的区别，其危害并不仅仅限于学术领域——人们以价值判断代替对事实的经验考察，往往是谋取某种影响与现实利益的有效手段：既避免了艰苦的实证的研究，又可以博取道德的或意识形态的虚荣——而且也同样影响现实政治。在人类历史上，总是有人倾向于用其价值判断或

① ［美］杰弗里·托马斯：《政治哲学导论》，顾肃、刘雪梅译，中国人民大学出版社 2006 年版，第 18 页。

意识形态观念来矫饰事实，或者直接地将其混充为经验的实在。

第三点关涉社会目标。这里需要稍作说明的是，倘若人们将社会目标理解为共同体的某种共同的规范以及由这些规范导致的社会状态，比如良序、稳定、繁荣等，那么社会共同目标的说法在一定程度上是可以为现代政治哲学所接受的，甚至也可以说，现代政治哲学的主题就是达到这样的社会共同目标。然而，任何超出这个意义上的目标，涉及任何特定的、具体的内容的社会共同目标，都不在现代政治的关切之内。政治哲学所要构成的基本行为的规范的核心在于每一个人的平等的资籍和相互兼容的自由权，而个人的生活目标也是其个人自己决定的事情。当把一种特定的目标，无论是道德的还是宗教的或者政治的目标，当作社会的共同目标，其结果必然造成个人之间资籍的不平等，从而导致奴役的结果。政治多元主义作为现代政治哲学一个核心信念所要表达的正是这样的思想：在社会基本规范之下，所有其他政治的、道德的、宗教的、传统的、审美的或者文化的差异的存在都是正当和合理的，并且在不违反基本规范的情况下，它们之间的冲突或许正是社会发展与生动活泼的动力。

本文关于政治哲学的界定，所提供的乃是政治哲学的核心内容、主题和中心关切。它并没有也不可能穷尽政治哲学的所有内容和全部规定。围绕这些核心内容和中心关切，作为一种哲学思维，就如任何一种哲学活动一样，政治哲学也包含一般的分析的和批判的功能，既包括对现实的或过去的社会制度的批判，也包括对不同的思想和观念的批判、质疑、辩驳、辩难，而后者自然也就承带不同政治哲学之间的相互辩驳与批判。由此之故，政治哲学也就自然而然地会拓展到历史，拓展至经济、政治等其他领域。不过，在这里，人们已经可以理解，政治哲学并不像流俗所说的那样，乃是关于政治家或掌握政治权力的人的行为的哲学，它也不同于那种属于应用伦理学的所谓政治伦理学。

政治哲学由于这样的关切，因而也就必然关涉人和社会的规定，因而也就要关涉形而上学、认识论等问题；或者说它本来就关涉如此的问题。

参考文献

[1] Otfried Hoeffe. *Political Justice* [M]. Cambridge: Polity Press, 1995: 4.

[2] Leo Strauss. *What Is Political Philosophy* [J]. *The Journal of Politics*, 1957, 19: 344-345 [-1], 362-363 [-2], 346 [-3].

［3］［德］马克斯·韦伯:《学术与政治》，冯克利译，生活·读书·新知三联书店1998年版。

［4］［德］卡尔·马克思:《法兰西内战》，中共中央马克思恩格斯列宁斯大林著作编译局译，人民出版社1961年版。

［5］［美］罗伯特·A. 达尔:《现代政治分析》，王沪宁、陈峰译，上海译文出版社1987年版。

［6］Robert Nozick. *Anarchy, State and Utopia*, New York: Basic Books, 1974: 4.

［7］Jonn Rawls. *Political Liberalism*, New York: Columbia Press, 1996: 8.

［8］［美］杰弗里·托马斯:《政治哲学导论》，顾肃、刘雪梅译，中国人民大学出版社2006年版。

（原载《中共中央党校学报》2009年第1期）

政治哲学新论

吴根友*

政治哲学是一门古老的学问，但对于政治哲学学科的性质及其研究对象则是言人人殊。在择要综述中外有关政治哲学代表性观点的基础上，我们可尝试提出新的定义，即政治哲学是对于政治权力来源、政治权力行使的正当性以及理想社会等核心问题进行系统思考的一门学问，它涉及的对象有国家的起源与组成原则、个人与国家的关系、理想的国家制度及制度的根基等问题。在此新的定义下，我们可以提出当代中国社会主义政治哲学的关键问题，即正确处理中国共产党的领导与权力来源于人民二者之间的关系，这也是当代中国政治哲学的核心理论问题。以此核心问题为基础，本文综合马、中、西的政治哲学思想资源，提出了建构当代中国社会主义政治哲学的新构想。

一　引言

即使是在现代的西方学术界，政治哲学也是一门年轻的学科，目前对于此学科的内容、对象、性质并没有比较公认的说法。近 30 年来，伴随中国社会的改革开放，“政治哲学”在中国大陆也越来越引起学者的关注，并逐渐成为一门显学。然而，由于作为现代学科之一的哲学学科来自西方，谈论哲学问题不可能不涉及西方人对哲学的看法，谈论政治哲学问题也就不能不援引西方学术界有关政治哲学的看法。而大多数中国学者对政治哲学的看法都与西方某家某派的学说有或多或少的相关性，当代中国的马克思主义者也是如此。

* 吴根友：武汉大学哲学学院教授。

据笔者初步的研究来看，目前中西学界对于“何为政治哲学”问题的回答，基本上沿着两条思路展开：一是从哲学的角度出发，将政治哲学看作哲学的一个分支，代表性人物有当代西方著名的政治哲学家列奥·施特劳斯（Leo Strauss）等；二是从政治学的角度出发，将政治哲学看作一种比较特殊的规范性的政治学理论，代表性人物有中国学者俞可平等。而由此两条思维路径出发，对于政治哲学的定义以及政治哲学学科性质的认识，也就有了一些不同。一些当代中国的马克思主义思想研究者，他们从马克思主义哲学体系出发，为研究政治哲学问题提供了独特的视角，如有学者认为：“在当代政治哲学论域，人与政治的关联仍然是‘最具根本性的问题’，对政治模式、政治事件、政治思想史的研究始终围绕人与政治的关联展开。”[①] 因此，人与政治的关系问题就是政治哲学的主题。

虽然，从不同的学科出发，对于政治哲学定义的侧重点有所不同，但也有一些基本的共识。比如，各种不同的政治哲学定义都比较一致地倾向于将政治哲学看作一种对政治现象进行根本性反思的学问，这种学问并不提供具体的政治知识。

然而，由于政治现象非常复杂，在不同的历史阶段，政治哲学的对象并不相同。古典时代的政治活动相当广泛，家庭也被纳入政治活动的范围，而现代社会由于公共领域与私人领域的分离，家庭问题与政治问题基本上相脱离。然而，女权主义者则并不这样认为。一般而言，政治问题是涉及人类社会生活的某一方面，与自然问题并不相关。但在中国古典政治哲学时代，特别是“天人合一”思想被当作国家意识形态之后，政治哲学问题与自然问题也发生了联系。因此，把政治哲学定义为对政治现象进行反思的一门学问，就使得政治哲学的对象变得非常模糊而不确定。基于政治哲学思想史的纷繁复杂现象，我们可以发现，由于受历史与民族文化特殊性的影响，关于“何为政治哲学”难以找到比较一致的说法。

处在中西古今文化大交汇的今天，我们可以坐集古今有关政治哲学的思想认识，而得出新的看法。根据笔者的粗浅研究来看，所有政治现象背后都涉及一个根本的问题，即政治权力。而有关政治权力的来源、权力行使的正当性以及理想社会的模式的思考，则构成了政治哲学的核心内容。

---

① 臧峰宇：《马克思政治哲学的当代审视》，中国人民大学报刊复印资料《政治学》2009 年第 1 期。

为了说明政治权力的来源及其使用的正当性，必须构筑一整套规范体系，并对这一整套规范体系的合理性进行论证。因此，政治哲学必然构筑一整套规范体系，从而形成一种意识形态。从历史与现实来看，最能够行使政治权力的是国家这一巨大的政治组织形式，因此，政治哲学的主要内容之一就是有关国家的理论。在古典社会，国家与社会的边界并不清楚，因此，有关国家的理论其实也是有关社会的理论；而在中国传统社会，家国同构，因此，国家理论也就关涉家庭。所以，要获得有关政治哲学的对象、性质的认识，是一件非常困难的事情。

本文倾向于将政治哲学看作哲学的一个分支，在综合中外思想家、学者有关政治哲学定义的基础上，给出自己对政治哲学的定义及其性质的分析。

二 部分西方思想家、学者的界说与描述

按照一些现代辞典的说法，政治哲学是一种规范学科，主要对政府的运作提供规范性的标准。如《西方哲学英汉对照辞典》的作者说："政治哲学不同于政治科学，其原因在于政治科学是经验性的和描述性的，它解释一个政府实际上是如何运作的，而政治哲学则是规范性的，它确立那些规定政府应如何运作的准则或理想的标准。"①（该辞典的作者又引证西方哲学家沃尔夫的观点说道："政治是国家权力的运作或影响这些运作的尝试。因此，从严格的意义上讲，政治的哲学是关于国家的哲学。"②）与沃尔夫的观点相似，安东尼·肯尼也认为："政治哲学通常被描述为对国家的本质属性的研究。按照这种理解，政治哲学就不是去描绘在其各式各样的历史表现形式下，国家一般是怎样的，而是去确定在理想状态下，国家应当是怎样的，也就是说在其一切历史形态中，我们认为国家要求是怎样的。"③

不过，在当代著名的政治哲学家列奥·斯特劳斯看来，政治哲学属于哲学的一个分支，其学科性质由哲学的学科性质来加以说明。列奥·斯特

① 《西方哲学英汉对照辞典》，人民出版社 2001 年版，第 774 页。

② 同上。

③ 施雪华、李凯：《伦理本位与理性精神：中西政治哲学之价值取向》，中国人民大学报刊复印资料《政治学》2009 年第 5 期。

劳斯继承古希腊柏拉图以来的哲学观，认为哲学是追求真理的，因此，哲学反对“意见”。政治哲学既然是哲学的一个分支，当然是追求关于政治活动的真理的学问，而不是关于政治活动的“意见”。这样，政治哲学与一般意义上的“政治思想”就有了区分。[①] 他也认为，政治哲学不同于政治科学。政治科学是关于政治活动技术与技巧的系统学问。政治科学属于社会科学门类。社会科学领域里，自孔德的实证主义开始就有一股将社会科学自然科学化的倾向，而孔德之后的新实证主义则进一步追求社会科学研究活动过程中的“价值中立”，力图排除价值倾向对人文社会科学研究的干扰。这虽然有一定的意义，但在事实上做不到。列奥·斯特劳斯对于“价值中立”的现代学术原则提出了自己的不同意见。

列奥·斯特劳斯甚至提出了激进的说法，认为现在根本就没有什么“政治哲学”，而只有“政治哲学史”。[②] 这一观点当然不陌生。因为，黑格尔就说过“哲学就是哲学史”。正如哲学界从来就没有一个统一的哲学定义一样，政治哲学领域里也很难有统一的政治哲学定义。但这并不妨碍人们对政治活动的性质作哲学的思考。

当代美国著名政治哲学家J. 罗尔斯虽然没给政治哲学下定义，但对政治哲学的作用给出了描述。他认为，政治哲学有四大作用：

第一，它具有实践作用。政治哲学关注那些高度争论的问题，并且抛开现象，看一看是否能够揭示出哲学一致和道德一致的基础。或者，即使我们不能发现这种一致的基础，至少我们有可能缩小由政治分裂所导致的在哲学和道德观点方面的分歧，以使基于公民之间相互尊重的社会合作得以维持。比如说，在西方民主思想传统中存在着一种分裂与冲突：一种传统渊源于洛克，它强调贡斯当称为“现代人的自由”的东西——思想自由和良心自由，某些基本的个人权利和财产权，以及法治；另一种传统渊源于卢梭，它强调贡斯当称为“古代人的自由”的东西——平等的政治自由和公共生活的价值。面对这种冲突，就必须从更为根本的哲学思考的角度

① 中国现代哲学家金岳霖对政治思想与政治哲学之间的不同也提出了自己的看法。参见《金岳霖集》中《论政治思想》一文，中国社会科学出版社2000年版，第367—369页。

② 有关列奥·斯特劳斯观点的转述，可参见其著作 *What is Political Philosophy*?（The University of Chicago Press，1988），第9—27页。中国学者欧阳英根据斯特劳斯的说法，也认为“政治哲学就是那种用哲学所特有的思维方式与话语形式去解释政治现象的哲学”。（《走进西方政治哲学——历史、模式与解构》，中央编译出版社2006年版，第5页）

来加以说明与论证。

第二，政治哲学“有助于人们思考作为一个整体的政治制度和社会制度，以及作为具有自己历史的社会——一个国家——的基本目标和目的，这些目标和目的同作为个人或家庭和团体之成员的目标和目的是不一样的。而且，任何文明社会的成员都需要这样一种观念，这种观念能够使他们把自己理解成为具有某种政治地位的成员——在一个民主社会中，就是平等的公民身份的政治地位，以及了解这种政治地位如何影响他们与其社会之间的关系”。罗尔斯将政治哲学的这一作用称为“定向（orientation）作用”。

第三，政治哲学具有黑格尔在《法哲学》一书中所说的调和（reconciliation）作用：政治哲学有助于安抚我们的挫折感和平复我们对社会及其历史的愤怒，即它向我们表明，当从一种哲学观点对之加以正确理解的时候，我们社会的制度是合理的并且是随时间而发展的，正如它们现在已经达到的合理形式那样。罗尔斯的这一思考首先是基于现代民主社会的这样的事实，即这种社会不是一个相信同一种“统合性学说”（comprehensive doctrine）的共同体，而是一个理性的多元主义社会。其次，罗尔斯认为，政治社会不是一个社团（association），我们不能随意地进入，相反，我们自己是在某一独特的历史时刻存在于某一特定的政治社会之中。

第四，罗尔斯本人将政治哲学视为“现实主义的乌托邦”，即探索可行的政治可能性的界限，比如，一种正义的民主社会是什么样子的？在民主文化中的正义环境正如我们所知道的那种情况下，这样一种社会试图实现的理想和原则是什么？这一功能是第三种功能的变体。①

由于罗尔斯的政治哲学主要关注社会基本制度的正义性问题，这就决定了他对政治哲学的思考带有广义性的特征，他并没有简单地从国家的角度出发来思考政治哲学的问题。但有一点还是明确的，即罗尔斯主要讨论了一个社会之内的各种政治权力得以合法行使的基本制度的保障。社会基本制度的正当性问题是罗尔斯政治哲学关注的核心内容。换句话说，罗尔斯关注那种使各种政治规范的合法性得以成立的基本制度规范的正当性问题。这种政治哲学的思考不仅非常深刻，而且也非常系统。

《当代政治哲学》一书的作者威尔·金里卡在该书中导言部分，给出

① ［美］罗尔斯：《作为公平的正义》，姚大志译，上海三联书店2002年版，第4—8页。

了他对政治哲学的理解。他说："我所理解的政治哲学是一种道德论证，而道德论证又得诉求我们深思熟虑的直觉。当这样说时，就正在逼近我心目中的关于道德和政治论证的常识。这些常识包含下述内容：首先，我们有理由认为它们要么正确要么错误；最后，这些理由和信念可以被组织到系统化的道德原则和正义理论之中。因此，政治哲学的中心目标之一，就是要对那些相互竞争的正义理论进行评判，并进而评估这些理论为自己的立场所作辩护的力度和融贯度。"①

与金里卡的观点相似，《政治哲学导论》一书的作者斯威夫特也特别强调政治哲学与道德哲学的关系，他认为："政治哲学是有关一个特殊主题——政治——的哲学。"② 斯威夫特坚持传统的观点，认为"政治"一词专指"国家"。他不同意现代有些女权主义者将家庭也看作政治的场所的观点。因此，他认为，政治哲学即是"政治哲学家询问国家是如何运作的；什么样的道德原则应主导国家对待其公民的方式；国家应该建立什么样的社会秩序。正如这些'应该'所暗示的，政治哲学是道德哲学的分支，它对正当性感兴趣，对国家应该或者不应该做什么感兴趣"③。他还说："政治哲学是道德哲学非常特殊的分支，它的道德要求非常高。政治哲学并非有关人们应该做什么，而是有关人们相互之间在道德上被允许做什么，有时在道德上被要求做什么。"④ 可见，斯威夫特既强调政治哲学的对象是国家这一政治实体，与沃尔夫等人的观点相近，但他又认为，政治哲学是关于国家政治运作及其制度的道德合理性的证明，突出了政治哲学与道德哲学的关系。

从上述西方学者有关政治哲学的对象、性质的论述可知，对于何为"政治哲学"这一问题，西方学者到目前为止也还是见仁见智。

三　部分中国思想家、学者的界说与描述

作为一种思想形态，政治哲学只是非常古老的思想形态之一，在中国

---

① ［加］威尔·金里卡：《当代政治哲学》，刘莘译，上海三联书店 2002 年版，第 13 页。

② ［英］亚当·斯威夫特：《政治哲学导论》，佘江涛译，江苏人民出版社 2008 年版，第 5 页。

③ 同上。

④ 同上。

古代思想史中，虽无政治哲学之名，却有政治哲学之实。现代人们最为熟知的“民本”思想就是中国传统政治哲学的基本内容之一，而“王道”理想、“华夷之辨”等问题均可以被纳入政治哲学的框架之内。不过，由于整个20世纪中国人文社会科学的学术研究深受西方思想界的影响，作为引进的新学科，哲学与政治学都以西方学术为标准，因此，在政治哲学领域，学者们的观点基本上都受到西方学术与思想方法的影响。20世纪50年代以后，大陆学界基本上是在马克思主义思想的范围内思考问题的，政治哲学没有学科独立性。20世纪80年代以后，学者们才开始慢慢回到学术的道路上思考政治哲学的问题。下面就列出几种较具代表性的观点，看看中国学者对政治哲学的认识。

陈闻桐在《近现代西方政治哲学引论》一书中说：“政治哲学是一定时代人们的政治观特别是政治价值观的系统化和理论化。它既与一般政治理论和政治科学相关联，又与哲学世界观、方法论尤其是社会历史观相关联，但这种关联不排斥政治哲学有着自己的独立研究对象。政治哲学主要是从哲学上研究社会政治生活的价值规范及其理论基础（即看待政治事实、规定政治价值、做出政治评价的准则）。同时，由于这种研究往往同一般政治理论讨论国家和法的学说密不可分，因而政治哲学必然涉及国家和法的学说。”①

刘泽华、葛荃在《中国古代政治思想史》一书的导言中讨论政治思想与政治哲学的关系时，也涉及了政治哲学的问题。他们认为，中国古代政治思想理论往往与哲学思想浑然一体，政治思想深浅粗细之分主要体现在思想家的哲理化程度的不同，“缺乏哲理的政治思想，一般地说属于直观性的认识”。先秦、两宋的政治思想家，多数注重哲理性的认识。就目前而言，把哪些问题看作政治哲学的问题，还说不清楚，但是，“如天人关系，人性论，中庸、中和思想，势不两立说，物极必反说，理、必、数、道等必然性理论，历史观，圣贤观等，都可以算为政治哲学”②。

中国台湾学者钱永祥认为，政治哲学其实就是对“政治原则与政治价值”进行哲学思考。如果说哲学是一种“后设性兼评价性的思考”，那么“政治哲学”就是考量政治生活领域中的“原则与价值为什么是对的？是

① 陈闻桐：《近现代西方政治哲学引论》，安徽大学出版社2004年版，第2页。

② 刘泽华、葛荃：《中国古代政治思想史》，南开大学出版社2001年版，第1—2页。

大家应该接受的？是政治制度与政策之所以成为‘正当’的好理由？这些考量，构成了政治哲学的核心议题”[①]。钱氏观点的核心精神是：政治哲学其实就是为政治活动提供理性，而政治理性重建的资源与动力来源于政治哲学。

《中国社会科学》2006年第6期发表了一组笔谈，题目是“马克思主义政治哲学：阐释与创新”。在该组笔谈中，陈晏清将“政治哲学”定义为“对于政治生活或政治事物的哲学反思”，并由此指出，“政治哲学作为一种关于人类社会生活的理论，它总是根源于现实社会生活中的问题的，是现实社会政治生活中的问题引发了人们关于政治哲学的理论思考”[②]。而郁建兴提出了“马克思主义哲学就是政治哲学”的说法。衣俊卿则分析了宏观政治哲学研究范式的局限性，提出了要开辟微观政治哲学研究的新主张。

当代中国政治学的著名学者俞可平认为：“政治哲学是政治学的一个分支学科，它主要研究政治价值和政治实质。政治哲学属于政治理论的范畴，它是关于根本性政治问题的理论，是其他政治理论的哲学基础。”[③] 他还进一步阐述了政治哲学的性质，认为：“政治哲学是一种规范理论。它主要不是关于现实政治的知识，而是关于现在政治生活的一般准则以及未来政治生活的导向性知识，即主要关注政治价值，为社会政治生活建立规范和评估标准。换言之，它主要回答‘应当怎样’的问题。”[④] 在论述有关政治哲学与意识形态的关系问题时，俞可平认为，政治哲学不同于意识形态，但“由于政治哲学的最终目的是为政治生活提供指导方向和价值标准，因而它始终为社会的统治阶级所重视，是政治意识形态的基础和核心”[⑤]。因此可以这样说：“任何政治意识形态必然以一定的政治哲学为基础，而任何政治哲学也必然反映着一定的政治意识形态。”[⑥] 在有关政治哲学的对象问题上，俞可平认为，“政治哲学的研究对象是政治价值和普遍性的政治原理。政治价值和政治原理的具体内容在不同的历史时期和不同

---

① ［加］威尔·金里卡：《当代政治哲学》，刘莘译，上海三联书店2002年版，第8页。

② 孙正聿：《建构马克思主义政治哲学的前提性思考和理论资源分析》，《中国社会科学》2006年第6期。

③ 俞可平：《民主与陀螺》，北京大学出版社2006年版，第41—42页。

④ 同上书，第42页。

⑤ 同上。

⑥ 同上。

的社会制度中是极不相同的，因此政治哲学的具体内容在不同时期和不同的社会制度中也各不同。但诸如国家、政府、权力这些重大现实问题和诸如自由、民主、平等、正义、人权这些重大价值问题通常是政治哲学所共同关心的主题"①。

与俞可平将政治哲学看作政治学理论的一个分支的观点不同，欧阳英认同列奥·施特劳斯的说法，将政治哲学看作"是哲学的一部分，而不是政治学的一个分支"②。因此，他认为，"所谓政治哲学就是那种用哲学所特有的思维方式与话语形式去解释政治现象的哲学。政治哲学的存在带有深远的思想意义和实践意义，它极大地影响着政治学研究以及一般意义上的政治理论与政治思想，并可能改变人类历史的发展进程"③。

上述所引的中国学者有关政治哲学的认识与观点，只是部分的。还有一些学者对此问题的看法没有纳入本文的范围。

四 笔者的新观点

在综合了前贤与时贤的一些观点的基础上，对于政治哲学的性质及其对象问题，笔者提出一点新的看法。在笔者看来，政治哲学是对政治权力的来源及其行使的正当性，以及理想社会模式等问题从根本处进行思考的一门学问。它涉及的对象包括国家的起源与组成原则、个人与国家的关系、理想的国家制度及制度的根基等问题，但核心问题是关于权力与理想社会的理性思考。

笔者之所以如此看待政治哲学的性质，并非有意要与前贤、时贤立异，而是与笔者对政治活动的本质认识有关。在笔者看来，政治活动的本质是权力问题。离开了权力，政治的一切活动将无法展开。而一个统治集团的权力来源正当与否，统治集团使用权力的方式正当与否，是政治活动

---

① 俞可平：《民主与陀螺》，北京大学出版社 2006 年版，第 42—43 页。

② 欧阳英：《走进西方政治哲学——历史、模式与解构》，中央编译出版社 2006 年版，第 5 页。认同施特劳斯的观点，将政治哲学看作哲学的一个分支，在中国还有其他学者。汪业周、韩璞庚二人认为，从政治哲学的视野解读"中国问题"，就是用哲学特有的问题意识、思维方式与话语形式去解释现实问题，提供理念引导。（《范式问题与问题范式："中国问题"对于当代中国政治哲学研究的意义》，中国人民大学报刊复印资料《政治学》第 3 期，第 56 页。）

③ 欧阳英：《走进西方政治哲学——历史、模式与解构》，中央编译出版社 2006 年版，第 5 页。

是否具有正当性的根本之所在。为了说明政治权力的来源与使用方式的正当性，统治集团总是要构设一套规范性理论话语体系，从而形成该政治集团的意识形态。任何统治集团的意识形态，既是特定政治集团的政治哲学的集中表现，在一定程度上也必须体现一个民族、国家的政治哲学的某些精神，否则，特定政治集团的意识形态就不足以具有统治力。一般而言，作为一个民族、国家的意识形态的政治哲学，其所代表的利益群体越广泛，就越具有统治力；其揭示的历史真理性内容越多，就越具有统治力；其所提出的理想社会目标越能吸引更多的人，并在实践中能体现其理想性，其统治力与吸引力也就越大。更简洁地说，某个政治集团的权力来源越具有正当性，其使用权力的过程中越体现出正当性，其理想目标越具有吸引力，则该政治集团的统治力就越大。就政治哲学发展的思想历史来看，人类大体上经历过神权政治、君权政治与民权政治的历史时期。神权政治阶段，统治阶级的政治哲学总是强调自己统治社会的权力来自神授；君权政治阶段，统治阶级则既强调政治权力符合民心，又强调君权与神意或天意的相符合，其论证权力来源正当性问题时多采用民意—天意（神意）的相统一的模式；而民权政治阶段，统治者强调自己的统治权力来自于人民的同意，近代西方资产阶级学者发明的政治契约论是其典型代表。不过现代中国共产党人所建立的社会主义国家，在政治哲学方面主要根据马克思列宁主义的阶级斗争理论，提出了“枪杆子里面出政权”的政治权力来源的思想，而在夺取政权之后，由于要面对国际与国内社会的阶级斗争实际情况，继续强调无产阶级专政的理论。在当前的社会主义建设过程中，虽然也多次强调民主政治建设的重要性，但在有关政治权力来源的问题上，当前中国的政治哲学并没有什么根本性的突破。在中国共产党中央的一些正式文件中，也有“人民赋予权力”的原则性说法，但并没有一个类似于“契约论”的“权力来源于人民”的系统的政治哲学论述。中国共产党第十七次全国代表大会文件，着力强调“权为民所用”“情为民所系”“利为民所得”的“为民”思想，可以看作“为人民服务”政治理想的具体化表达。但从政治哲学的理论高度上看，如何在“人民同意”与“共产党领导”二者之间做出新的、符合马克思主义哲学精神的社会主义的政治哲学的论述，仍然是付之阙如。当代中国的马克思主义的政治哲学要有理论上的突破，必须在此政治哲学的关键问题上取得新的理论突破。只有在理论上正确地解决这一难题，中国社会主义的民主政治建设才可能有实质性的进展。中国共产党第十七届四中全会文件强调要加强党内民主政治建设，并通过党内民主政治建设来推动社会的民主进程，体现了一种新的政治哲学的思路，值得关注。

与政治权力相关联的个人政治行为即是义务与权利的问题。义务是对政治权力的无条件服从，而权利则通过政治权力而获得的一种合法的个人政治活动的允许范围与程度。无论是个人的权利，还是其他法人的权利，都是不同类型的政治权力通过合法化的方式赋予不同的权利主体的。离开政治权力，就无所谓个人或组织的权利。在现阶段及今后相当长的历史阶段内，所谓的个人的自由、政治的民主、政治的平等都只能在特定的国家组织形式里得以实现。而按照马克思列宁主义的国家理论学说来看，国家是阶级压迫的工具。尽管在目前的中国社会，阶级斗争已经不是主要矛盾，阶级压迫在一国范围内已经基本不存在。但就国际社会而言，社会主义的中国仍然要面对国际上的阶级斗争现实，要通过国家的政权形式维护本国公民在国际、国内的利益与权利。因此，个人的自由、政治的民主与平等等一系列政治权利仍然只能是具体的历史条件下的政治权利。个人的自由、政治的民主与平等是现代社会主义中国的政治目标，这一目标的实现还需要一个较长的历史过程。而缩短这一过程也只能通过发展社会生产力，努力减少因社会分工造成人的片面性和对于人的全面发展限制。

从历史的角度看，政治权力就其原始的形态来说就是一种暴力。在漫长的人类文明演进过程中，政治权力也不断地改变着其野蛮统治的性质与形式，逐步地变得更有理性。为了寻找更加有效的、长久的政治统治，政治权力的性质与统治形式都不断地趋向于文明化。而政治哲学既是政治文明化的精神产物，同时也不断地推动着政治的文明化进程。而有关政治权力来源、使用的正当性以及理想社会模式的思考，在中西政治哲学思想的发展史上就形成了不同的理论形态。在西方，形成了以柏拉图为代表的“正义论”思想体系。在中国，以《尚书》为代表，则形成了中国古代“王道”或曰“民本—君主”的政治思想体系。以孔子为代表的儒家思想家，在春秋末年及战国中期（即公元前 6 世纪前期到公元前 4 世纪末期）约 300 年的时间里，则逐渐形成了以仁、德为核心的“道义论”思想体系。而以老子为代表的道家思想家则逐渐形成了以自然、德为核心的“道德论”的思想体系。中国政治思想史上有关理想社会的论述，更是不胜枚举。

虽然，政治哲学的本质是围绕政治权力来源及其使用的正当性和理想社会模式等核心问题而展开思考的。但是，在每个特定的历史时期，人们对政治活动性质的哲学思考的侧重点又是不同的。不同时代有不同的政治哲学主题，同一个时代的不同哲学家或者政治思想家对政治活动性质关注的侧重点也不相同。可以这样说，历史上的各种政治哲学理论或观点基本上反映了人们在不同时代对政治活动性质的哲学思考，并不存在一个统一的、一成不变的政治哲学主题。从比较政治哲学的角度看，由于各民族的生存状况及其文化背景的差异，政治哲学的关注重点也有所不同。例如在古希腊，柏拉图的《理想国》可能更多地思考了城邦正义与个人正义的问题，而大约同时期的孟子则思考了诸侯政治的道德合理性的根基及政治活动中的“义利之辨”的问题。从整个中国古典的儒家政治哲学来看，中国人更多地思考了皇权来源及其使用的正当性问题，围绕此一核心问题而发展出了具有中国政治哲学特色的“道义论”思想体系，而西方的政治哲学则主要发展出了不同形式的正义理论。

依据笔者对中国政治哲学的粗浅认识来看，中国古典政治哲学的核心问题主要表现在三个方面：一是思考了政治权力来源的正当性；二是政治权力行使的道德合理性的基础问题；三是政治活动的目的的正当性问题。而对政治权力运用的方法论问题、政治权力的制约问题没有过多的思考。[①]春秋战国时代有关禅让的讨论、尚贤的思想、君权神授思想等，都是关于权力过渡、权力使用的主体以及权力来源的正当性等问题的思考。直到黄宗羲的《明夷待访录》，其开篇的《原君》《原臣》两篇仍然是以新方式在讨论政治权力来源的正当性问题，而《原法》篇则讨论了政治活动的目的正当性问题以及制度建设的合理性基础问题。相对于前人而言，黄宗羲比较系统地讨论了权力的制约问题。他与同时代的顾炎武、王夫之等人一道，不约而同地讨论了最高权力的制约问题，开出了中国政治哲学的新转向。就中国传统政治的实际架构而言，国君、宰相、言官三者，其实有某

① 牟宗三先生认为，中国传统儒家的政治哲学发展出了较好的“治道”，但在“政道”的问题上没有什么建树。具体地讲，中国传统的政治哲学多讲“理性的运用”，而比较缺乏对“理性的架构”的建设。牟氏的说法是以现代西方的民主政治制度架构为其言说的参照系的。（见牟宗三《政道与治道》，广西师范大学出版社 2006 年版，第一章、第一章、第二章与第八章。）牟氏的说法非常具有参考价值，但由于他理想的政治制度是现代西方的资产阶级民主政治，因而对于中国传统政治哲学特征的认识受制于这一思想的“前见”影响，只能部分地反映出中国传统政治哲学的某方面的特点。

种制度性的制约在其中。但传统“家天下”的政治实质，使得国家在本质上是阶级压迫的工具，不可能对“家天下”的政治权力实行有效的约束。儒家所发展出的一套仁义政治的道德性论述只能在较广泛的意识形态上对传统的“家天下”政治实行一种软性的、抽象的道德约束。这种约束固然缺乏制度约束的刚性，但也在一定的程度上缓解了中国传统专制政治的残酷性。尤其是唐宋以后科举制度下培养出的一些信奉儒家道德政治学说的官员，对于皇权的过分膨胀的抑制，对于中国传统社会的政治稳定，还是起到了积极的作用。逐渐成为中国传统政治意识形态主流的“民本”思想，虽然无法与现代的民主政治思想相提并论，但丝毫不能抹杀这一政治哲学思想的积极意义。按照笔者提出的政治哲学观点看，关于政治权力来源的正当性、政治权力行使的道德合理性的基础问题，以及政治活动的目的正当性这三个问题，在中国古典儒家的政治哲学史领域，都可以统一地放在“民本思想”的框架之内。“天视自我民视，天听自我民听”，《尚书》这部充满着政治哲学意味的历史著作第一次将神权政治巧妙地转化为具有世俗理性特征的民权思想。“民为邦本，本固邦宁”的说法，其实就是阐述立国的基础与根基问题。而“立君为民”的思想则是阐述了政治活动的目的正当性问题。至于还有其他一些说法，如孟子的“民贵君轻”说、荀子的“水舟之喻”、《吕氏春秋》中所说的“天下乃天下人之天下”的思想，更是传统民本思想的激进表述方式。

传统民本思想与现代西方的民主思想是否可以相通？对此问题已经有很多学者讨论过。[①] 根据笔者的理解，中国传统的民本思想可以导向现代的民主思想。所谓“可以导向”，不只是一种逻辑的学理分析，而且是基于一种思想史的文本解读。晚明与清初时期，中国的思想家们有关政治改革思想的论述，其实就涉及这一重大的理论问题。当然，在传统的民本与现代的民主两种政治哲学理念之间，还涉及如何理解现代的民主概念的内涵问题。首先在西方发育成熟的现代的民主政治理想，是基于个人的自然权利的观念基础之上，而这一观念又基于人在上帝面前人人平等的宗教观念基础之上。中国传统的民本思想是否具有人人平等和个人的自然权利的观念，更进一步地说，儒家思想逐渐占居统治地位之后的中国社会是否能

---

① 参见金耀基《中国民本思想史》，台北商务印书馆 1993 年版；李存山《从民本走向民主的开端——兼评所谓“民本的极限”》，《华东师范大学学报》2006 年第 6 期。

发展出类似现代西方的个人观念，是儒家民本思想能否发展出现代民主思想的关键。对于此问题的回答，笔者曾撰写了《从人道主义看儒家“仁学”与自由主义对话的可能性》《民本与民主：中西政治思想之比较》两文，探讨二者之间的可融通性。① 就晚明以来的中国政治改革思想的内容来看，儒家的民主政治理想主要还是一种儒家士人的精英民主，与现代西方的基于原子论式的个人主义基础上的平民民主政治的要求还有一段距离。但从谭嗣同、李大钊等 20 世纪初期接受西方现代政治价值观念的思想家来看，中国的知识分子与文化人接受现代西方的个人主义式的民主政治并不困难。而实际的困难恰恰在于广大普通的百姓，由于知识与文化视野的限制，他们反而不太容易接受现代西方的一整套民主政治的价值追求与规范理念。因此，当代中国政治改革的困难不仅来自最高层面的政治权力阶层，基层社会的民主政治文化土壤其实也相当薄弱。最具有民主要求的主要是一些深受现代政治价值意识影响的知识群体。然而，中国社会究竟要实现一种什么样的适合中国国情的民主政治形式？在笔者看来，到目前为止，中国的知识阶层并没提出一系列具有中国特色、富有可操作性的政治哲学理论。

诚如很多学者所论的那样，政治哲学虽然不提供任何经验性的知识，但它也是一种理论形态的知识。这种理论形态的知识内在地包含着价值的诉求。然而它与宗教信仰不同，这种价值诉求可以通过理性的辩论方式加以修正。就笔者的当前认识来看，当代中国的政治哲学，既要立足于中国传统政治思想的资源，更要面对当代中国政治的现实，并从中国社会的现实出发，对世界范围内的政治经验进行理论总结。作为一种学术形式的政治哲学，更多地体现政治哲学学科的哲学品格，因而具有超越作为意识形态的政治哲学的批判性格。但是，任何民族、任何时代的哲学理论必然要与那个时代的具体现实相结合，并从现实出发从而提出一种理论的假设。社会主义中国的现实以及要以社会主义的国家形式实现中华民族现代化发展的现实，是我们当代中国政治哲学思考的现实出发点。因此，当代中国政治哲学在充分吸收现代西方资产阶级政治哲学的合理内核的基础上，如

① 《在道义论与正义论之间——比较政治哲学问题初探》，武汉大学出版社 2009 年版。当然，关于这一问题的更深的哲学思考，可以参见拙著《中国现代价值观的初生历程——从李贽到戴震》一书的绪论及相关的章节。

何发展出社会主义的现代中国的政治哲学，推进中国政治的现代化，将是当代中国政治哲学研究学人的一种历史使命。而根据笔者的初步思考来看，正确处理“中国共产党的领导”与“权力来源于人民”这二者之间的关系，是当代中国政治哲学的核心理论问题。

五 结语

尽管当今世界的人类文化比以往任何时代都联系得更加紧密，然而，不同民族的政治哲学会因为民族文化背景的不同和现实要求的差异，在具体内容方面表现出极强的民族性特点。当代中国政治哲学也自然因为中西政治制度性质的差异而表现出不同的理论兴奋点。正义论既是西方政治哲学思想传统中的核心问题，也是当代西方政治哲学的核心问题之一。而正义论的本质是有关政治权力行使的正当性的系统理论思考，以及个人的义务与权利的范围问题。然而，中国的政治哲学并没有形成一个以“正义”为核心概念的正义论思想传统，但这并不意味着中国政治哲学对政治权力的来源及其使用的正当性，以及理想社会模式等问题缺乏思考。相比较而言，中国古代政治哲学思想与现代政治哲学思想之间有较大的裂痕。如果说，在汉武帝之后，中国传统社会逐渐形成了一个以儒家“仁爱”思想与礼法制度为核心的“道义论”的思想传统，而20世纪之后的中国社会，则没有形成真正具有中国民族特色的政治哲学传统。因此，如何在综合中国传统政治哲学、西方近现代政治哲学和马克思主义政治哲学三大思想的基础上，逐步形成社会主义现代中国的政治哲学的思想体系与新的传统，对于当代中国政治哲学研究学人来说，将是一件非常有意义而且是充满着挑战的理论工作。

（原载《江西社会科学》2009年第11期）

再论儒家的政治哲学及其正义论

郭齐勇*

儒家有没有政治哲学，有没有关于政治正义的看法？可不可以用今天的政治正义学说来诠释传统儒家的观念？我们的回答是肯定的。笔者近年来特别关注儒家政治哲学、儒家与自由主义的对话问题，已有几篇拙文讨论过儒家的正义论①，本文在此基础上进一步申论之。

笔者承认传统政治与现代政治有质的差别，其根本差别在于人权，即个体人是否享有政治自由与独立的政治权利。现代政治来源于西方政治，现代西方自由主义政治学的基础是自由理性主义、原子式个人主义（中性的）与社会契约论等②，而中国传统政治学说与此根本不同。那么，我们应如何看待中国古代政治思想、学说与制度及实践中的若干问题呢？我的看法是：第一，不妨以西方政治哲学中的理念为参照系去透视、反观中国传统政治文化资源，发掘其中可以与今天的民主政治相接济与会通的因

---

* 郭齐勇：武汉大学国学院教授。

① 参见郭齐勇《儒家的公平正义论》，《光明日报》2006 年 2 月 28 日；郭齐勇《孟子与儒家的正义论》，《儒林》第三辑，山东大学出版社 2006 年版；郭齐勇《先秦儒家论公私与正义》，载郭齐勇主编《儒家文化研究》第二辑（儒家政法思想与现代经学研究专号），生活·读书·新知三联书店 2008 年版；郭齐勇《先秦儒学关于社会正义的诉求》，《解放日报》2009 年 1 月 11 日；郭齐勇《〈周礼·地官司徒〉、〈礼记·王制〉中有关社会公正的论述》，载蔡方鹿主编：《经学与中国哲学》，华东师范大学出版社 2009 年版。我把以上一组论文作为初论，本文即为再论。

② 顾肃在讨论自由主义的理论基础时指出，自由理性主义、个人主义、社会契约论、功利主义、道德多元主义是最为重要的。他说，罗尔斯总结的自由主义的基本原则是：自决原则、最大限度的平等自由、多元主义、中立性、善的原则、正当对善的优先性等。他总结斯皮兹临终遗言关于自由主义基本原则的十条时说：“简言之，自由主义把自由价值置于其他价值之上，强调尊重人，不可轻信权力和权威，坚持宽容和民主政治，接受真理、理性和社会变迁，但也要学会妥协和保持批判精神。这些可谓自由主义之精华所在。”见顾肃《自由主义基本理念》，中央编译出版社 2003 年版，第 3—4 页。

素，把这些因素调动出来为今天的中国政治改革所用；第二，进一步发现中国传统所有而西方现代所无的优秀政治文化的观念、智慧、方略、制度架构、机制及民间土壤等，并予以创造性的转化。

一 从两种平等观、两条正义原则来看儒家

笔者较为系统地研究过孔子、孟子、《周礼》与《礼记》若干篇目中的政治思想，发掘了其中所涉及的“实质正义”的若干内容。

从孔子的政治哲学来看，他肯定、尊重老百姓的生存权与私利，强调民生问题，并以之谓为“公”；他不反对私利，但反对以权谋私；针对世卿世禄的制度，主张从民间“举贤才”与“有教无类”，开放教育与政治，此即机会公平与公共权利向民间敞开的大事，也即肯定民众的受教育权与参与政治的权利；他强调责任伦理、信用品性、廉洁奉公，乃作为对为政者、士大夫在公共事务中的道德要求；他有关君臣的权责之相互的要求，含有政治分工与制约的萌芽；他提倡中正平和的治政理念。

关于孟子的政治哲学，首先，涉及生存权、财产权的“制民之产”论及土地、赋税、商业政策之平等观；其次，养老、救济弱者、赈灾与社会保障的制度设计；再次，教育公平，平民参与政治的制度安排及作为村社公共生活的庠序乡校；最后，尊重民意、察举，官守、言责与官员自律，防止公权力滥用的思想及革命论。

《周礼·地官司徒》《礼记·王制》中有关社会公正的论述，涉及的内容很广，包括：荒政，对灾民的赈济及其制度化；养老恤孤扶弱的制度安排；颁职事及居处、土地、赋税、商业之制度与政策；选贤与能的主张与制度诉求；以德教为主，强调刑罚的慎重与刑罚的程序化，隐私与私人领域的保护问题等。

儒家善于继承前朝的典章制度，并与时推移，加以适当的因革损益，使之合于当世，便于应用。其伦常之道，有助于社会的秩序化、和谐化、规范化，其生聚教训之策，更足以内裕民生而外服四夷。内裕民生应视为安邦之本。儒家讲礼乐伦理教化，虽在实行时会打一些折扣，但大体上与民众的稳定和平、淳化风俗的要求相适合。社会要繁荣发展，秩序化、和谐化是基本的要求。礼教使社会秩序化，乐教使社会和谐化。在分配经济

资源，在财产与权力的再分配过程中，儒家满足人民的一个基本公正合理的要求，强调民生，制民之产，主张惠民、富民、教民，缩小贫富差距，对社会弱者、老弱病残、鳏寡孤独和灾民予以保护。其推行的文官制度、教育制度，为平民、为农家子弟提供了受教育及参与政治的机会。这个文官制度就成了我们的一个国本，它使得历代各级政治有了新鲜血液，有了民间基层人士的参与。这种制度的建构本身，是儒家理念促成的。这个制度文明背后的理念，是维系人心、协调社会人心的以“仁爱”为核心的价值系统。

笔者认为，中国传统的政治文明中（包含观念、制度、实践、民俗诸层面）的许多遗产，值得人们认真地去思考，尤其是应放在具体历史环境中去考察，真正体会到古人的用心，其中不乏与西方自由主义相沟通的要素。亚里士多德认为，人们一般将两种不同的权利（利益）分配原则简称为“应得”和“配得”原则；也有人将以公共利益为依归的正义称为广义的、普遍的正义或政治上的正义，将两种具体的权利（利益）分配原则称为狭义的正义。以西方政治正义论来看儒家，例如以此为参照来认识儒家的公私观、公义论，则不难看到，不仅孔孟儒家关于利益（权利）的分配应根据人的德行、才能和贡献而有等级之别（德、才、位、禄、用相称）的思想，与亚里士多德的“配得”观念或“分配的正义”观具有很强的内在相通性，而且当孔子提出“有教无类”、主张尊重一切人的生命权和幸福权时，其实在一定意义上也蕴含着亚里士多德的第一种正义观的含义。

罗尔斯关于正义的两个基本原则，第一个原则被称为自由原则或平等自由原则，意味着每个人在包括政治自由、言论集会自由、良心思想自由、个人人身自由与财产权等在内的基本自由权利方面乃是一律平等的；第二个原则包含机会平等原则与差别原则，即机会与利益的分配不仅应该惠及每一个人，而且应该在规则上最有利于不利者。如果以此来看，儒家力图通过礼义教化和规范来防止社会分配的严重不均，维护、保障老幼鳏寡孤独等贫弱者的利益的思想以及“荒政”中对灾民的救济等，则与罗尔斯正义观中关于应该有利于社会的最少受惠者的最大利益的主张，不无契合之处；而孔子“有教无类”等思想，及作为儒家文化重要体现和成果的文官制、科举制等，与罗尔斯的第二个正义原则中所提出的在机会公平均等的条件下，权力和地位向所有人开放的要求更有着强烈的共鸣。[①] 儒家的理念及由儒家推动的制度安排中，有大量的与之相会通的因素，似不可轻忽放过。

以上的详细论证见本文的第一、第三两个注中所列之拙作，兹不赘述。以下笔者则从较广泛的范围，讨论儒家政治哲学的一般问题，这些都与正义论相关联。

二 儒家论政治权力的源头、合法性、分配与制衡

今天我们讲的政治正义问题，首先是政治权力的来源、政权合法性的基础、权力的分配与再分配、制度架构中的权力制衡等，这都是现代论域中的问题。假如我们平实地考察儒家传统，亦不难从中看到有一些独特的智慧，实涉及以上诸方面。儒家经典五经中保留了中国文化源头的若干史料，其中有未经分化的，作为宗教、政治、伦理、教育之本的若干内容。在一定意义上，五经是中国政治、教育之本。

“天”“昊天”“上帝”“帝”“天命”是夏、商、周三代的王权政治合法性的来源与根据。从《尚书·舜典》的资料中，我们不难看到，舜在接替尧担任首领时，主持了庄严肃穆的宗教仪式，首先祭祀“上帝”天神，然后祭祀其他自然神灵。这种虔敬的宗教仪式也是舜在政治、军事上取得统治的合法性的象征。夏禹征服三苗，夏启讨伐有扈氏，都是假“天”与“天神”的命令为根据的。

> 有扈氏威侮五行，怠弃三正，天用剿绝其命。今予惟恭行天之罚。……用命，赏于祖；弗用命，戮于社。（《尚书·甘誓》）

商汤在讨灭夏桀的动员会上发表誓词：

---

① 详见郭齐勇《中国儒学之精神》，复旦大学出版社 2009 年版，第 139—167 页。又，姚大志在《导读：从“正义论”到“新正义论”》中指出，罗尔斯更强调平等的价值。罗氏认为，最大的平等是对处于社会底层，拥有最少的权力、机会、收入与财富的人，即“最不利者”的帮助。“一种正义的社会制度，应该通过各种制度性安排来改善这些‘最不利者’的处境，增加他们的希望，缩小他们与其他人之间的差距。这样，如果一种社会安排出于某种原因不得不产生某种不平等，那么它只有最大限度地有助于最不利者群体的利益，它才能是正义的。”见［美］罗尔斯《作为公平的正义——新正义论》，姚大志译，上海三联书店 2002 年版，第 447 页。

> 格尔众庶，悉听朕言。非台小子，敢行称乱，有夏多罪，天命殛之。……夏氏有罪，予畏上帝，不敢不正。（《尚书·汤誓》）

足见殷商继承了夏代的“上帝”“天神”崇拜观，也继承了以“天命”神权作为政治合法性根据的做法。

在盘庚迁都的几个文诰中，我们已经能感受到道德性的诉求。“呜呼！古我前后（君主）罔不惟民之承保，后胥戚鲜，以不浮于天时。殷降大虐，先王不怀厥攸作，视民利用迁。”（《尚书·盘庚中》）“今我民用荡析离居，罔有定极。尔谓朕曷震动万民以迁。肆上帝将复我高祖之德，乱（治理）越（于）我家。朕及笃敬，恭承民命，用永地于新邑。”（《尚书·盘庚下》）盘庚说，从前我的先王没有不尽心爱护人民的，臣民也互相体谅，无不顺从天意行事。以前上天降灾给殷，先王不敢留恋旧都，为保护人民的利益而迁都。又说，我们遇到大水灾，人民没有安居之处。我为什么要兴师动众迁都呢？上帝降大灾，是叫我们迁到新都，恢复高祖的事业，兴隆我们的国家。我很诚恳小心地顺着上帝的命令去办事，我很尽心地去拯救人民。在盘庚的这些训诫中，已包含了尊重民意、民利和当政者的笃诚敬业精神，有了一点点人文主义的萌芽。

及至周代，作为附属国的小邦周取代大邦殷，其政治的合法性仍以上帝、天神之命为根据。周武王死后，成王年幼，周公代行王政，在讨伐三监和武庚等的叛乱时，曾以《大诰》布告天下，政治动员仍然用夏、商的老办法：

> 已！予惟小子不敢替上帝命。天休（嘉美之意）于宁王（宁王即文王），兴我小邦周。宁王惟卜用，克绥受兹命。今天其相民，矧亦惟卜用。呜呼！天明畏（即威），弼我丕丕基！（《尚书·大诰》）

在殷周之际的革命中，较之夏、殷两代的主政者，周公等人的观念发生了一定的变化，即把“以祖配天”发展成“以德配天”，把血缘性的祖宗崇拜，发展为政治与道德性的祖宗崇拜，把外在性的天神崇拜，逐渐内在化、道德化。这些变化对整个中国哲学思想史的走向起了决定性的作用。这也是儒家之所本。

周初人进一步有了人文的自觉。这种自觉源于他们以小邦而承受大命，又面临内外部的叛乱，总结夏殷两代的“天命”得而复失的教训，不能不有一种忧患意识。强大的夏、殷王朝分别在桀、纣手中一朝败亡，说明“天命”是可以转移、变更的。周公在《多方》中指出，作为“民主”（民之主）的君王，由天与天命选定，但由天授命的“民主”是可以改易的，主要看君王的行为；在《多士》中，大谈“革命”的理论，殷革夏命，周革殷命；在《康诰》中，告诫康叔“惟命不于常”，命是可以更改的，关键是主政者要“明德”“敬德”。他指出，文王能够“明德慎罚”，即修明自己的德行，小心谨慎地处理刑罚事务，不敢欺侮鳏寡孤独，勤恳、诚敬、审慎、敬畏，任用、尊重贤人，惩罚坏人，其德行在人民中非常显著，上帝知道了，降给他灭殷的大任。在《召诰》中，周公指出：“我不可不监于有夏，亦不可不监于有殷。”夏、殷灭亡的教训是“不敬厥德，乃早坠厥命”，因而“皇天上帝改厥元子兹大国殷之命”。夏、殷违背了天道，因而丧失了天命。周公告诫成王“不可不敬德”，“王其疾敬德。王其德之用，祈天永命”。周人把天神与鬼神作为人间政治与道德的立法者、评判者，使人们崇拜的对象有了可以认识的内容，在宗教神学里加入了尽人事的理性活动。他们改造夏、殷两代的王权神授论，不仅创造天子说，假天神权威为王权的合理性作论证，而且创造天命转移论，假天神权威对君主的权力做出一定的限制和道德的约束，又赋予君主不仅治理人民，而且教化人民的双重责任。

周初人认识到“天命靡常”（《诗经·大雅·文王》），“皇天无亲，惟德是辅”（《左传·僖公五年》引《周书》）；“天惟时求民主”，人主只有敬慎其德，治理好国家，“保享于民”才能“享天之命”（《尚书·多方》）。徐复观指出：周初人的“敬”“敬德”“明德”的观念，是一种充满责任感的忧患意识，从把责任交给神转而为自我担当。“如临深渊，如履薄冰”，这种由警惕性而来，精神敛抑集中，对政务、事业的谨慎、认真，对自己的行为负责的心理状态，不同于宗教的虔诚。这不是消解主体性，而是自觉、主动、反省地凸显主体的积极性与理性作用。这是中国人文精神最早的表现，是以“敬”为动力的、具有道德性格的人文主义或人文精神[①]。

周公提出的“敬德保民”“敬德安民”等一系列人道主义的思想是非

① 参见徐复观《中国人性论史》（先秦篇），台北商务印书馆1987年版，第20—25页。

常深刻的，在社会实践中起过一些作用。从考古发掘上看，周代与殷代很大的不同，是人殉与人牲的现象大大减少。周初的统治者已认识到人民的生命、生活与人民的意志、意向的重要性，将其抬高到与天命同等的地位，要求统治者应通过人民生活去了解天命。也就是说，天意是通过民意来表现的，王者要以民为镜，从民情中去把握天命。这就是“天视自我民视，天听自我民听”（《孟子》引《泰誓》）；“民之所欲，天必从之”（《左传·襄公三十一年》引《泰誓》）；“古人有言曰：人无于水监，当于民监”（《尚书·酒诰》）。

周公制礼作乐，有一系列经济政治制度的建构。中国史不同于欧洲史，既没有古代希腊、罗马那样的典型的奴隶制，也没有经历过像欧洲中世纪那样的领主封建制，而是从井田制的生产方式发展为小农经济以及地主经济的生产方式。西周的井田制，是贵族占有村社的土地制度，既有共同耕作的“公田”，“公田”的收入用于祭祀和公益事业，又有一夫受田百亩等。井田制基础上古代村社组织有十、百家，或称邑、里，或称“社”与“书社”，最初村社中管理公务的领袖，是由选举产生的三老、啬夫等。古代村社的公共生活在庠、序、校等公共建筑中进行，这就是议政、集会与活动的场所，以后变成古代的学校。祭社和祭腊是最热闹的群众性活动[①]。西周初期的宗法制度，其要点是立子立嫡（嫡长子继承）之制、封建（封邦建国）子弟之制、庙数（即宗庙祭祀）之制和同姓不婚之制。这些制度殷代也都实行过，不过周初以此纲纪天下，成为根本大法，按大宗与小宗、血亲与姻亲的关系确立远近亲疏的名分等级，解决权力与财产的分配与再分配问题，以祖宗崇拜、宗法关系来维系其统治。

与上述诸制度相关联的道德的内容，即尊尊、亲亲、贤贤、男女有别等。从《康诰》表达的周人的道德思想中，可知当时特别强调“孝”与“友”，已有了“父慈”“子孝”“兄友”“弟恭”的内容。其所强调的上天赋予的“民彝”，即老百姓的内在的法则，是趋向“孝”“友”等的道德。与“孝”“友”等道德规范不合，则需要强制性的刑、罚。这也就开始了我国历史上统治者长期提倡的“德主刑辅”的社会治理之方略，不过当时并没有明确地这么提。

如前所述，昊天上帝崇拜和祖宗崇拜的逐渐结合，从“以祖配天”到

---

① 参见杨宽《西周史》，上海人民出版社 1999 年版，第 185—204 页。

“以德配天”的觉醒，是三代宗教、政治、伦理发展的趋势。那个时候，宗教、政治、伦理是密切结合在一起的“礼”。夏、殷、周的“礼”有其继承性和变革性。殷周之际的变革，使传统天命论得到新生，增加了敬德保民、努力人事、谨慎尽责的内容，把民意提升到天命的高度，因之给中国早期人文精神打上了道德的自主性和内在性的烙印。

中国政治的根源即在于此，无此则无我们上一节谈到的儒家的公平正义观。中西政治文化的传统不同，胡秋原认为，乃定型于两汉与罗马帝国。中国所以为中国，汉儒对礼与法的解决，实有决定的影响。罗马族类复杂，阶级制度很严，其领土扩大很多，方法靠武力征服，目的则在于经济特权。“罗马之扩张，是由许多武人带兵各自去开疆扩土的，他们照例各自随意在殖民地征税，即以其财富武力，回国争权……逐渐形成军人干政乃至专政之局。……罗马‘将军政府’及其法律，实在比秦还坏，亦终不免于灭亡。……武力征服在中国历史上素不占重要地位。除乱世以外，军人干政之局是很少的。”① 汉代文治政府的建立，在当时及而后很长一段时间的世界文明史上，都是无人企及的典范。这是儒家的功劳！

古代礼乐刑政的配制，礼乐是文化，有价值。“礼”是带有宗教性、道德性的生活规范。在“礼”这种伦理秩序中，亦包含了一定的人道精神、道德价值。荀子推崇“礼”为“道德之极”“治辨之极”“人道之极”，因为“礼”的目的是使贵者受敬、老者受孝、长者受悌、幼者得到慈爱、贱者得到恩惠，在贵贱有等的礼制秩序中，含有敬、孝、悌、慈、惠诸德，以及弱者、弱小势力的保护问题。“夫礼者，自卑而尊人，虽负贩者，必有尊也，而况富贵乎？富贵而知好礼，则不骄不淫；贫贱而知好礼，则志不慑。”（《礼记·曲礼上》）孔子批评有的为政者对百姓“动之不以礼”，强调爱惜民力，“使民也义”，“节用而爱人，使民以时”。这里又提到对负贩、贫贱等弱者的尊重和对等的施报关系。过去我们对“礼不下庶人”的理解有误，据清代人孙希旦的注释，“礼不下庶人”说的是不为庶人制礼，而不是说对庶人不以礼或庶人无礼制可行。古时制礼，自士以上，如冠礼、婚礼、相见礼等都是士礼，庶人则参照士礼而行，婚丧葬祭的标准可以降低，在节文与仪物诸方面量力而行。

胡秋原说，汉初政府大体无为，没有大的问题。汉宣帝时，研究仪礼

① 胡秋原：《古代中国文化与中国知识分子》，台北学术出版社 1988 年版，第 459 页。

的后苍曾有“推士礼而致于天子”之说。“明堂和推致之说，都有民主意义。前者是议而后治，后者视天子亦士耳。”[①] 汉式政治是以皇帝意志为政、神意为政、民意为政三种政治的折衷。儒家对礼乐的鼓吹，《周礼》的研究，虽未成功，“然而汉儒做到了几件事情：（一）遏制了秦式刑法政治；（二）建立了汉代平民参政政治，相对地限制了皇权，亦即维护了民权；（三）秦代以来杂祀并兴，汉初方士参加制礼，益使人神杂糅；自西汉之末至东汉大为整饬，使祭祀合理化；（四）不断批评秦法，使刑法人道化；（五）儒家伦理观念普及；（六）郑玄等以礼并法，自此有‘礼法’之称，并开后来制度之学（唐人仿周礼定六典，至明清六部犹仿《周官》）；自庄子至两汉，《春秋》为经世之书，此后礼学成了经世之学大宗了（如曾国藩所云）；（七）随家族制度之巩固，士礼复兴，至六朝大盛”[②]。秦政之后，儒家与政府不断地斗争与联合，代表平民利益的儒家的政治诉求不断被吸纳到国家制度法典之中，董仲舒起了很大的作用，而从《盐铁论》到《白虎通》则代表了这一过程。汉代以后的礼制保留了相当大的民间空间，为汉代及日后的开明专政起了一定的保障作用。

儒家在实际上减缓了传统社会专制统治者对百姓剥削的残酷性，而由儒家推动、建构的君相制、三省六部制，一直到谏议制、监察制、回避制以及一系列整饬官德吏制的方法，至今仍有意义。余英时指出：关于君权相权，在宋代，王安石把相权扩大了，而从监察御史刘黻论度宗“内批”不合法来看，皇权并非无限制；在唐宋制度上，“君权的‘枢机’是出令，但这个‘令’从‘参试’‘封驳’到‘施行’却属三省，也只有经过这层层的程序，皇帝的‘令’才取得合法性。但总领三省的职权则属于宰相”。“可见君权、相权的分际与运作程序在宋代确有客观的标准。否则朱、刘（郭按，指朱熹、刘黻）两人上书皇帝，相去七十三年，何能吻合至此，而宁宗、度宗又未见有一字之驳斥乎？朱熹（郭按，指绍熙五年1194年朱子的《经筵留身面陈四事劄子》）一则曰人主与百官‘各有职业，不可相侵’，再则曰：皇帝‘独断’即使‘有当于理’也‘非为治之体’。这两句话尤其锋芒毕露，已达到了传统体制下批判皇帝专制（‘独断’）的极限。细玩其语气，朱熹似乎一方面承认治天下的权源（‘制命’）属于

① 胡秋原：《古代中国文化与中国知识分子》，台北学术出版社1988年版，第462页。

② 同上书，第463—464页。

皇帝，但另一方面又强调‘百执事’的职权（统称为‘相权’）有其相对的自主性，虽‘人主’也‘不可相侵’。不但如此，即使是从权源处发出来的‘制命’，最后仍当由‘大臣’（丞相、参知政事、知枢密院）和‘给舍’（门下给事中、中书舍人）反复讨论，‘以求公议之所在’。这段话可以看作朱熹用制度的语言来描述宋代皇帝和士大夫‘同治天下’的格局。在这一描述下，‘君尊臣卑’的距离显然已大为缩短了。必须指出：制度语言与理想语言不同，因为制度是现行的，当时正在运作之中；违制虽不可免，但终属例外。所以，我们不能把朱熹的话误读为完全脱离实际的空言”①。中国古代的官制是十分丰富的宝藏，不乏对权力的制衡与监督等制度建构。

三　儒家与社会自治、士大夫参政及言路开放

传统中国是儒家式的社会，是小政府大社会的典型。传统中国的社会管道、中间组织很多，例如以宗族、家族、乡约、义庄、邦会、行会（到近代转化为商、农、工会）等为载体，以民间礼仪、节日与婚丧祭祀活动，村社活动，学校、书院讲学活动，士农工商的交往等为契机，在一定意义上就是社会自治、地方自治的。从某种意义上说，传统社会的空间比20世纪50年代之后的社会空间大得多。传统中国绝非由政府包打天下，而主要靠血缘性的自然团体及其扩大化的社会各团体来治理社会，这些团体自身就是民间力量，它们也保护了民间社会与民间力量，包含家庭及私人空间。它们往往与政权力量相抗衡又相协调，在平衡政权力量的同时，又起到政权力量所起不到的多重作用，如抑制豪强、协调贫富、保障小民生存权、教化民众、化民成俗、安顿社会人心等，还起到慈善机构的作用，扶助、救济贫弱，支持农家、平民子弟接受教育、走上仕途等，乃至对抗专制政府的恶法与法家以国家权力破坏亲情及私人领域的若干做法②。

儒家强调知识分子在社会政治中的指导作用，甚至提出士大夫与皇帝

---

① 余英时：《朱熹的历史世界：宋代士大夫政治文化研究》（上），生活·读书·新知三联书店2004年版，第233—234页。

② 详见郭齐勇主编《儒家伦理争鸣集——以“亲亲互隐”为中心》，湖北教育出版社2004年版；郭齐勇《亲亲互隐观念、亲属容隐制度在古代及现代的意义》，载郭齐勇《中国哲学智慧的探索》，中华书局2008年版。

共治天下的主张。除为直接参政而抗争之外，儒家还积极建言，并为广开言路而抗争。传统社会中儒家的政治参与和批评，绝非摆设，亦非无关痛痒。

徐复观最重视知识分子问题。他指出："传统的、很严正的中国知识分子，在人生上总是采取'忧以天下，乐以天下'的态度。齐家、治国、平天下，在中国知识分子的人生观中，认为这是修身所要达到的目的；亦即是认为家、国、天下与自己之一身，有不可分的关系，因而对之负有连带的责任感。"① 徐复观又说："从文化理想上塑造中国知识分子性格的，很粗略地说，有两大重要因素：一是儒道两家'为人民而政治'的政治思想。由此一思想所建立的政治主权的理想，其归结必然是'天下为公'。二是儒家有'大众实践性'的'中庸'思想，道家则有避免与大众冲突的'恬淡'思想；二者后来常互相结合，以形成知识分子处人处世的人生观。"② 徐复观很重视主权在民的思想。

余英时说："根据西方学术界的一般理解，所谓'知识分子'，除了献身于专业工作以外，同时还必须深切地关怀着国家、社会，以至世界上一切有关公共利害之事，而且这种关怀又必须是超越于个人（包括个人所属的小团体）的私利之上的。所以有人指出，'知识分子'事实上具有一种宗教承当的精神。熟悉中国文化史的人不难看出：西方学人所刻画的'知识分子'的基本性格竟和中国的'士'极为相似……'士'作为一个承担着文化使命的特殊阶层，自始便在中国史上发挥着'知识分子'的功用。"③ 余英时有多种论著讨论知识分子、士与中国文化问题，对汉代、宋代的知识人有深入的研究。

余英时追根溯源，指出："孔子来自中国文化的独特传统，代表'士'的原型。他有重'理性'的一面，但并非'静观冥想'的哲学家；他也负有宗教性的使命感，但又与承'上帝'旨意以救世的教主不同。就其兼具两重性格而言，中国的'士'毋宁更近于西方近代的'知识分子'。"④

---

① 徐复观：《在非常变局下中国知识分子的悲剧命运》，载周阳山编《知识分子与中国》，台北时报文化出版企业有限公司 1980 年版，第 71 页。

② 同上书，第 71—72 页。

③ 余英时：《士与中国文化》，上海人民出版社 1987 年版，自序第 2—3 页。

④ 同上书，自序第 8 页。

杜维明也讨论了俄罗斯、西欧各国与美国的知识分子的定义及特色，例如与政治运作所要求的权力结构保持距离，抗议已成为知识分子精神中的一种典型品格，而在现实性上根据一定时空条件可能演变、体现为增进市民社会（美）、社会批评（英）、文化反省（法）、民族一体化（德），或直指政治上层建筑（俄）。

杜维明进而认为，东亚读书人的理想，为讨论公共领域内的知识分子理想提供了一种更有价值的参考。“在儒家传统中，关心政治、参与社会及对文化的关注，是读书人最鲜明的特征。中国的‘士大夫’、日本的‘武士’以及朝鲜的‘两班’（包括文官与武官），他们不仅仅致力于自身的修养，而且担负着齐家、治国乃至平天下的重任。一句话，他们身处其位，就具有凭其权力与声望维护社会秩序的责任。他们都具有这样一个信念，即要改善人类的生活条件并且更有效地实现太平与繁庶的大同理想。”[①] 也就是说，东亚传统的书生、君子、士人与西方知识分子不仅基本相同，而且有自身的特色。

在一定的意义上，皇权与知识分子儒生的关系常常出现拉锯战，知识分子儒生代表老百姓的诉求，反映人民心声，伸张人民权益。胡秋原举汉初知识分子的奋力抗争，指出刘邦集团并不尊重知识分子，唯懔于秦亡教训，多少能接受忠告，这才使其政权渐次安定，而知识分子的势力也逐渐壮大，终有儒家之勃起。胡秋原肯定陆贾、贾谊、贾山的批判与指导，指出贾山力图恢复古代言论自由政治公议之制。《汉书·贾山传》：“古者，圣王之制，史在前书过失，工诵箴谏，瞽诵诗谏，公卿比谏，士传言谏，庶人谤于道，商旅议于市，然后君得闻其过失也。闻其过失而改之，见义而从之，所以永有天下也。”尊三老于太学，举贤以自辅弼，求修正之士使直谏之。秦政力并万国，地夺于刘氏者，“秦王贪狼暴虐，残贼天下，穷困万民，以适其欲也”。“退诽谤之人，杀直谏之士，是以导谀媮合苟容”，天下已溃，莫之告也，愿“定明堂，造太学，修先王之道”，胡秋原引用以上材料后指出：“汉人所谓明堂太学，确有将此一古制，变为一种议会政治的意思。”[②]

汉代刘邦及以后，皇室“不断下诏求贤，广谏诤之路，除挟书之禁，

① 郭齐勇、郑文龙编：《杜维明文集》第五卷，武汉出版社 2002 年版，第 601 页。

② 胡秋原：《古代中国文化与中国知识分子》，台北学术出版社 1988 年版，第 320 页。

去诽谤之法，开献书之路，政治渐趋温和。这是知识分子鼓吹的结果，而这亦有利于文化之流传和儒家势力之扩大。……文景之际，儒生已以一新兴势力，在各方面抬头，并成为一种道义的精神的力量。……景武之际，新贵族业已没落，他们必须依赖知识分子来出主意和撑场面了。事实上，当时新知识分子——儒家已经在精神上征服中国。儒家潜势力已经布满社会。其时儒学大师是申公，弟子千余人。儒家学说，亦已普及社会。原来研究法术的晁错，也研究书经，狱吏之公孙弘，佣工之兒宽，都研究‘经学’。由此可知，汉代之儒是由在野崛起的，而且声势日益浩大了。知识分子不仅有知识而且是一现实的势力。这便是内外问题日趋紧迫的汉廷，不能不以国家‘养士’的方式，寻求知识分子合作的主要背景”①。

徐复观认为，知识分子与政治的关系，唐宋以前与以后有很大的区别。以汉代为例，前汉从贤良方面得的人才比较多，后汉从孝廉方面得的人才比较多。其中透露出来的历史意义是：士人的仕途，不是出于士人对政治的趋附奔竞，可以养士人的廉耻；士人的科别行能，出于乡曲的清议，是社会与政府共人事进退之权，无异于政府把人事权公之于社会，不仅使士人不能脱离社会，而且含有民主的意义，调剂了大一统的专制气氛；士人要取得乡曲的称誉，必须砥砺品节，士人砥砺品节，又可激励乡曲。“所以中国文化的精神，不仅通过辟举的标准而使其在士人身上生根，并且可由此而下被于社会，深入于社会……而乡下儒生，一旦举荐登朝，即可慷慨与朝贵辩论国家大政。……所以‘直言极谏’，便始终成为两汉取士的另一重要科目。……这不仅在政治上可以通天下之情，而且也可以把皇帝的地位向社会抑平，以伸张士人的气概。因此，汉代的选举制度虽有流弊，但其所表现的基本精神，则确是趋向真正民主的这一条路上。大体说，这是中国知识分子和政治关系最为合理的时代，也是中国文化成就最大的时代。”②

从以上有关秦汉史，特别是汉代政法史的讨论中，我们可知胡秋原是从汉世朝野总结秦亡教训，士人代表民意参与政治，改善政治，与皇室共治天下的政治制度、教育与文官制度的建构上考察知识分子的问题的。中国政治制度文明的传统，是儒家知识人积极建设的，其中皇权、地方权势

① 胡秋原：《古代中国文化与中国知识分子》，台北学术出版社 1988 年版，第 321—322 页。

② 徐复观：《中国知识分子的历史性格及其历史的命运》，载周阳山编《知识分子与中国》，台北时报文化出版企业有限公司 1980 年版，第 207—208 页。

与知识人的张力是明显的。

徐复观说："民主政治是政府少管事的无为政治。政府少管事，社会和人便可以不受干涉的多管事。中国过去的专制政治，其由中枢的权力点去控制社会的力量颇弱，且因德治仁政等观念，亦反对于社会的控制，这确与欧洲历史的王权专制，有其不同。但千余年中的科举制度，在形式上与精神上的控制士人，折磨士人，糟蹋士人，则可谓无微不至；科举下一般士人的品质，实在比农民差得多。……首先要使士人从政治上得到解放，以完成士人性格上的彻底转变。这并不是说要知识分子脱离政治，而是说知识分子应立足于社会之上，立足于自己的知识之上，人格之上，以左右政治；而再不由政治权力来左右知识分子的人格和知识。"① 徐复观对科举制的负面的批判，甚为严苛。

余英时认为，关于士大夫与君王共治天下，宋代知识人尤为自觉。余英时缜密地讨论了宋代士大夫的政治文化，认为宋代的士不但以文化主体自居，而且也发展了高度的政治主体的意识。理学家们以各种方式抑制君权，伸张士权，在君民、公私论上有似于西方契约说。他从政治文化的角度系统而全面地检讨了道学（或理学）的起源、形成、演变及性质，将理学放回到它原有的历史脉络中重新加以认识。余英时指出，吕大钧、大临兄弟建立的"乡约"，范仲淹首创的"义庄"，"同是地方性的制度，也同具有以'礼'化'俗'的功能。它们同时出现在11世纪中叶，表示士大夫已明确认识到：'治天下'必须从建立稳定的地方制度开始。……这本是儒家的老传统，即所谓'儒者在本朝则美政，在下位则美俗'（《荀子·儒效》）。但北宋士大夫所面对的是一个转变的社会结构，他们不得不设计新的制度来重建儒家秩序，无论是王安石的'新法'、吕氏'乡约'或范氏'义庄'，虽有全国性与地方性之异，都应作如是观"。"与皇帝'同治'或'共治'天下是宋代儒家士大夫始终坚持的一项原则。熙宁三年神宗正式接受了'共定国是'的观念，则象征着皇权方面对这一基本原则的认可。……'同治'或'共治'所显示的是士大夫的政治主体意识；他们虽然接受了'权源在君'的事实，却毫不迟疑地将'治天下'的大任直接放在自己的身上。在这一意义上，'同治'或'共治'显然是'以天

① 徐复观：《中国知识分子的历史性格及其历史的命运》，载周阳山编《知识分子与中国》，台北时报文化出版企业有限公司1980年版，第218页。

下为己任’加精神在‘治道’方面的体现。”①

余英时梳理了道统与政统、“道”与“势”的关系，指出，“道”源自礼乐传统，基本上是一个安排人间秩序的文化传统；中国古代知识分子一开始就管的是恺撒的事，后世“以天下为己任”“天下兴亡，匹夫有责”的观点即源于此；他们不仅代表道，而且相信“道尊于势”。他说：“中国古代知识分子所恃的‘道’是人间的性格，他们所面临的问题是政治社会秩序的重建。这就使得他们既有别于以色列先知的直接诉诸普遍性、超越性的上帝，也不同于希腊哲人对自然秩序的探索。因此之故，中国知识分子一开始就和政治权威发生了面对面的关系。……由于文化传统的不同，中国古代知识分子以道自重和抗礼帝王的意识确是发展得最普遍，也最强烈。因此他们在出处辞受之际也特别讲究分寸，《孟子》一书便是最好的证据。……中国知识分子不但自始即面对着巨大的政治权势，而且还要直接过问恺撒的事。”② 正如余英时所说，“道”缺乏具体的形式，知识分子只有通过自爱、自重才能尊显其所代表的道。

胡秋原说：“中国历史上文人之浩劫不止一次，秦朝一次，东汉末（包括魏晋）一次，唐末朱温时（投浊流）一次，南宋初（汪黄、秦桧时）一次，元初一次，明朱棣时一次（方孝孺等），明末（魏忠贤）一次，清初（文字狱）共计算一次。除了元代清代由于异族之故外，其余大多由淫侈独夫、卑贱宦官、卖国奸臣及无耻文人之构陷报复而起。”③

牟宗三在知识分子问题上，与自由主义者的政治主张也有共同的看法。他历数中国知识人的遭遇，秦始皇焚书坑儒，东汉末党锢之祸，魏晋时代名士几无一幸免，唐末朱温所谓清流浊流，元代儒生地位列在第九等、放在娼妓之下，清代的文字狱等，指出中国士人被杀被辱了两千多年。俗儒、陋儒、贱儒、纵横捭阖之士、气节之士、帮闲清客等类的知识分子，都不能够免掉被杀或被辱。而“现在我们不但是参与政治，没有保障，就是不参与政治，退而守住自己的岗位，也仍然没有保障。这比以前两千年还坏……你想要进而参与政治有保障、有独立的身份，那就得有法

① 余英时：《朱熹的历史世界：宋代士大夫政治文化研究》（上），生活·读书·新知三联书店 2004 年版，第 219—220、229 页。

② 余英时：《士与中国文化》，上海人民出版社 1987 年版，第 107、119—121 页。

③ 胡秋原：《文学与历史》，《胡秋原选集》第一卷，台北东大图书公司 1994 年版，第 158 页。

律的程序；这样也可以退而不参与政治，守住自己的岗位、守住自己的本份去研究学术。如果你想把这两步能够保得住，也即是除了肯定民主政治，就具有宪法基础的民主政体来保障你参与政治那种独立的身份以外，你没有其他的办法。但是，倘若你想要参与政治而又反对民主政体，那就等于你反对你自己、否定你自己"[①]。从这里，我们可知现当代新儒家的政治诉求与政治自由主义并无不同。

牟宗三强调，必须肯定参与政治的独立性、教育的独立性、学术的独立性，这种肯定是一种理性的智慧，否则就会变成帮闲与清客。他指出："第一，我们要忠于自己所研究的学问，即是说要有研究学问的真诚。这个学问的真诚就是说不要曲学阿世，不要委屈自己所学的东西来阿世之所好。……第二，不做清客，不做清客就是不帮闲。……第三，你要时常体念你所受教育的机构的独立性。……学校、教育机构和学术独立就是我们的背景，假定把这个背景的独立性加以抹杀，我们的生命也就没有了。"[②]牟宗三讲的政治、教育、学术的独立性，是胡秋原所讲的人格、民族、学术三大尊严的前提。

总之，儒家有以"天"或"德"抗位的传统和批判的精神，儒家的政治文化资源中的民本思想、民贵君轻思想、民有思想、民富思想、官与民同享同乐思想、载舟覆舟思想等，是可以做出现代转化与现代诠释的。儒家有很多思想、价值可以与民主政治相连接或做铺垫。"以人民为主体"的思想当然与传统社会的"以民为本"的思想有质的差异，现代社会的"民主"与传统社会的"民本"也有内涵的不同，但不能说二者之间完全没有联系。

中国古代的士人、儒生、君子与古希腊到近现代的西方知识分子之间有深刻的一致性，甚至在政治参与、相对文明的政治制度的设计与政治实践方面，中国传统知识分子比西方知识分子有过之而无不及。儒家知识人是民间百姓的代表，他们的政治理念、制度设计、实践精神、道德勇气等方面的遗产，至今对我们建构以人民为主体的政治文明有很大的参考意义，是中国政治民主化的重要资源。西方知识分子为知识而知识、为真理而真理的追求值得我们中国知识分子效仿。

---

① 牟宗三：《中国知识分子的命运》，载周阳山编《知识分子与中国》，台北时报文化出版企业有限公司1980年版，第63页。

② 同上书，第68—69页。

五四以来，有关中国社会政治文化的理解，有关中国知识分子，特别是儒家的理解上，不少人有误会，有简单化、想当然、缺乏理性分析的倾向。从以上的讨论中，我们知道，政治制度与知识分子的境遇之间，知识分子的状况与国民精神的状况之间，息息相关。中国传统政治文化有自身的优长与特色，其中良性制度的建构来自传统士人的抗争、积极运作与设计；中国传统知识分子有自己正道直行的精神与人格；今天，民主政治架构是唯一可以保障知识分子的地位与尊严的制度架构，有此才有政治、教育、学术的独立，言路的通畅，自由人格的伸张，才能促进知识分子在社会上全面发挥其积极作用；现当代知识分子对中国的发展自有其责，知识分子应当检讨自己的思想言行，成为真正的有骨气、有自尊、有品格的中国知识分子；在现代中国，应继承光大传统，在新的时代培养更多的知识分子，真正代表民意，参与、推动现代化的健康发展。

四 儒家的“道德的政治”及其现代转化

儒家政治哲学的核心是“仁义”价值及其向政治社会推广的“仁政”学说。

陈荣捷特别重视孟子的仁义并举、仁义内在的理论，指出：“为什么孟子要将仁义放在一起讲呢？这正是由于孟子同样重视仁的本质，也重视仁的应用。……孟子坚持‘天之生物也，使之一本’（《孟子·滕文公上》），即道德生活只有一根，不同意将仁义分成内外。受《中庸》的影响，孟子也很重视仁的本质。但是孟子尽力忠实于孔子的原意。他说：‘仁，人心也；义，人路也。’（《孟子·告子上》）又说：‘仁，人之安宅也；义，人之正路也。’（《孟子·离娄上》）显然，正路需要一个过程顺序，这里，顺序包含重要性或差等性的相对性。仁包含了所有的人伦关系，然而正是‘义’区分了这些关系。换句话说，儒家的‘仁’之普遍性和特殊性都受到了高度重视。”① 也就是说，“义”对“一体之仁”的重要性，在于补充、丰富了道德的秩序性、差等性、相对性、殊异性。无论是作为个体内在道德性的“仁”“义”，抑或是作为社会规范性道德的“仁”

---

① 陈荣捷：《儒家的“仁”之思想之演进》，载姜新艳主编《英语世界中的中国哲学》，中国人民大学出版社2009年版，第23页。

“义”，相互对待与补充，兼顾了普遍性和特殊性。“仁”是内在精神，“义”是行事的准则。“义”德亦可以说是“仁”德的具体分别，敬（爱）其所当敬（爱），行其所当行，人们对父母、夫妻、兄弟、亲戚、邻人、陌生人，对门内门外，对公事私事，对家、国、天下，每人的担当、责任、义务不同，行仁有一定的范围、等级、边界、节度、分寸感。“义”是对事情应当与否的判断及由此而引发的行为，有应当、正当性的义涵。“义者宜也”，又是合宜、得宜、恰当[①]。

儒家主张的政治是“道德的政治”，这常常引起人们的诟病，但我们认为，人们恰好应当追求道德的政治而摒斥、批判不道德的政治。儒家的政治理念最强调的就是其应然，即正当性，其中我们不难分析出不脱离一定时空条件下的实质正义，儒家为此而不断为人民去争取与追求。儒家强调对人，特别是人民的尊重，其天下大同、天下为公的社会理想与社会正义观、公私义利观，其仁爱、民本、民富、平正、养老、恤孤、济赈、民贵君轻、兼善天下、和而不同、食货、仁政及德治主张、入世情怀、参与精神等，在今天还有极高的价值，是中国当下政改与民主政治建设的重要精神资源。

关于儒家的民本思想，前文已经说过，尽管与今天的人权、权利意识、主权在民的思想不可同日而语，但也不能轻率地对待之，乃至有人认为民本不过就是君本，甚至比君本更坏，是对帝王专制的伪饰与无病呻吟而已。假如这样来对待传统政治资源，那我们就无话可说。以理性来分析的学者则不会如此，如金耀基关于儒家民本主义有相当好的诠释[②]，李明辉将其归纳为：“一、人民是政治的主体；二、人君之居位，必须得到人民之同意；三、保民、养民是人君的最大职务；四、‘义利之辨’旨在抑制统治者的特殊利益，以保障人民的一般权利；五、‘王霸之辨’义涵：王者的一切作为均是为人民，而非以人民为手段，以遂行一己之目的；六、君臣之际并非片面的绝对的服从关系，而是双边的相对的约定关系。”[③] 这对于传统与现代的对话很有启发性。而关于现代人权与儒家传统，李明辉经过分析、比较，认为美国学者帕尼卡（R. Panikkar）曾归纳

① 参见郭齐勇《中国儒学之精神》，复旦大学出版社 2009 年版，第 121—122 页。

② 参见金耀基《中国民本思想史》，台北商务印书馆 1993 年版。

③ 李明辉：《儒家视野下的政治思想》，台北台大出版中心 2005 年版，第 96 页。

出《世界人权宣言》的三项哲学预设：一是普遍人性，二是个人之尊严，三是民主的社会秩序，认为“在这三项预设当中，前两项预设无疑可在儒家思想（尤其是孟子思想）中发现有利的思想资源”①。此外，民本思想不难与第二代人权概念衔接，存有的连续性观点可以支持第三代人权的“环境权”，义利之辨、先义后利可以呼应罗尔斯的正当对于善的优先性。总之，“儒家传统的确包含现代‘人权’概念的若干理论预设，而不难与人权思想相接榫。……儒家传统也为源自近代西方的‘人权’概念提供了另一个诠释角度与论证根据”②。

儒家学说中的政治正当性，即认为政治权力之根源在天、天命、天道，人们理应有所敬畏、谨慎与忧患；其根据、本位在人民、老百姓、农工商，他们是政治的主人；其基础是广阔的民间社会，民间力量及其自治，在现代更应开放民间社会，鼓励民间社会、社团的成长，积极发挥其主体性，并加以协调；其指导、参与、监督与言责则在士人，今天则更应强调知识分子的自重、自尊与积极参与。由此可得出人民是政治的主体、士大夫是政治的主体的结论。道德仁义系统、仁政学说及以上四点为中心的儒家的政治哲学在今天还有极高的价值。中国传统的政治文明中（包含观念、制度、实践、民俗诸层面）的许多遗产，值得人们认真地去思考与创造性转化。例如，古代制度文明中有很多东西我们还没有认真清理，其中制度层面的消化吸收是政治文明建设的任务之一；民间组织与自治，士人积极参与及儒学传统所倡导的公共性与公共品德是公民社会的人的成长与全面发展的基础，也是现代性政治的基本内容。公民道德的重建也离不开儒家文化的土壤，而儒家的人禽之辨、公私义利之辨、君子小人之辨、天理人欲之辨，对今天重建官德、整饬吏治腐败亦有积极意义。

（原载《孔子研究》2010 年第 6 期）

① 李明辉：《儒家视野下的政治思想》，台北台大出版中心 2005 年版，第 81 页。
② 同上书，第 98 页。

什么是政治哲学？

姚大志*

一般而言，哲学可以分为两大部分，一个是理论哲学，另一个是实践哲学。属于理论哲学的有形而上学、认识论、语言哲学、心灵哲学、科学哲学和知识论等，属于实践哲学的有政治哲学、道德哲学、法哲学、社会哲学和美学等。

从对象方面说，理论哲学研究的是“事实”问题，尽管哲学家们对“事实是什么”具有不同的看法。基于对这个问题的看法不同，哲学家们也被分为实在论者和非实在论者。实践哲学研究的是“价值”问题，而价值是各种各样的，如政治价值、道德价值、社会价值和美学价值等，从而它本身又被分为政治哲学、道德哲学、社会哲学和美学等。

从主体方面说，理论哲学对应于康德所说的理论理性，它关心的问题是“我们能够知道什么”，而实践哲学对应于康德所说的实践理性，它关心的问题是“我们应该做什么”。要知道“我们能够知道什么”，就必须既了解世界（形而上学），也了解我们自己（心灵哲学），还要了解我们与世界的关系（认识论和语言哲学）。要知道“我们应该做什么”，就必须知道什么是正义和非正义（政治哲学），什么是正确和错误（道德哲学），什么是好和坏（社会哲学），什么是美和丑（美学）。

在这种意义上，政治哲学是一种实践哲学。为了使政治哲学的观念更为清晰，我们应该对它做出明确的界定。要对政治哲学给出明确的界定，就要确定政治哲学所研究的独特问题是什么，而这些问题是其他实践哲学（如道德哲学和美学）通常不会关注的。那么政治哲学所关心的独特问题是什么？政治哲学所关心的独特问题包括三个方面：政治价值、政治制度

---

* 姚大志：吉林大学哲学社会学院教授。

和政治理想。虽然这三者密切相关，但是它们所指涉的领域是不同的。政治价值涉及的是政治哲学的价值理论，政治制度涉及的是国家理论，而政治理想涉及的是传统上所说的乌托邦理论。

首先，价值理论是政治哲学的基础。价值是我们追求的东西，它指引“我”或“我们”去做什么。指引“我应该做什么”的东西是个人价值，而指引“我们应该做什么”的东西是政治价值。个人价值可能只对某些人有价值，而政治价值对所有人都有价值。也就是说，政治价值是公共的。在不同的时代和不同的社会，人们所追求的政治价值是不一样的。对于当代社会，政治价值也是各种各样的，如自由、平等、权利、集体利益、公共福利和共同体的善等。不同的政治哲学派别把不同的政治价值置于优先的地位，比如说，自由主义把自由放在第一位，社群主义把共同体的善放在第一位，社会主义把平等放在第一位。某种主义把某种政治价值放在第一位，这不意味着它不承认其他的价值。例如，虽然自由主义把自由放在优先的位置，但是它也追求平等、权利、公共福利等价值，只不过它主张自由优先于其他的价值。政治哲学是非常复杂的，原因之一就在于它要把所追求的各种价值（如自由、平等、权利、公共利益等）协调起来，使之成为一致的体系。

政治哲学的价值理论大体上可以分为两类，一类属于义务论，另外一类是后果主义。一般来说，义务论的政治哲学主张，价值就是正义，而其正义体现为自由、平等和权利等。后果主义的政治哲学主张，价值就是善，而其善体现为个人利益、集体利益和公共福利等。对于义务论，正义是共同的原则，善是个人所追求的东西，因此正义优先于善。对于后果主义，善是终极价值，正义是达到善的工具，因此善优先于正义。

其次，国家理论是政治哲学的核心。如果说道德哲学的对象是个人，它告诉个人应该做什么，那么政治哲学的对象就是国家，它告诉国家应该实行什么样的政治制度。实行什么样的政治制度与重视什么样的政治价值是相关的：一方面，政治制度应该体现出被认为是最重要的政治价值；另一方面，政治制度也应该为每一个公民享有相关的政治价值提供保障。

对于政治哲学，国家理论主要有两种功能。国家理论的一个主要功能是为国家提供合法性，为某种性质的国家提供辩护。国家理论的合法性功能可以分为两个层面。一个层面的问题是“国家是否应该存在”，它针对的是无政府主义。每个时代都有无政府主义者，他们认为任何国家都是压制性的，从而没有国家会更好。因此，政治哲学要为国家的存在提供论证，这种论证不仅要证明国家的存在比无政府更好，而且还要证明国家的产生和存在都是符合道德的。另外一个层面的问题是“什么样的国家是更好的”，它要在各种不同政治制度的国家中为某种政治制度的国家提供辩护。在历史上存在各种各样的政治制度，如君主制、立宪君主制和民主制。在民主制度中，还有自由主义的民主制、社会主义的民主制、共和主义的民主制、社群主义的民主制等区别。政治哲学要证明，在这些政治制度中，哪一种是更好的或最好的。

国家理论的另外一个主要功能是对国家权力进行限制。国家理论为国家提供了合法性，但是它不认为任何国家都是合法的。政治哲学为实行某种政治制度的国家提供了辩护，但是它提供的是道德上的辩护，而只有那些经得起道德检验的国家对于这种辩护才是受之无愧的。现代意义上的国家拥有巨大的权力，如果对这种巨大的权力没有限制，那么国家就有可能滥用权力，侵犯个人。为了限制国家的权力，政治哲学通常会提出一些国家不得违反的原则：首先是“自由原则”，国家不得侵犯每个公民所拥有的各种自由和权利，而这些自由和权利一般是由宪法和各种法律规定的；其次是“平等原则”，国家对所有公民应该一视同仁，不得区别对待，更不得歧视某些社会成员；最后是“中立性原则”，国家对于人们所追求的各种价值保持一种中立的立场，对于人们所拥有的各种信念和生活理想，国家不应该支持某一些和反对另外一些。

最后，乌托邦理论表达了政治哲学的理想。政治哲学与现实的关系是紧密的，但是与理论哲学不同，它不是表现现实，而是批判现实，不是反映现实，而是要超越现实。政治哲学不仅是否定的——揭示现存社会的各种缺点和不正义，而且也是肯定的——提出一种令人憧憬的政治理想。推动政治哲学的东西是康德意义上的实践理性观念：首先我们思考什么样的社会是理想的和我们愿意追求的，然后我们按照其理想把这种社会建造起来。

这种指向未来的政治理想通常被称为“乌托邦”。“乌托邦”这个词现在有两层意思：它表达了一种美好的理想，这种理想值得我们努力去追求，值得为之抛头颅洒热血；同时它也表达了一种不可能性，即虽然这种理想是美好的，但是它永远不可能实现。尽管乌托邦的第二层意思带有贬义，然而它在政治哲学中还是不可或缺的。因为我们不能没有理想：如果社会是不理想的，那么我们会感到失望；如果我们失去了理想，那么我们会感到绝望。

在政治哲学中，存在三种乌托邦观念。第一种是传统的乌托邦观念，其含义是最强的。传统的乌托邦观念有两层意义：首先，乌托邦是一种取向未来的理想，并因其超越了现实而具有一种不可能性；其次，乌托邦是导向行动的，它试图打破现存社会的秩序，建立一个更理想的社会。这种乌托邦观念往往试图通过革命来改造现实。第二种是现实主义的乌托邦观念，其含义是温和的。这种乌托邦观念不仅考虑政治理想的可欲性，而且还要考虑其可行性。这种乌托邦观念相信未来社会有可能实现人们的政治理想，从而它追问，在完全有利的并且可能的条件下，一种理想的社会是什么样的。第三种是最低限度的乌托邦观念，其含义是最弱的。在这种乌托邦观念中，实现人们理想的地方不是国家，而是各种各样的共同体。这些共同体或者是一些志同道合者建立的，或者是他们选择移居其中的。在这种意义上，国家只是一种“元乌托邦”，而真正的乌托邦存在于人们直接生活于其中的共同体之中。在这种乌托邦观念中，乌托邦与现实之间的界限已经变得模糊不清了。

政治哲学关心的主要问题是政治价值、政治制度和政治理想。但是，其他学科也会关心这些问题，尽管不是把它们当作核心。例如，政治学家和法学家也会关注政治价值、政治制度和政治理想的问题。区别在于重心的不同，政治哲学家不仅要就这些问题提出自己的观点，而且更要给出支持自己观点的理由。政治哲学的重心是论证，它应该证明自己的主张。当然，政治学家和法学家也需要拿出理由来支持自己的观点。不同的地方在于，政治哲学的论证带有自己独特的特征。一般而言，政治哲学的论证具有三个特征，即它是深层的、理性的和道德的。

首先，政治哲学的论证是深层的，它要把自己的主张建立在某种更稳固的基础之上。在传统上，这种更稳固的基础是某种形而上学——如道德形而上学或人性形而上学，也有可能是某种带有形而上学倾向的观念——如自然权利或自然法。虽然当代政治哲学大多有意与形而上学保持距离，但是它们论证的基础仍然以某种方式与形而上学间接相关，如当代政治哲学中使用的“道德权利”类似于传统形而上学的“自然权利”。

其次，政治哲学的论证是理性的，它在证明自己观点的过程中应该始终诉诸公共的理性。论证诉诸公共的理性意味着：论证所依赖的知识应该是常识性的，能够为普通民众所了解和把握；论证所使用的推理规则和证据规则是公共的，是能够为人们所共享的；论证用来支持自己观点的理由是能够为别人所赞同的，或者是能为别人所接受的，起码是别人没有理由加以拒绝的。

最后，政治哲学的论证是道德的，也就是说，它在证明中归根结底诉诸的是道德理由。一种政治哲学要对所重视的政治价值给予证明，那么它就需要给这种政治价值提供某种道德基础。比如说，当代自由主义者为了给自由寻找一个道德基础，他们通常把自由视为一种“道德权利”。同样，一种政治哲学要证明国家的合法性，也需要把国家建立在道德的基础上：或者国家的建立是合法的，得到了所有人的同意（“同意说”）；或者国家的制度是正义的，合乎所有人的利益（“公平说”）。

（原载《光明日报》2013 年 9 月 24 日第 011 版）

什么是政治哲学？

王新生*

一　作为一种学术传统的政治哲学

政治哲学是一种开放性的学问，任何试图以下定义的方式概要地说明什么是政治哲学的做法都是不明智的。依照政治思想史家萨拜因的解释，政治哲学之所以是开放性的，原因即在于“有关政治的理论本身也是政治的一部分”这样一个事实。（参见萨拜因，第5页）这是说，人们总是依照他们关于政治的观念从事政治活动，而政治哲学自身就是哲学家们输送给政治活动的观念。因此，作为政治哲学研究对象的“政治”并不是政治哲学的“外在情境”，而是被它自己“生产出来的”。政治哲学在“说明”政治的同时也在通过自己所提供的政治观念“塑造”政治，因而政治哲学与它所要说明的对象相互交织，难分彼此。这意味着，政治哲学家们无法站在客观的立场上以客观的准则为所研究的对象划定一个界域。

问题的复杂性还在于，任何一个时代的政治，都不是由某种单一的政治哲学所提供的观念塑造的，而是由完全不同甚至截然相反的政治哲学观念共同作用的结果。这意味着，当人们试图以某一种特定的政治哲学概括整个政治哲学时，就完全有可能是对复合的政治观念和复杂的政治活动所构成的政治哲学研究对象的片面概括。因此，政治哲学只能是一种面对所有关于政治的哲学思考而开放的学问。只有在全部的政治哲学史中，在其与政治活动的交互作用中，才能把握何为政治哲学的问题。当然，不仅是政治哲学，而且是整个哲学（乃至整个人文学科）都具有这种开放性的特征。但由于与其他哲学分支相比政治哲学和它的对象更为深刻地交织在一

* 王新生：南开大学哲学院教授。

起，它便更为典型地体现了哲学的这一开放性特征。正是由于政治活动的典型性，亚里士多德才将其看作典型的实践领域；也正是由于如此，政治哲学才被看作典型的实践哲学，被看作实践理性的典型形式。

尽管试图为政治哲学下一个清晰明了的定义的做法太过轻率，但考察以下三个方面的问题仍然能够帮助我们理解何为政治哲学这一问题：第一，通过对以往政治思想家们所做工作共同点的分析，将有助于我们对作为一种学术传统的政治哲学最一般特征的把握；第二，在现代学科划界的意义上揭示政治哲学与其他理论活动（特别是与其题域相近的理论活动）的区别，将帮助我们理解政治哲学独有的学科特征；第三，通过对政治哲学与第一哲学关系的分析，将帮助我们理解政治哲学作为一种“领域曾学”或“部门哲学”的本真含义。

政治哲学以政治生活为其研究对象，因此它必然要以人们之间的政治联系和由这种联系产生的政治行为、政治制度、政治组织等内容为研究对象。但是，以政治生活中的这些内容为研究对象的不仅是政治哲学，也包括其他形式的理论。围绕着这些政治问题，人们可以提出各种不同的问题，而关于这些问题的各种不同形式的理论回答，共同构成了考察政治问题的知识内容。我们可以将所有这些知识内容一般地称为“政治理论”或“政治思想”。因此，首先可以说，作为一种政治思想，“政治哲学”只是“政治理论”的一种形式。

萨拜因在其《政治学说史》中说：“如果我们给政治理论下一个宽泛的定义，把它定义为‘任何关于政治或政治相关的思想’，那么我们就几乎是把人类自古以来的一切思想都包括在其中了。但是，我们在本书中所说的政治理论却是指对政治问题所作的那种‘受过规训’的探究。”（萨拜因，第5页）萨拜因在对“政治理论”进行了这种宽泛的说明之后紧接着说：“政治理论是一种知识传统……政治理论‘对政治问题所做的那种受过规训的探究’，基本上一直是哲学论者的领域；而在这些论者当中，大多数在哲学方面都极其杰出而且他们论著的影响也较为广泛。”（同上，第12、13页）也就是说，在以往的政治思想史上，作为“对政治问题所作的受过规训的探究”，“政治理论”基本上是由哲学家们提供的。或者说，作为一种知识传统，以往的政治理论史实际上就是一部政治哲学史。

站在当代学科分界的立场上，人们肯定不会满意这一宽泛的表达，因为它并没有表明“政治哲学”与“政治理论”“政治科学”以及“伦理学”之间的差异。但是，这些学科的分化只是现代的事情，在现代以前的漫长历史时期里，作为一种学术传统，这一粗略的概括却是完全合适的。在亚里士多德那里，是没有“政治哲学”与“政治学”或“政治哲学”与“伦理学”的区分的。他的《政治学》既包含着我们今天称为“政治哲学”的内容，也包含着我们今天称为“政治学”的内容；他的《尼各马可伦理学》既包含着我们今天称为“伦理学”的内容，也包含着我们今天称为“政治哲学”的内容。因此，当我们在最一般的意义上谈论政治哲学时，我们只是在谈论一种存在已久的学术传统；而这时，我们对它的规定便只能是萨拜因所谓“关于政治事物的受过规训的探究”。就此而言，不仅施特劳斯等人严格限定其哲学内涵的“政治哲学”属于政治哲学，而且萨拜因所谓“政治学说”“政治理论”也属于这一学术传统。

毫无疑问，这是关于“什么是政治哲学”的初步回答。这种回答不利于我们在现代学科的意义上精确地定位政治哲学。不过，这种基于学术传统的回溯性说明，却有助于我们建立起一种必要的批判意识。在现代知识体系中，就像政治哲学与政治学的分裂一样，哲学与科学的分裂、人文学科与社会科学的分裂等，已经将现代知识的领域分裂和领域之间的相互隔离推向极端。缺失了关于现代学术分裂状况的批判意识，或许并不妨碍我们厘清一个现代学科与其他学科之间的区别，但却会妨碍我们对它在整个人类知识体系中的作用和价值的理解。

二　作为一个现代学科的政治哲学

在现代学科分化的背景下，要说明什么是政治哲学，就必须对政治哲学进行学科定位。而要对政治哲学进行学科定位，最重要的就是要把它与其他学科——特别是与其题域最接近、关联最密切的那些学科——区分开来。作为这项工作的第一步，我们首先需要厘清同样以政治事物为研究对象的政治哲学与作为社会科学的政治学之间的差异。

毫无疑问，政治哲学与政治学的区别是哲学与具体科学之间的区别。不过，仅仅一般地指明这个区别是没有意义的，只有把握住了政治哲学与政治学探讨政治事物方式上的具体差异，才能将它们作为两个不同的学科区分开来。笔者以为，将同样作为“关于政治问题所作的受过规训的探究”的政治哲学与政治学区别开来的根本的东西，是它们在讨论问题方法上的差异。这是因为，既然政治哲学是以哲学的方式对政治事物进行研究的学问，考察问题的哲学方式便成为政治哲学区别于以科学的方式对同一对象进行考察的政治学的要点。

在关于政治事物的知识中，有一些是关于政治事物“是怎样”的问题。这一类问题往往可以通过经验考察和逻辑分析的方式来解答。比如，关于奴隶制，我们可以考察它是一种怎样的制度，它是怎样运作的，它在历史上是怎样形成的和怎样消亡的，等等。这些问题既可以诉诸经验性的证据，也需要进行逻辑的分析，我们一般性地称为“认知性问题”。在关于政治事物的知识中，还有一类问题是关于政治事物“应当是怎样”的问题。它们包括隐含于政治制度和政治组织背后的建构原则是好的还是坏的，是正义的还是非正义的，是公正的还是不公正的，等等。例如，关于奴隶制的政治，我们会探究它是一种好的制度还是坏的制度，它们为什么是好的或坏的；一种好的制度，它的道德根据是什么，一种坏的制度，它怎样违背了特定的道德原则，等等。这些问题无法诉诸经验性的证据，亦非认知性问题，而是需要通过道德论辩澄清。由于这一类问题涉及道德判断和价值评价所使用的规范，我们一般性地称为“规范性问题”。

在现代学科区分的意义上，政治学定位于认知性问题的研究，政治哲学则定位于规范性问题的研究。这两类问题之间的区别，直接来自实证主义的知识原则，而其更深刻的根据则可以追溯到休谟和康德的哲学理论。

人们所熟知的休谟对“是”与“应是”的区分，是对“自然事实”与“伦理事实”“事实判断”与“道德判断”的最早区分。休谟认为，以往的哲学家总是错误地认为道德活动是在理性的推动下实现的，而实际上，理性只具有认知的功能，不具有发动人的行为的力量。道德作为一种实践活动，其动力不在于理性而在于情感，正是情感推动人们从事道德实践。理性的功能是判断事实的真假，情感的功能是判断道德的善恶。说明事实需要用以“是”（to be）为系词的命题进行表达，道德判断需要用“应是”（ought to be）为系词的命题进行表达。休谟认为，以理性为基础的认知工具只能把握和说明事实，不能获得价值判断。可是，以往的“道德学体系”却总是从“是”直接跳到“应是”，从“是”中推出“应是”。他说：“在我所遇到的每一个道德学体系中，我一向注意到，作者在一个时期中是照平常的推理方式进行的，确定了上帝的存在，或是对人事作了一番议论；可是突然之间，我却大吃一惊地发现，我所遇到的不再是命题中通常的‘是’与‘不是’等联系词，而是没有一个命题不是由一个‘应该’或一个‘不应该’联系起来的。因为这个应该或不应该既然表示一种全新的关系或肯定，所以就必须加以论述和说明；同时对于这种似乎完全不可思议的事情，即这个新的关系如何能由完全不同的另外一些关系推出来的，也应该举出理由加以说明。”（休谟，下册，第509—510页）他认为，以往的一切道德学体系都是建立在这种错误推论之上的，因此在向人们指明这一区分之后，“就会推翻一切通俗的道德学体系”。（同上）

休谟所提出的这一问题，后来被人们看作道德哲学中的核心问题。因为这一问题不仅关涉理性认知与道德实践、事实与价值、描述与规范的区分，而且由此区分关涉道德哲学与自然哲学的区分，进而关涉自由与必然的区分。

康德进一步明确了这种区分，并且将这一区分置于更根本的地位。他认为，人类理性的法则具有两个对象：一是遵循自然法则的自然，一是遵循道德法则的自由。康德说：“人类理性的立法（哲学）有两个对象，即自然和自由，因而既包含自然规律，也包含道德法则……自然哲学关涉存在一切，道德哲学则关涉应当存在的一切。但是，一切哲学都要么是出自纯粹理性的知识，要么是出自经验性原则的理性知识。前者叫作纯粹哲学，后者叫作经验性哲学。”（康德，第536页）

康德关于“纯粹哲学”和“经验性哲学”的这一区分对后世产生了巨大影响，特别是在新康德主义那里，这一区分成了社会科学与自然科学区分的标志。文德尔班、李凯尔特等据此将世界划分为自然和文化两个不同的部分，将人类的知识划分为以“存在”和“应当存在”为对象的自然科学和文化科学，并进而认为它们遵循不同的研究方法。自然科学以“存在”为对象，旨在把握自然界中的规律性，是制定规律的科学。自然科学与价值无涉，它的任务是描述事实，把握作为事实之间的恒常联系的“规律”，而不是进行价值评判。文化科学以“应当存在”为对象，而“应当存在”属于不可感觉的价值世界，无法通过认知把握，需要用理解的表意化的方法将其再现于当前的观念之中。因此，文化科学只能是发现意义的科学，只能是通过价值判断发掘历史和文化领域中具体事实的意义，而不是描述事实。政治哲学中的正义理论就是典型的以“应当存在”为对象的。

韦伯关于“价值中立”原则的讨论，进一步为作为认知理论的政治学与作为规范理论的政治哲学的分野提出了方法论原则。韦伯认为，社会科学与自然科学一样，必须保证其结论的客观性，因此必须遵守价值中立的原则。不过，韦伯并未像后来的实证主义者那样，将不可实证的知识排除在合法的知识之外，而只是主张将它们分离开来，对它们区别对待。他说："实际规则的有效性和经验命题的真值在性质上是绝然不同的。任何把这些逻辑类型不同的命题当作同一象来处理的企图，只会削弱它们各自的特殊价值。"（韦伯，第 111 页）也就是说，作为规范的"实际规则"与"经验命题"不能以同一种方式求取其真值。它们属于不同的"逻辑类型"，需要用不同的方法来处理。这也就意味着，作为规范理论的政治哲学与作为认知性知识的政治学之间，存在着方法论上的基本区别。

实证主义以及以其为基础的知识取向，从与新康德主义不同的另一个方向上发挥了休谟和康德的思想，将科学研究中价值中立的原则推向了极端，进而否定了价值评价作为一种知识类型的合法性。实证主义者坚信，自然科学已经为社会历史问题的研究确立了榜样，在人类思维超越了蒙昧的"神学阶段"之后，以自然科学的方法建立一门关于社会的科学，是今后社会历史问题研究的目标。社会现象和自然现象一样，是一些"事实"和"实物"，而社会科学的任务就是对事实进行描述，并在此基础上发现社会历史规律。社会科学必须建立在经验归纳基础之上，它所发现的规律无非就是在对社会事实归纳的基础上形成的认知性结论。实证主义的这一信念要求对价值问题永远保持沉默。这一信念影响深远，在很大程度上成为塑造现代社会科学研究的一个基本信念。

作为认知理论的"政治学"从"关于政治问题受过规训的研究"中分离出来，从而使政治哲学与政治学形成明确的学术分野的过程，正是在上述知识论的现代岐变中完成的。也就是说，在上述知识论的现代岐变中，当作为科学的政治学从一般意义的"政治理论"中分离出来以后，政治哲学才开始成为一个区别于政治学的现代学科。

作为这项工作的第二步，我们需要厘清同样作为价值理论或规范理论的政治哲学与伦理学之间的关系。政治哲学与伦理学处理的都是价值问题，但它们之间的区别却是明显的。亚里士多德很早便指出，伦理学关注的是个人的小善，政治学（包括政治哲学）关注的是城邦的大善，个人之小善隶属于城邦之大善，因此政治学是高于伦理学的。托马斯也说："政治哲学中一个常见的观点是，政治哲学只是将道德理论应用于公共事务。"

（托马斯，第 37 页）他认为，这种道德理论与政治哲学的关系的观点依赖于西季威克式的观念：“伦理学（道德哲学）的目的是决定个人应当做什么，而政治学（政治哲学）旨在决定一个国家或政治社会的政府应当做什么’以及它应当怎样延续。”（同上）亚里士多德和托马斯所说的这一区别可以表述为：伦理学处理的是私人领域中的价值问题，政治哲学处理的是公共领域中的价值问题。

不过，仅仅通过这样一个区分，仍然很难确定政治哲学与伦理学之间的界限。私人领域中的价值问题与公共领域中的价值问题、一般道德问题与政治价值问题之间不仅相互蕴含，而且往往相互交织。因此：我们还必须弄清楚在哪些基本问题上必须诉诸政治哲学的探讨。罗尔斯对这一问题进行了分析：“无论政治价值对于我们的理智和常识性思考怎样适用，它毕竟还不是道德论说。道德论说与宗教及作为第一哲学的形而上学处于同一层次。相反，尽管自由的政治原则和政治价值本质上属于道德价值，但它们是通过关于正义的政治概念具体说明的，并隶属于政治概念类别。这些政治概念具有三个基本特征：第一，它们原则上适用于基本的政治与社会制度（社会基本结构）；第二，它们可以在任何种类的全整论说中独立地得以表达（尽管它们也当然可以通过这些论说合理的重叠共识获得支持）；第三，它们能够从隐含于宪政政权的公共政治文化之中推导出来。”（罗尔斯，第 12 页）罗尔斯的这一说明可以说是从实际内容上对政治哲学与一般道德理论之间关系的一种厘清。他向我们指明：第一，政治哲学亦属于伦理学的道德论说；第二，由于政治哲学是通过自由、平等等政治概念阐发的伦理价值，所以它是一种特殊的道德论说，也就是说它是一种定位于政治问题的道德论说。

那么，一般的道德论说是通过什么途径成为关于政治问题的道德论说，从而成为政治哲学研究的问题呢？这是理解一般的道德哲学与政治哲学之间差异的关键。罗尔斯说：“关于公共理性的政治价值和其他方面的价值的区别在于，它们是在政治制度中实现的，并且是政治制度所特有的东西……一种价值要作为完整的政治价值，这只有在它所代表的那种社会形式（socialform）本身是政治性的时候才能成立；亦即是说，当社会形式在其基本结构部分实现了政治化、并且当这种社会形式的政治与社会制度是政治性的时候才会是如此。”（同上，第 13 页）罗尔斯在这里进一步说明了，在各种社会价值中，只有那些进入到政治制度的框架之内的价值才是政治价值，才属于政治哲学需要关心的价值问题。例如，子女教育的问题也许原本是一个属于私人领域的道德问题，但当它与一个社会制度所要求的未成年人保护法律相关时，它便成为一个涉及公平、权利以及弱势群体保护的政治问题而进入公共领域，成为一种政治价值。此时，它便如罗尔斯所说“部分实现了政治化”，便具有了政治性，便不再仅仅是一个私人领域的问题。当然，这也表明，政治领域与私人领域之间、政治价值与一般的道德价值之间并非泾渭分明，而是相互交叉和不断转化的。

从一般的伦理学到政治哲学，从私人道德到政治价值，就是从道德反思转变为政治反思。我们在现实生活中会遇到各种道德问题，在这些问题上存在着相互竞争的观点和立场；我们经常需要回答什么是对的和什么是错的，什么是好的和什么是坏的。关于这些问题，会产生不同的观点和立场。在面对这些问题时，我们需要在各种不同的观点和立场间反复权衡，寻找到理想的答案，这就是所谓的道德反思。在很多情况下，这种道德反思会转变为政治反思。正是在道德反思向政治反思的区别与转化中，我们才能把握政治哲学与伦理学之间的关联与区别。桑德尔的相关观点对理解这一问题同样是有启发意义的。他认为，道德反思就在于“在我们所作的判断和所认同的原则之间找到一个合宜点，那么，这种反思又如何能够带我们推导出公正和道德事实呢”，“我们不能仅仅通过内省而得出公正的意义以及最佳的生活方式”，而是必须对“公共性的问题”进行反思。（参见桑德尔，第 31 页）当我们开始询问和思考应当用什么样的法律来治理我们的社会时，我们便从道德反思进入到政治反思。这种政治反思就是所谓的政治哲学。这些问题包括公平与正义、权利与义务、民主与法制、道德与法律等。关于它们的考察都离不开道德反思。在这个意义上，政治哲学是规范性的，是道德哲学的一种形式，因为政治反思是道德反思的一种延伸，甚至直接就是道德反思的一种形式。

在现代社会，政治反思越来越呈现出其重要性。这意味着，关于政治价值的研究在道德哲学的研究中占有越来越重要的地位，甚至逐渐占据了道德哲学的核心位置。这也是为什么政治哲学逐步从伦理学研究中分离出来而成为一个独立的领域的重要原因。有人将此称为伦理学的政治哲学转向。这一转向之所以发生，一个重要的原因即在于，现代社会作为复杂的“陌生人社会”越来越需要以法律的底线伦理来处理道德问题。在传统社会里，人们的生活主要是局限于特定血缘和地缘的封闭的共同体中的生活，用滕尼斯的话来说，这种生活是以对情感和共同经历的记忆为基础的，往往可以靠一般的道德规范进行调节而无须诉诸政治和法律的解决途径。（参见滕尼斯，第58—94页）现代社会是一个市民社会和公共领域充分发展的社会，在这种社会中，以公共理性为基础的社会团结在凝聚会共同意志的过程中发挥着越来越重要的作用，以法律为基础的底线伦理对社会生活的调节日益重要。正是在这样一种社会背景下，政治哲学所代表的政治反思的重要性日益增长。

当然，无论是政治哲学与政治学的区分，还是政治哲学与伦理学的区分，都只是在学科分野意义上的一种理论划分。讨论这一区分的目的是为了更好地把握它们之间的差异，进而通过这些差异更好地理解政治哲学的特征，而不是要根据这一划分来区隔这些相互关联的学科，更不是据此反对它们之间的交叉和互通。在关于实际政治问题的研究中，政治哲学家不可避免地要使用经验性论据为其理论提供说明，也不可避免地要涉入一般道德问题的探讨。这就意味着，在关于现实政治问题的研究中，我们没有必要“硬化”政治哲学与政治学、伦理学之间的界限，而是应当在它们的交叉互通中采用综合性的方法探讨问题。

三　作为第一哲学的政治哲学

政治哲学关注政治事物的价值和政治活动的应然规范，同时也关注政治事物的内在本性。无论是对政治事物内在本性的追问，还是对人类生活目标的伦理追问，都属于第一哲学的问题。政治哲学的探索从一开始就是与第一哲学相关联的。沃林说：“自柏拉图首先意识到探索个人美好生活的本质必须同汇聚性（而非平行性）探索好的共同体的本质相结合至今，在政治哲学与普通哲学之间一直存在着密切而持久的联系……在历史上，哲学和政治哲学的主要区别只是一个专门化问题，而不是方法或倾向性问题。借助这一联盟，政治理论家一直将哲学家对于系统化知识的基本追求视为己任。”（沃林，第4页）

作为最早的政治哲学著作之一，柏拉图的《理想国》和《蒂迈欧篇》之间的关联，就是政治哲学与第一哲学之间密切内在关联的一个范例。《理想国》主要探讨的是何为最好的社会组成形式，《蒂迈欧篇》主要探讨的是宇宙论问题，但是在《蒂迈欧篇》的开端，柏拉图却首先对《理想国》中的议题进行了回顾。柏拉图为什么要这样做？林国基和康福德的分析是切中要害的："《蒂迈欧篇》这篇最具神学色彩的对话乃是对《理想国》中所表述的关于'正义'这一最高政治哲学原则的神学补充和论证，即将各个社会阶层各安其位、共同组成一和谐的整体秩序的正当性追溯至一种神意的目的和计划，获得一种宇宙论的证明。"（林国基、康福德，第128页）对于柏拉图来说，个人的幸福生活只有通过作为公民的政治生活才能实现，因此只有通过对城邦政治生活的哲学思考才能获得对个人幸福的真正理解。同时，政治生活所要求的和谐秩序与宇宙自然所具有的和谐秩序之间是内在一致的，城邦正义即是宇宙秩序的切近体现，它们并不是不同的东西，而是遵循着同一个自然法则。这就意味着，关于城邦之自然正义的哲学思考与关于宇宙秩序的哲学思考是同一种哲学思考，政治哲学就是第一哲学。

施特劳斯对政治哲学与第一哲学的关系进行了更为深入的阐释。他认为，苏格拉底之前的哲学主题是宇宙论，探讨的对象是"自然"，哲学家们被看作"论述自然的人"。苏格拉底使哲学转向政治哲学，即探讨的对象从自然转向人类事务。人类事务（如法律）是"约定"而非"自然"。从表面上看，苏格拉底的政治哲学不同于以前的哲学，因为它改变了哲学研究的基本问题，但实际上，苏格拉底所开创的政治哲学与先前以自然为对象的哲学之间却具有内在的一致性。"自然"和"约定"之间并非截然分立，而是内在一致的。这种内在一致表现在两个方面：一方面，"自然"先于"约定"，"约定"的根据在"自然"；另一方面，"自然"不能被"自然"所理解，而是必须被"发现"，即只能通过"约定"的人为秩序，才能理解"自然"，才能发现自然秩序。"约定"的根据在"自然"，这意味着"自然法"高于"人为的约定法"，即法律的约定需要追溯到它的自然根据；"自然"必须通过"约定"而被发现，又意味着只有通过"人定法"才能理解"自然法"。所以，在施特劳斯看来，苏格拉底转向人为秩序的研究，不是放弃了对自然的研究，而是比以前的哲学家更深刻地理解了自然秩序，更深刻地理解了自然的本来意义。他说："苏格拉底比前人更认真地看待'自然'的本来意义：他认识到'自然'首先是'形式'或'理念'。如果真是这样，那他就没有完全放弃对自然事物的研究，而是开创了对自然事物的新的研究——在这种研究中，诸如正义的自然或理念，或者说自然的正义，以及人或人的灵魂的自然，是比诸如太阳的自然更为重要的东西。"（施特劳斯，第 5 页）"正义"也是"自然"，而且是比太阳的自然更为重要的东西。这也就是说，政治哲学不仅仅是哲学的一个部门或分支，而且是哲学本身。或者说，政治哲学本身就是第一哲学。

施特劳斯是一个复古主义者，他的政治观或许存在许多问题，但他的分析不仅揭示了政治哲学与第一哲学的关系，而且揭示了现代性的根源。从前一点看，施特劳斯揭示出，一种政治哲学，当它要为自己的理论寻求更为深入的根据时，一定要进入第一哲学的问题。从后一点看，施特劳斯揭示出，在西方现代性行进的道路上，科学主义、工具理性、科层政治的发展，以及它们所导致的人类生存意义问题的凸显，无一不与海德格尔所谓对生存的遗忘有关。而这种遗忘的最直接体现就是将理性的运用降低为工具性的东西，遗忘了人之所以为人的根本，遗忘了人何以能够过一种有意义的生活之根本。对于这种遗忘的解蔽，只有通过第一哲学的批判才能实现。而这种第一哲学的批判，其最好的形式或许便是从人的政治性生存出发，通过对何种生活是正义的生活的哲学追问，在洞察人作为一种政治动物的生存意义的同时，获得关于他生存于其中的世界的意义的理解。通过这种方式获得的关于人的生存意义和世界意义的理解，比直接的本体论反思和认识论反思更能直击现代性进展中人们所面临的生存困境。

政治哲学无疑是一种领域哲学或部门哲学。但政治哲学的特殊性不在于其所涉领域的特殊性，这一显见的特殊性只是表面的。政治哲学应当被理解为哲学活动的一种特殊方式，被理解为在一种特殊的场域内解决哲学根本问题的哲学形式。通过对政治事物一般本性的反思和对人类生活应然价值的终极追问，各种类型的政治哲学不仅以它们的"政治观"呈现了政治生活的本质，而且也以一种特殊的方式成为"世界观"。作为政治哲学的对象，"政治事物"不仅是一个特殊的场域，更是政治哲学家们反思人生和世界根本问题的特殊切入点。

参考文献

［1］［德］康德：《纯粹理性批判》，李秋零译，中国人民大学出版社 2004 年版。

［2］林国基、康福德：《神义论语境中的社会契约论传统》，载《启示与理性——哲学问题：回归与转向?》，中国社会科学出版社 2001 年版。

［3］［美］罗尔斯：《再论公共理性》，载《公共理性与现代学术》，生活·读书·新知三联书店 2000 年版。

［4］［美］萨拜因：《政治学说史》，邓正来译，上海人民出版社 2010 年版。

［5］桑德尔：《公正：该如何做是好?》，朱慧玲译，中信出版社 2011 年版。

［6］施特劳斯：《政治哲学史》，李天然等译，河北人民出版社 1993 年版。

［7］滕尼斯：《共同体与社会》，林荣远译，商务印书馆 1999 年版。

［8］托马斯：《政治哲学导论》，顾肃、刘雪梅译，中国人民大学出版社 2006 年版。

［9］［德］韦伯：《社会科学方法论》，杨富斌译，华夏出版社 1999 年版。

［10］沃林：《政治与构想：西方政治思想的延续和创新》，辛亨复译，上海人民出版社 2009 年版。

［11］［英］休谟：《人性论》，关文运译，商务印书馆 1980 年版。

（原载《哲学研究》2014 年第 6 期）

施特劳斯、罗尔斯、马克思：政治哲学的谱系及其内在关系

李佃来[*]

翻检中西思想史可知，政治哲学几乎是人类自开始智识活动以来形成的最具有影响力和最为悠久的学术支脉之一，我们只要一提到那些彪炳千古的哲学大家，如柏拉图、亚里士多德、西塞罗、洛克及黑格尔等，往往首先想到他们在政治哲学上的贡献以及各极其致的政治哲学观点。就此而言，我们在今天似乎已完全没有必要提出并讨论“何为政治哲学”这样的初始性学术问题，因为直觉大致告诉我们，几千年的政治哲学历史早已给出了这一问题的明确答案，而若要在这一问题上继续纠缠下去，就有些倒行逆施甚至是离经叛道的意味了。但真实的情形显然远非如此：政治哲学在今天中国学术界不断走向复兴，并逐渐成为当仁不让的显学，并不是几千年的政治哲学脉络延伸至今的结果，而是当下中国市场化改革的历史进程在理论上激起的回响。故此，政治哲学之于中国学术界，基本上还是一个有待澄明的全新学术领域，而“何为政治哲学”也仍是一个需要深入检思的全新学术话题。进而论之，在当下实践语境中凸显出来的这样一个全新学术话题，从学术史与现实诉求的双重维度来看，则应当转换为描述意义上“我们现在面对哪些政治哲学传统”和规范意义上“我们需要何种政治哲学资源”的问题。而要检思这两个既相互粘连又彼此分殊的问题，有必要将其植入施特劳斯、罗尔斯及马克思所代表的政治哲学谱系中，通过盘点他们的政治哲学话语来进行，这倒不是因为他们在政治哲学史上代表了三个最伟大的理论轴心，而是因为他们所确立起来的政治哲学“总问题”，成为目前许多政治哲学研究者或显在或隐在的立论前提，研究者们

* 李佃来：武汉大学哲学学院教授。

即便探讨其他政治哲学家的思想，往往也会自觉不自觉地参照这三位政治哲学家所建构的理论坐标。据此而论，对施特劳斯、罗尔斯、马克思所代表的政治哲学谱系及其内在关系予以梳理与考辨，会比较真实地将“何为政治哲学”的质询推向实质性的理论层面，也有助于我们开辟政治哲学研究的可能性路径。

一　施特劳斯：政治哲学的一般规定与特殊规定

虽然自古希腊以来，哲学家们从不忘记在政治哲学的学科门下开展思想的创造，但诚如甘阳先生所说，在大多数情况下，政治哲学家们并不事先告诉读者什么是政治哲学，以及为什么需要政治哲学。[①] 与这种情况相对照，施特劳斯在政治哲学史上的重大贡献之一，则在于他从一般和特殊的双重向度，对这一古老的学科门类进行了明确的理论界定，从而使政治哲学研究由缺乏自我规定的散漫和不自觉状态，走向了一种自觉的质性概括和深层理论反思，这不仅确立起辨识政治哲学与非政治哲学的基本界标，也为政治哲学的理论创制提供了一种内在的标准，因而在政治哲学史上有着划时代的学术意义。

在《什么是政治哲学》中，施特劳斯开宗明义地指出：“自政治哲学在雅典萌生以来，政治哲学的意义及重要特点在今天同过去一样明显。所有政治行动的目标不是保守就是变革。当渴望保守时，我们希望不要变得更糟；当渴望变革时，我们希望能带来更好的东西。所有的政治行动因而都由某种更好或更糟的思想引导。但关于更好或更糟的思想隐含着关于善（the good）的思考。引导着我们所有行动的对善的意识（the awareness of the good）具有意见的特点：对善的意识不再受到质疑，但经过反思，它又证明自己是可疑的。我们能够质疑对善的意识，恰恰这一事实把我们指向不再可疑的关于善的这样一种思想——指向一种不再是意见而是知识的思想。然后，所有的政治行动本身都指向了善的知识：关于好的生活或好的社会……如果人们把获得有关好的生活、好的社会的知识作为他们明确的

① 甘阳：《政治哲人施特劳斯：古典保守主义政治哲学的复兴》，载施特劳斯《自然权利与历史》，生活·读书·新知三联书店2003年版，导言第57页。

目标，政治哲学就出现了。"[①] 这是施特劳斯在界定政治哲学上一段极其重要的论述，而根据这段论述，所谓政治哲学，归根结底就是关于善的知识，即好生活或好社会之理念的学说。从这一基本界定出发，施特劳斯又从两个方面对"什么是政治哲学"予以扩展性阐发：（1）政治哲学作为探知好生活或好社会之理念的学说，亦是在总体性视域内追求普遍知识的理论形式[②]，这是因为只有在总体意义上洞观到政治事物或政治现象的本性，进而获得了与之相关的普遍知识，才有可能提出衡量好生活与坏生活、好社会与坏社会的标准，否则，这种标准的设定未必是客观而真实的。（2）政治哲学作为探知好生活或好社会之理念的学说，又是根本异质于实证科学的知识形式，这是因为好生活或好社会归根结底乃是指向"价值论"的政治言说，而政治学、政治社会学、历史考古学、经济学、法学等实证科学，则由于"不再像神学和形而上学那样是关于为什么的绝对知识，而是关于如何做的相对知识"[③]，因而也就顺理成章地将事实性索求认定为知识的最高形式，由此在区隔事实与价值的前提下，把价值关切的向度驱逐在外。

施特劳斯对政治哲学的上述界定是在其"怀古抑今"的心绪下做出的，因而烙着深深的古希腊政治哲学的印记，甚至直接就是古希腊政治哲学所追寻的"什么是最好的政治秩序"的一种当代转译和推演。不过，古希腊政治哲学作为后来西方政治哲学的"母体"，其所提出的关于好社会的理论思考，以及对于感性世界和超感性世界的区分（这相当于后来的科学理性和价值理性的区分），在政治哲学的自我规范性上是有普泛指导意义的。就此而论，施特劳斯的上述界定是对政治哲学所作的一般性理论概括和规定，为人们理解什么是政治哲学提供了一个基础性范本。在此的有力佐证是，施特劳斯的政治哲学与罗尔斯及马克思的政治哲学，虽然总体上属于不同的理论形态，但前者对政治哲学理论特质的指认和确证，却要么在前（相对于罗尔斯）、要么在后（相对于马克思），见证或印证了马克思和罗尔斯政治哲学研究的基本轨迹。例如，在罗尔斯之前的20世纪理论史上，随着"实证主义知识原则和科学主义话语取代价值原则和人文主义话语"[④]，规范性的理论诉求开始被视为非法的知识表达，于是政治哲

① ［美］施特劳斯：《什么是政治哲学》，李世祥等译，华夏出版社2011年版，第1—2页。
② 同上书，第2页。
③ 同上书，第9页。
④ 李佃来：《政治哲学：西方马克思主义研究的新路径》，《求是学刊》2006年第5期。

学基本湮没在了扑面而来的政治社会学和行政管理学的大潮当中。这一一直持续到20世纪70年代初期的情况，随着罗尔斯《正义论》的发表而发生了根本转折，因为正如哈贝马斯所言，罗尔斯在《正义论》中提出了有关现代生活条件下"组织良好的"社会之观念①，这使规范性的道德研究在一个新的水平上获得了其曾有过的理论地位，进而也使政治哲学在摆脱实证主义思维方式的禁锢之后得以复兴。这些情况说明，罗尔斯《正义论》的理论开展，恰恰是符合施特劳斯对政治哲学的一般界定的，而施特劳斯通过区分政治哲学与实证科学来反证前者的做法，正是罗尔斯始终贯彻的基本思路。

然而，更进一步说，施特劳斯之所以成为当前一些政治哲学研究者的一个基本理论介入点，不仅仅是因为他率先给出了一个政治哲学的一般性定义，从而打破了政治哲学轻视学科自我反思的通规，为学界在当下语境确立政治哲学的学科规范树立了标尺，同时更是因为他从对政治哲学的一般规定走向了对其的特殊规定，进而在现代性之困境完全暴露的历史局面下，重新挑起了最早始于17世纪末文学界的"古今之争"，并将这一争论推向一个前所未有的高点，为单向度的现代性致思方式增补进一个古代的视角，也确立起了独树一帜的当代政治哲学理论范式。

这里的问题在于：施特劳斯在政治哲学研究上留给人们的最深刻印象，就是其驻足于保守主义的立场，提出了在现代社会如何激活古典政治哲学传统并汲取其思想智慧的问题。因而施特劳斯对政治哲学的特殊规定，乃在于他将政治哲学的最高形式推定为苏格拉底、柏拉图等开创的古典政治哲学，而将马基雅维利、霍布斯、洛克以降的理论创制视为政治哲学的走火入魔和变异。我们虽然可依施特劳斯对政治哲学的一般界定来梳理两千多年的政治哲学理论史，并在"同类项"的意义上归纳不同时代政治哲学的共有特质，发现现代政治哲学与古典政治哲学之间的沿接、顺承、融通关系，但施特劳斯思想意识深处根深蒂固的意见，却又是反对在打通古今的前提下来理解政治哲学，因为以他之见，在古典政治哲学与现代政治哲学之间存在着根本无法弥合的断裂，政治哲学的最高成就只能归属于断裂之前的古代哲人，而断裂之后的现代哲学家则在越来越微弱的意

---

① ［德］哈贝马斯：《在事实与规范之间》，童世骏译，生活·读书·新知三联书店2003年版，第71页。

义上回归古典政治哲学的思想高度，因而也在一步一步地断送政治哲学的发展前途。

如果说施特劳斯在其特殊规定性中，锁定、凸显和放大的即是在哲学史上业已存在的古典政治哲学，那么其理论研究的创造性部分似乎就是暗淡的、不起眼的，因而他也似乎至多只能算作政治哲学史家，离政治哲学家还有一些距离。但要注意的是，施特劳斯在古典政治哲学的界面上来彰明何为政治哲学，是其政治哲学概念之特殊规定性的形式而非内容，其特殊规定性的内容则在于通过照亮古典政治哲学来深刻批判不断行进和推延的现代性。这也就是说，施特劳斯作为一个清醒的现代人，绝不会无缘无故折返到古希腊语境以表达其政治哲学观点，虽然正如黑格尔所说，欧洲人一提到古希腊就有家园之感。毋宁说，施特劳斯如此为之，乃出于他对现代性的根本检视，即他的古典政治哲学研究既根源于他对现代性危机的基本审理，又最终归于如何有效地克服现代性的一切偏蔽。因此，他的著名断言是：彻底质疑近三四百年来的西方思想学说是一切智慧追求的起点。在这个意义上，我们倒是可以看到，施特劳斯对政治哲学所作的特殊规定，根本不是在话语层面对古人言说方式的一种简单重复，而是假以古人高扬德行和卓越性的理论智慧，来开启一条全新的政治哲学追问路径，以区别于马基雅维利以来互有不同但又一脉相承地推动现代性之展开的政治哲学，进而纠正现代人沉湎于科学主义和工具理性的凡俗生活，这也就是“古今之争”在施特劳斯这里的真实内容和最终归宿。这恰恰表征着施特劳斯作为一位政治哲学家的思想智慧，说明其回归过去的古典研究，仍是指向未来的、有强烈问题意识和高度理论创见性的政治哲学路数。

从这里我们可以看到，如果说施特劳斯在西方素来被视为特立独行的政治哲学怪人，那么这不仅仅是因为他将古代社会的理论问题令人惊讶地搬弄到了现代社会，同时也是因为，他在这样做的过程中厘定了一种独具特色的政治哲学理论范式，这即是系于现代性批判的政治哲学范式。虽然扩而论之，这种范式的政治哲学在卢梭、黑格尔那里即已开始，并在20世纪因为西方马克思主义的工具理性批判以及阿伦特的极权主义挞伐而全面展开，但一则是由于施特劳斯“借古疑今”这一与众不同的手法使他站在了检讨现代性的最前端，二则是由于他将现代性的检讨直接提升到了“何为政治哲学”的理论高度，故此施特劳斯对政治哲学的特殊规定也就代表了政治哲学现代性批判范式的典范，甚至也可说是此一范式发展的高点，这使他不仅在20世纪政治哲学史上，而且在整个政治哲学史上，奠立了难以动摇的独特地位。

在政治哲学的理论图谱上，施特劳斯代表的现代性批判范式，与近代以来一直到罗尔斯的自由主义范式之间的关系，显得最为特殊和微妙。根据施特劳斯对政治哲学的一般界定，我们自然不易辨清他与自由主义在理论探求上的分殊与异质，这是因为如上所述，追求好的政治生活不仅是施特劳斯政治哲学的前定预设，也是自由主义政治哲学的基本主张。但施特劳斯的标志性思想成就，并不是通由对其政治哲学的一般规定，而是通由其特殊规定得以昭显的，所以，毋庸讳言，施特劳斯与自由主义发展的乃是相当不同的政治哲学理论范式，它们在关切的维度和理论的终极旨趣上存在着一目了然的差异。或许正因为如此，罗尔斯在施特劳斯之后发展其基于公平的正义理论时，对施特劳斯的观点几乎从来不予理会，即使面对施特劳斯弟子布鲁姆指名道姓的批评，罗尔斯及其追随者也基本不加回应，好像施特劳斯与其开创的学派从来就没有讨论过政治哲学。然而，需要注意的是，施特劳斯从提出重新开审现代人与古代人之争这桩公案伊始，就始终强调德行、卓越、永恒等形而上学层面上的政治标准，而反对一切相对主义、历史主义，以及一切以权利、自由为名的现代政治价值。我们大致可以这样说，施特劳斯所珍视的东西，恰恰是近现代自由主义有意回避的东西，而他所反对的东西，则恰恰是后者极力发展的东西。如果我们进而可以指出，施特劳斯政治哲学与自由主义政治哲学在理论范式上的异质，根源于两者在关键主张上的直接对置，那么这对置的双方也就不会是彼此无涉、相互无关的，至少从第三者的角度来看，它们在理论的完满性上恰恰形成了互补：人们可以从罗尔斯的主流观点出发对施特劳斯提出这样那样的批评，但施特劳斯既然是在诊断现代政治哲学、诘问现代性的基础上发展政治哲学的，那么他提出的诸如“德行优先于自由”“善优先于权利”等理论见解，显然值得孤注一掷地在形而下层面上兑换自由、权利（或权力）的现代人深入反思。当然，反过来说，施特劳斯彻头彻尾排斥现代政治原则的做法，实质上也已矫枉过正。不难看到，在政治结构上，现代社会与古代城邦社会已是大相异质，因而在生活原则和价值目标上，彼此之间也注定会各有分别。施特劳斯所追求的高绝政治标准，对于现代社会来说固然有其难以估量的意义，但从属于现代社会的那些基本政治构件，如自由、权利、平等、民主、正义等，也将始终为现代人所追寻。这也就是以罗尔斯为代表的西方主流政治哲学家所要回答和解决的中心问题，涉及另外一种形式的政治哲学。

二 罗尔斯：政治哲学的下降路线与程序主义政治

《正义论》发表之后直到今天的学术研究状况表明，罗尔斯在政治哲学史上的重要地位正如他的对手诺齐克所诚恳指出的那样："现在，政治哲学家们或者必须在罗尔斯的理论框架内工作，或者必须解释不这样做的理由。"[①] 因而并不夸张地说，当代大部分政治哲学讨论几乎都是在罗尔斯理论工作的基础上推衍出来的，不管是肯定他的观点还是否定他的观点。追究起来，这种状况的形成主要在于如下原因：虽然在罗尔斯之前，施特劳斯、阿伦特等执着于现代性批判的哲学家已经将政治哲学的研究推向高潮，但由于他们所开创的政治哲学在西方一向被视为食古不化的"异类"和"怪胎"，因而并未真正引起人们的思想共鸣，相反，之后罗尔斯的正义研究才真正打破了实证主义风行以来政治哲学长期沉寂的局面，从而根本扭转了20世纪的政治哲学理论史，成为当代政治哲学研究的一个源头起点。在这种意义上，罗尔斯的正义理论及其相关研究，无疑代表着当代政治哲学谱系重要范型之一种，并且正像威尔·金里卡所说的那样："要了解当代的各种正义理论，罗尔斯的理论是一个自然的出发点。"[②] 然而，罗尔斯的理论之所以具有如此强大的代表性，它之所以成为理解当代政治哲学的一个基本窗口，它对当代政治哲学研究的刺激及由此引发的学术效应，只能算是一个外部理由。对于梳理政治哲学的谱系而言，内部理由无疑更为根本。其内部理由在于：罗尔斯的正义理论作为自由主义政治哲学的一种新近探究，综合了近代以来自由主义的各种资源，以及与自由主义展开直接对话的各种学思传统，进而在此基础上将自由主义政治哲学的理论范式推向最高点，以至于若想理解几百年来西方政治哲学发展的基本脉络，罗尔斯将是一个必然落点，甚至于在逻辑上将是一个必然起点。那

① ［美］诺齐克：《无政府、国家和乌托邦》，姚大志译，中国社会科学出版社2008年版，第218页。

② ［加］威尔·金里卡：《当代政治哲学》（上卷），刘莘译，上海三联书店2004年版，第19页。

么，情形何以至此？

在《正义论》初版序言中，罗尔斯以谦恭的口吻如此说道："我试图做的就是要进一步概括洛克、卢梭和康德所代表的社会契约理论，使之上升到一种更高的抽象水平。借此，我希望能把这种理论发展得经受住那些常常被认为对它是致命的明显攻击。而且，这一理论看来提供了一种对正义的系统解释，这种解释在我看来不仅可以替换，而且还优于（或至少我将如此论证）占支配地位的传统的功利主义解释。作为这种解释之结果的正义论在性质上是高度康德式的。确实，我并不认为我提出的观点具有创始性，相反我承认其中主要的观念都是传统的和众所周知的。我的意图是要通过某些简化的手段把它们组织成一个一般的体系，以便它们的丰富内涵能被人们赏识。"[①] 除却其谦恭的成分，罗尔斯的这段论述表明，他是在概括、总结传统政治哲学理论（尤其是传统社会契约理论）的基础之上来推进当代正义研究的，这构成其政治哲学出场的一个重要思想史奠基。这一思想史奠基在其《政治哲学史讲义》中也体现得淋漓尽致。《政治哲学史讲义》虽看上去是一部教科书式的哲学史著作，与罗尔斯本人的政治哲学理论创制似乎关系不大，但书中对霍布斯、洛克、休谟、卢梭、密尔等的政治哲学的梳理，实质是以"六经注我"的方式来进行的[②]，于是，这些政治哲学家提出的基本论题几乎全都流向了罗尔斯，变成了后者在自己的新自由主义理论框架中所要申述和推进的问题。在这种意义上，我们自然可以不计其细地指出，从政治哲学的理论谱系上讲，如果说施特劳斯的思考在问题意识上代表着现代性批判的政治哲学，在思维形式上代表着古典特别是古希腊的政治哲学，那么罗尔斯的探究则由于很好地完成了对近代以来政治哲学史的当代整合，因而无论在问题意识还是在思维形式上，都代表着古典之后统称的自由主义政治哲学。自由主义作为一个宽泛的指代，其内部不同理论支脉之间，如契约论与功利主义之间、自由至上主义与平等的自由主义之间，在具体观点上当然是互不相同甚至是截然对立的，但这只不过是同一政治哲学范式内部的不同乃至对立，而并未上升到范式与范式的相互歧异，所以罗尔斯政治哲学与施特劳斯政治哲学之间的

---

① ［美］罗尔斯：《正义论》（修订版），何怀宏、何包钢、廖申白译，中国社会科学出版社2009年版，初版序言第1—2页。

② ［美］罗尔斯：《政治哲学史讲义》，杨通进、李丽丽、林航译，中国社会科学出版社2011年版，译者前言第11页。

分殊，一定标识着各种自由主义政治哲学与后者之间的区别。从罗尔斯这里，我们可以看到自由主义这样一种外在于施特劳斯政治哲学谱系的、具有高度理论概括性的政治哲学形式。这就是罗尔斯成为政治哲学研究之落点和起点的内缘所在。

从梳理政治哲学谱系、理解“何为政治哲学”来讲，考察罗尔斯正义理论的核心任务在于从范式向度揭示其所代表的自由主义政治哲学的共性特质。笼统来说，与施特劳斯在问题意识上所代表的现代性批判政治哲学，以及与其在思维形式上所倚重的古典政治哲学相比，罗尔斯所代表的自由主义乃是一种现代性政治哲学。作为相互对峙的两极，现代性政治哲学与现代性批判政治哲学自然有着清晰可见的差异，而前者与古典政治哲学作为在历史逻辑上前后衔接的理论形态，实质也存在着显而易见的差别。追溯起来，现代性政治哲学与古典政治哲学的差别归根结底源于“现代”与“古代”在社会和政治层面的根本异质。可以这样说，古典政治哲学之所以注重在形而上学的界面上突出德行、自然权利以及普遍价值，并要求根据超越性的理念世界来为世俗世界立法，主要是因为在古希腊、古罗马时代，并不存在现代意义上与国家形成相对划界并充分展现世俗生活之状貌的市民社会，故此，政治是大于经济的、公共领域是优于私人领域的、社会普遍利益是高于个体特殊利益的。然而，西方 14 世纪、15 世纪之后不断展开的现代性历史逻辑，彻底颠覆了古代社会的基本政治结构，其突出表征即在于，现代市民社会逐渐生成并获得其独立形态，被黑格尔形容为“地上行进的神”的国家①开始下降到社会结构的下位，政治与经济、公共领域与私人领域、社会普遍利益与个体特殊利益之间的关系，与古代相比完全颠倒了过来。在这种社会和政治结构发生巨大变化的历史语境中形成的现代性政治哲学，大致从马基雅维利使德行服从于政治从而有意调低社会行动之标准开始，就顺理成章地从形而上转向了形而下，从超验转向了经验，由此也就理所当然地围绕社会制度的基本政治问题开展研究，从而将自由、权利、平等、民主等推定为政治哲学的核心理论主题。现代性政治哲学之不同于古典政治哲学的这种“下降路向”，自马基雅维利之后就一泻千里，自上而下地延伸到 20 世纪，融聚到罗尔斯集大成式的研究中，成就了其以自由民主、公平正义之良序社会为目标的正义理

---

① ［德］黑格尔：《法哲学原理》，范杨等译，商务印书馆 1961 年版，第 259 页。

论，为当代政治哲学的开显、复兴和推进树立了标尺。

罗尔斯所代表的自由主义作为一种走下降路线的现代性政治哲学，与走上升路线的施特劳斯及古典政治哲学相比较的标志性特征，在于它遵从的是一种将理论付诸政治实践的程序主义思路。古典政治哲学其实也从不回避理论与实践的关系问题，而施特劳斯攀附古典理论来策动现代性批判，同样是想改变现代政治的基本走向。在这一问题上，古典模式的最高表达是柏拉图式的政治理想，即哲学王手握政治真理的“尚方宝剑”，因而能够作为“政治代理人来把这种真理转化成制度安排，不管这一真理能否被人们自由地接受甚或理解”。[①] 但这种“清高自傲”的政治理想，在罗尔斯看来则只不过是一种无视复杂的日常政治且没有下限的乌托邦空谈，根本无法实质性地推动现代政治制度走向完善。罗尔斯实际上并不否认乌托邦的政治意义，他甚至还直接将政治哲学称为“现实主义的乌托邦”[②]，认为社会之未来希望也要依赖于它，但他却反对以盛气凌人的姿态来傲慢地审视现实政治，而要求划清与柏拉图式政治理想的界限，从而实际地介入现实政治中并影响日常政治的结果。罗尔斯认为，要实现这一目的，恰到好处的做法，就是将政治哲学讨论的权利、自由等问题转化到宪法中，由此从法律制度层面来保护这些属于现代人政治生活的基本构件，进而把政治哲学的基本主张转换为具体的、可操作的政治制度。施特劳斯在罗尔斯之前就已经洞悉到这一程序主义思路对于现代性政治哲学所起的导向作用，但他认为这至多只是一种捉襟见肘的修补工作，因为一种法律程式可以暂时解决眼前的某个问题，但却没有能力应对层出不穷的新问题，而恒久不变的德行却可以做到这一点，故此德行一定是高于律法的，而政治哲学唯有上升到德行，才能够为人们提供终极的真理，使理论不至于变成残片式的程序政治，避免现代政治陷入积重难返的困局。施特劳斯的意见自然有其不可否认的合理之处，但他大概没有深入思考这样一个经验问题，即霍布斯、洛克以来的西方法律制度，为何从来没有与自由主义政治哲学发生脱节，而是始终与之保持着一种必要的张力。这个经验问题至少可以表明，罗尔斯所倚重的程序主义思路与现代性政治的内在逻辑是

---

① ［美］罗尔斯：《政治哲学史讲义》，杨通进、李丽丽、林航译，中国社会科学出版社 2011 年版，第 3 页。

② 同上书，第 10 页。

相契合的，所以，现代性政治哲学关涉的已经不是纯粹的理论问题了，而本身就是以现实政治为启端、也以现实政治为终端的实践问题了。

无论是就自由、权利、平等、民主等理论主题而言，还是就程序主义的理论思路来说，罗尔斯所代表的走下降路线的现代性政治哲学，可能是最容易引起现代人思想共鸣的学术脉络之一，原因是这些主题所蕴含的价值原则已经是当今世界具有普泛意义的诉求，并且这些价值原则也需要在程序上转入法律制度予以守护。但我们也应当看到，毕竟在施特劳斯定位于现代性批判的政治哲学谱系中，情形与在罗尔斯这里完全相反，即自由、权利、平等、民主等主题并没有上升到理论逻辑的高阶，甚至于以施特劳斯之见，这些主题只能加速政治哲学“走火入魔”，而不会使之明朗起来。如果这可以说明，罗尔斯政治哲学所涉及的那些看上去具有普遍性的理论问题，只有在其所属的范式与谱系中才是有效的，那么我们对于“何为政治哲学”的理解，则应当穿越罗尔斯现代性政治哲学的问题域，从而在一种更为宏大的视野中来确证政治哲学的基本在场。我们的问题是：在罗尔斯现代性政治哲学的谱系与问题域外，不仅施特劳斯的理论值得关注，而且马克思的政治哲学也需要深入开掘。

三　马克思：政治哲学的现实性与超越性

在政治哲学学术复兴的大背景下，马克思的政治哲学也已出场，有关于此的研究成果引人注目。但一个令人深思的问题是，由于传统的马克思主义哲学研究框架并没有为政治哲学留有合法性的理论空间，因而马克思政治哲学的出场在很大程度上是西方政治哲学刺激中国学术界的一个结果。这种在理论上“由外而内”而非“由内而外”的研究进路，决定了许多学术论析会不可避免地陷入“罗尔斯效应”当中，即只是简单套用罗尔斯所代表的西方政治哲学的话语架构，而不去首先廓清马克思政治哲学的独特运思路径。这种情况不仅会一而再、再而三地将马克思的原初见解掩蔽起来，导致马克思政治哲学思想本身的失语，使之成为名副其实的“不在场的在场者”，而且也注定无法开显马克思理论之不能绕过的当代性价值，因为毋庸讳言的事实是，就公平、正义这些显性政治哲学论题而言，如果以罗尔斯的模式为标准来判断，马克思的研究就没有超过休谟以来自由主义的精细理论构制，甚至与之相较有着不可同日而语的差距。然而，学术界对马克思政治哲学的研究却是充满了期待，即希望打破马克思主义在政治哲学面前的“无语”状态，从马克思那里挖掘积极的思想资源，推动政治哲学重大理论问题的再研究，有效回应以市场化转型为中心的全面社会转型。而要实现这种期待，前提性问题意识便是厘清马克思政治哲学与其他政治哲学相对照的临界线、问题域、意义值。

从这一前提性问题意识出发，我们提出如下观点：如果说施特劳斯是从一种高端的超越性界面来予以说理的，罗尔斯是从一种低端的现实性界面来加以论证的，那么马克思则在这两位政治哲学家之前将现实性与超越性有机地结合在了一起，从而在事实与规范、经验与超验、形而下与形而上的双重视域内，开辟了以历史性为祈向的政治哲学理论路数，完成了政治哲学史上的一次重大突破与转折。

（一）马克思政治哲学的现实性维度

施特劳斯在盘点现代政治哲学发展史时指认，马克思同马基雅维利之后的自由主义政治哲学家一样，在现代性的行进中起到了推波助澜的作用，因而他与现代政治哲学之父马基雅维利存在“隔代遗传”的“血脉”关系，后者因使德行服从于政治而开创的往下沉降的政治哲学，同样延伸到了马克思强调历史当下性和经验直观感知的理论思路中，促成了政治哲学与历史主义的“联姻”，使政治哲学与古代人的高远思想眼界渐行渐远。施特劳斯当然是带着一种怨责的口吻来表达这一观点的，不过除却其情绪化的不客观一面，他也在一定程度上把捉到了马克思政治哲学的形态所属，即这一政治哲学亦是从属于颠覆古典理论形态的现代性形态，现实性对其而言，自然是一个极为根本的伸张维度。施特劳斯的观点说来不难理解，因为马克思生活在现代性不断展开的历史境遇中，而在这一历史境遇中呈现出来的那些现代社会无法规避的历史性问题，如市民社会及其矛盾，以及自由、权利、平等、正义等，不仅为自由主义政治哲学家所关注，进而成为其所讨论的核心理论主题，而且也一定为将哲学视为烧向外部世界之“火焰”的马克思所重视，由此也会成为他的政治哲学的中心理论议题。质言之，马克思的政治哲学一如自由主义政治哲学，其理论创造的逻辑起点已经不是古典政治哲学可以完全不顾日常政治结果的德行智慧和理念王国，而是以市民社会的形成及矛盾的暴露为标志性出场事件的历史叙事。“因此，真理的彼岸世界消逝以后，历史的任务就是确立此岸世界的真理。”[①] 只要理解了这一点，我们就不难发现马克思的政治哲学与现代性理论形态之间的归属关系，也很容易看到现实性伸张维度之于其政治哲学的根本规定性。

不过，我们应当指出，马克思的政治哲学与自由主义政治哲学虽然在现实性上存在相通之处，但现实性对于这两者而言却具有截然不同的意义，由之而开引出的具体政治哲学路数也是迥然有异的。大致可以这么说，马克思与自由主义者都是通过对现代市民社会的审视与理解而创造政治哲学理论的，因而现代市民社会正是他们所共同面对的最直接现实。但正如罗尔斯在《政治哲学史讲义》中所指出的，自由主义是在宪政民主的框架内来研究政治哲学的[②]，故此，其目标不过在于构建、修补、完善资本主义的价值体系，而不是要发展一套外于此一体系的理论学说，于是，各派自由主义几乎都在市民社会内部，遵从知性思维和实证思维来理解由市民社会所映射出来的自由、权利、平等、正义诸种问题，进而几乎都在伦理主义的路向[③]上来界定这些问题，将这些问题所链接到的价值说成是现代社会不可或缺的“普适规范”。马克思与自由主义的重大分殊，在于通过剖析现代市民社会的内在矛盾，敏锐洞察了穷人与富人、工人与资本家、无产阶级与资产阶级之间的对立，因此，“揭露具有非神圣形式的自我异化”，批判现代剥削制度的社会经济基础，就顺理成章地成为他的政治哲学的基本任务。而这一基本任务决定了马克思是站在市民社会外部，遵从批判思维和辩证思维来审视市民社会的，于是，他也就不再运用纯粹伦理主义的路向来论述自由、权利、平等、正义诸种价值规范，而是将对这些价值规范的说明改换为对它们的历史基础的揭示。[④] 所以，马克思并不关心现代社会为何需要这些价值规范，以及如何捍卫这些价值规范之类

---

① 《马克思恩格斯文集》第1卷，人民出版社2009年版，第4页。

② ［美］罗尔斯：《政治哲学史讲义》，杨通进、李丽丽、林航译，中国社会科学出版社2011年版，第1页。

③ 这里所讲的伦理主义路向并非等同于古典政治哲学的德行思路，后者要求从道德的至高维度来推出现实政治的基本规则，而前者却始终是将现实政治作为出发点的。

④ 需要指出的是，罗尔斯在《政治自由主义》中将之前《正义论》中的“道德正义”修正为“政治正义”，似乎与马克思改伦理主义路向为历史主义路向的做法是内在会通的，但实质上，由于没有像马克思那样深入到经济关系层面来说明政治问题，因此，罗尔斯话语结构的铺排方式说到底仍然是伦理主义的。如果认为政治正义是西方三百年来整个公共文化与思想运动的最后结果，那么这在很大程度上是就自由主义政治哲学所倚重的“程序”来说的，而其理论前提还是霍布斯、洛克等哲学家所开启的以“应得”为核心理念的道德思路。

的问题，而是要在批判性视域中来追问：这些价值规范在何种历史条件下才是可能的？这是与自由主义政治哲学相比在问题域上的重大转换，而这一问题域的转换使马克思深入远非自由主义所能触及的深层现实，使其政治哲学在现实性维度上落归于更为坚实的历史地平线。由此可见，马克思政治哲学与自由主义政治哲学产生交集的地方，也正是它们分道扬镳之处。施特劳斯将马克思委身于马基雅维利以降自由主义政治哲学家之列，虽见证了其解读政治哲学史的独到功夫，但无疑同时也是一种粗疏乃至粗暴的做法。而颇有反讽意味的是，马克思政治哲学在现实性维度上开启的批判性视野及其问题域的转换，甚至已经使其现代性的理论形态推递为现代性批判的理论形态，但以现代性批判为根本基准来发展政治哲学的施特劳斯，却并未发现自己与马克思的这种一致，所以只能在理解马克思的道路上越走越偏。

（二）马克思政治哲学的超越性维度

施特劳斯对马克思政治哲学与自由主义政治哲学作同质化处理的失误，不仅在于没有看到两者在现实性维度上的“同而不合”，而且也在于没有意识到它们之间的此一分殊，即在程序主义上走得过远的自由主义，是倾向于消解政治形而上学的（康德、黑格尔等哲学家的形而上学之思，则是另一码事），而马克思则在解构传统形而上学的过程中，在一定程度上回归到古典政治哲学的思维路向，建构起基于历史分析的新形而上学，使政治哲学的超越性维度在历史性界面上重新开显。这里的问题是，施特劳斯其实是将马克思的哲学解释为决定论套路中的实证理论，因而在他看来，马克思根本不可能像古人那样，预设不可被实证化的超越性政治目标，而只是根据历史的流变来不断调节其政治主张。但思想史的实情却证明施特劳斯犯下了低级错误。马克思的现代性致思方式尽管已经翻转了古希腊、古罗马人的整个哲学路数，但这在一定意义上却展现了哲学思维上的“否定之否定”，即古代哲学的某些既素朴又高贵的东西，在马克思这里又以全新的面孔得以昭显，保持了思想史自古代而现代的连续性，使现代人不至于在颠倒古代人上因过于彻底而误入歧途。至少，马克思关于“儿童”与“成人”的形象比喻就生动地说明了这一点：马克思曾将古希腊人比作“儿童”，将现代人比作“成人”。“一个成人不能再变成儿童，否则就变得稚气了。但是，儿童的天真不使成人感到愉快吗？他自己不该努力在一个更高的阶梯上把儿童的真实再现出来吗？在每一个时代，它固有的性格不是以其纯真性又活跃在儿童的天性中吗？为什么历史上的人类童年时代，在它发展得最完美的地方，不该作为永不复返的阶段而显示出永久的魅力呢？”①

如果可以这样说，古希腊人的“天真”和“真实”在政治哲学上的最高体现，是以自然正义来为政治的合法性奠基，那么自然正义虽然被马克思推到了被告席上，但他最终崇尚的却又是自然性的政治生活。这是因为马克思政治哲学的口号之一是在批判旧世界中发现新世界，而新世界具体化为共产主义后，马克思给出的描绘就是：“作为完成了的自然主义，等于人道主义，而作为完成了的人道主义，等于自然主义，它是人和自然界之间、人和人之间的矛盾的真正解决，是存在和本质、对象化和自我确证、自由和必然、个体和类之间的斗争的真正解决。”② 马克思描绘的理想图景几乎就是柏拉图超感性世界的一个现代版本，而其最深刻的思想基础则无疑就是一种向上升腾的自然性政治。这种自然性政治克服了古典自然正义无视现实政治存在的非历史性，但却保留了后者的形而上学特质与超越性思想取向。所以，我们不仅会在马克思的政治哲学中发现因其现实性维度而与自由主义政治哲学共享的一些价值原则，如自由、平等，而且也会发现马克思对这些价值原则的理解与规定，已上升到一个远非罗尔斯等自由主义政治哲学家所能企及的高度，超越性维度与现实性维度在马克思这里实质上已结合为政治哲学的一体两面。

进而论之，超越性与现实性这双重维度之所以在马克思的政治哲学中合而为一，是因为从其博士论文开始，马克思就始终既强调哲学应当世界化，又强调世界应当哲学化；既强调思想应当力求成为现实，又强调现实应当力求趋向思想。无论是强调世界的哲学化，还是强调现实对于思想的趋同，都说明马克思并非在“从物质到意识”的决定论中理解理论与实践的关系，而实情毋宁是，他一方面看到了改变世界的历史实践对于理论具有巨大的推动作用，但另一方面也看到了理论创造活动对于现实历史实践具有难以限量的引导意义。可以这么说，正是对理论与实践之关系的这种深刻理解，才决定了马克思在其政治哲学的创造中，不但像所有现代性政

---

① 《马克思恩格斯文集》第 8 卷，人民出版社 2009 年版，第 35—36 页。

② 《马克思恩格斯文集》第 1 卷，人民出版社 2009 年版，第 185 页。

治哲学家那样直面不断展开的历史逻辑，而且也像大部分古典政治哲学家那样，在至高至上的理论层面来“一览众山小”地审视现实政治。如果说政治哲学超越性维度与现实性维度及其结合，归根结底就是缘起于马克思对理论与实践之关系的上述双向厘定，那么我们由此可推出的结论是，在政治哲学的谱系中，施特劳斯的核心目标以及罗尔斯的关键主张，其实在马克思的政治哲学中早有一些呈现，根据是施特劳斯与罗尔斯分别是在理论一极和实践一极中来申说其观点的（虽然如上所述，他们都强调理论与实践的关系，但实践在施特劳斯那里却还是要从理论导出，而理论在罗尔斯那里则一定要兑现为实践），而前者所诉求的一些理论的东西及后者所追求的一些实践的东西，都可在马克思政治哲学的超越性维度与现实性维度中得到开掘。当然，这并不意味着马克思政治哲学是同质于施特劳斯及罗尔斯政治哲学的，相反，这只能意味着完全以施特劳斯的方式或罗尔斯的方式来解释马克思的政治哲学是根本行不通的。

综上所述，本文从追问“何为政治哲学”出发，梳理、盘点、考察了施特劳斯、罗尔斯、马克思所代表的政治哲学谱系及其相互关系。本文此番工作表明，这三种政治哲学谱系并非完全互为他者，而是彼此之间存在一些交集，特别是施特劳斯对政治哲学的一般界定，更是提供了一个认识几乎所有政治哲学的普泛标准；但它们总体上还是具有各自特定的总问题，对应着三种不可等而视之的理论范式。所以，从描述和经验意义上讲，把握这三种政治哲学谱系及其相互关系，厘清何为政治哲学，需要在它们之间予以必要的“划界”。然而，从规范和价值意义上讲，我们又应在“划界”的前提下予以必要的“越界”，即穿越这三种政治哲学所固有的理论边界，从他者的视角来洞观它们的优长与短缺，进而根据当代性问题意识作出价值排序与选择。从“越界”来看，施特劳斯及罗尔斯的政治哲学，都有其被人们认同与接受的深刻理由，但马克思的政治哲学则应当是最值得我们深入开发的思想宝藏，这一来是因为马克思政治哲学超越性与现实性的双重维度，兼济了古典与现代的思想智慧，包容了理论与实践的辩证张力，因此，具有更为开阔的思想敞开空间，更能游刃有余地回应现实政治不断提出的新问题；二来则是因为其他两种政治哲学固然可以成为人们学术研究的支点，但其根深蒂固的西方历史与文化背景，决定了其所提出的问题难以在中国语境下产生积极的“化学反应”，难以为中国的社会改革提供实质性的理论指导，与此不同的情况是，理论和实践层面不断开展和推进的马克思主义中国化，已经为中国政治哲学研究奠立了最为深厚的思想与社会基础，因而马克思主义政治哲学的中国化，将是一个崭新但意义深远的重大理论课题，而马克思的政治哲学也必将会为这一课题的开展提供取之不尽、用之不竭的思想资源。

（原载《中国人民大学学报》2014 年第 4 期）

何为政治哲学[*]

龚　群[**]

政治哲学在当代兴起，成为学术界、理论界的一道亮丽的风景线。然而，当人们讨论政治哲学时，不得不返回到政治哲学概念本身，即何为政治哲学的问题上。本文试图从西方政治哲学思想史的角度，对于政治哲学的概念进行清理。

一

政治哲学所要探究的是什么？应当是政治领域里的哲学问题。因此，对于政治哲学来说，首先应当理解的是什么是"政治"。政治是关切到每个人的事务。作为一个人、人类的一员，可以离开政治吗？亚里士多德明确地说："人在本性上……正是一个政治动物。"① 人在本性上就是一个政治动物，也就意味着人不可能离开政治。"政治"（πόλισ，polis，city，city-state）这一概念，在亚里士多德的意义上，也就是城邦共同体，或城邦国家。在亚里士多德看来，从人类的本性或人类的自然进程看，就在于从家庭、村落等进化到政治共同体。在他看来，城邦就是人类共同体的最高形式。因此，人的本性决定了人是在政治共同体中生活的。如果一个人从不在政治共同体中生活，或不是政治共同体的一员，他如果不是野兽，也就是神②。既然人不可能离开政治共同体而生存，那么，政治对于每个

---

* 基金项目：国家社会科学基金重点项目（13AX023）；北京市社会科学基金重点项目（14ZXA001）。

** 龚群：中国人民大学哲学院教授。

① ［古希腊］亚里士多德：《政治学》，吴寿彭译，商务印书馆1965年版，第7页。

② 同上书，第9页。

人而言，就不是可以离开或不可能离开的问题。政治共同体对于人们而言，如同罗尔斯所说的，是生入其中而死出其外[①]。那么，何为“政治共同体”？这一概念是一个复合概念，即为政治与共同体两个单词的复合体。这两个概念可以区分理解在于人类社会有着不同的共同体，如经济共同体、信仰共同体等。然而，在亚里士多德那里，这一复合概念所表示的也就是城邦或城邦国家。城邦是古希腊最大的政治共同体，或包括全体成员的共同体。因此，对于城邦政治的理解，也可以看作对政治的最初含义的理解。

政治共同体关涉全体社成员。那么，政治共同体所要追求的是什么？在亚里士多德看来，人自身的善是政治科学的目的，也就是城邦政治的目的。这种善对于个人和城邦来说是同一的。亚里士多德认为，政治共同体的建构是人类自然进化的自然结果，也是最高成就。之所以成为最高成就，就在于，人只有在城邦中，才能追求和实现人类的最高善。这个最高善不是别的，就是政治共同体全体公民的幸福。“幸福是终极的和自足的，它就是一切行为的目的。”[②] 那么，在一个政治共同体内，如何才能实现全体公民的幸福呢？亚里士多德的政治共同体，是一个全体公民参与政治的共同体，即政治是所有公民的事务。从亚里士多德的观点看，人只有参与公共政治事务才能实现人的本性。亚里士多德认为，城邦是全体公民可以轮番参与管理的政治体制，因此，就应具有作为统治者的德行和作为被统治者的德行。其次，亚里士多德强调，城邦的社会秩序是以正义为基础。他说：“城邦以正义为原则。由正义衍生的礼法，可凭以判断人间的是非曲直，正义恰正是树立社会秩序的基础。”[③] 亚里士多德认为，人类由于志趋善良而有所成就，成为最优秀的动物，然而，他“如果不讲礼法、违背正义、他就堕落为最恶劣的动物”[④]。亚里士多德强调正义为城邦之原则和

---

① 在几千年的中国传统社会中，自从伯夷、叔齐以来，就有一批又一批志在山林的隐士，长年生活在人迹罕见的深山老林。他们是脱离社会政治共同体吗？既是又不是。长期隐居之后，有的人成为名士，就有人来请他们出山，名气大的，则是皇帝亲自下诏请其出山。但也有人畏于政治的险恶，在政治上成功之后，或隐居于山林，或隐居于民间闹市。因此，中国传统社会中的隐士现象不足以成为亚里士多德的命题的反例。

② ［古希腊］亚里士多德：《尼可马科伦理学》，苗力田译，中国社会科学出版社 1990 年版，第 11 页。

③ ［古希腊］亚里士多德：《政治学》，吴寿彭译，商务印书馆 1965 年版，第 9 页。

④ 同上。

城邦正义的基础。如果没有正义，这样的城邦无幸福可言。亚里士多德继承了柏拉图在《国家篇》中的基本论点，强调正义是城邦政治的基础。同时，城邦的正义在于公民的德行，如果公民没有德行，也就必然会背离正义，从而堕落为最恶劣的动物。因此，城邦幸福作为公共善，只有用公民的德行来共同经营才能实现。即幸福作为共同善，需要有德行的公民把它作为共同目标来追求。

从亚里士多德的政治概念的含义来看，包含着现代民主政治的基本理念，即政治是全体公民参与的事务，政治参与权是公民的基本权利；其次，亚里士多德虽然强调正义原则对于城邦政治的重要性，但他更强调公民德性的基础性作用。即社会秩序作为公民幸福的社会秩序保障，必须回到普遍公民的德行善这一层次去回答。就这第二层次的基本意义而言，它表明了亚里士多德的政治哲学与当代民主政治哲学的区别。正如尚塔尔·墨菲所说："对于像罗尔斯这样的康德式的自由主义者来说，权利对于善的优先性不仅意味着人们不能借普遍的善的名义来牺牲个人的权利，而且正义原则也不能从某种特定的幸福生活的观念中推导出来。这是自由主义的一条基本原则，据此，也就不存在那种可被强加于所有个人的关于快乐和幸福的至上概念，相反，每个人必定都有找到他所理解的那种幸福的可能性，为自己树立适当的目标，进而以他自己的方式来努力实现这些目标。"[①] 实际上，亚里士多德并不认为有那种可被强加的具体的幸福概念，而是把幸福看成是一个至善，一个自足和因其自身之故而应当被追求的最高目标。这样一个概念是哲学的，而不是具体生活的。他认为这样一个目标不仅是个人，同样也是城邦共同体应当追求的目标。在这里，我们不仅仅是在政治的层面谈论亚里士多德，而且是在哲学的层面。这是因为，政治哲学是从抽象的层面、而不是从具体的政府管理事务的层面来讨论政治问题，即相对超脱于具体事务的层面来讨论政治问题。应当看到，亚里士多德对政治的理解包含一种基本的政治哲学模式。当代的社群主义和共和主义的政治哲学都体现了这种亚里士多德式影响。无论是桑德尔还是麦金太尔，都是以一种亚里士多德的讨论模式来展开对自由主义的政治哲学的批评。麦金太尔对于亚里士多德式的共同体的向往，以及对于现代民主的批评，都体现了他的亚里士多德情结。在麦金太尔看来，亚里士多德的伦

---

① ［英］尚塔尔·墨菲：《政治的回归》，王恒等译，江苏人民出版社2005年版，第39页。

理学与政治哲学都体现了一种以德行为中心的共同体精神。即共同体的善是所有参与计划和经营这样的共同体的人所共享的，他们的友爱与团结是在对于共同善的追求和分享中形成的。因此，对于这种实践而言，他们需要把精神和性格中的那些有助于实现他们的共同善的品质看作德行，那些相应的缺点看成恶①。因此，是德行而不是权利才是政治考量的核心问题。据此，麦金太尔把亚里士多德“看作是与自由现代之声相抗衡的真正主角”②。麦金太尔能够这样看待亚里士多德，在于他忽略了亚里士多德对古希腊公民政治公民资格（公民即为自由民，政治是公民生存的自由领域）的理解③。

亚里士多德式的政治哲学把共同体的共同善（幸福）看成首要的，这样一种对于政治本性的理解也是柏拉图的政治哲学的特征。柏拉图在他的《国家篇》（《理想国》）中，就把建构一个正义的政治共同体置于中心地位。这一特征在近代的卢梭那里继承下来，他强调通过契约来建构一个真正的共同体，这样一个共同体也就是所有成员能够享有政治自由的领域。卢梭说：“要寻找一种结合的形式，使它能以全部共同的力量来卫护和保障每个结合者的人身和财富，并且由于这一结合而使每一个与全体相联合的个人又只不过是在服从自己本人，并且仍然像以往一样地自由。”④ 这样一种结合形式就是通过契约而形成一个共同体：“这一结合行为就产生了一个道德的与集体的共同体，以代替每个订约者的个人；组成共同体的成员数目就等于大会中所有的票数，而共同体就以这同一个行为获得了它的统一性、它的公共的大我、它的生命和意志。”⑤ 因此，如果说当代社群主义体现了对于亚里士多德的政治哲学的情结，那么，我们可以在卢梭对真

① ［美］麦金太尔：《德性之后》，龚群等译，中国社会科学出版社 1995 年版，第 190 页。

② 同上书，第 184 页。

③ 玛莎·努斯鲍姆指出：“亚里士多德的思想以很多不同的方式为现代政治理论所用……这些思想在一些很不相同的政治纲领中占据了中心地位：雅克·马利坦的天主教民主观点；约翰·芬尼斯和热尔曼·格里塞的天主教保守主义观点；阿拉斯代尔·麦金太尔的天主教社群主义观点；早期马克思及其叫醒占的这条线索后来的追随者的人本主义马克思主义；以及 T. H. 格林和欧内斯特·巴克为代表的英国自由主义的社会民主传统。所有这些思想家都可以恰当宣称，在亚里士多德那里，发现了对他们观点的一些支持。之所以如此，部分原因就在于，亚里士多德是一位覆盖广泛领域的政治思想家，当然有时候也是一位内在不一致的思想家。”（［美］玛莎·努斯鲍姆：《美的脆弱性》，徐向东等译，译林出版社 2007 年版，第 9—10 页）

④ ［法］卢梭：《社会契约论》，何兆武译，商务印书馆 1980 年版，第 23 页。

⑤ 同上书，第 25 页。

正共同体的真正自由的强调中，看到这样一种对于政治的理解。因此，当代社群主义的政治哲学可以追溯一个悠久的传统，这一传统的源头就在古希腊。

二

现当代自由主义的政治哲学不把善看成优先于正当或权利，而是把权利（或者说，自然权利、人权或个人权利）看成正义的根本要义。因此，现当代自由主义的政治哲学是权利的政治哲学而不是共同善的政治哲学。在自由主义者看来，权利对于善有着绝对的优先性，政治之善就在于作为公共事务代表的公共权威能够维护其成员的基本权利或人权，如果公共权威或公共权力不能维护其成员的基本权利，也就没有存在的理由。这些权利就是以自然权利或人权来表达的生命权、自由权和财产权等。在自由主义者看来，权利（在17世纪、18世纪，如洛克那里，是自然权利）或者说人权是政治合法性的依据所在。权利或人权的奠基性是自由主义政治哲学的特征，正义作为政治的基本原则，体现的就是基本权利的不可剥夺、不可转让的根本特性。这与亚里士多德的观念是不同的。亚里士多德强调“正义以公共利益为依归”①。亚里士多德的公共利益，实际上就是公共善。因此，自由主义把公民的基本权利置于政治奠基性的地位，表明了现代政治哲学与古代政治哲学的根本区别。

当然，当代社群主义不同于自由主义的论点，从而体现了古代政治哲学对当代的影响。社群主义认为，不存在权利对善的绝对优先性。他们像亚里士多德那样看问题，即认为只有在特定的共同体内部才有有权利的个人存在，而个人的权利是依据这一共同体的善以及个人对于共同善的贡献来决定的。或者说，因为个人参与了共同善的共同追求，从而有着对于共同善的分享。应当看到，亚里士多德式的共同体具有这样的特征，并且个人的善与公共的善有着内在的密切关系。不过，阿伦特也提出了发人深省的类似问题。她联系第二次世界大战中犹太人所遭受的种族灭绝性灾难，提出古典自由主义以来所提出的人权仅仅是一些抽象的权利。阿伦特认为，要拥有这些权利，还必须有一种权利，即公民权。如果不以民主社会

---

① ［古希腊］亚里士多德：《政治学》，吴寿彭译，商务印书馆1965年版，第148页。

的公民权为前提，就是虚幻的权利。阿伦特说："我们开始注意到还存在一种权利，即获得各种权利的权利……和从属于某种有组织的社群的权利。"① 不论是否可把当代的沃尔泽看作阿伦特的回应，沃尔泽在对罗尔斯的批评性论战中提出，公民资格是所有公共善中最重要的善，或是一切公民权利的获得的前提和基础。沃尔泽说："在人类某些共同体里，我们互相分配的首要善（primary good）是成员资格。而我们在成员资格方面所做的一切建构着我们所有其他的分配选择：它决定了我们与谁一起做那些选择，我们要求谁的服从并从他们身上征税，以及我们给谁分配物品和服务。"② 成员资格或说公民资格也就是决定谁来组成这样一个政治共同体。在沃尔泽看来，成员资格是最重要的善。失去了或不能获得某一民主国家的公民资格，也就意味着没有任何资格来享有其权利。因此，在当代世界存在着有边界的政治共同体的国际格局下，人权或人的基本权利仍然难以成为真正的普遍有效的权利而得到普遍性的保障。

贡斯当在法国大革命之后对法国大革命的反思，提出古代人的自由与现代人的自由之不同的问题，催使人们意识到现代自由即个人自由的极端重要性。贡斯当针对法国大革命中任何人的生命安全都得不到保障的问题，指出如果我们还仅仅追求类似于古希腊人的政治自由，必然带来个人自由的丧失。他认为，我们已经不是处在古希腊的政治环境之中，对于现代人而言，弥足珍贵的是个人不受任意逮捕、任意侵犯和专横干涉的自由，而不是在个人自由都根本无法保障的前提下的政治参与的自由。贡斯当说："自由是只受法律制约，而不因某个人或若干人的专断意志受到某种方式的逮捕、拘禁、处死或虐待的权利，它是每个人表达意见、选择并从事某一职业、支配甚至滥用财产的权利，是不必经过许可、不必说明动机或事由而迁徙的权利。它是每个人与其他个人结社的权利。"③ 当然，贡斯当并不认为政治自由不重要，但如果连个人的生存自由都得不保障，人们还奢谈什么政治自由呢？因此，在这个意义上，贡斯当把亚里士多德那

① ［美］汉娜·阿伦特：《极权主义的起源》，林骧华译，生活·读书·新知三联书店 2008 年版，第 388 页。

② ［美］迈克尔·沃尔泽：《正义诸领域：为多元主义与平等一辩》，褚松燕译，译林出版社 2002 年版，第 38 页。

③ ［法］邦雅曼·贡斯当：《古代人的自由与现代人的自由》，阎克文等译，商务印书馆 1999 年版，第 26 页。

里的不可分割的公共善与个人善分离开来，从而体现了现代自由主义关切的重心所在。20世纪的伯林接过贡斯当的论题，在政治哲学相当消沉的年代，响亮地提出了两种自由即消极自由与积极自由的区分问题。所谓消极自由即是贡斯当所说的不受干涉、不受强迫、不受侵害的个人自由，积极自由则是与政治参与相关的自我实现的自由。伯林面对20世纪极权主义的横行，指出积极自由变性的问题，深化了贡斯当的论题。伯林的论题是以人类所付出的沉痛历史教训为前提的。伯林指出，积极自由也就是自我做主，或在社会政治领域里的自我做主。然而，自我概念则会膨胀，它会变成超级的自我。伯林说："真实的自我有可能被理解成某种比个体（就这个词的一般含义而言）更广的东西，如个人只被理解为是作为社会'整体'，如部落、民族、教会、国家、生者、死者与未出生者组成的大社会的某个要素和方面。"[①] 真正的个人自我则在其中贬值或消失，从而使得消极自由无从实现。在伯林论题的意义上，我们明显感到公共善与个人善的区分，这个现代世界确实已经远离亚里士多德的古代世界了。

现代自由主义把公共善与个人善区分开来，从而承诺了一种价值多元主义。即任何人都有设定自己的价值追求的权利，自我善的观念是个人合理生活计划的体现，不可能在个人身上强加一种生活样式。因此，现代自由主义舍弃了社会一元性善的观念。现代社会中存在着多元性的宗教、道德与哲学的整全式的学说与观点，这些学说与观点都内在包含着对于信仰、道德与哲学的不同观点，对于生活追求的不同的价值态度，以及人们对于自我善观念的认肯。一个现代社会不可能使得其全体成员压倒性或全面性信奉、持有某种宗教或哲学信念，除非以强力进行强制。然而，这与现代民主的价值观是背道而驰的。在罗尔斯看来，多元性的宗教、道德与哲学价值观念与学说的存在不是坏事，恰恰是现代民主社会的幸事。这是因为，由于人类个体的生存环境、社会境况和知识背景的不同，人类的理性认知以及情感认同是多元的。麦金太尔同样承认现代社会是一个价值多元的社会，然而，麦金太尔提出，价值多元并非幸事，多元能够有序吗？如果不能有序，也就意味着现代社会的价值无序。无序恰恰意味着一种道德的混乱或灾难。那么，何以能够多元而有序？罗尔斯提出重叠共识来解

---

① Isaiah Berlin, *Two concepts of Liberty*, in *Liberty*, *Edited by Henry Hardy*, Oxford University Press, 2002, p. 179.

决这一问题。即要维护多元性的价值观念与学说，同时又要形成某种政治共识，从而在政治层面达成一种稳定的社会秩序和结构。罗尔斯提出在价值多元基础上的政治重叠共识，即寻找不同的宗教、道德和哲学观念和学说中能够达成政治共识的理性基础和要素。罗尔斯的目标是在政治的正义观念上达成重叠共识。罗尔斯的重叠共识论所诉诸的民主社会的政治背景文化以及这一文化所形成的政治心理，即这样一种政治背景为重叠共识提供了文化与心理的支撑。因此，个人生活以及善追求的价值多元与政治社会的有序性以及社会团结并不冲突。实际上，人类社会自从进入文明时代以来，就是一个理性多元或价值观念多元的历史时代，如在中国的春秋时代，就呈现百家争鸣的多元价值局面。如何在这样的价值文化背景之下，既充分尊重个人的个性自由和对自我善的追求，从而使得社会呈现生动活泼的局面，同时又使得一个社会不失去社会团结的向心力从而保持一个社会的稳定有序发展，似乎是人类社会长期以来的两难境地。在尊重价值多元的前提下提出的重叠共识，将这样两个维度的问题并成了一个合题，从而破解了这一社会难题。不过，这里的问题在于，一个社会必须有这样一个重叠共识的核心理念以及制度支持。即要寻求共识，则必须在多元性的价值追求之中，寻求到一个共同认可的理念。同时，也要有相应的社会基本制度能够使得这种重叠共识能够在社会制度框架内得到实现。

平等问题是当代政治哲学的重心之一。就平等的最一般意义而言，是在全体社会成员之间如何在政治、经济等方面实现一种一视同仁的对待，即不因其出身、地位、财富或天资的差别而在社会可分配的资源方面实现同等对待。在西方现代民主国家，由于政治平等已经成为共识，因而并非是一种有着诸多争论的话题。因此，对于平等问题，当代（西方）政治哲学所关注的问题主要体现在财富分配问题上。对这一问题的关注在这样两端：一是发达国家的财富分配问题，二是极端贫困国家和地区的贫困问题。对于发达国家的财富分配问题，即贫富差距问题，为什么要对富人征收高额税？为什么最少受惠者在财富分配上享有优先关照权？罗尔斯以“公平的正义”理论回答了这一问题。这一理论的哲学依据一是康德式的理性自我，即人类个体是具有道德能力的个体，他们只能接受平等意义上的公平正义原则。二是个人资质的“共同资产”论。罗尔斯说：“把自然才能（natural talents）的分配看作一种共同资产（a common asset），共同分享这种分配利益（不论其结果是什么）。那些先天有利的人，不论他们是谁，只能在改善那些不利者的状况的条件下从他们的幸运中得利。在天赋上占优势者不能仅仅因为他们天分较高而得益，而只能通过抵消训练和教育费用和用他们的天赋来帮助不利者得益。没有一个人能说他的较高天赋是他应得的，也没有一种优点配得到一个社会中较有利的出发点。但不能因此推论说我们应当消除这些差别。我们另有一种处理它们的办法。社会基本结构可以如此安排，用这些偶然因素来为最不幸者谋利。”① 在罗尔斯看来，那些具有天资或才能突出的人，他们所拥有的才能或天资是社会的共同资产，其中有着社会所付出的资本成分，并且，就他们个人而言，则是任意的，并非是必然地为他们所拥有。因此，由于天资所带来的比他们更多的财富应当进行重新分配，使社会最少受惠者受益，从而不断提高社会最少受惠者的社会期望。诺齐克认为，任何分配正义也就是持有正义。但持有是依据权利的，或有资格持有的，都是正义的。所以诺齐克说：“分配正义的整个原则只是说：如果所有人对分配在其份下的持有都是有资格的，那么这个分配就是公正的。”② 诺齐克认为，像罗尔斯以差别原则进行社会利益的调整，也就是一种模式化的分配。所谓模式化分配，即不区分、不考虑是否当事人会自愿同意，政府就以法律的要求把人们的财富进行转移。如果他人（包括政府）通过某种模式化的分配拿走任何人的合理合法所得，都是不正义的，因为这样侵犯了人们的财产权，从而侵犯了人们的自由。因此，在财富再分配问题上，又涉及人们对自由的理解。传统的自由主义把财产权看成人的基本自由权之一，而把任何合理合法的所得都看成自由权的体现。罗尔斯则把高收入者的富有收入看成他们不应得的，因为他们由于运气等偶然因素所带来的财富并非源于他们不可分离的权利。因此，罗尔斯与诺齐克两人对于自由的理解不在一个层次上。罗尔斯强调结果的平等性，而诺齐克则强调个人的分立性，强调任何个人权利的不可侵犯性。实际上，一个社会严重的不平等必然侵犯社会自由或对社会自由构成威胁。一个少数人无比富有而多数人一贫如洗的社会必然是一个多数人的自由遭受剥夺的社会。因为在这样的社会情形下，为确保少数人的富有地位，正如沃尔泽所说的，金钱必然越过它所在的经济领域而对其他社会领域发挥其作用，从而导致政治腐败以及金钱统治。就

① John Rawls, *A Theory of Justice*, Harvard University Press, 1971, pp. 101 - 102.

② Robert Nozick, *Anarchy State and Utopia*, Basic Books, Inc., 1974, p. 151.

此而论，罗尔斯的“公平正义”论，恰恰体现了社会的良知。

全球正义是当代政治哲学讨论的又一个重要领域。而对于全球正义来讲，全球贫困则是他们所关注的焦点。在当代世界，一种景象是少数富人的无比富有，另一种景象则是数以亿计的穷人每天面临着饥饿的威胁。全球贫困对于自由主义所追求的人类平等而言，几乎成了挥之不去的噩梦。而平等的口号，又是一个何等深重的话题。世界主义的理想在两千年前的斯多亚派那里就已经提出，然而，人人平等的世界大同境界却是一道可望不可及的地平线。世界主义作为一种道德标准而不是作为一种可实际操作的话语，激发了有良知的世界知识分子的热情参与。涛慕思·博格是这一领域里的杰出代表。他的关注表明，我们对于正义的考量，不应仅仅停留在以政治共同体为边界的国内正义上，而应关注我们这个世界巨大的贫富差距。在我们这个世界上，有人在为最大限度权利的充分实现而努力；另一方面，又有人在那么无助的状况下为最基本的生存权的实现而挣扎。难道富人的富有是应得的，穷人的一贫如洗也是应得的吗？在涛慕思·博格看来，当代国际经济秩序是造成贫困国家和贫困地区的大面积人口贫困的最深刻原因①。

当代中国学术界介入政治哲学领域里的研究，首先是在译介西方政治哲学的著作的前提下进行的。其次则是对西方诸多的政治哲学理论本身的研究和讨论。我国政治哲学领域已经对于当代西方著名的哲学家理论有着众多的讨论。并且，某些西方政治哲学的概念已经深入人心。“公平的正义”是罗尔斯的正义理论的基本称呼，罗尔斯的正义原则也就称为“公平的正义原则”。在市场经济条件下所引发的社会贫富差别，使我们意识到了正义问题的严峻性，而公平正义也就成为我们在市场经济条件下所追求的一个理想目标。在这样的背景下，马克思主义的社会主义理想也成为政治哲学所考察的一个基本方面。因此，联系当代中国社会主义的政治经济等方面的实践，进行政治哲学研究，是当代中国学者的使命。

政治哲学的研究关注人类的前途与命运，关乎人类的生存与理想。人类学家的研究表明，自从非洲的南方古猿进化到人类以来，人类生存于世已经有几百万的历史，就是晚期智人或新人，也已经有了 4 万年的历史，

---

① ［美］涛慕思·博格：《康德、罗尔斯与全球正义》，刘莘、徐向东等译，上海译文出版社 2010 年版，第 448 页。

人类自从进入文明时代以来也已经有了几千年的历史。人类的进化以及文明进化的过程，是一个充满苦难的历史。然而，刚过去不久的那个世纪的无比深重的灾难表明，人类的苦难远没到尽头。但人类没有失去希望。一个人人自由平等而其权利得到充分实现的幸福境地既是理想，也是现实的希望。在这样一个平庸的世界，我们仍然有追求崇高的梦想。马丁·路德·金所高喊的“我有一个梦想”，仍然是我们所要呼喊的。朝着那个方向努力，我们就有希望。

[原载《吉首大学学报》(社会科学版) 2014 年第 5 期]

现代性政治哲学的基础共识：从施特劳斯到罗尔斯*

刘　莘**

一　政治哲学的复兴

1959年，时年60岁的政治哲学家列奥·施特劳斯（Leo Strauss）出版了主标题为《什么是政治哲学》的论文集，该论文集收录的首篇论文即是与之同名的《什么是政治哲学》。为了回答“什么是政治哲学”这个问题，让我们追随施特劳斯并进入政治哲学的思想语境。施特劳斯的实质性的开篇叙论如下：

> 自诞生于雅典以来，政治哲学的意义及其意味深长的特征就始终是明摆着的，直至今日。所有政治行动都有自己的目标，要么是维系，要么是改变。当想要维系时，我们希望阻止向着更坏的方向发生改变；当想要改变时，我们希望导致更好的结果。因此，所有政治行动都受到某种关于“更好”和“更坏”的思考的引导，而对“更好”（the better）和“更坏”的思考就意味着对“善”（the good）的思考。通常，引导我们行动的“善”的意识具有意见的特征：意见经常不受质疑，但反思会揭示出意见是可受质疑的。可见，所有政治行动在其自身中就有对“善”的真知的向往，亦即对什么是“优良生活”（the good life）或“优良社会”（the good society）的真知的向往。①

* 基金项目：四川大学中央高校基本科研业务费研究专项项目“现代性政治哲学视野中的中国高等教育研究”（skgy201127）阶段性成果。

** 刘莘：四川大学哲学系教授。

① Leo Strauss, *What is Political Philosophy*, Free Press, 1959, p. 9.

施特劳斯接着说，政治哲学的主题就是以真知的形式表现出来的人类的伟大目标，正是这些目标才能够使人突破狭隘的自我并从这种突破中得到提升①。但这些伟大的目标并不外于政治事务，因为，政治事务总已经内在地包含着对“善”或“正义”的向往，并总要受到以“善”或“正义”称谓的标准的评判。施特劳斯强调，政治哲学要想不与政治事务相分隔，就必须致力于获得关于“善”或“正义”等价值标准的真知②。

施特劳斯关于政治哲学的本质的论述，与那个时代大行其道的实证主义格格不入。作为一种哲学思潮，实证主义要求只能立足于逻辑的真理标准与经验的真理标准去检验哲学陈述或哲学语句是否有意义，并在此基础上把千百年来争论不休而又无任何进展的形而上学问题作为伪问题而加以拒斥。凭借经验主义的“剃刀”，哲学实证主义者不仅希望能够清扫出一个干净而清晰的思想世界，而且希望弄清这个思想世界与由科学揭示的自然世界之间的内在关系。毕竟，在哲学实证主义者看来，人的存在及人的思想都是能够得到科学证明的自然演化的环节和结果。这就意味着，哲学实证主义以拒斥“物质—精神”“身体—心灵”“自由—必然”等二元论为己任，力图从哲学的高度和无异于科学的视野去实现自然世界与思想世界的和解。

作为一种社会思潮，致力于研究和解决人类社会问题的实证主义仿效自然科学，认为只有关于经验事实的问题才可能得到科学的处理或解决。这种仿效自有其深刻的理由。首先，基于数学和实证而诞生的现代自然科学，在各个领域取得了开天辟地的精神成就，从而使人类关于宇宙和自然的知识具有了奠基于重复检验和超前预见的结构性的累积和进步。其结果就是，在科学理性的拷问下，在实证研究的指引下，人类祛魅了自然世界的秘密并将之作为规律而予以了合理化的解释。祛魅和去道德化是科学理性发展的直接后果，也是判断科学时代是否到来的基本标准。

作为一种社会思潮的实证主义以人类社会为科学的研究对象。实证研究抗拒整体化的思辨，强调各研究领域的智力劳动分工，强调对经验事实的逐步发现和能够累积的点滴进步。政治科学作为实证主义的社会科学分支，致力于道德中立地描述和刻画各类政治参与者的行为模式，致力于发

① Leo Strauss, *What is Political Philosophy*, Free Press, 1959, p. 10.

② Ibid., p. 12.

现各种政治行为及其产生原因的内在关联或规律。政治科学家反对就政治和社会事务作宏大叙事和道德描述，他们相信，唯有对各种政治行为实施价值中立的“科学”研究，才可能发现变量之间具有统计意义的政治规律。“价值中立”的社会科学要求奠基于实证主义哲学的真理观：在以数学或逻辑为代表的形式化的符号体系之外，唯有关于经验事实的陈述才可被赋予“真”或“假”的值，换言之，包括道德要求在内的价值陈述或价值立论既不可能真也不可能假。当然，不具备“真”“假”值的价值立论并非没有意义。艺术也不具有哲学实证主义界定的“真”“假”值，但没有任何实证主义者或科学主义者能够否认艺术的意义。正像实证主义者不会否认艺术的审美价值或意义，实证主义者也不会否认道德的生活价值或意义。然而，当实证主义者以数学、逻辑和科学的真理模型去否定价值领域蕴涵真理的时候，这种否定必将通过自身的运行展现其局限并被自身所否定。

施特劳斯敏锐地洞见到了实证主义运动所展现的思想局限，他说：“作为社会科学家的我们越是严肃，我们就越会在自身中发展出一种漠然对待任何目标的状态，或可将这种状态称作无根飘浮的虚无主义。”[①] 施特劳斯不是说社会科学家没有自己的研究目标，而是说，严格遵循“价值中立”的研究目标只可能是琐碎或虚假的目标。施特劳斯进一步质疑道，如果严格秉承“价值中立”原则，我们甚至不能说社会科学本生是有益的或好的。如果不能证明社会科学本科是有益的或必要的，就不得不承认，社会既可以支撑社会科学的发展，也有“同样的权利和理由压制起干扰、颠覆和腐蚀作用的虚无主义的社会科学”[②]。施特劳斯讽刺道：“然而相当奇怪的是，我们发现社会科学家急迫地‘贩卖’社会科学，也就是说，他们总想证明社会科学是必要的。”[③] 由于实证主义的社会科学的目标是以否认价值领域的真理而求取经验领域的真理，想要证明这样的社会科学总是必要的，就是想要同时证明：经验领域的真理是好的，以实证主义的方式所揭示的社会领域的真理是好的，被这样揭示出来的真理越多越好。然而，要确证上述任何一个立论，都必须以突破实证主义的“价值中立”原则为

---

① Leo Strauss, *What is Political Philosophy*, Free Press, 1959, p. 19.

② Ibid.

③ Ibid.

前提。面对实证主义的根本缺陷，施特劳斯从四个方面予以了批判。

第一，施特劳斯断言，一切重要的社会现象都不可能在放弃价值判断的前提下得到研究，并声称："禁止从前门进入政治科学、社会学和经济学的价值判断会从后门溜入这些学科。"[①] 施特劳斯没有对该论点予以系统的论证，而是举例说明"价值中立"对于政治科学是如何不可能的。他说，政治科学已经预设了政治事务和非政治事务的区别，这就要求政治科学回答"什么是政治事务"。施特劳斯接着说，由于"政治"的概念总是与"城邦"或"国家"的概念相关联，如果不能回答究竟是什么构成了这样的政治社会，就不能对"政治事务"予以明确的界定。施特劳斯认为，不诉求于社会的目的就不可能界定社会，诉求社会目的所蕴含的价值就是判断政治行动、政治制度和政治社会的标准[②]。

第二，"对价值判断的拒绝基于这样一个假设，即，不同价值的冲突或不同价值体系的冲突是人类理性根本无法解决的"[③]。然而，施特劳斯指出，这个被普遍接受的论断从未得到证明。虽然施特劳斯没有在这篇文章中指出哪些价值冲突能够被人类理性解决，也没有反过来系统地证明前述假设的错误，但却指出，这个似是而非的结论有极其明显的恶果："相信价值判断最终不受制于理性，就会助长在涉及对错问题或善恶问题时做出不负责任的论断的趋向。"[④]

第三，实证主义者相信科学知识是人类知识的最高形式，就意味着对前科学知识的轻视。而施特劳斯则指出，要把所有的前科学知识通过科学证明的方式转变成科学知识既不可能也不必要[⑤]。施特劳斯举了一个他认为最简单的例子予以说明。他说，社会科学的所有研究都有这样一个预设，即研究者能够在人与其他存在者之间做出区分。这种最根本的知识既非研究者在课堂上学到的，也没有被社会科学转变成科学知识，而是让这种知识始终保持其原初样态。"如果这种前科学知识都不是知识，那么，总是与前科学知识粘连在一起的科学知识也就缺乏知识的特征。专注于对人所共知的事情或无须科学证明反而知道得更好的事情予以科学证明，反

---

① Leo Strauss, *What is Political Philosophy*, Free Press, 1959, p. 21.

② Ibid., p. 22.

③ Ibid.

④ Ibid., p. 23.

⑤ Ibid.

而会导致对使所有科学研究得以成立并有意义的前科学之思的忽略。”[①] 施特劳斯再以“什么是政治事务”这个问题予以例证。他说，要回答这个问题，只能用辩证法的方式而不能用科学的方式，因为辩证法“必然始于前科学知识并能够严肃对待前科学知识”[②]。

第四，“实证主义必然把自己转变成历史主义”[③]。如果说施特劳斯针对实证主义的前三种批判是立足于比实证主义更丰富更开阔的视野，第四种批判就试图立足于实证主义的内在演化的逻辑。施特劳斯说，社会科学由于不从社会的整体秩序来着手自己的研究，就可能陷入这样一种危险，即把某一特定历史时期的社会样态（如20世纪中叶的西方社会）当作人类社会的本质特征。为了避免这种危险，社会科学家被迫从事所谓的“跨文化研究”，去研究其他文化的历史和现状。但由于现代西方社会的社会科学家总趋向于套用只适用于自己社会的概念框架去从事“跨文化研究”，这种研究必然面临误读异质文化的危险。为了进一步避免后一种危险，社会科学家就不得不换位于被研究者的处境去理解异质文化，而这种理解就是悬置自己的概念框架然后“如实”进入异质文化的历史理解，而这样的历史理解就成为真正的经验社会科学的基础。虽然社会科学式的历史研究想为问题寻找客观的答案，但研究什么问题却全然取决于持“价值中立”立场的研究者的主观兴趣，而这就意味着被研究的异质文化所包含和生成的各种价值全然是相对于历史的——并只有相对于历史的意义。从这种历史主义的视野来看，不仅诞生于现代西方社会的社会科学不内含超越历史的真理标准，就是现代自然科学也必然被历史地视为“一种相对于历史的理解事物的方式，而这种方式从原理上讲并不优越于理解事物的其他方式”[④]。

施特劳斯说，政治哲学正是在此遭遇了自己最严重的对手——历史主义。颇为吊诡的是，从实证主义演化而来的历史主义却在如下几个方面与实证主义形成了尖锐的对立：历史主义抛弃了实证主义十分看重的事实与价值的区分，因为承认这种区分就意味着承认评价，而历史主义的研究拒绝评价；历史主义拒绝承认现代科学的权威，视现代科学为诞生于历史的

---

① Leo Strauss, *What is Political Philosophy*, Free Press, 1959, p. 24.

② Ibid., p. 25.

③ Ibid.

④ Ibid., p. 26.

理解世界的多种方式之一，而实证主义则把现代科学视作真理的最高标准；历史主义从根本上拒绝视历史过程为进步的或合理的，而实证主义则视科学为进步和合理的历史标准；最后，历史主义还否认实证主义信奉的科学进化论立场，否认对人的理解可从人的进化中得到启示①。

当然，诞生于实证主义的历史主义与实证主义的最大共识是拒绝施特劳斯在论文开篇所表达的古典政治哲学的基本共识：需要从政治哲学的深度去对“什么是善”“什么是正义”“什么是优良生活”和“什么是优良社会”等问题进行不懈的思考和追求。面对历史主义和实证主义对古典政治哲学精神的漠视和偏离，面对可以实证的无情的历史事实，施特劳斯在纳粹帝国覆灭之后的第 14 年出版的这本政治哲学文集中警示道：“如果历史证明是必要的话，那么，1933 年的极端历史事件就正好证明了，人不能放弃对‘什么是优良社会?’的问题的追问，不能通过投靠‘历史’或异于人类理性的其他力量而推卸为该问题寻找答案的责任。”② 施特劳斯强调回归古典政治哲学核心话题的重要性和必要性，但又同时宣称：“我们可以毫不夸张地说，政治哲学在今天已经不复存在，有的只是具有葬礼意义的历史研究，或者只是软弱和没有说服力的抗议的主题。”③ 这段文字可视为施特劳斯宣言，既表达了对实证主义的统治地位的抗议，又是在呼唤古典政治哲学的精神及使命的复兴。

二　共在的问题意识

就在施特劳斯宣言发表前的一年，1958 年，时年 37 岁的约翰·罗尔斯（John Rawls）发表了名为“作为公平的正义”（Justice as Fairness）的论文。没有证据表明，1959 年的施特劳斯研读过这篇写作风格迥异于他的《什么是政治哲学?》的政治哲学论文。当时也没有证据表明，奠基于这篇论文的思想经过十数年的发展和丰富，能够在 1971 年凝结成被后来的哈贝马斯称为“标志着实践哲学的轴心式转折”④ 的恢宏巨著——《正义

① Leo Strauss, *What is Political Philosophy*, Free Press, 1959, p. 26.

② Ibid., p. 27.

③ Ibid., p. 17.

④ Jurgen Habermas, “Reconciliation through the Public Use of Reason: Remarks on John Rawls's Political Liberalism”, *Journal of Philosophy*, 92 (3), 1995.

论》。作为20世纪政治哲学复兴和发展的关键人物，罗尔斯没有仅仅去从事“只是具有葬礼意义的”政治哲学的历史研究，更没有通过寻找古典政治哲学家的微言大义而放弃一个现代思想家为古典政治哲学的永恒问题继续“寻找答案的责任”（施特劳斯语）。对比施特劳斯与罗尔斯，有理由认为，两者都反对“价值中立”的实证主义对政治哲学核心问题的漠视或僭越，都反对以历史主义的视野去代替对规范问题的探究。不同的是，施特劳斯致力于返回历史文献去阐释古典政治哲学的精神，而罗尔斯则致力于通过吸纳古典政治哲学的积极养料去开出适合现代性历史进程的政治哲学话语。

在“作为公平的正义”一文中，罗尔斯说，他想要证明“蕴含在正义概念中的根本理念是公平”①。在展开自己的论述之前，罗尔斯强调，他在该文中仅仅把正义当作社会制度的价值（virtue），而不考虑作为个人德行（virtue）的正义问题，虽然他同时认为，制度正义与人格正义具有内在关联②。在罗尔斯看来，正义作为社会制度的价值必然体现为某些正义原则，而正义社会就是在正义原则架构下运行的社会。在这样的社会中，由正义原则架构和支撑的社会制度界定着各种角色和职位以及与之相关的权利和义务，界定着权力的拥有和实施。罗尔斯清楚地认识到，“正义”这种积极价值并不能取代诸如“效率”或“稳定”的社会诉求，也不能把正义社会等同于没有瑕疵的全善社会③。尽管“作为公平的正义”一文不处理作为《正义论》核心话题的正义与效率以及正义与稳定的关系问题，也不涉及在《正义论》中得到充分论述的正义社会在哪种意义上是人这种存在者可以现实地期盼的优良社会，罗尔斯的持续半个世纪之久的正义之思的特质在这篇论文中已初现端倪。

在进入罗尔斯的正义之思之前，有两个问题迫使我们去回答。第一，人类为何需要正义？第二，为何社会制度的正义在罗尔斯看来具有如此重要的地位？假如人与人之间不存在利益或价值冲突，旨在协调和解决冲突的正义就既不可能也不必要。虽然冲突是正义到场的前提，但并非所有解决冲突的方式都与正义相关。弱肉强食的丛林法则也是解决冲突的方式，

---

① Collected Papers, Samuel Freeman, ed., Cambridge, MA: Harvard University Press, 1999, p. 47.

② Ibid., p. 48.

③ Ibid.

而且还是维系自然平衡的最有效的方式，那么，为何需要用正义原则去架构人类社会的运行从而取代、约束或规范丛林法则在人类社会中的使用呢？对此，不同的思想家有不同的回答。在柏拉图的《理想国》中有一段精彩的文字，记录了与苏格拉底论战的古希腊智者格劳孔的著名观点：

> 他们说：做不正义事是利，遭受不正义是害。遭受不正义所得的害超过干不正义所得的利。所以人们在彼此交往中既尝到过干不正义的甜头，又尝到过遭受不正义的苦头。两种味道都尝到了之后，那些不能专尝甜头不吃苦头的人，觉得最好大家成立契约：既不要得不正义之惠，也不要吃不正义之亏。打这时候起，他们中间才开始订法律立契约。他们把守法践约叫合法的、正义的。就这是正义的本质与起源。正义的本质就是最好与最坏的折中——所谓最好，就是干了坏事而不受罚；所谓最坏，就是受了罪而没法报复。人们说，既然正义是两者之折中，它之为人们所接受和赞成，就不是因为它本身真正善，而是因为这些人没有力量去干不正义，任何一个真正有力量作恶的人绝不会愿意和别人订什么契约，答应既不害人也不受害——除非他疯了。因此，苏格拉底啊，他们说，正义的本质和起源就是这样。①

格劳孔的观点作为古典政治哲学的现实主义分支，对于揭示伪善的政治道德和压制人类理性的神权政治有非常积极的意义。然而，仅仅依据揭示伪善的现实主义和愤世嫉俗的犬儒主义并不足以解释专属于人的伟大价值，更不用说是支撑、发展和丰富人的尊严和存在意义了。从某种意义上讲，以柏拉图和亚里斯多德为代表的古典政治哲学的理想主义分支，就是在应对现实主义和犬儒主义的挑战过程中，从价值的内在立论和人类理性的普遍视野丰富和提升了对于“正义”“善”等道德理念的解读。作为古典政治哲学的理想主义分支在现代的继承者，罗尔斯追随卢梭和康德，对“人类为何需要正义”的思考和回答可简述如下：正义是人这种存在者的本己可能性，是立足于天地之间的人的尊严和存在意义的根本保障②。既

---

① ［古希腊］柏拉图：《理想国》，郭斌武、张竹明译，商务印书馆1986年版，第46页。

② 罗尔斯在《正义论》第67节“自尊、美德和羞耻”中说，“没有自尊……就会变得虚无缥缈，我们就会陷入冷漠和犬儒主义”。

然正义具有存在论的意义，罗尔斯为何不从人格正义或人之存在意义入手去首先梳理作为德性的正义，而是反过来，要首先确立社会制度的正义再去言说作为德行的正义呢？

让我们以施特劳斯的老师海德格尔在《存在与时间》中的一个论述为背景去映衬罗尔斯的问题。海德格尔说："共在是此在在世的基础结构"，又说"本质上此在自己本来就是共同存在"①。不同于罗尔斯，海德格尔关于此在的生存论分析是为了确定其生存论机制，以便说明此在如何作为可能之在而使存在通过其生存活动显现出来。在海德格尔看来，世界是此在的世界，是因为此在的生存活动而使世界成为世界。因此，此在的存在在于生存，理解和解决存在问题必须从此在的生存活动入手。由于在世烦忙的此在不止一个"我"，此在实际上总是在与别的此在的共在中分享和造就着这个世界。此在的世界乃是由所有此在的生存活动规定的，此在与此在的结构关系，就不是一个外于世界和存在的关系，而本身就是使世界的存在和存在的世界这样显现而不那样显现的首要原因。简言之，存在要显现自身，只有通过此在在世而得到显现，可是，此在在世特别是此在的共在的在世结构有多种可能性，海德格尔就必须首先排除那不能让存在如其所是地显现自身的在世结构。这就是"常人"的在世结构。然而，"常人"在海德格尔那里并非此在自身。于是就引出如下问题：此在究竟是谁，存在如何通过此在而显现自身？

此在是谁？按照海德格尔的理解，此在就是我们向来所是的存在者。我们是谁？我们仅仅是诸"我"的集合体吗？或者，我们仅仅是"我—你—他"的先验结构中的可有可无的填充物吗？那么"我"是谁呢？当然，存在一向是我的存在，向来有一个"我"是这一存在者而不是他者。可是，那个他者不正是先验的"我—你—他"结构中的使我得以可能的参照系并且本身也以另一个"我"为映射存在关系的存在者吗？承认此在存在于此在的结构关系中，就已经摆脱了"我思故我在"的唯我论视角。就此而论，要让存在展现自身，就要让存在通过在世结构中的此在来展现，别无他途。海德格尔虽然强调共在是此在在世的基础结构，但强调此在之能在或此在之自由之存在，才是其立论的真正重点。当然，对于此在之能

① ［德］海德格尔：《存在与时间》，陈嘉映、王庆节译，生活·读书·新知三联书店2006年版，第140页。

在或自由之在的描述，就不能固着于此在的常人状态的共在结构。在那种共在结构中，存在实际上被对象化和符号化过程所封闭，存在消失在此在的那样一种非本真的共在结构中。在这样一种结构中，“我是谁”就算是一个问题，也只是现成的常人结构中的身份认同问题，这个问题越是一个问题，“我”就越不是能够承担存在的此在。这就意味着，唯有在能在中承担存在的此在才可能在能在的非本真样态中遮蔽存在或让存在消失。存在本欲以通过此在来展现自身，可在常人的此在结构中，常人在世，而存在却消失在这个在世结构之中。这就意味着，此在既具有承载存在又具有遮蔽存在的双重性，取决于此在具有怎样的在世结构，取决于在世结构本身的存在。或许可以这样来理解海德格尔，此在如若不能承担存在，此在就在失去自身的意义上不再存在。此在不再存在，并不是指此在从这个世界上消失而不再存在，而是指此在在世的常人结构的存在使此在不真正存在。换句话说，在常人的在世结构中，此在的能在不在了，而此在也不再是自由并凭借其自由而本可使存在现身的自由存在者了。

此在的双重性意味着，当此在在常人状态中声称自己存在时，存在反而隐遁而去；当此在真正承载着存在而让自身向着存在敞现时，此在在常人状态的存在皆不复存在。倒不是说常人状态的存在不是存在的一种方式，而是说这种存在方式恰好就是使海德格尔意义上的存在不再可能的方式。此在的命运就在于，它可能在获得自身之前就失去了自身，也因此失去了承载存在的自由的能在。因此，在面对“此在究竟是谁”这个问题时，不能把此在作为一个被给定的对象去追问，而让此在在存在之中通过承载存在而把自己的自由的能在真正展现到存在的高度或深度，这个问题才能获得真正被理解的可能性。当然，由于此在不可能不在此结构中在，要回答“此在是谁”就必须同时回答“什么是此在的共在结构”。

海德格尔在《存在与时间》中分析此在的基本问题是“此在是谁”，而要回答这个问题，必须首先回答此在是如何在世的。由于此在总是在共在结构中在，“共在”与“在世”就同为揭示此在之存在并专属于此在的源始的现象结构。此在在世既要与其他的此在打交道，还要与并非此在的存在者打交道。此在在世中前来照面的，有两类存在者，一类是具有自由能在可能性的此在，一类是被此在使用和摆弄的作为物的非此在。然而，物并非仅仅是此在上手使用的工具或工具使用的意向性对象，物还可以是阻隔或打通此在与存在的媒介，也可以是阻隔、异化或打通此在之共在结构的媒介。在此在的世界里，物的用具实际上形成了集正反两面于一体的因缘整体。以此在之用具连接此在并形成此在结构的，正是不能直接承载存在但却直接承载着此在之共在的物。作为此在的用具，物就像此在一样，也拥有自身的双重性：物既可能作为用具而充实此在的意向性，也可能因此而阻隔此在的自由能在的本性；物既可能在此在与此在的共在结构中成为积极面向存在本身的媒介，也可能成为阻隔此在与存在以及此在与此在的媒介，当然，后一种阻隔正是以共在之形式而阻隔了共在的本真的可能性。此在的世界不仅仅是这一个此在的世界，此在的世界也不是可以与物或用具隔开的世界。此在因此面对着这样一种可能性：在恰当的共在结构中，物是此在共在的真实见证；而在不恰当的共在结构中，物就像此在一样，会以其存在的二重性阻隔此在与此在以及此在与存在，当然，物的二重性实际上可以还原成此在的二重性。

此在本性的双重性使此在不同于任何一种在者：唯有此在连通存在，也唯有此在阻隔存在，要么以物为媒介而阻隔，要么以不恰当的此在的共在结构而阻隔。此在在世，这个“世”不是一个外于此在的容器，不是此在对此完全无能为力的母体。此在在世，这个“世”正是此在的世界，是此在的母体，但却唯有通过此在之存在而成为母体。世界无非是一个包含着物与用具作为此在共在媒体的共在的此在。世界是此在在共在结构中绽放出来的存在复合晕圈，又是此在的不能与此在分离的居所。世界是一可能阻隔存在的谜，也是一个可以敞现存在的谜。世界是我的世界，是你的世界，也是他的世界。世界必然在“我—你—他”的先验结构中成为世界，而要成为怎样的世界，取决于此在如何通过自身的双重性为这个先验结构充实怎样的存在论内容以及生存论意义上的怎样的共在结构。

如果至此为止对海德格尔的解读没有偏离他的原意，就有必要提出一个在《存在与时间》中没有予以回答的问题：要在怎样的共在结构中，此在才能够彼此作为自由能在者而在，而这样的共在结构能够承载存在对于此在的显现？海德格尔通过对常人状态的分析，揭示了在那种状态中，此在操劳繁忙于世，消融在用具之中，物尽其用，日常在世的“我”只是一个常人，而不是真正的我，可以说此在的这种在世就是此在之不在。在日常在世的状态中，常人就是“我”的独裁者，而“我”不过是常人的一分子。海德格尔对常人状态的分析与描述可谓非常精辟，在那个状态中，真正的我是不存在的，真正的神圣和神秘是不存在的，一切都被平庸化、对象化、板结化。当然，常人状态的奇怪之处就在于，正是因为“我”消失了，“常人”成为无所指的对象，“我”说他们才是“常人”，而他也说“他们”才是常人，因此常人实际上是查无此人。此在的这种由常人规定和控制的日常在世被海德格尔称为“沉沦”——此在沉沦了，存在也沦陷了。当然，此在的沉沦是因为此在的两重性，他本可以本真地在，但他的虚假的在的喧嚣正在于他以物和常人为媒介而阻隔了自己的本真以及本可以附身于自己并被显现的存在。海德格尔之所以要那么关心此在的沉沦状态，当然是希望此在能够在两重性中找到自己的本真的自由能在，从沉沦中超越出来，通过承担起存在的责任和倾听存在的声音而让存在在此在那里“道成肉身”。把海德格尔的问题以非标准化的海德格尔的术语加以翻译，就可以这样展现上述问题：要在怎样的共在结构中，自由者才能彼此作为自由者而存在，以至于这样一种共在结构为存在、美、真、善和一切神圣事物的到场预留了不能被物、用具、符号、身份、常人和沉沦阻断的可能性？

遗憾的是，海德格尔却没有追问怎样的共在结构才具有互为彼此的合理性，也没有追问具有合理性的共在结构有怎样的具体内容和存在论的意义。放弃对共在结构的合理性的追问，或可解释这位德国哲学家为何会“本真地”效忠于践踏人类正义的纳粹主义并对人类技术文明给予浪漫主义式的批评：“今天，农业是一个机械化的食品工业，其本质上与毒气室和灭绝集中营中的尸体制造别无二致，与许多国家的封锁和饥荒别无二致，与原子弹的制造别无二致。”[①] 针对海德格尔的这段文字及蕴含于其中的哲学思想，这样一种评论颇为中肯：“海德格尔心安理得地把机械化农业等同于纳粹有计划地残害人类的政治，这在历史思考中不仅仅是一种罕见的不合逻辑的推论，它也表明了他在道德和理论辨别力上的根本无能。……海德格尔的见解尤其令人震惊，因为它显然有意落后于20世纪人们所公认的道德标准，这在与大屠杀那无法言说的罪恶的关系中‘凸显’出来。似乎海德格尔以一种特有的哲学上的傲慢姿态，通过这一蓄意的挑衅，故意从‘理性’的共同体中退却出来——进而也就是从与其他人类存在者的共处中退出来。”[②] 其实，亚里士多德针对从人类理性共同体中

① ［美］理查德·沃林：《存在的政治——海德格尔的政治思想》，周宪、王志宏译，商务印书馆2000年版，第211页。

② 同上。

退出来的企图早就有精辟的诊断："凡隔离而自外于城邦的人……他如果不是一种野兽，那就是一位神祇。……城邦以正义为原则。由正义衍生的礼法，可凭以判断［人间的］是非曲直，正义恰正是树立社会秩序的基础。"①

三 共在结构与正义

不同于海德格尔，罗尔斯终其一生想要追问的恰恰是，在人的理性共在的本己的可能性中，作为共在结构的正义如何可能以及可能如何？在《作为公平的正义》一文中，针对彼此互动而无法逃离的理性存在者，罗尔斯的研究实际上涉及"作为共在结构的正义如何可能"的问题。这个问题易于被遮蔽，因为"正义"理念古已有之，众说纷纭。宗教信仰者说：人类的正义就是遵从神的意志，人类的最大不义甚或罪恶恰好源于人妄图按照自己的想法确立摆脱神的意志的正义观。圣人追随者说：人类的正义只能由参透天人之理的圣人言教来通达，芸芸众生，或许人皆可以成圣，但正义之理如月印万川，普照万物而又独断唯一。历史主义者说：各种正义观在人类历史过程中逐一显现，无法凭借独立于历史经验或规律的天理而只能依据是否容纳和助长新的历史动力，才能历史地判定任何一种正义观的对错或真假。心理主义者说：正义就是对某种正义观的心理认同，一个人认同什么样的正义观，取决于在人格形成的关键期被什么力量塑造，而人格的必然的差异性意味着正义观的不可能也不应该被统一的必然性。冲突论者说：他人即地狱、生命即征战，人的趋利避害和相互支配的天性决定了人与人总是冲突不断，所谓正义，只是各种利益冲突博弈后的平衡状态和经过理性权衡后对这种状态的维持意愿。强权主义者说：正义就是强者的利益，谁成为强者谁才有资格谈论和颁布正义。快乐主义者说：正义就是以有最有效的手段满足和增加快乐，正义就是对于快乐最大化的义务。唯我论者说：正义就是每个人尽最大可能解释和实现自己的需求，而无须反过来追问自己的需求是否正义。虚无主义者说：正义是空，不正义也是空，对正义的执着可能转为非正义，因此容纳非正义才是真正义。神秘主义者说：重要的是倾听存在本身的道说，捍卫正义与非正义的划分就

---

① ［古希腊］亚里士多德：《政治学》，吴寿彭译，商务印书馆 1997 年版，第 9 页。

是盯死在了这一个在者与那一个在者的区分，落于下乘而流于俗见。怀疑主义者说：人没有那样伟大的认知能力，可以发现作为终极真理的普遍正义，正义只是人的群居生存的习俗或惯例。芸芸众生说：让哲学家们去谈论正义吧，我们既不热爱也不关心正义，我们关心的只是衣食住行生老病死，我们的真实生活只是父母子女亲朋邻里。

罗尔斯的正义观让我们首先悬置上述对正义的各种看法，要我们意识到共在结构是一个多层次的复合结构。存在者在具体的生活语境中互动，这种互动构成生存论意义上的最基本的共在结构。在这种互动中，已然包含着一种生存论的共在结构与另一种生存论的共在结构的关系结构，而后一种结构则是较高阶的生存论的共在结构。无论是哪一种意义上的生存论的共在结构，都必然在作为社会制度的更大的共在结构中才能得到规定、塑造和支撑。虽然存在者在成长过程中首先遭遇的是生存论意义上的共在结构，但与之相比，罗尔斯后来在《正义论》中称为“社会基本结构”的共在结构却具有逻辑上和认知上的双重优先性。针对作为共在结构的社会基本结构，也就是针对比各级生存论的共在结构更高阶且范围最大而影响无所不在的共在结构，罗尔斯的问题意识要求我们追问：其架构和运行要遵循怎样的合理原则？如果这样的原则是既冲突又合作的存在者诉求共有的理性能够彼此认同的合理原则，这样的原则就是罗尔斯所说的用于规范、塑造和支撑作为共在结构的社会基本结构的正义原则。再回到“作为共在结构的正义如何可能”的问题就不难理解，为何正义本身是一种复合的共在结构。事实上，正义原则本身将作为不冲突于任何一种存在论的理性结构而被呈现，而由正义原则规范的社会基本结构，由社会基本结构规定、塑造和支持的各级生存论的共在结构，在各级生存论的共在结构中成长的存在者对具有逻辑优先性的正义原则和正义的社会基本结构的内在认同基础上发展起来的公共人格与道德和社会心理结构，将共同构成和支撑作为复合共在结构的正义。

在《作为公平的正义》一文中，罗尔斯的有限目标只是分析为何“公平”是蕴含在“正义”概念中的根本理念，而不是全面回答“作为共在结构的正义如何可能”的问题。然而，如果能够在最高价的共在结构上论证存在者在互为彼此的合理性的约束下确实能够承认某些正义原则，就为回答“作为共在结构的正义如何可能”奠定了基础。罗尔斯虽然像柏拉图一样反对格劳孔对正义的理解，并且他本人终其一生认同的是关于正义的内在立论，却不认为，在一个正义的社会里，正义有资格提出这样的强制要求：所有人都必须持同一种正义立论，否则就会面临正义的制裁。对这种制裁要求的否认意味着，就算某种正义立论的确是关于正义的真理，也不能以真理之名压制作为谬误的其他正义立论。换言之，只要正义以真理之名压制谬误，正义就违背了自己的真理——自由——而成为谬误。就此而论，罗尔斯与柏拉图在《理想国》中关于正义的论述形成鲜明的对比：在罗尔斯这里，思想自由和表达思想的言论自由自始至终都属于作为理性结构的正义原则的内在构成，而在柏拉图那里，对思想自由的压制和对言论自由的剥夺却是正义的先决条件。由于不能以“正义”之名预先剥夺任何一个理性存在者享有思想和言论自由的权利，蕴含在正义原则中的自由就必然蕴含着正义原则中的平等。这里的“平等”与柏拉图《理想国》中所谓的“共产共妻”的“平均”大异其趣，因为罗尔斯支持的平等是自由的平等，而自由的平等在强调平等尊重的同时又在正义原则的规范下允许和主张事实上的不平等。

在《作为公平的正义》一文中，罗尔斯提出了他那著名的两个正义原则的初始表达：第一，每个理性存在者在作为共在结构的社会基本结构中都享有平等的权利，享有相融于所有理性存在者的类似自由的最大自由；第二，仅当社会经济地位的不平等及由其派生的责任和收入的不平等能够在社会经济地位向所有人平等开放的条件下，并且仅当社会经济地位的不平等能够有益于共在结构中的每位理性存在者时，才不是不合理的。罗尔斯评论道：“这些原则把正义表达成由三个理念构成的复合体：自由，平等，以及对贡献于共同利益/共善（thecommongood）的服务的报偿。”① 所谓“对贡献于共同利益/共善的服务的报偿”是指，在正义的共在结构中，应当这样来看待居于优势社会经济地位的理性存在者：他们的优势社会经济地位及由之派生的不平等的责任和收入是应得的，因为，正是因为存在着由正义原则保护和支持的这些不平等才得以提升处于弱势社会经济地位的理性存在者的利益和优良生活的前景，才得以强化维系正义所需的共同利益以及作为共善的正义。在后来的《正义论》中，罗尔斯不仅澄清、丰富和发展了这两个正义原则并刻画了正义原则内部的优先秩序和结构，详

① Collected Papers, Samuel Freeman, ed., Cambridge, MA: Harvard University Press, 1999, p. 48.

尽说明了这些正义原则在政治、法律、社会和经济等方面的制度含义和可行性，还深刻地论证了正义与共善的内在关联。

按照罗尔斯的思路，就算是强调“正义就是强者的利益”或认为“谈论正义没有任何现实意义”的理性存在者，就算是坚持“正义的真理就是压制谬误和消灭罪恶”的理性存在者，只要在一个公平的环境中悬置了自己先于正义的利益、立场或价值取向，而让有利益或价值冲突的各方哪怕仅仅凭借以自利为导向的理性①去进行选择，他们仍然会理性地选择这两个正义原则。不难看出，由于罗尔斯强调作为社会基本结构的规范价值的正义具有优先性和相对独立性，就没有把正义理解成现实利益的均衡或最大化，也没有把正义理解成是与隶属于（小于社会基本结构的）其他共在结构的各种价值并列的价值。无论罗尔斯的政治哲学在半个世纪的时间里有着多么丰富的发展或变化，强调作为共在结构的社会基本结构的正义的优先性和相对独立性，是罗尔斯政治哲学一以贯之的立场。这个立场是罗尔斯批判地吸收包括黑格尔和马克思在内的现代性政治哲学各种流派的结果，其思想的张力和复杂性大大超过了罗尔斯与施特劳斯对于古典政治哲学的基础共识。

［原载《西南民族大学学报》（人文社会科学版）2014 年第 6 期］

---

① 罗尔斯强调，这并不意味着每个选择正义原则的理性存在者都是以自己的利益为中心的自私者。即使立足于以自利为导向的理性，选择者也可能是在为自己代言的家庭或社区进行选择；因此，这种自利的理性代言人有可能具有很高的忠诚德行，有可能是被爱或某种坚强的信仰或价值所驱使（CP，52）。

政治哲学论纲*

杨国荣**

一　何为政治

历史地看，政治在人类社会的演进中已经历了漫长的过程。在古希腊，政治（politics）被视为与公民相关的存在形态。中国古代诚然没有近代意义上“政治”这一概念，但近于“politics”的观念及存在形态早已出现。在先秦，与“politics”相涉的观念和现象往往以“政”表示，而政治领域的活动，也常常取得“为政”的形式。

古希腊所理解的政治，主要与城邦中公民的活动相关，包括参加公民大会，讨论城邦事宜，等等。相形之下，先秦时期的“政”，则更多地与“治民”“正民”相联系：“政以治民，刑以正邪。”①“夫名以制义，义以出礼，礼以体政，政以正民，是以政成而民听。”②“治民”关乎对“民”的治理，“正民”则意味着通过对“民”的引导、塑造，使之在言行等方面都合乎一定的社会规范，从而成为相关政治共同体的合格成员。以公民参与的形式展开的政治活动，不仅体现了公民与城邦的关系，而且在更深层的意义上关乎人的存在方式，治民与正民则以更直接的形式展现了政治与人的关联。政治的这种早期观念和形态从一个方面表明：作为人类社会

* 本文为国家社科基金重大项目“中国文化的认知基础与结构研究”（10&ZD064）、教育部基地重大研究项目“实践智慧：历史与理论”（11JJD720004），以及上海社科创新基地项目“文化观念与核心价值”的阶段性研究成果。

** 杨国荣：华东师范大学哲学系教授。

① 《左传》隐公十一年。

② 《左传》桓公二年。

中的一种现象，政治与人类自身的存在无法分离。引申而言，不仅政治本身与人的存在难以相分，而且政治与非政治的区分与转换，也以人的存在及其活动为前提。以外部环境来说，作为本然的对象，由山脉等构成的环境本身主要表现为自然的状态，而非政治领域的存在，但一项涉及环境的实践计划（如开采矿山），则可能赋予环境问题以某种政治意义。

以人类自身的存在为指向，政治无疑与不同的社会领域相涉。就政治与经济的关系而言，政治既受到经济发展状况的制约，也对经济利益具有调节的作用，作为政治理念的分配正义，便关乎社会资源的协调，而经济利益的调节则构成了后者的题中应有之义。然而，作为社会生活的重要形态，政治本身又表现为包含多重方面的系统。首先是观念之维。在观念的层面，政治涉及价值原则、政治理念、政治理想，等等。在政治领域中，价值原则具有建构性，也呈现范导性。一定时期的政治生活，往往是依据该时期主导的或被普遍接受的价值原则、政治理念建构起来的。以古希腊而言，赋予城邦以最高的利益和荣誉、尊重法律、和谐的共同生活，等等，构成了其基本的理念①，城邦本身的政治生活，也基于如上政治理念。在先秦的一定时期，“礼”构成了政治领域的核心原则：“礼，所以守其国，行其政令，无失其民者也。”② 这一原则和观念同时构成相关历史时期政治生活形成和确立的依据。同样，近代政治的演进，总是渗入了近代的价值观念，这种价值观念包括近代启蒙思想家所倡导的天赋人权以及自由、平等、民主，等等，在近代政治生活的多方面展开中，可以一再看到以上价值原则的范导。19 世纪后期逐渐兴起的工人运动和社会主义运动，则以人的解放为理想，这种价值理想同时指引着与之相关的政治实践。在引导未来政治形态的同时，价值原则、政治理念和政治理想又构成了对现实政治形态批判的根据。相对于体现价值原则的一定政治理想，现实往往呈现某种不足，对这种现实的批判性考察，是走向新的政治形态的前提，而现实的批判，则既基于现实本身，又以一定的政治理想为出发点。

具体而言，作为观念形态的政治理想本身可以呈现不同的形态，其中，历史过程中的政治理想与形上层面的政治理想是尤为值得注意的两种

---

① ［美］萨拜因：《政治学说史》，盛葵阳、崔妙因译，商务印书馆 1986 年版，第 31—48 页。

② 《左传》昭公五年。

形态。奥克肖特曾区分了信念论的政治与怀疑论的政治。关于信念论政治，奥克肖特作了如下概述："在信念论政治中，治理活动被认为是服务于人类的完美，完美本身被认为是人类处境的一种世俗状态，而完美的实现则被认为取决于人类自身的努力。"相对于此，怀疑论政治则趋向于政治与完美之间的分离。[①] 这一理解中的信念政治，更多地涉及政治与理想的关系，在引申的意义上，所谓"完美"可视为形上层面的政治理想。这种政治理想既可能趋向于抽象化，也可以具有某种普遍的范导意义。与之相异的是历史过程中的政治理想，后者虽然不一定以完美为目标，但往往更切近于现实的政治生活，并由此可以为政治实践提供更具体的引导。以传统社会而言，如果说，"大同""止于至善""为万世开太平"所体现的政治理想蕴含某种形而上内涵，那么，"小康""一统"或"一天下"则更近于历史过程中的政治理想，二者从不同的层面呈现了对政治生活的导向意义。怀疑论的政治理论在否定完美的同时，似乎未能充分注意政治理想（尤其是形上层面的政治理想）在政治生活中的作用。

与观念层面的价值原则、政治理念、价值理想相联系的，是多样的政治体制。在体制的层面，政治的核心形态体现于国家。在政治出现于人类社会之后，其具体运行往往通过国家这一体制而实现，古希腊的城邦、东周的列国，直到晚近的现代国家，都可以视为国家的不同形态。从城邦的治理，到"政以治民""政以正民"，其"治"其"正"都无法与广义的国家相分离。国家的具体形态可以不同，亚里士多德曾区分了国家的如下体制：贵族政体、君主政体、共和政体，三者又有各自的变体：君主制的变体为僭主制或暴君制，贵族制的变体为寡头制，共和制的变体则是平民制。[②] 这当然首先是一种理论上的分类，但其中也涉及历史中的某些形态。国家作为总的政治体制，同时包括行政、司法等多样的部门、机构，它们从不同的方面行使国家的职能。

作为人类社会演进过程中的现象，政治生活的展开、政治体制的运作始终无法与人相分。宽泛而言，当人成为国家的成员时，他同时也以某种形式参与了与国家相关的政治生活："国家成员这一概念就已经有了这样

---

① ［英］奥克肖特：《信念论政治与怀疑论政治》，张铭、姚仁权译，上海译文出版社 2009 年版，第 68、46 页。

② Aristotle, Politics, 1289a25 – 30, *The Basic Work of Aristotle*, Random House, 1941, p. 1206.

的含义：他们是国家的成员，是国家的一部分，国家把他们作为自己的一部分包括在本身中。他们既然是国家的一部分，那么他们的社会存在自然就是他们实际参加了国家。”[①] 当然，在政治生活的现实展开过程中，参与者的具体地位又并不相同。孟子已区分“治人”与“治于人”两种不同的政治活动方式：“或劳心，或劳力；劳心者治人，劳力者治于人；治于人者食人，治人者食于人；天下之通义也。”[②] “治人”以拥有政治权力为前提，其“治”属行使政治权力的活动；“治于人”则意味着成为政治权力的作用对象，二者之别相应于统治与被统治、治理与被治理之分。在一定的政治格局中，“治人”者往往构成了政治活动的主导方面，但当既存政治格局受到挑战的情况时，“治于人”者的政治作用则会发生某种变化。

政治领域中主体的不同作用，体现于多样的政治实践过程。城邦中的参与公民大会、讨论城邦相关事宜、调节和处理公民之间的关系，都属广义的政治实践。君主制中君臣的各尽其职，所谓君君、臣臣，也构成了一定历史时期中政治实践的内容。以君主而言，“道千乘之国，敬事而信，节用而爱人，使民以时”[③]。这里涉及千乘之君及其治国实践的具体内容，其中既包括对国事认真负责而重诚信这一类总体的治国态度，也兼涉对物（节用）与人（爱人）的不同处理方式，以及关注民力的征用与季节、时间的关系。政治实践的形式可以多样，即使无为而治，也可以视为政治实践的特定形态：无为而治并非完全疏离于实践过程，而是表现为以顺从民意、不加干预为特点的治国实践。近代以来，政治实践在内容与形式上都发生了重要的变化。在实质的层面，政治实践的主体逐渐由君转向民，从政治领导人的选择，到重大的政治决策，人民的政治参与程度超越了以往的历史时期；在形式的层面，与法制相关的程序性在政治实践过程中的作用愈来愈突出。作为政治领域的重要方面，政治实践无疑构成了不可忽视的环节。价值原则和政治理念的落实，以具体的政治实践为条件；政治理想的实现，也离不开相关的政治实践；政治体制的运行，同样基于政治实践：唯有在实践的展开过程中，政治体制才可能获得现实的生命力。进而言之，政治的主体，也与政治实践息息相关，人本身因“行”（实践）而

---

① ［德］马克思：《黑格尔法哲学批判》，《马克思恩格斯全集》第一卷，人民出版社 1956 年版，第 392 页。

② 《孟子·滕文公上》。

③ 《论语·学而》。

在，人之成为什么，与他“做”什么（从事什么样的实践活动）相涉，正是在参与具体的政治实践的过程中，人才成为亚里士多德所谓“政治的动物”或政治的主体。

可以看到，作为一定历史时期人类社会生活的重要构成，政治表现为一种涉及多重维度的社会系统，其中包括观念层面的价值原则或政治理念、体制层面的政治制度和机构、政治生活的主体，以及多样的政治实践活动。“夫名以制义，义以出礼，礼以体政，政以正民，是以政成而民听。”① 这一论述从一个方面体现出政治的以上内容：义渗入了普遍的价值原则，礼包含体制之维，这种体制形式在“政”之中进一步具体化，“夫名以制义”意味着价值原则的明确化，“义以出礼，礼以体政”则是根据价值原则以形成和建构相应的政治体制，“政以正民”既涉及政治生活的主体，也关乎政治活动及其作用。政治观念、政治体制、政治主体以及政治实践的交织，构成了政治的现实形态。

二 政治何以必要

在人类社会的演进中，何以需要政治系统？这首先可以从存在秩序如何可能这一角度加以考察。人的存在与秩序难以分离。就现实的形态而言，人不同于动物的特点在于具有社会性（所谓“能群”），社会性的核心，则在于秩序性：合群或社会的建构，具体便表现为一定社会秩序的形成。在日常生活的层面，家庭成员之间的关系构成了一种基本的关联，而基于父慈子孝的原则所形成的家庭伦常，则构成了伦理的秩序，这种秩序为日常生活的展开，提供了伦理的担保。人的存在并不限于家庭之域，在更广意义上的社会交往和关联中，伦理之外的政治便凸显了其意义。历史地看，伦理与政治在人的社会生活中本身难以截然分离，亚里士多德已指出，古希腊的城邦所追求的便是善②，在指向“善”这一点上，政治与伦理呈现了内在的相通性。中国先秦的“礼”，同样体现了二者的相关性：“道德仁义，非礼不成，教训正俗，非礼不备。分争辩讼，非礼不决。君臣上下、父子兄弟，非礼不定。宦学事师，非礼不亲。班朝治军，莅官行

---

① 《左传》桓公二年。

② Aristotle, Politics, 1252a. *The Basic Work of Aristotle*, p. 1127.

法，非礼威严不行。祷祠祭祀，供给鬼神，非礼不诚不庄。是以君子恭敬撙节退让以明礼。”[①] 道德仁义、父子兄弟，更多地关乎伦理，君臣上下、莅官行法，则涉及政治领域，在此，政治意义上的关系和活动与伦理层面的关系和活动，都受到礼的制约，它在体现礼的普遍涵盖性的同时，也突出了政治与伦理的相关性。作为伦理原则，“礼”指向的是父子兄弟的人伦秩序，作为政治领域的原则，“礼”则引向君臣上下的政治秩序。所谓“非礼不成”“非礼不定”，既肯定了“礼”在形成伦理、政治秩序中的作用，也强调了伦理、政治秩序本身在人类存在过程中的意义。

政治与秩序之间的关联，在“治”这一概念中得到更为具体的展现。“治”首先被用以表示“治国”的实践活动，所谓“君师者，治之本”[②]“无法不可以为治”[③]“凡治国之道，必先富民”[④]，等等，其中的“治”，便指治理国家的政治实践。这种治理活动本身涉及多重方面，包括治理的主体（所谓“君师”）、治理的依据（法）、治理的步骤（先富民），等等。除了治理的实践活动外，“治”在政治领域同时表现为一种状态：“治国去之，乱国就之。”[⑤]“所谓治国者，主道明也；所谓乱国者，臣术胜也。”[⑥]“达治乱之要者，遏将来之患。”[⑦] 这里的“治”主要表现为政治上的有序状态，与之相对的“乱”，则以政治上的无序性为其特点，国家和社会的其他发展状况，均以上述状态（治或乱）为其前提。不难看到，后一意义上的“治”，以政治秩序为其具体内容。作为政治实践的“治”与作为政治形态的“治”，并非毫不相关：通过“治”（治国的政治实践），以达到“治”（形成一定的政治秩序，并使社会在此基础上得到发展），构成了政治领域中相互联系的两个方面。二者的这种相关性，也从一个方面展现了政治与秩序的难以分离性。政治与秩序的这种相关性，同时规定了以政治系统为对象的政治哲学的宗旨，施特劳斯的如下看法便涉及这一点：“政治哲学是一种尝试，旨在真正了解政治事物的本性以及正当的或好的政治

① 《礼记·曲礼上》。
② 《荀子·礼论》。
③ 《文子·上礼》。
④ 《管子·治国》。
⑤ 《庄子·人间世》。
⑥ 《管子·明法》。
⑦ 《抱朴子·用刑》。

秩序。”[①] 在此，把握政治秩序，亦被视为政治哲学的内在旨趣。

秩序不仅构成了政治领域的现实目标，而且影响着社会成员的精神趋向，后者又进一步为政治实体的稳定提供了某种担保。黑格尔在谈到国家时，曾指出：“需要秩序的基本感情是唯一维护国家的东西，而这种感情乃是每个人都有的。”[②] 这里所说的国家，可以视为政治领域的主要实体，而对秩序的需要，则被视为维护国家这种政治实体的关键性因素。以情感为维护国家的唯一因素，多少有夸大观念作用的倾向，但此所谓“需要秩序的基本感情”，同时可以看作一种价值层面的精神导向，这种导向所体现的，是政治领域的目的性追求。就后一方面而言，“需要秩序的基本感情”与国家的关联，无疑在价值目标和价值导向上彰显了政治领域中秩序的意义。

政治领域中的秩序，在逻辑上可以取得不同的形态。从中国历史的演进看，“礼”曾在社会生活中居于重要的地位。就政治领域而言，礼既体现了一定的政治秩序，又构成了这种秩序的担保。在合乎礼的形式下，政治秩序更多地呈现出等级结构的形态：“上下有义，贵贱有分，长幼有等，贫富有度。凡此八者，礼之经也。”[③] “夫礼者，所以别尊卑，异贵贱也。”[④] “上下之分，尊卑之义，理之当也，礼之本也。”[⑤] 如此等等。这里所说上下、尊卑、贵贱不仅仅表现为一般意义上的社会分层，而且以政治层面的等级之别为其内容。礼的基本要求即是“分”（别异），这种“分”意味着将社会成员划为不同等级，与之相应的是不同的名位、名分，其间既呈现社会关联性，也具有政治上的从属性。通过以上等级结构，每一社会成员各自获得相应的社会定位，彼此之间形成确定的界限，当人人各安其位、相互不越界限时，政治秩序便随之形成。礼所体现的这种秩序，往往被类比于“天序”与“天秩”：“生有先后，所以为天序；小大、高下相并而相形焉，是谓天秩。天之生物也有序，物之既形也有秩，知序然后经正，知秩然后礼行。”[⑥] 天序与天秩，属自然之序；“经”与“礼”，则

① ［美］施特劳斯：《什么是政治哲学》，李世祥等译，华夏出版社 2011 年版，第 3 页。

② ［德］黑格尔：《法哲学原理》，范杨等译，商务印书馆 1982 年版，第 268 页。

③ 《管子·五辅》。

④ 《淮南子·齐俗训》。

⑤ 《周易程氏传》，《二程集》，中华书局 1981 年版，第 749 页。

⑥ 《张载集》，中华书局 1978 年版，第 19 页。

关乎社会之序。这里既蕴含着肯定天道（自然之序）与人道（社会之序）具有相通性的观念，也突出了礼的秩序之义。在一定的历史时期中，这种等级结构同时为人的生存提供了前提。马克思在谈到传统社会的特点时，曾指出："差别、分裂是个人生存的基础，这就是等级社会所具有的意义。"① 这里所说的差别、分裂，便可以视为等级区分的具体体现，而传统社会中人的生存，则与之相关。

较之传统社会对秩序的理解，近代视域中的政治秩序被赋予了不同的内涵。与价值观念的转换相联系，贵贱、尊卑的社会关联逐渐淡出，选民之间的平等权利，开始取代上下的等级结构。尽管实质层面的不平等依然存在，但至少在形式的层面，政治秩序的等级形态不再成为主导的方面。在近代以前，希腊的城邦尽管似乎也肯定公民之间的平等权利，但这种平等关系乃是以社会被划分为公民与非公民不同部分为其前提的，这一视域中的奴隶便被排斥在公民之外，并难以获得相应的权利。以天赋人权、契约原则、选举制度等为观念前提和制度背景，近代社会趋向于以形式上的权利平等为政治秩序的主导原则。当黑格尔肯定"需要秩序的基本感情是唯一维护国家的东西"时，这里的国家便指近代的政治实体，而与之相关的秩序，也以近代政治社会为依托。

政治秩序不仅存在不同的形态，而且对其形成过程，也有相异的理解。荀子在谈到礼的起源时，曾指出："礼起于何也？曰：人生而有欲，欲而不得，则不能无求，求而无度量分界，则不能无争，争则乱，乱则穷。先王恶其乱也，故制礼义以分之，以养人之欲，给人以求。使欲必不穷乎物，物必不屈于欲，两者相持而生，是礼之所以起也。"② 如前所述，礼在中国传统社会中被视为秩序的表征，礼的起源则相应地关联着秩序的形成。这里值得注意的不仅仅是从人的欲求与度量界限的关系上解释礼的起源，而且更在于对"制礼义以分之"的强调。将礼视为某一历史人物（先王）的"制"作，无疑既不适当地突出了个人在历史上的作用，也把问题过于简单化，然而，如果把"制"理解为人的自觉活动，则其中显然又蕴含如下思想，即礼以及与之相关的政治秩序的形成，是一个与人的自

---

① ［德］马克思：《黑格尔法哲学批判》，《马克思恩格斯全集》第一卷，人民出版社 1956 年版，第 346 页。

② 《荀子·礼论》。

觉活动相关的过程。

除了以上的自觉之维外，政治秩序还涉及另一些方面，道家对后者予以了较多关注。与儒家注重礼义有所不同，道家对礼义主要持批评态度。当然，这并不意味着他们完全否定政治秩序，毋宁说，他们更多地突出了政治领域中与礼义之序相异的另一方面。老子在比较不同的政治形态时，曾指出："太上，下知有之。其次，亲而誉之。其次，畏之。其次，侮之。信不足焉，有不信焉。犹兮其贵言。功成事遂，百姓皆谓我自然。"[①]"下知有之"意味着统治者仅仅存在而已，并不对民众作过多干预，所谓"功成事遂，百姓皆谓我自然"，便表现为有序、协调的政治形态，后者同时被视为自然而形成。在老子看来，这是最理想的政治形态（"太上"）。对道家而言，具有理性内涵的礼义之治及广义的礼法之治，往往将导向社会之序的反面。正是在此意义上，庄子强调："礼法度数，刑名比详，治之末也。"[②]"礼"体现了儒家的治国原则和要求，"法"与"刑名"相联系，似乎更多地反映了法家的政治理念，在庄子看来，二者尽管表现形式不同，但无论是"礼治"，抑或"法治"，都意味着以理性的自觉方式从事社会政治活动，其结果则是将社会生活纳入理性的规范之中。与之相对，道家将"无为"视为"治"（治理）的方式，所谓"帝王无为而天下功"[③]，并以绝圣弃智为达到"治"（秩序）的前提："绝圣弃知而天下大治。"[④]

在当代哲学中，波兰尼（M. Polanyi）曾提出了自发秩序的概念（spontaneous order），就社会领域而言，他所说的自发，首先与个体的自我决定及社会成员体间的相互协调相联系，后者与围绕某种中心而展开的社会限定或约束不同。简言之，对波兰尼来说，社会秩序基于社会成员的相互作用。哈耶克（F. A. Hayek）对自发秩序的概念作了进一步的发挥。以文化进化理论为基础，哈耶克区分了自发秩序与建构性秩序或计划秩序，自发秩序是指社会系统内部自身运行过程所产生的秩序，它是行动的产物，而不是有意设计的结果，从认识论上说，上述观点是建立在理性的有限性这一确认之上的。道家对政治之序的看法，在某些方面与波兰尼及哈耶克的自发秩序思想有相通之处。

---

① 《老子》第十七章。

② 《庄子·天道》。

③ 同上。

④ 《庄子·在宥》。

对理性限度的关注，当然并不仅仅具有负面的意义。一般而言，过分强化理性的作用，往往导致无视自然之道、以主观意向主宰世界。当理性被视为万能的力量时，自我的构造、主观的谋划常常会渗入人的不同历史活动之中，而存在自身的法则则每每被遗忘或悬置，由此往往可能导向无序（“乱”）。肯定秩序的自发之维，显然有助于提醒人们避免以上偏向。不过，仅仅强调秩序的自发性，无疑也有自身的限度。从最宽泛的层面看，社会的演进，包括政治体制的衍化，总是受到一定价值原则、价值理想的制约，这种原则和理想同时对人的社会行为（包括政治实践）具有引导的意义。社会领域的价值原则、价值理想本身当然可以成为讨论、批评的对象，而不能被奉为独断的教条，但这种讨论、批评作为理性的活动，对人的政治实践同样具有规范作用。事实上，先秦的礼法之辩，便对那一历史时期的政治活动产生了深刻的影响，这种影响，也从一个方面体现了政治秩序形成过程中的自觉之维。近代以来，政治秩序的形成和发展，同样受到民主、平等、正义等价值原则和价值理想的制约，正是这种观念的引导，使近代政治之序以不同于传统的形式发展，后者显然也无法完全归之于自发的演进。如前所述，政治本身表现为一种社会系统，其中既包括作为社会实在的国家以及实践活动及其主体，也内含以价值原则、政治理念为形式的观念之维，这种观念既制约着政治体制的建构，也影响着政治实践的展开和政治秩序的形成。政治观念与政治实体、政治实践、政治主体的关联和互动，使由此形成的政治秩序难以仅仅呈现自发的形态。

广而言之，在政治实践的展开过程中，理性的自觉引导与不同社会因素的自然调节并非截然对立。自然的调节（如以市场配置资源）固然有其作用，理性也确乎有其限度，基于主观意向的理性计划更是容易偏离现实，但理性的自觉思考和引导在政治实践中依然不可或缺。对过度强调理性计划的批评，不能导向绝对的无为，更不能走向无思无虑、绝圣弃智。在具体的政治实践的过程中，往往同时面临不同形式的民意。民意本身每每有二重性：它既可以体现一定时期社会发展的要求，也可能带有某种与历史演化方向相冲突的自发倾向，与之相联系的是顺乎民意与自觉引导的关系：对前一意义上的民意，无疑不应背离，但对后一意义上的民意，则显然不能简单迎合。然而，在片面强化自发的情况下，常常将导致放任政治领域中自发的民意，由此，自发的秩序也可能引向自发的无序。从现实的层面看，这里似乎需要区分仅仅基于某种抽象理念所作的政治筹划与广义的理性引导，前者可能在历史演进中带来灾难，后者则至少在历史的导向上，赋予政治实践以自觉的品格。

通过政治实践（治国），以形成一定的政治秩序（国治），由此从一个方面为人类社会的存在和延续提供担保，这同时也展现了政治本身的存在理由。不过，秩序的建构并不是政治的全部内容。在儒家关于“治国、平天下”的观念中，已可以看到对政治的更广意义的理解。宽泛而言，这里所说的“治国”，既涉及政治实践，也关乎政治形态，具体地说，表现为前面提到的由“治”（治国的政治实践）而“治”（政治秩序的形成）。“平天下”则不仅仅以政治领域的扩展为指向，而且涉及政治形态的转换：所谓“平”，已不限于政治秩序的建立，而是关乎更广的政治理念。在谈到“治天下”与“天下平”的关系时，《吕氏春秋》指出：“昔先王之治天下也，必先公。公则天下平矣。平得于公。”① “公”既体现了广义的政治理想，也构成了政治实践的指导原则，这一原则的贯彻和落实，则被理解为从“治天下”到“天下平”的前提。在儒家那里，“公”同时与大同的政治理想相联系。关于大同，《礼记》有如下论述：“大道之行也，天下为公。选贤与能，讲信修睦。故人不独亲其亲，不独子其子，使老有所终，壮有所用，幼有所长，矜、寡、孤、独、废、疾者，皆有所养。男有分，女有归，货恶其弃于地也，不必藏于己；力恶其不出于身也，不必为己。施无吝心，仁厚之教也，是故谋闭而不兴，盗窃乱贼而不作，故外户而不闭。是谓大同。”② 悬置其关于大同社会的具体描述，这里更值得注意的是对“公”的强调。从政治哲学的层面看，“平天下”并非单纯地指形式上的天下安定，而是包含实质意义上的价值内容，后者具体地体现于对“天下为公”的肯定。事实上，“平天下”“为万世开太平”与“天下为公”的大同理想，构成了彼此相通的价值目标。所谓“公”，则关乎以同等的方式对待天下之人：《礼记》关于“不独亲其亲，不独子其子”等描述，便渗入了如上观念。这一意义上的“公”与“私”相对：“公是个广大无私意。”③ “广大无私”，意味着以超越个体的普遍视域为处理社会关系（包括政治关系）的原则。

---

① 《吕氏春秋·贵公》。

② 《礼记·礼运》。

③ （宋）朱熹：《朱子语类》卷二十六，《朱子全书》，第14册，上海古籍出版社、安徽教育出版社2002年版，第933页。

引申而言，作为价值目标和价值原则的公或公正，在政治领域中可以被赋予不同形态，韩非曾对此作了考察。在思想倾向上，韩非属法家，但在政治理念方面，他同样不仅仅限于形式层面的政治秩序，而是在更普遍的意义上追求公正的理想。韩非首先将公正视为自上而下的治国原则："上公正，则下易直矣。"[①] 从治国过程看，如果在上者（君主）做到公正，那么在下者（臣民）就会"易直"，从而容易约束。与之相辅相成的是自下而上视域中的公正："群臣公正而无私，不隐贤，不进不肖。然则人主奚劳于选贤?"[②] 群臣（在下的臣民）在推举人的时候如果能够做到公正无私，那么，执政的君主就可以无为而治。这里所谈到的公正，涉及的首先是社会政治领域的实践原则和运行方式，其中所体现的观念已超乎单纯的秩序关切，而蕴含更高层面的政治理想。

从"治国"到"平天下"，政治在社会生活中的意义得到了不同的展现。较之"治"对秩序的侧重，"平天下"可以理解为具有更广价值指向的政治实践和与之相关的价值形态。具体地看，这种价值指向在不同的历史时期每每呈现不同的历史内容。天下为公意义上的"公"和前面提及的"公正"，分别体现了宽泛意义上的政治理想和特定的治国理念，二者从不同方面赋予"平天下"以一定历史时期的价值内容。近代以来，启蒙思想家所倡导的自由、平等、民主、正义逐渐构成了政治理想新的内涵，而马克思则基于更现实的社会变迁，将人的解放作为历史衍化的目标。从广义的视域看，这些观念以及与之相关的政治实践，可以同时视为"平天下"的不同历史内容，其具体趋向在于不仅仅通过政治秩序的建构以保证人类的生存和延续，而且进一步赋予这种秩序以新的价值内容，使之更合乎人性发展的要求。在这一意义上，"治国"与"平天下"本身又有内在的联系：一方面，"平天下"作为政治领域的价值目标，对"治国"过程具有引导的意义，就此而言，"治国"过程无疑渗入了"平天下"的价值理想；另一方面，"治国"既是"平天下"的前提，又包含了"平天下"的相关内容，就此而言，"平天下"又体现于"治国"过程。从政治所以存在的历史理由看，如果说，通过"治国"而建立政治秩序是人类存在的现实条件，那么，"平天下"所包含的价值内容，则从不同方面体现了人类

① 《荀子·正论》。

② 《韩非子·难三》。

走向理想存在形态的前提。二者既有不同侧重，又相互关联，由此具体地展现了政治对于人类生活的历史必要性。

三 政治的正当性

从政治哲学的视域考察政治领域，正当性是一个无法回避的问题。政治领域中的正当性常常被对应于“legitimacy”，后者虽与法律相关，但并非仅仅限定于法律，按其本义，它同时关联更广的价值之域，其内涵也相应地涉及更普遍意义上的正当（rightness）。①

以上视域中的正当性问题，本身可以从不同的方面加以考察。在形式的层面，政治的正当性首先关乎一定的价值原则。施特劳斯已注意到政治哲学与价值的不可分离性，并认为：“价值无涉（value-free）的政治科学是不可能的。”② 如前所述，政治作为一种社会系统，包含政治观念、政治体制、政治主体以及政治实践，政治观念又以价值原则为其核心的内容。这一层面的正当性，主要以是否合乎评判者所认同的价值原则为其准则：如果一定的政治体制、政治实践合乎相关的价值原则，则往往被赋予正当的性质。以先秦而言，王霸之辩是当时重要的政治论争，而在其背后，则蕴含着不同的价值原则。对于认同“王道”的思想家而言，与“王道”相悖（不合乎“王道”所体现的价值原则）的政治现实，便缺乏正当性。同样，近代以来，自由、平等、民主、正义等逐渐成为普遍接受的价值原则，这些原则同时构成了评价不同政治体制、政治活动的准则，政治领域的事与物唯有与之一致，才可能被接受为正当的政治形态。法西斯主义之所以被视为非正当的政治体制，就在于它完全背离了近代以来自由、民主、正义等价值原则。

以上视域中的正当，与伦理意义上的正当具有相关性。在伦理的领域，行为的正当或对（right）从形式的层面看也以相关行为合乎一定共同

---

① 就其内在含义而言，“legitimacy”既关乎某种法律、政治制度是否合法，也涉及正确性。这里的“法”，同时与自然法等相通，从而已不同于狭义上的合法（legality）。“rightness”则以更宽泛意义上的正确、正当为其含义。“legitimacy”与“rightness”的结合（legitimacy-rightness），或可更为具体地展现政治正当性的意义。

② ［美］施特劳斯：《什么是政治哲学》，李世祥等译，华夏出版社 2011 年版，第 14 页。“价值无涉”在狭义上关乎研究方式，在广义上则涉及对政治领域的理解。

体所认同的价值原则或伦理规范为前提。以传统社会而言，仁以及礼义廉耻等既具有价值原则的意义，也被视为一般的行为规范，人的行为如果与这些规范一致，便将获得正当（对）的性质并得到肯定，反之则可能受到谴责。广而言之，肯定意义上的公平、正义和否定意义上的“不说谎”“不偷盗”等，也常常被理解为行为的规范，它们既是行为选择的依据，也构成了判断行动性质（正当与否）的准则。根据是否合乎一定共同体所接受的价值原则和规范以确认某种存在形态正当与否，从形式的层面构成了价值判断的特点，政治上的正当与伦理上的正当作为价值领域的相关现象，其确认过程也呈现相通性。

作为评判政治正当性的准则，价值原则本身应如何理解？在这一问题上，存在着不同的看法。具有经验主义倾向的思想家往往将价值原则与苦乐联系起来。以中国传统思想中的墨家学派而言，其认同的基本价值观念为“兴利除害”的功利原则：“仁之事者，必务求兴天下之利，除天下之害，将以为法乎天下，利人乎即为，不利人乎即止。”[①] 这种原则本身又基于趋乐避苦的感性欲求。以此为政治领域的评价准则，则凡是有助于兴利除害的政治主张和政治举措，便将被赋予正当的性质，反之则难以被纳入正当之域。

在近代思想家那里，实践过程中的功利原则取得了更明确的形式。边沁便对功利原则作了明晰的概述：“它根据看来势必增大或减少利益有关者之幸福的倾向，或者在相同的意义上，促进或妨碍此种幸福的倾向，来赞成或反对任何一项行动。”作为社会实践（包括政治实践）的准则，功利原则本身以何者为根据？在解决这一问题方面，边沁的看法同样未超出经验主义：“自然把人类置于快乐和痛苦这两位宰制者的主宰之下。只有它们才告知我们应当做什么，并决定我们将要做什么。无论是非标准，抑或因果联系，都由其掌控。它们支配我们所有的行动、言说、思考：我们所能做的力图挣脱被主宰地位的每一种努力，都只是确证和肯定这一点。”“功利原则承认这一被主宰地位，把它当作旨在依靠理性和法律之手支撑幸福构架的基础。”[②] 快乐和痛苦固然不完全限于感性之域，但如前所述，

---

① 《墨子·非乐上》。

② Jeremy Bentham, *An Introduction to the Principle of Moral and Legislation*, New York, Hafner Publishing Co., 1948, p. 1.

从原初的形态或本原上看，苦乐首先与感性经验相联系，与之相联系，将功利原则建于其上，也意味着在理解价值原则方面赋予感性经验以优先性。

与基于经验论的功利主义相异，罗尔斯首先将人视为理性的存在，并以正义为理性存在的主要关切之点。由此，罗尔斯提出了正义的两个基本原则：其一，“每一个人都拥有对于最广泛的整个同等基本自由体系的平等权利，这种自由体系和其他所有人享有的类似体系具有相容性”；其二，“社会和经济的不平等，应被这样安排，以使它们（1）既能使处于最不利地位的人最大限度地获利，又合符正义的储存原则；（2）在机会公正平等的条件下，使职务和岗位向所有人开放”。[①] 这种正义观念，往往被更简要地概括为正义的自由原则与差异原则，自由原则指出了正义与平等权利的联系，差异原则所强调的则是社会和经济的不平等只有在以下条件下才是合理的，即在该社会系统中处于最不利地位的人能获得可能限度中的最大利益，同时它又能够保证机会的均等。罗尔斯所提出的以上原则，既涉及伦理上的正当，也关乎政治领域的正当。当然，对正当性的具体理解，罗尔斯与功利主义又存在重要分歧。功利主义以最大多数人的最大利益为追求目标，在逻辑上蕴含着对少数人权利的忽视，这种价值取向与罗尔斯对平等的注重，显然有所不同。同时，相对于功利主义以人的感性意欲为出发点，罗尔斯以“无知之幕”的预设为正义原则的前提，似乎更多地表现出先验的倾向。

历史地看，对价值原则的先验理解，在另一些哲学家那里取得了更为直接的形式，从孟子那里，便不难注意到这一点。孟子以理、义为普遍的价值原则，这种原则之源，则被追溯到心之所同然：“口之于味也，有同耆焉；耳之于声也，有同听焉；目之于色也，有同美焉，至于心，独无所同然乎？心之所同然者何也？谓理也，义也，圣人先得我心之所同然耳。故理义之悦我心，犹刍豢之悦我口。”[②] 所谓“心之所同然”，也就是一种普遍的理性趋向，对孟子而言，这种理性趋向一如恻隐之心，并非来自经验活动，而是为每一个体所先天具有。可以看到，相对于墨家之诉诸感性

① John Rawls, *A Theory of Justice*, The Belknap Press of Harvard University Press, Cambridge, 1971, p. 302.

② 《孟子·告子上》。

经验，孟子则更多地从先天的理性观念出发理解价值原则，以上的分野，同时蕴含经验与先验之辩。

广而言之，在价值观的转换过程中，价值原则本身往往被赋予先天的规定，在近代以来各种形式的天赋人权或天赋权利论中，便不难看到这一点。与之相联系的是所谓自然法：自然法的核心即天赋理性或天赋的理性观念。自由、平等、民主等每每或者被视为天赋的权利，或者被理解为基于自然法的普遍价值原则。在康德那里，人是目的这种根本的价值原则，进一步被提升为绝对命令，这种原则与感性、经验、历史完全无涉，纯然表现为先天的形式。对先天性的如上强调，其意义不仅仅在于突出伦理规范的绝对性，而且也旨在为政治领域（包括权利与法之域）中价值原则的权威性提供根据。

从现实的层面看，作为政治正当性的判断准则，价值原则既非仅仅源于感性欲求或经验活动，也非完全表现为先天的形式。在其现实性上，这些原则无法离开社会本身的历史发展。在人类社会尚存在等级区分的历史条件下，真正意义上的自由、平等难以成为普遍接受的价值原则，而差异、区分则如马克思所说，展示了它们对人的生存的实际意义。以人类政治生活为指向，政治领域的观念、原则本身即植根于政治生活。礼、义等传统社会的价值原则，体现的是当时社会生活的历史需要；自由、平等、民主等近代的政治理念，则折射了近代的社会变迁。在观念、原则转换的背后，是历史的选择：较之感性欲求、先天预设，后者既凸显了观念演进的现实根据，也展现了制约观念的现实力量。

以是否合乎一定的价值原则来确认某种政治形态是否具有正当性，主要体现了正当性的形式之维。政治领域的正当性，当然不仅仅限于形式的层面：它同时具有实质的内容。在实质的层面，政治的正当性与目的性相联系。施特劳斯曾对政治哲学作了如下概述："政治哲学以一种与政治生活相关的方式处理政治事宜；因此，政治哲学的主题必须与目的、与政治行动的最终目的相同。"① 从根本上说，作为政治哲学对象的政治生活与更广意义上的人类生活息息相关，其形成也基于人类生活的历史需要。亚里士多德在谈到城邦时，曾指出："每一城邦都是某种共同体，每一共同体

---

① ［美］施特劳斯：《什么是政治哲学》，李世祥等译，华夏出版社 2011 年版，第 2 页。

的建立都着眼于某种善。”[①] 城邦在古希腊是一种基本的政治实体，“善”所体现的，则是实质意义上的价值，以善为城邦的指向，意味着将实质意义上的价值理解为政治的目的。构成政治生活目的之“善”，本身以好的生活为其内容：“最好的政体是这样一种政体，在其中，每一个人，不管他是谁，都能最适当地行动和快乐地生活。”[②] 引申而言，政治哲学也以好的生活为研究的对象：“如果人们把获得有关好的生活、好的社会的知识作为他们明确的目标，政治哲学就出现了。”[③] 最适当的行动涉及对人的引导，亦即中国思想家所说的“政以正民”，好的生活（快乐的生活）则关乎人自身的生存。以存在的完善为内容，好的生活所体现的，乃是实质层面的价值。

政治的以上价值指向，同时在实质层面为确认政治的正当性提供了根据：从实质之维看，政治的正当性就在于对人的存在价值的肯定。具体而言，政治系统，包括政治观念、政治实体、政治实践，如果对实现人的存在价值具有积极意义，便具有正当性，反之则无法归入正当之域。以上视域中的正当性，可以进一步从实然或现实性和当然或理想性两个层面加以考察。实然在此展现为人的现实存在，在这一层面，正当性关乎人类自身的生存以及人类社会的存在、发展所以可能的现实前提：在一定的历史时期，如果某一政治体制能够为人类生存和社会发展提供正面的条件，便至少呈现某种历史的正当性。以前面提到的礼制而言，在当时的历史条件下，如荀子所言，人与人之间如果没有礼所规定的“度量分界”，“则不能无争，争则乱，乱则穷”，乱与穷，无疑将威胁到一定时期人的自身的生存，与之相对，礼的确立，则可“养人之欲，给人以求”，从而为人的生存提供基本的条件。就礼制的确立在一定历史时期使社会避免了走向乱与穷、并由此构成了这一时期人生存的社会前提而言，其存在显然具有历史的正当性。同样，近代以来，如何保障个人的财产，成为个体生存和社会稳定的重要方面，近代的政治体制，也首先被赋予以上功能：“人们联合成为国家和置身于政府之下的主要目的，是保护他们的财产。”[④] 当国家和政府能够切实承担以上社会功能时，它同时也就获得了正当的存在形态。

---

① Aristotle, Politics, 1252a, *The Basic Work of Aristotle*, p. 1127.

② Aristotle, Politics, 1324a20, *The Basic Work of Aristotle*, p. 1279.

③ ［美］施特劳斯：《什么是政治哲学》，李世祥等译，华夏出版社 2011 年版，第 2 页。

④ ［英］洛克：《政府论》下篇，叶启芳、瞿菊农译，商务印书馆 1995 年版，第 77 页。

与“实然”（现实的存在形态）相关的是“当然”（理想的存在形态）。较之“实然”，“当然”更多地涉及人的发展趋向，并以达到理想的存在形态为内容。从走向理想的形态这一角度看，问题便关乎如何达到人性化的存在、如何不断实现自由之境，等等。马克思在谈到中世纪以等级为特点的政治体制时，曾指出：“等级不仅建立在社会内部的分裂这一当代的主导规律上，而且还使人脱离自己的普遍本质，把人变成直接受本身的规定性所摆布的动物。中世纪是人类史上的动物时期，是人类动物学。”[①] 中世纪的等级区分，往往使人的存在受到既成社会因素（如出身、门第等）的限定，正如动物的存在受到自身所属物种的限定一样。在此意义上，中世纪的人，与动物具有某种类似性，而未真正达到人性化的存在形态。这样，尽管从实然（一定的历史现状）的角度看，等级制的存在有其历史的理由，但就当然（走向真正合乎人性的理想形态）的层面而言，这种尚未使人完全摆脱动物性的体制，显然难以被视为正当的存在形态。广而言之，一种政治体制如果对人类走向合乎人性的存在、合乎自由的理想具有积极意义，那么便同时呈现正当的性质，反之，则缺乏正当性。

综合起来，人类的存在既涉及如何生存的问题，也关乎如何更好地生存的问题。如果说，“实然”（现实性）意义上的正当体现了人类生存、延续的实际需要，那么，“当然”（理想性）意义上的正当则折射了人类走向更好的存在境域的历史要求。二者作为实质层面的正当，分别与人类生存的历史条件和更好地生存的历史条件相联系。

不难看到，实质层面的正当，以善为其内容。前文曾提及，形式层面的政治正当和伦理学上的正当具有相关性，与之相联系，实质层面的政治正当，与伦理学意义上的善也彼此相涉：二者都关乎人的存在价值。事实上，善行（伦理）与善政（政治），本身便无法截然相分。宽泛而言，善本身可以从两个角度去理解，一是形式的方面，一是实质的方面。形式层面的“善”，主要以普遍价值原则、价值观念等形态呈现，后者既构成了据以判断善或不善的准则，也为形成生活的目标和理想提供了根据。这一意义上的“善”与形式层面的正当具有某种交错性和重叠性。与之不同，实质层面的“善”，主要与实现合乎人性的生活、达到人性化的生存方式，

---

① ［德］马克思：《黑格尔法哲学批判》，《马克思恩格斯全集》第一卷，人民出版社 1956 年版，第 346 页。

以及在不同历史时期合乎人的合理需要相联系。

在形式的层面上，政治领域中曾一再呈现以普遍价值原则意义上的“善”为名义对个人的自主性加以限定这一类现象，如向个体强加某种权威化的原则、以一定的意识形态作为个体选择的普遍依据，以此限制个体选择的自主性，如此等等。由此出发，甚至往往进一步走向剥夺、扼杀个人的权利，从传统社会“以理杀人”的现象中，便不难注意到普遍价值原则对个体权利的剥夺。然而，如前所述，“善”还有实质性的方面。孟子曾指出：“可欲之为善”，其中的“可欲”，可以理解为人在不同历史时期的合理需求，所谓“可欲之为善”，意味着凡满足以上需求者即具有“善”的性质。在引申的意义上，这一视域中的“善”以好的生活或合乎人性的生活为其内容，它所体现的是人的现实存在价值，并相应地具有实质的意义；这种实质意义上的“善”与一般原则所确认的形式层面的“善”，显然不能简单等同。从更深沉的方面看，“善”与人走向自由的历史过程相联系，事实上，人的合理需要的满足，即意味着扬弃自然之域或社会之域的必然强制，实现一定历史层面的自由。广而言之，合乎人性的存在，也就是自由的存在。上述视域中的自由，同时在更深刻的深层体现了“善”，正是在此意义上，黑格尔认为，“善就是被实现了的自由”[①]。在伦理领域，行为在实质意义上的“善”区别于仅仅合乎规范意义上的“对”；在政治领域，实质意义上的善则与实质意义上的政治正当具有一致性。

当然，对于政治正当性与实质之善（达到好的生活或走向合乎人性的存在形态）之间的关联，应作广义的理解。在当代政治哲学中，有所谓“自由的政治中立”（liberalpoliticalneutrality）的主张，其主要之点，即强调国家或政治实体不应以价值或善为追求或趋向的目标[②]，尽管这一看法没有直接论及政治的正当性问题，但从逻辑上说，它同时内在地蕴含着对政治正当与善（走向好的生活或合乎人性的存在形态）之间关联的质疑：主张国家或政治实体无涉价值（善）的追求，意味着将其正当性与价值（善）加以分离。然而，从广义的视域考察，以上主张本身事实上同样涉

① ［德］黑格尔：《法哲学原理》，范杨等译，商务印书馆1982年版，第132页。

② Gerald Gaus, “The Moral Foundation of Liberal Neutrality”, in *Contemporary Debate in Political Philosophy*, Edited by Thomas. Christiano and John Christman, Wiley Blackwell, 2009, pp. 79 – 95.

及政治与善（实质层面之价值）的关联：对“自由的政治中立”之说而言，“中立”的政治形态较之“非中立”的形态具有更高的价值，也更有助于达到真正意义上的善（实现合乎人性的生活）。不难看到，这里需要区分政治中立的不同形态：在相异的价值观念之间保持某种中立性，而非独断地强加特定的价值观念；仅仅关注政治形式和政治程序，以“中立”的形态超越一切价值追求或善的追求。如果说，前者体现了某种政治宽容的要求，那么，后者则意味着分离政治与实质之善，并由此消解政治正当性与实质之善的关联。然而，如以上分析所表明的，从其现实性上说，政治正当性与实质之善（达到好的生活或走向合乎人性的存在形态）的关联，显然非后一意义的抽象“中立”所能简单消解。进而言之，抽象的政治中立近于广义上的价值无涉（value-free），但政治与人的存在之间本源性的价值关联，决定了政治领域无法真正实现价值无涉。这一点，如前文提及的，施特劳斯已注意到了。

历史地看，实质层面政治的正当性，同时关乎民心的向背。孟子曾以舜继尧位为例，对此作了阐释：“昔者尧荐舜于天而天受之，暴之于民而民受之……使之主事而事治，百姓安之，是民受之也。”禹继舜位也体现了同样的过程：“昔者舜荐禹于天，十有七年，舜崩。三年之丧毕，禹避舜之子于阳城。天下之民从之，若尧崩之后，不从尧之子而从舜也。”[①] 民受之、民从之，即合乎民心或民意。这里尽管夹杂着“荐于天”之类的神秘表述，但从君与民的关系看，其中所涉及的更实质的问题，是如何确认君主统治的正当性：民众的认可和接受，在此被视为判断、衡量君主统治正当性的尺度。依照如上理解，民心和民意并非仅仅以选举制度下的票数来确认，而是基于民心之所向。

合乎民心或民心之所向，并非单纯地体现于观念层面，而是有其更为具体的内容：“得天下有道：得其民，斯得天下矣；得其民有道：得其心，斯得民矣；得其心有道：所欲与之聚之，所恶勿施尔也。”[②] “所欲与之聚之，所恶勿施尔也”，亦即顺乎民之意愿，满足他们的需要。在此，作为得天下、得其民的前提，“得民心”最后便落实于实现民众的具体意愿、满足其实际的需要。以上观念与孟子“可欲之为善”的看法前后呼应，与他所

---

① 《孟子·万章上》。

② 《孟子·离娄上》。

说的“制民之恒产”，也具有一致性。在同一意义上，孟子提出了“以善养人”的观念：“以善服人者，未有能服人者也。以善养人，然后能服天下，天下不心服而王者，未之有也。”[①]“以善服人”，主要表现为从抽象的原则出发作外在的说教、强制；“以善养人”，则侧重于顺从人的内在意愿。与前面提及的“所欲与之聚之，所恶勿施尔也”一致，这里的“养”意味着基于物质需要的满足，对民作进一步的引导。与之相近的是“以德养民”：“以德养民，犹草木之得时；以仁化人，犹天生草木以雨润泽之。”[②]

以合乎民心为政治正当的准则，又以“所欲与之聚之，所恶勿施尔”以及“以善养人”为得民心的前提，体现的是实质意义的政治正当性。这一视域中的“以善养人”或“以德养人”不同于“以德治国”，在以德治国中，“善”“德”主要表现为治理的方式、手段，“以善养人”或“以德养人”则以人为目的：“养”所指向的乃是人的需要的满足，后者同时体现了人的存在价值的实现。马克思曾指出：“国家是抽象的，只有人民才是具体的。”[③] 就此而言，通过“以善养人”以获得政治的正当性，这一关联在体现政治正当性的实质之维的同时，也展示了这种正当的具体性向度。

可以看到，政治正当既有形式层面的意义，也有实质层面的规定。在形式的层面，政治正当主要体现于合乎一定的政治理念或价值原则，并相应地表现为“对”或“正确”（rightness）；在实质的层面，政治正当则在于实现人的存在价值，后者具体表现为不断超越自然的形态，走向人性化的存在，达到自由之境，这一意义上的正当，以广义的“善”（goodness）为其内涵。综合起来，政治正当性具体便表现为形式层面的“对”与实质层面的“善”之统一。考察政治的正当性，既应肯定形式层面的意义，也需要关注其实质层面的内涵。从实质的层面看，政治的正当性同时体现了政治本身的目的：在终极的意义上，政治本身即以实质层面的善为指向，其目的在于不断将人引向人性化的存在形态、在不同历史条件下实现人的自由，这些方面同时具体地体现了人的存在价值。进而言之，价值原则及其意义，本身也无法与人的诸种存在价值相分离，而政治系统唯有与上述价值形态相一致，才具有真正的正当性。

---

① 《孟子·离娄下》。

② 《鬼谷子·佚文》。

③ ［德］马克思：《黑格尔法哲学批判》，《马克思恩格斯全集》第一卷，人民出版社1956年版，第279页。

四 政治的合法性

在政治领域，与正当性相关的是合法性（legality）问题。合法性与正当性往往并不被严格地加以区分：政治的正当性，常常被视为合法性问题，反之亦然。然而，就其内在含义而言，二者无法简单地等同。政治正当性，主要关乎政治的价值目的或价值方向，相对于此，政治的合法性，则更多地涉及政治系统的程序之维。与之相联系，尽管如后文所论，正当性与合法性并非完全彼此悬隔，但不能把政治的正当性还原为合法性。事实上，形式层面的合乎程序，并不意味着在实质—目的层面也具有正当性，纳粹的很多暴行，便表明了这一点：这些行为在形式上诚然合乎纳粹政权的决策程序，但其反人类的性质却使之在价值目的或价值方向上背离了实质意义上的正当性。①

在狭义上，合法性意味着在法律意义上合乎一定的法律规范，但政治之域的合法性，并不限于以上的法律意义。在中国传统社会中，政治的合法性每每表现为正统性，而正统的含义之一，则与一统相涉。欧阳修在解释正统时，便指出："正者，所以正天下之不正也；统者，所以合天下之不一也。"② 在此，合法意义上的正统，与一统天下意义上的"合天下于一"形成了内在的关联。质言之，使天下归于统一，同时从一个方面赋予相关王朝的政治权力以合法性。

从实质的方面看，政治领域的合法性，首先关乎政权的确立方式或政治权力的获得、传承、更迭方式。国家的建立、政权的确立、国家政治权力的传承或更迭，都面临合法性的问题，而这种合法性的确认在历史上则呈现不同的形式。在君主制之下，政治权力的合法性问题首先体现于王位或皇位的继承过程：王位或皇位继承的合法性，同时意味着政治权力传承和更迭的合法性，而这种合法性本身主要基于王族或皇族内部的亲缘关系。只要新的君主是一定历史条件下唯一有资格或最有资格的王（皇）位继承者，则其所获得的政治权力在当时便被视为具有合法性。在王朝延续

---

① 哈贝马斯已注意到合法性与正当性之间的张力，不过，对正当性的价值内涵，哈贝马斯似乎未能做出明晰、具体的说明。（参见［德］哈贝马斯《在事实性与规范性之间》，生活·读书·新知三联书店 2003 年版）

② （宋）欧阳修：《正统论上》，《欧阳文忠公文集》卷十六。

的过程中，有时可能出现王（皇）族内部的权力之争甚至宫廷政变，这种斗争和政变的结果，常常是本来没有资格成为君主的王（皇）族成员获得最高权力，在这种情况下，政治权力的合法性呈现较为复杂的形态：就新的登基者并非唯一有资格或最有资格的君位继承者而言，通过政变或其他权力斗争方式所获得之权力的合法性显然存在问题，但就其仍为王（皇）族的成员而言，则又并没有完全远离王（皇）族亲缘关系这一当时的政治合法性基础。在中国历史上，唐代早期与明代早期，便出现过此类情形。

在君主制的时代，如果面临改朝换代，则原来的王（皇）族血统或亲缘关系便会失去政治上的神圣性，政治权力的合法性根据也将发生相应的变化。从中国历史的演变看，每当原来的王朝崩溃之时，总是会出现天下大乱的政治格局，应运而生的各种政治、军事势力往往彼此角逐。经过或长或短的战乱，某种政治势力及政治人物最后将平定四方，使天下重归统一，并建立新的政权。这种新政权的合法性，无法通过旧王朝的王（皇）族血统或亲缘关系来确认，其根据主要来自前面所说的正统与一统的关系：“合天下于一”，本身即赋予统一天下的新政权以合法性。尽管新王朝往往以承天之运、天命所在之类的超越观念来论证其政治权力的合法性，但在实质的层面，其合法性首先源自一统：这种基于一统的合法性，在某种意义上构成了新王朝原初形态的合法性。

近代以来，政治合法性的根据产生了多方面的变化。在政治体制转换为民主制之后，不同范围内的选举成为政治权力获得的合法形式。在基于选举的政治权力传承、更替过程中，获得多数选票成为政治权力合法性的主要根据。然而，选举制度本身经历了一个变迁过程，最初拥有选票权的往往仅限于部分社会成员，如美国的黑人，在19世纪70年代之前就连名义上的选举权也没有，而在世界范围内，妇女的选举权的到来更迟：据相关研究，最早承认妇女选举权的国家是新西兰，而承认的时间则是1893年。进而言之，在走向民主制的过程中，政治权力本身一开始并非基于选举，无论是法国大革命，还是北美的独立战争，其具有民主形式的政治权力的形成，最初都是借助于革命的手段。在这一过程中，战争或革命的正义性，在实质上的意义构成了政治权力合法性的根据。

类似的情形也存在于以社会主义为指向的革命过程之中。从20世纪初俄国的十月革命，到20世纪中叶的中国革命，新型国家及新政权的建立，首先也是通过革命而实现的：尽管在国家的形态、政权的性质方面，

20 世纪俄国的十月革命及中国革命与 18 世纪法国革命、美国独立战争不同，但在新政权首先通过革命或战争的方式而建立这一点上，二者无疑有相近之处。与政权最初形成的以上途径相联系，这种政治权力的合法性，也与革命本身无法分离。具体而言，在这里，新政权的合法性最初同样源自革命的正义性。不难看到，发生于 18 世纪世纪的革命与出现于 20 世纪的革命尽管在主体、目标等方面存在深刻差异，但在政治权力的合法性一开始基于革命的正义性上，又有相通之处。

作为政治合法性的原初根据，革命的正义性本身需要得到确证。在政权建立之前，革命的正义性首先相对于它所要推翻的旧体制或旧政权而言：从人类历史的演进看，作为革命所指向的对象，旧的制度对人类走向合乎人性的存在、走向自由之境不仅没有积极的推进意义，相反呈现消极的阻碍作用，从而，已失去了其存在的历史合理性。在新的政权建立之后，革命的正义性则需要通过促进社会的多方面发展、更好地满足人民的多重需要来体现：唯有革命之后，社会的发展更为合理、人民的生活变得更好，革命本身的正义性才能得到确证。可以看到，在这里，政治的正当性与政治的合法性并非完全彼此隔绝：实质意义上的正当（有助于走向合乎人性的存在、走向自由之境）构成了革命正义性的实际内容，而革命的正当性则为新的政治权力之合法性提供了根据。

然而，在基于革命的正义性获得政治合法性的最初根据之后，新的政治权力的合法性，需要进一步在形式的层面得到确证。近代民主制的建立和发展，在一定意义上折射了以上的历史需要。尽管如上所述，近代民主制本身的衍化，也经过了一个历史过程，作为民主社会基本权利的选举权，最初也有种种的限制，然而，作为一种政治体制，它又从程序的层面，为政治的合法性提供了某种根据。仅仅基于程序，诚然无法担保政治的正当性，但它又确乎构成了政治权力合法性的形式条件。历史地看，政治权力的合法性依据，无法永远停留于获得权力的革命的正义性之上，在革命的阶段过去之后，权力延续、承继的合法性，需要有程序层面的保证。不仅 18 世纪的革命之后面临这一问题，20 世纪的社会主义革命之后，同样也面临类似问题。社会主义的法制建设之所以重要，也可以从这一角度去理解，除了国家治理本身的内在缘由之外，法制建设在相当程度上植根于上述历史需要，其意义之一，则在于为政治权力提供新的合法性形式。

可以看到，政治领域的合法性问题既关乎政治权力的延续、传承，也关乎政治权力的中断和重建。从传统社会的君主世袭，到近代的民主选举，政治权力的更迭更多地与权力本身的延续、传承相关，在传统社会中的改朝换代以及近代的革命中，政治权力的形成则首先关涉政权的重建。政治权力更替的不同形式，也使相关权力的合法性根据呈现不同形态。一般而言，在政治权力以延续、传承为形态这一前提下，其合法性主要关乎形式层面的程序，从传统君主的世袭，到近代以来国家或政府领导人的更替，其合法性的根据都基于不同意义上的程序。在政治权力由中断而重建的背景下，其最初的合法性则涉及实质的方面，以改朝换代为形式，政治权力的合法性首先源自“一统”；以近代的革命为前提，政治权力的合法性则与革命本身的正义性相关，当然，随着这种新的政治权力的延续，合法性的程序、形式之维也将逐渐走向历史的前台。

政治合法性的话题尽管在现代取得比较明确的形式，但对其关注则可追溯到历史的较早时期。在中国传统思想中，从君权天授论，到五德终始说，等等，都可以视为对政治权力合法性的论证和辩护，这种论证在总体上表现出超验性、思辨性的特点。近代以来，契约论在政治哲学中逐渐流行，在考察政治权利和政治义务根据的同时，契约论也试图为政治权力的合法性提供某种论证。契约论首先与个体间或个体与不同政治实体间的同意相关，契约论的提出，相应地蕴含着个体存在意义的突出。相对于以往时代，近代伊始，个体无疑得到了更多的关注。契约论同时以某些所谓不证自明的观念（包括天赋权利）为前提，这种思路与当时对科学领域认知过程的理解具有一致性：科学上的认识也往往被视为基于某种不证自明的观念。具体而言，契约论以所谓自然状态的预设为前提，尽管对自然状态的具体理解存在差异，但肯定这种自然状态的存在则构成了近代契约论的共同特点。以契约论的早期代表卢梭而言，在他看来，“人类曾达到这样一种境地，当时自然状态中不利于人类生存的种种障碍，在阻力上已超过了每个人在那种状态中为了自存所能运用的力量。于是，那种原始状态不能继续维持”①。以此为背景，每一个体都让渡自己的一部分权利，通过订约，形成一定的共同体，这一共同体具体表现为“城邦”“共和国”或其他“政治体”。② 在这种共同体中，个人虽然失去了“天然的自由”，但却

---

① ［法］卢梭：《社会契约论》，何兆武译，商务印书馆 1980 年版，第 22 页。

② 同上书，第 25—26 页。

获得了“约定的自由”，并拥有了与后者相关的所有权。按照这一理解，一定政治实体的政治权力，乃是基于共同体成员权利的自愿让渡，因而有其合法性。

可以看到，契约论的前提，是自然状态的预设。从现实的层面看，这种预设更多地基于自由的想象，而非历史的事实。对自然状态的不同理解（或将其视为人的理想之境，或把它看作人与人的冲突形态），也从一个侧面反映了这种预设的想象性质。作为自然状态的终结形式，个体之间或个体与共同体之间的订约，同样仅仅是观念层面的构想，而不是历史演进的现实形态。同时，契约论的核心之一，是个体的同意，无论是自我权利的让渡，还是对由此形成的政治权力的接受，都以个体的同意为前提。然而，这种同意本身缺乏程序意义上的确定性，而更多地带有某种随意性。总起来，契约论既未对历史的实际演进过程做出说明，也未对这一过程中形成的政治权力的合法性做出有说服力的论证。黑格尔在评论卢梭的契约论时，曾指出：“契约乃是以单个人的任性、意见和随心表达的同意为其基础的。”[①] 这一看法无疑已注意到契约论的上述特点。卢梭之后的各种契约理论，在总的思维进路上，并没有超出以上趋向。当然，就其内在精神而言，契约论突出了政治生活中的个体同意以及相互协商、彼此守约，等等，这一类观念并非毫无意义。

在现代政治领域，政治合法性问题常常被置于民主制的视域，而民主制又往往主要被理解为基于选举的政治体制：政治权力的获得如果合乎选举程序，则常常同时被赋予合法性质。从形式的层面看，近代以来的民主制确实关乎选举，在民主体制下，从民意代表到政治领导人，其确定往往以选举为条件。然而，选举本身存在内在的问题。首先，选举以选民的投票为基本形式，作为特定的个体，每一选民都有其不同的社会背景、利益关系以及价值观念，其投票也往往基于自身的利益和价值观念，而很难从整个社会、一定共同体的角度着眼，由此势必导致其选择的某种限定性。同时，由于信息、知识等方面的局限，个体常常缺乏对整个国家范围内社会经济、政治具体状况的充分了解，对相关政党及其候选人的真实情况，也每每并不完全掌握，由此做出的选择，不免带有某种盲目性。此外，在现代的选举过程中，选择是在既定范围内（如不同党派各自推举的候选

① ［德］黑格尔：《法哲学原理》，范杨等译，商务印书馆1982年版，第255页。

人）进行，从而，选择一开始就有其限制性：选民只能在已有范围内做出有限选择，这种选择不一定真正合乎选择者自身的意愿。进而言之，以选举为形式，无法回避多数人与少数人的关系，在多数人胜出的情况下，少数人的意愿如何得到尊重便成为一个需要面对的问题。如果合法仅仅以选民“同意”为前提，那么，权力的获得者对于未选举他们的“少数”选民而言，就不具有合法性：因为这些处于少数的选民并不同意执政者获得政治权力。尤可一提的是，选民中的“少数”可能占了整个选民的相当比重：在很多情况下，所谓“少数”与“多数”在数量上的差别，往往非常有限。以上情况表明，基于选举的民主制固然在程序的层面构成了政治合法性的依据，但这种合法性依据本身有其内在限度。

克服这种限度的可能进路，也许在于选举民主与协商民主或慎思和讨论的民主（deliberative democracy）的结合。协商民主与选举民主都既涉及政治权力如何获得，也关乎政治权力如何运用，从政治权力的运用方式看，协商民主不仅与人（民意代表或政治领导人）的选择相联系，而且也以政治领域多方面事宜的决策为内容。就具体内容而言，协商民主以确认公共理性为其前提，后者既要求在政治协商中避免情绪化并超越感性的冲动，也意味着以公共、全局的眼光看问题，而非仅仅着眼于个体或局部的利益。罗尔斯曾有所谓无知之幕的预设，这一理想化的预设固然过于抽象，但其中又蕴含超越个体立场的意向，这种意向已有见于公共理性的相关内涵。协商民主同时以政治平等为原则，与之相应的是避免金钱、权力、权威对政治讨论的外在干预。在目标上，协商民主以追求差异中的共识为指向，一方面，允许有不同的意见，另一方面，又非仅仅停留于一己之见，而是努力通过求同存异，达到最大限度的重叠共识。一味执着于个体的意见，将导致黑格尔所说的主观性：在政治领域，“主观性的最外部表现是闹意见和争辩，这种主观性在希求肯定自己的偶然性、从而也就毁灭自己的同时，使巩固存在的国家生活陷于瓦解”①。以个体性的意气之争为特点的主观性，不仅使个体自身难以容身于世，而且将威胁国家的稳定。与注重共识相关的是宽容与说服的统一，宽容意味着避免讨论过程中的独断化趋向，说服则趋向于以理性的方式使讨论的参与者理解和接受相关意见和主张。相对于选举以个体为本位，并相应地受到个体存在背景、

① ［德］黑格尔：《法哲学原理》，范杨等译，商务印书馆 1982 年版，第 338 页。

视域的限定而言，协商过程由不同的主体共同参与，这些主体包含多样的背景、视域，通过相互对话、交流、沟通，社会成员基于背景及利益差异而形成的不同看法，可以得到更直接的表达并达到更具体的理解，个体的不同视域，也有可能走向交融并得到某种扩展。意见的如上交流和视域的如上扩展，无疑为个体限定的超越提供了前提。协商的过程既基于对议题所涉及的具体知识、信息的一定的把握（唯有具备基本的知识、信息背景，协商才能有意义地展开），又将通过彼此交流深化和拓展对相关知识和信息的了解。对相关事实和信息的这种掌握，不同于单纯的理想化预设或抽象的逻辑性推论，由此，可避免因缺乏此类知识和信息所带来的盲目性。就协商的具体程序而言，不存在类似选举中只能在既定的候选者中加以选择的情形：协商过程具有开放性，解决问题的方案并没有预先规定的界限，而是包含多样的可能。从外在形式看，与选举面向大众（具有选举权的所有公民）不同，协商似乎是由少数人在有限范围内进行，这里同样涉及多数与少数的关系。然而，在协商过程中，参与者同时代表了不同的社会成员，即使是选举中处于少数的社会成员，其意见、主张在协商中也有机会得到表达。换言之，这里并非简单地表现为多数人对少数人的优势或少数人对多数人的服从，毋宁说，它使少数人的声音获得了被平等倾听的可能。与之相联系的是认同与承认交融，认同意味着个体融入一定的共同体，承认则表现为对共同体中不同个体（相关成员）的权利、利益的关注和肯定。当然，协商民主也会有自身的问题，如可能因缺乏必要的监督而导向不透明、不公开，在某些情况下甚至可能出现暗箱操作、政治交易。在此，选举民主与协商民主的结合，可以展开为两个方面，即民主的协商化（不仅仅限于选举），协商的民主化（避免协商不透明、被操控）。二者的如上结合，赋予政治的合法性以更为具体的形态。

从合理性的层面看，选举民主与协商民主体现了合理性的不同侧面：如果说，选举民主更多地侧重于程序合理性，那么，协商民主则同时关注实质合理性。就政治的合法性而言，程序或形式之维无疑构成了其主要的方面，但实质的规定同样无法完全忽略。如果仅仅限于形式的方面，则合法性本身的意义也将成为问题。如上所述，历史地看，政治合法性并非完全与政治生活的实质进程相悬隔，事实上，政治实体（包括国家这一类体制）的建立，一开始就包含实质之维。广而言之，前面已提到，政治的合法性本身与政治的正当性也难以截然相分，离开了政治的正当性，政治的合法性将缺乏实质的内容而流于抽象化。选举民主与协商民主沟通的意义，也可以从这一层面加以理解。

五 政治的有效性

在目的这一层面，政治以达到好的生活或更好的生活为指向，所谓好的生活或更好的生活既涉及人在不同历史时期合理需要的满足，也关乎终极意义上合乎人性的存在形态或人的自由之境。政治所以必要以及政治本身的正当性，也基于以上方面。如何更有成效地实现如上目的？这一追问进一步引向政治的有效性问题。从另一方面看，就“治”这一角度而言，政治不仅面临“为何治”，而且无法回避“如何治”。“为何治”以政治系统的存在目的为关切之点，“如何治”则关乎政治实践的具体展开过程，后者同样渗入了有效性的问题。

以好的生活或更好的生活为指向，政治实体（包括国家）的功能除了维护社会秩序之外，还包括提供各种形式的公共服务，从历史早期就已存在的兴修水利、救灾赈灾，到现代社会中的义务教育、医疗服务、社会救济、环境保护，以及国内及国际公共安全的保障，等等，政治实体（包括国家）的功能体现于多重方面，而与之相关的政治实践，则涉及有效性问题，即：政治系统的功能是否得到有效的实现？从基本之点看，以国家等为形式的政治实体所具有的社会功能，通常是个体无法独立承担的，无论是重大的工程（如防洪抗旱的水利建设），还是全民范围内教育的普及、社会的保障，等等，都需要举国家之力才能完成，在此意义上，这种功能的履行，本身就体现了政治实体的独特效能。

宽泛而言，有效性首先涉及目的与手段的关系，在这一层面，有效即在于以适当的方式达到相关的目的。[①] 有效同时涉及手段或实践方式与存在法则的关系，在这一层面，有效以合乎存在法则为前提。政治领域中的有效性，同样兼涉以上二重关系。在目的之维，政治体制及政治实践的有

---

① 罗尔斯曾从个体的层面，谈到政治领域中目的与手段的关系，这一视域中的手段，关乎个体达到基本权利的条件，这些条件他称为基本善（primary good）。除了自由和平等机会外，基本善还包括收入、财富等。（参见［美］罗尔斯《政治哲学史讲义》，中国社会科学出版社 2011 年版，第 12 页）政治有效性意义上的目的与手段不限于个体之域，而更多地与政治体制的运作相联系。

效性，主要表现为以更有成效的方式使社会成员达到好的生活或更好的生活，后者包括满足人在不同历史时期的合理需要、不断达到合乎人性的存在形态或人的自由之境。从存在法则这一方面看，政治体制及政治实践的有效性则意味着基于不同历史时期的社会现实，顺乎历史的发展趋向，尊重内在于社会共同体中的存在法则。历史上，曾出现过各种形式的盛世，从政治哲学的视域看，这种盛世同时以达到富有成效之“治”为其特点，而这种成效，便既表现为较好地体现了“治”之目的，也表现为合乎一定历史的社会发展法则。

上述论域中的有效性，可以视为实践意义上的有效性。在理论的层面，需要对实践意义上的有效性（practical effectiveness）与逻辑意义上的有效性（logical validity）作一区分。逻辑意义上的有效性一方面表现为概念、命题的可讨论性和可批评性；另一方面又体现于前提与结论、论据与论点等关系，并以论证过程之合乎逻辑的规范和法则为其依据。实践意义上的有效性（effectiveness）则以实践过程所取得的实际效果来确证，并主要通过是否有效、成功地达到实践目的加以判断。在目的与手段关系中呈现的政治有效性，首先与实践意义上的有效性相联系，而不同于逻辑意义上的有效性。当然，广义的政治哲学也涉及逻辑的有效性问题，如政治、法律的规范，便需要在逻辑上得到认可，而这种认可的前提之一，即是获得逻辑上的有效性。然而，政治本质上具有实践性，从实践哲学的角度看，其有效性无疑无法停留于逻辑或观念的层面，而需要进一步引向实践之域。①

奥克肖特曾认为：“法律不关心不同的利益，不关心满足实质的需要，不关心促进繁荣，消除浪费，不关心普遍认为的好处或机会的平等或不同的分配，不关心仲裁对利益或满足的竞争性要求，或不关心促进公认为是公善的事物的条件。因此，法律的正义不能等同于成功提供这些或任何别的实质好处，不能以提供它们的有效性或迅速，或分配它们的‘公平’来

① 这一意义上的政治有效性，有别于哈贝马斯在《事实与规范之间》中所说的法律规范的有效性（validity），对于后者，哈贝马斯所关切的首先在于规范本身的认可问题，这种认可所涉及的，主要是规范形成的程序（是否合乎法律程序）问题。就其以形式层面的程序性为指向而言，此种有效性似乎更接近于逻辑意义上的有效性。（参见［德］哈贝马斯《在事实性与规范性之间》，第33—50页）

衡量。”[①] 尽管政治与法律具有相关性，所谓法治便体现了这一点，但从总体上看，政治系统与上述奥克肖特所理解的法律，显然不能简单等同。以上视域中的法律，更多地体现了形式化的特点，政治系统则包含实质的内容，从而，与法律可以既不问“实质的需要”，也不理会“有效性”不同，政治既不能无视“实质的需要”，也无法回避“有效性”问题。

与实质的指向相联系，政治中的有效性同时涉及实践理性和实践智慧。政治具有实践的趋向：不仅政治活动具有实践性，而且不同形式的政治实体也唯有通过实践而运作，才能获得现实的生命力。同样，政治的有效性，本身也是在政治实践的展开过程中得到确证。从后一方面看，实践智慧便是一个无法忽视的问题。奥克肖特在论及政治中的理性主义时，曾区分了技术的知识与实践的知识，前者表现为关于一般规则的知识，后者则体现于实践过程中，并往往具体化为实践的能力。技术性知识固然也为实践过程所需，但仅仅具有这种知识往往无法完成实践过程。[②] 引申而言，政治实践的展开过程难以离开实践智慧，后者既包含奥克肖特所说的技术知识，也包括他所说的实践知识。具体地说，“实践智慧以观念的形式内在于人并作用于实践过程，其中既凝结了相应于价值取向的德行，又包含着关于世界与人自身的知识经验，二者融合于人的现实能力。价值取向涉及当然之则，知识经验则不仅源于事（实然），而且关乎理（必然）；当然之则和必然之理的渗入，使实践智慧同时呈现规范之维”[③]。在政治领域，实践智慧常常具体化为某种政治艺术，《老子》所谓“治大国，若烹小鲜”[④]，也可以视为这种政治艺术的形象化表述。无独有偶，奥克肖特在谈到政治领域的实践知识时，也曾以厨艺作类比。[⑤] 政治实践中的实践智慧，使政治实践本身达到艺术般的境界，这种艺术之境既蕴含着实践主体的价值意向，又体现了与存在法则的一致，由此引导政治实践以最为有效的方式实现政治的价值目的。

作为政治领域的一个方面，政治的目的性不仅规定着政治实践的方

---

① ［英］奥克肖特：《政治中的理性主义》，张汝伦译，上海译文出版社 2007 年版，第 174 页。

② 同上书，第 7—12 页。

③ 杨国荣：《人类行动与实践智慧》，生活·读书·新知三联书店 2013 年版，第 271 页。

④ 《老子》第六十章。

⑤ ［英］奥克肖特：《政治中的理性主义》，张汝伦译，上海译文出版社 2007 年版，第 8—9 页。

向，而且决定着政治有效性的性质。抽象地看，有效性本身可以被赋予不同的性质，当有效性体现于实现正面的价值目的时，其性质具有积极的意义，反之，则其意义便具有消极性，这种不同的性质，主要取决于相关的政治目的。在纳粹攫取政治权力之后，其政治机器曾高效运作，然而，它的政治目的——将人类置于法西斯主义的统治之下，一开始便决定了其政治运作的高效性具有反人道的负面价值意义。如前所述，政治的目的宽泛而言指向好的生活，这种好的生活既与人在不同历史时期之合理需要的满足相联系，也涉及人性化的存在形态或人的自由之境。所谓合理需要，首先关乎人的存在所以可能的条件，人性化的形态，则意味着真正超越动物性、体现人的本质和尊严。政治的有效性唯有对实现以上目的具有推进作用，才呈现正面或积极的意义。

政治有效性的性质固然取决于政治的目的，但从另一方面看，有效性本身又对目的层面的正当性具有不可忽视的作用。在政治实践这一层面，有效性首先体现于治国或更广意义上的治理（governing）过程，在治理的目标与政治目的一致的前提下，治理的成效将从一个方面确证政治的正当性。按其实质，治国或治理的过程也就是一定政治实体或政治体制运行的过程，如果治理过程能够实现社会的有序化，最大限度地满足社会成员多方面的合理需要，维护社会的公平正义，促进社会经济、文化的发展，保障社会的自由平等，让社会成员安居乐业、有尊严地生活，那么，这种治理的成效本身就为相关政治实体的正当性提供了确证。相反，如果某种政治实体或政治体制自认为具有正当性，但其治理过程导致的却是社会的无序化以及公正和正义的阙如、自由平等的缺失、普遍的民不聊生，等等，那么，这种政治实体的正当性将受到质疑，甚而出现正当性危机或合法性危机：正当性危机意味着相关政治实体在目的—价值层面是否具有正义性成为问题，合法性危机则表明这种政治实体在程序层面是否有资格治理社会面临挑战。如果说，政治的有效性对政治的正当性作了正面的肯定，那么，与之相反的状况，则使政治的正当性和合法性都难以得到社会的认可。

政治有效性与政治正当性的如上互动，从一个方面展现了二者的内在相关性。在具体的政治系统中，有效性与正当性确乎难以分离。以民主制而言，作为一种政治体制，民主按其本义包含两个层面。首先是价值目的，在这一层面，民主以“为了民”为指向，其具体内容落实于实现人的存在价值，所谓民享（for the people）、民有（of the people），便涉及民主的这一方面。民主同时包含手段之维，在这一层面，民主以“本于民”为指向，其具体内容关乎政治实践的程序、方式、途径，亦即依靠民，以展开国家或社会的治理，所谓民治（by the people），便体现了民主的这一内涵。不难看到，民主的目的之维（“为了民”）更多地关乎政治的正当性，民主制本身唯有真正体现了这一价值目的，才能被赋予政治的正当性。与之相对，民主的手段之维（“本于民”），则首先与政治的有效性相涉：正是在以一定的方式、程序实现人的存在价值的过程中，民主制才呈现出有效性问题。“为了民”这一目的性规定固然构成民主政治正当性的前提，但如果仅仅停留于此而未能通过“本于民”的政治实践而切实有效地实现民主的目的，则民主的正当性也将流于抽象的意向而难以得到真正的落实。在此意义上，民主的有效性无疑同时制约着民主的正当性。

综合而论，政治系统的运作过程，涉及正当性、合法性、有效性等问题。正当性体现了政治的目的之维，规定着政治实体和政治实践的性质，离开了目的—正当之维，政治的合法性、有效性便失去了价值意义，政治上的形式主义和功利主义仅仅强调政治的合法性和有效性，无疑忽视了政治发展的价值方向。另一方面，政治正当性与政治上的合法性、有效性并非彼此隔绝，正当性既需要通过合法性在形式的层面得到确认，也需要通过有效性在实质的层面得到确证，就以上方面而言，合法性与有效性同时为正当性的实现提供了不同意义上的担保。历史地看，中国传统的政治哲学诚然在理解政治领域的不同关系上存在各自的侧重：如果说，儒家较为注重正当性与合法性的统一，那么，法家则更关注合法性与有效性的统一；然而，其中又内含着在更广意义上肯定以上诸方面之相关性的观念，后者在礼法互动①与礼乐互融②的命题中得到比较具体的展现。这里的“礼”可以广义地理解为体制及其运作，所谓“礼，所以守其国，行其政令，无失其民者也”③，“法”则涉及程序层面的规则，“乐”同样与“政”相关：“礼乐刑政，其极一也，所以同民心而出治道也”，具体而言，“乐

① “非礼者，是无法也。”（《荀子·修身》）

② “礼乐之统，管乎人心矣。”（《荀子·乐论》）“乐至则无怨，礼至则不争。揖让而治天下者，礼乐之谓也。”（《礼记·乐记》）

③ 《左传》昭公五年。

者，乐也”，[①] 从而，它既表现为通过音乐的感染而教化人（政治共同体中的成员），也表现为由好的生活或合理需要的满足而引发的情感体验（愉悦之乐）。如果说，礼法的互动更多地侧重于程序方面的合法（合乎礼法），那么，礼乐互融则同时确认了以顺乎民心的形式体现出来的实质正当性。一方面，合法与有效本身不是目的，二者依归于价值意义上的正当性，后者最终表现为保证人类的生存和自由的发展；另一方面，合法、有效又从形式（程序）与实质的方面，担保了正当目的的实现。质言之，上述关系可以视为在程序合法的前提下，以有效的方式实现实质的正当。进一步看，政治正当性首先关乎“为何治”，相对于此，合法性与有效性更多地涉及“如何治”，在“如何治”这一层面，政治的合法性与政治的有效性本身并非互不相关：国家的治理和社会的治理都既面临是否合乎一定的规范、程序（关乎合法）的问题，也面对是否合乎社会领域的存在法则的问题（关乎有效）。不难注意到，正当性、合法性、有效性的相互关联和互动，赋予政治系统以现实的品格。

六　道德与政治

如前所述，从目的之维看，政治以好的生活为指向，后者在广义上同时体现了善的追求。政治的这一价值趋向，使之与伦理或道德具有相通性。事实上，作为人的存在的相关方面，政治与伦理难以截然相分。与存在形态上政治生活与伦理生活的以上联系相应，政治哲学与伦理学也具有内在关联。康德曾认为，道德法则包括法律的法则（juridical laws）与伦理的法则（ethical laws）。“合乎法律法则，体现的是行为的合法性（legality）；合乎道德法则，体现的则是行为的道德性（morality）。”[②] 这里的法律法则以及与之相关的行为，并非仅仅限于狭义的法律之域，而是同时关乎政治领域，从广义的道德法则这一角度理解伦理和法以及合乎伦理的行为和合乎法的行为，无疑从一个方面注意到道德与政治的关联。黑格尔将法、道德与伦理都置于法哲学的论域之中，而法哲学则包含政治哲学的内容，这样，尽管他对伦理和道德的看法与康德有所不同，但在肯定道德、

① 《礼记·乐记》。“乐者，乐也”中，前一“乐”读为“yuè”，后一“乐”读为“lè”。

② Kant, *The Metaphysics of Morality*, Cambridge University Press, 1996, p. 14.

伦理与政治哲学具有关联这一点上，则与康德具有相通之处。基于相异立场而展现的以上视域，无疑从不同方面注意到了政治与道德、政治哲学与伦理学之间的现实关系。

从本源上看，政治和伦理都发端于人的社会性生活，社会性生活本身则基于人与人的关系，并涉及对这种关系的协调、处理。中国传统文化中的五伦，便既与伦理意义上的父子、兄弟、夫妇相联系，又关乎政治意义上的君臣关系，对社会关系的这种理解，也从一个方面折射了政治与伦理的相关性。由此，儒家特别突出了人伦关系的处理对治国的意义："知所以治人，则知所以治天下国家矣。"① 从形而上的层面看，人的存在本身包含多重维度，在政治与伦理出现之后的历史发展过程中，人既融入政治生活，也参加伦理实践，作为人的存在的相关方面，政治与伦理无法截然相分。前文提及，中国传统政治哲学将政治的功能既理解为"治民"，也规定为"正民"，如果说，"治民"更多地体现了政治实践本身，那么，"正民"则同时包含着对民的伦理教化，在此意义上，"政以治民"与"政以正民"的统一，也展现了政治与伦理的相关性。同样，亚里士多德认为在"最好的政体"中，每一个人都能"适当地行动"和"快乐地生活"，其中"适当地行动"也涉及伦理的引导，而"适当地行动"和"快乐地生活"的交融，也意味着政治与伦理无法相分。

在中国传统的礼制中，政治与道德的关联得到了具体的体现。礼无疑具有道德的意义，所谓"礼，所以观忠、信、仁、义也"②，便表明了这一点。但同时，礼又被赋予政治的功能："礼，所以守其国，行其政令，无失其民者也。"③"国无礼不正。"④ 所谓"所以守其国，行其政令"，表明礼构成了治国实践所以可能的条件；"国无礼不正"，则意味着礼是形成社会秩序的前提。在"义以出礼，礼以体政"⑤ 中，礼进一步沟通了伦理（义）与政治（政），并由此更清楚地展现了政治与伦理的以上关联。按照中国传统哲学的理解，礼之所以具有以上品格，在于它既引导人的内在德性，又制约着外在之法："非修礼义，廉耻不立。民无廉耻，不可以治。

① 《中庸》。

② 《国语·周语上》。

③ 《左传》昭公五年。

④ 《荀子·王霸》。

⑤ 《左传》桓公二年。

不知礼义，法不能正。非崇善废丑，不向礼义。无法不可以为治，不知礼义不可以行法。”[1] 礼以一定的规范系统和相应的体制为其具体内容，礼的以上双重作用，同时在规范与体制的层面为政治与伦理的沟通提供了前提。

类似的情形也存在于西方的思想传统中。在西方思想的演进中，从柏拉图到罗尔斯，正义原则都一再被强调和突出。就其实质的内涵而言，正义本身既涉及伦理生活，也关乎政治之域。在伦理生活中，正义表现为行为选择的基本规范之一；在政治领域，正义则成为处理、调节政治共同体中不同成员之关系的基本原则。尽管对正义的社会意义可以有不同侧重：当亚里士多德强调正义的行为就在于像具有正义品格的人那样行动时，其侧重之点较多地在于正义的伦理之维[2]，在罗尔斯所注重的分配正义中，正义的政治意蕴则得到了更多的凸显，然而，从正义本身的内涵看，它则兼涉伦理之域和政治之域。正义的以上品格，也从一个侧面展现了伦理与政治之间的相关性。

礼和正义作为普遍的规范，更多地从静态的形式方面展现了政治与伦理的关联。进一步看，以不同层面秩序的形成为指向，政治与伦理都具有实践性的品格。伦理关系的确立，离不开道德实践，正是通过父慈子孝的实践活动，家庭中亲子之间的伦理关系才获得现实的形态。同样，在政治领域，政治秩序的建立，也基于具体的政治实践。以传统社会而言，君臣之间的等级关系，便是通过“君仁臣忠”[3] 的政治实践而得到确立。宽泛地看，伦理学与政治哲学之所以都被归属于广义的实践哲学，也与以上事实相关。诚然，作为实践哲学的不同方面，二者又存在某种差异。关于这一点，西季威克曾指出：“伦理学旨在确定个人应当做什么，政治学则旨在确定一个国家或政治社会的政府应当做什么，以及应当如何构成。”[4] 不过，正如私人领域与公共领域无法截然相分一样，政治实践与伦理实践也非完全彼此隔绝。

政治实践与道德实践都关乎实践的主体。从主体的层面看，人性是一

---

① 《文子·上礼》。

② Aristotle, *Nicomachean Ethics*, 1105b, *The Basic Works of Aristotle*, Randon House, Inc., 1941, p. 956.

③ 《礼记·礼运》。

④ ［英］西季威克：《伦理学方法》，廖申白译，中国社会科学出版社 1993 年版，第 39 页。

个无法忽视的方面。历史上的人性理论，首先涉及人格的培养及其途径，如果说性善说更多地肯定了人格培养的内在根据，那么，性恶说则更多地关注于人格培养的外在条件。同样，治国的过程，也常常基于对人性的理解。商鞅在谈到如何治国时，曾指出："饥而求食，劳而求佚，苦则索乐，辱则求荣，此民之情也。民之求利，失礼之法；求名，失性之常。奚以论其然也？今夫盗贼，上犯君上之所禁，而下失臣民之礼，故名辱而身危，犹不止者，利也。其上世之士，衣不暖肤，食不满肠，苦其志意，劳其四肢，伤其五脏，而益裕广耳，非性之常也，而为之者，名也。故曰：名利之所凑，则民道之。"[①] 按商鞅的看法，追求利和名，是人之常性，治国过程，应顺乎人性之常，利用人的好名求利之性，使之为君主所用。对人性与治国过程的这种理解无疑有其理论的限度，但这一看法同时注意到，政治实践作为人与人之间互动的具体过程，与实践参与者的内在精神规定、内在意向无法相分。

进而言之，政治实践的展开，与实践主体的内在品格具有内在关联，后者同时体现了伦理对政治的制约作用。儒家对此给予了特别的关注，《中庸》曾借孔子之口，提出了如下看法："文、武之政，布在方策。其人存，则其政举；其人亡，则其政息。人道敏政，地道敏树。夫政也者，蒲卢也。故为政在人，取人以身，修身以道，修道以仁。仁者，人也，亲亲为大；义者，宜也，尊贤为大。亲亲之杀，尊贤之等，礼所生也。在下位不获乎上，民不可得而治矣！故君子不可以不修身。"这里的主题是为政之道，其侧重之点，则是政治实践中人的作用，所谓"其人存，则其政举"。此处之"人"首先是指统治者或政治领袖，而后者的个人品格又被放到突出的位置。在儒家看来，政治的运作与个人的修养无法分离。治国应先治人，治人则须先修身，亦即使统治者自身达到人格的完善。修身以治国，这是儒家反复强调的政治原则，从孔子的修己以安人到《大学》的修身、齐家、治国、平天下，都体现了这一点。突出统治者在政治生活中的作用，体现的无疑是一种人治的观念，后者的理论限度和历史限度都毋庸讳言，不过，其中又蕴含着对政治实践主体内在人格的注重，后一看法则并非毫无所见。进而言之，政治生活不仅涉及执政者，而且关乎一般的社会成员，对后者来说，刑、政等强制性的政治手段固然能够让人的行为

① 《商君书·算地》。

合乎规范、避免为恶，但却难以使人形成向善之心："道之以政，齐之以刑，民免而无耻，道之以德，齐之以礼，有耻且格。"① "法能杀不孝者，不能使人孝；能刑盗者，不能使人廉。"② 唯有通过道德的引导，才能培养人的伦理意识（包括耻感、孝和廉的意识等）。质言之，在对人的正面引导方面，道德的作用不可或缺。

类似的看法亦可见于西方的传统政治哲学。亚里士多德已指出，在政体中担任最高职务，需具备三个条件：首先应忠于现存政体，其次需具备最出色的行政能力，最后则须具有适合于不同政体形式的德行和正义的品格。③ 这里涉及政治实践主体或政治领导人物应具备的基本素质，包括具有共同的政治立场、内在的德性与能力。进而言之，政治领域不仅有处于领导地位的政治主体，而且存在着更广大的被领导者，在亚里士多德看来，作为政治实践的不同主体，统治者与被统治者都需要德行，尽管这种德行的具体内涵有所不同。④ 与此相联系，道德领域中善良之人的德行与政治领域中政治家或君主的德行具有一致性。⑤ 德行的这种相关性，同时体现了伦理与政治的难以相分性。黑格尔从另一角度肯定了道德教育的必要性："为了使大公无私、奉公守法及温和敦厚成为一种习惯，就需要进行直接的伦理教育和思想教育，以便从思想上抵消因研究本部门业务的所谓科学、掌握必要的业务技能和进行实际的工作等等而造成的机械性部分。"⑥ 这里已涉及如何克服科层制可能引发的问题。在近代以来的科层制中，政治实践的展开常常需要具备某些技术性的技能，而实践本身则容易由此呈现技术化、程序化、机械性的趋向。为了在政治领域中避免以上偏向，便需要进行伦理的教育。黑格尔对伦理教育的理解，无疑已注意到道德教育不仅对于提升奉公守法等道德品格具有不可忽视的意义，而且构成了克服技术主义倾向的前提。从更广的层面看，伦理教育的以上二重作用同时从不同的向度体现了道德对政治领域的制约作用。

在近代以来的各种政治设计中，形式化、技术化、程序化的规定往往

---

① 《论语·为政》。

② 《文子·上礼》。

③ Aristotle, Politics, 1309a35, *The Basic Work of Aristotle*, p. 1249.

④ Aristotle, Politics, 1260a5 - 15, *The Basic Work of Aristotle*, p. 1145.

⑤ Aristotle, Politics, 1288a40, *The Basic Work of Aristotle*, p. 1205.

⑥ ［德］黑格尔：《法哲学原理》，范杨等译，商务印书馆1982年版，第314页。

成为主要指向，而人的德行、品格等方面在政治体制中常常难以获得适当的定位。直到当代的罗尔斯、哈贝马斯等，仍将人格修养等问题置于公共领域之外，很少从社会政治生活的合理组织等角度讨论这一类问题。就本体论的层面而言，上述思维趋向显然未能注意到人的存在的多方面性。按其现实形态，人既是政治法制关系中的存在，也有其道德的面向，作为人的存在的相关方面，这些规定并非彼此悬隔，而是相互交错、融合，并展开于人的同一存在过程。本体论上的这种存在方式，决定了人的政治生活和道德生活不能截然分离。从制度本身的运作来看，它固然涉及非人格的形式化结构，但同时在其运作过程中也包含着人的参与，作为参与的主体，人自身的品格、德行等总是处处影响着参与的过程。进而言之，技术化、程序化、机械性更多地关涉政治的形式之维，专注于此，不仅人格、德性在政治中的作用将被消解，而且实质层面的政治目的、政治的价值导向会被忽视或虚化。按其现实的形态，体制组织的合理运作既有其形式化的、程序性的前提，也需要道德的担保和制衡；离开了道德等因素的制约，社会生活的理性化只能在技术或工具层面得到实现，从而难以避免片面性。从以上背景看，儒家以及亚里士多德、黑格尔肯定道德对政治的作用，无疑具有不可忽视的意义。

政治与道德的关联不仅仅在于政治实践的主体受到其人格和德行的影响，而且体现在道德对政治正当性的制约。政治的正当性和道德的正当性本身无法相分，无论在形式的层面，抑或实质之维，政治的正当性与道德的正当性都具有相关性。从形式的层面看，政治的正当性以合乎一定时期被普遍接受和认可的价值原则为前提，而这种价值原则与道德领域的价值原则，往往具有一致性。在实质的层面，政治的正当性则体现于对人的内在存在价值的肯定，包括不断在不同的历史时期达到好的生活、满足人的合理需要、推动社会走向自由之境，等等。这种实质意义上的正当，与道德上的善也具有相通性。在政治生活为形式层面的价值原则所引导并由此追求实质之善的过程中，道德的影响也渗入其内。不难注意到，道德不仅从政治主体的内在品格上制约着政治实践，而且从政治生活发展的方向上，展现了内在的导向作用。

可以看到，政治生活展开为一个包含多重方面的社会系统。以价值原则和价值理想等为形式的政治观念，在政治系统中具有引导的意义；不同形式的政治体制，为政治生活的运行提供了制度的依托；政治实践则既使价值原则和政治理念得到落实，也通过政治主体的作用，赋予政治体制以现实的生命。在目的层面，政治系统的运行以正当性为其指向；在程序之维，政治系统受到合法性的制约；在手段运用上，政治系统则涉及有效性。如果说，政治观念、政治体制、政治主体的相互作用，是政治生活的展开所以可能的前提，那么，正当性、合法性、有效性的互动以及道德对政治的制约，则从不同的方面将人类引向更好的生活。

（原载《学术月刊》2015 年第 1 期）

古典政治哲学与现代政治哲学*

段忠桥**

我国的政治哲学研究虽然早在20世纪80年代就已起步，但人们从一开始就对何为政治哲学存在各种不同理解。进入21世纪以来，随着政治哲学研究的迅速升温和将其作为一个学科来构建的呼声不断高涨，“什么是政治哲学”开始成为众多学者关注的热点问题。① 众所周知，政治哲学的起源和发展不是在我国而是在西方，因此，我国学者对这一问题的理解必然受到西方流行的政治哲学的影响，尤其是列奥·施特劳斯讲的古典政治哲学（classical political philosophy）和约翰·罗尔斯讲的现代政治哲学（modern political philosophy）的影响。然而，由于一些学者对这两种政治哲学缺少深入的研究和准确的把握，因而在有关何为政治哲学，进而言之，有关当今中国应建构怎样的政治哲学的研讨中，常常将它们混为一谈，甚至将它们合二而一。鉴于此，本文将先阐释这两种政治哲学的区别，接着表明受其影响在当今英美大学开设的两种政治哲学课程的区别，最后就我国的政治哲学建构为什么更应追随罗尔斯讲的现代政治哲学谈几点看法。

---

* 基金项目：本文系中国人民大学科学研究基金项目“当代西方分配正义理论研究——以‘平等主义’为视角”（项目号：15XNQ046）的阶段性成果。

** 段忠桥：中国人民大学哲学院教授。

① 据我粗略地统计，目前已发表的相关论文有百余篇之多，其中包括一些知名学者的论文，如任剑涛：《政治哲学的问题架构与思想资源》，《江海学刊》2003 年第 2 期；万俊人：《关于政治哲学几个基本问题研究论纲》，《天津社会科学》2004 年第 2 期；陈晏清、王新生：《政治哲学的当代复兴及其意义》，《哲学研究》2005 年第 6 期；韩水法：《什么是政治哲学》，《中央党校学报》2009 年第 2 期；姚大志：《什么是政治哲学》，《光明日报》2013 年 9 月 24 日。

一

从对政治哲学概念的提出和使用来看，施特劳斯无疑先于罗尔斯。他早在1953年出版的《自然权利与历史》一书中就对政治哲学有大量的论述，在1959年出版的论文集《什么是政治哲学》中更是对其做了专门的论述。此外，他还在1963年与其弟子合编了一本在西方学术界至今仍具有重要影响的《政治哲学史》教材。从施特劳斯的相关论著来看，他讲的政治哲学实际上指的是以古希腊的柏拉图和亚里士多德为代表的古典政治哲学，这种政治哲学具有以下特征：

第一，它探求的是关于好生活或好社会的知识，简言之，是关于善（the good）的知识。在“政治哲学”这一用语中，“政治”表示主题，即“政治哲学以一种与政治生活相关的方式处理政治事宜；因此，政治哲学的主题必须与目的、与政治行动的最终目的相同”。所有政治行动的目的不是变革就是保守：当人们渴望变革时，为的是让事态变得更好；当人们渴望保守时，为的是避免事态变得更坏。由此说来，所有的政治行动都是由某种有关更好或更坏的思考所引导的，而关于更好或更坏的思考就隐含着关于善的思考，因为如果我们不是对善有所思考，我们就不能有对更好和更坏的思考。因此，所有的政治行动从根本上讲都指向了关于善的知识，而“如果人们把获得有关好的生活、好的社会的知识作为他们明确的目标，政治哲学就出现了”。政治哲学自从在雅典诞生以来，它的这一含义就未改变。当然，人们对何为善这一问题的回答可能不同，但这一问题却是永恒的。所以，政治哲学不是历史的，“一种政治哲学不会仅仅因与之相关的历史处境尤其是政治处境的消逝而过时。因为，每一种政治处境都包含一切政治处境的本质要素：否则人们怎么能以可了解的方式把所有这些不同的政治处境明确称为政治处境呢”。[①]

第二，它“是用关于政治事物本性的知识取代关于政治事物的意见的尝试”。[②] 政治哲学是哲学的一个分支，因此，对于它所探求的关于善的知

---

① 引文参见［美］施特劳斯《什么是政治哲学》，李世祥等译，华夏出版社2011年版，第2、54页。

② 同上书，第3页。

识要从哲学上加以理解。与其他学科不同，哲学探求的是整全（the whole）的知识，即万事万物的本性的知识。探求意味着此类知识并非唾手可得，但缺乏这类知识并不意味着人们对整全毫无想法，因此，关于整全的各种意见（opinions），即对整全的各种表面、局部的看法必然先于哲学，而哲学就是试图用关于整全的知识（knowledge）取代关于整全的各种意见。与此相应，政治哲学探求的是有关政治事物本性的知识。政治事物就其本性而言，受制于同意与反对、选择与拒绝、赞同与责怪，因此，它们不是中立的。由此说来，如果一个人不是严肃地依据好或坏、正义或非正义对其主张做出判断，即不是依据某种善或正义的标准来衡量它们，那他就没有把这些主张作为政治事物来理解。要做出正确的判断，人们就必须知道真正的标准，而政治哲学所要做的，就是努力获取真正的标准——关于善的知识，或者说，关于“政治事务的本性和正当的或好的政治秩序”① 的知识，以取代关于政治事物的各种意见。

第三，它的现实着眼点是最佳政制（regime）。政治哲学探求的善，即好的生活或好的社会，或正当的或好的政治秩序，是通过现实的“政制”来体现的。政制不仅意指政府形式，即是民主制、寡头制还是君主制，因为“政制同时意味着一个社会的生活形式、生活风格、道德品位、社会形式、国家形式、政府形式以及法律精神”。政制赋予一个社会以某种特性，因此，政制是一种特定的生活方式。这种生活方式取决于社会中某一类人的优势，取决于他们对社会的明显主宰，因此，政制是不同类别人的共同生活的形式，是社会的生活方式。由于社会生活是一种指向某个只有通过社会才能追求的目的的活动，因此，社会必须要以一种与那一目的相符的方式来组织、安排和建构，而这意味着，执掌政权的人必须趋向那一目的。政制具有多样性，因为每种政制不但都会提出自己的主张，而且还会使其主张超出任何社会的既定范围。正是政制的多样性和各种政制之间的相互冲突迫使人们思考，在相互冲突的政制中哪种更好或最终哪种政制是最佳政制，因此，是“最佳政制的问题引导着古典政治哲学”。②

第四，它关注的主要问题是对所有政制都至关重要的善。在每种政制

① ［美］施特劳斯：《什么是政治哲学》，李世祥等译，华夏出版社 2011 年版，第 3 页。

② 引文参见［美］施特劳斯《什么是政治哲学》，李世祥等译，华夏出版社 2011 年版，第 25 页。

中都存在不同的利益集团，它们会在由谁来统治，或如何达成妥协，即在建构什么样的政治秩序才是最好的政治秩序问题上存在争议。此外，不同的政制也会提出对各自有益的主张，例如，在雅典人看来，民主制是最好的，而在巴比伦人看来，君主制是最好的。政治哲学强调在这些争议或不同主张中要区分开对属己之物的爱与对善的爱，认为最佳政制不是前者而是后者的体现。这种区分从最佳政制下好公民与好人的不同就看得很清楚。对好公民而言，只要爱国就够了，支持这一点的理由很简单，即国家是你自己的国家。好人则不同，好人爱的是善，因此，他只爱体现善的最佳政制，而不管自己是哪一种政制下的公民，可见，“善比属己性有更高的尊严，或者说最佳政制是比祖国更高的一种考虑”。[①] 因此，政治哲学关注的问题是对所有政制都至关重要的善，最佳政制不是体现在它对任何共同体都必定是好的，而是体现在它无论何时何地就善而言总是最好的。

第五，它是解决政治争论的最高权威。在政治生活中，人们往往持有各种不同的主张，而各种主张又都打着正义的旗号，这样一来，冲突的各方就需要有人来仲裁，而最具权威的仲裁者是政治哲学家，因为他们关注的不是有关具体政治问题的争论，而是“那些既极为重要又恒久不变的政治争论”，[②] 即关于什么是最好的政治秩序的争论。政治争论最终体现在法律与制度的构建上。立法者首先关注的是他为之立法的那一共同体，但他又必须提出并回答一切立法都无法回避的何为最好的政治秩序的问题，而要回答这一问题，他就得向政治哲学家请教，因为唯有政治哲学家才能掌握关于善的知识，掌握政治生活的真理，才具有回答这一问题的资格。因此可以说，政治哲学家是立法者之师，是政治问题的最终仲裁者。

罗尔斯在 1971 年出版的《正义论》中没有直接谈及政治哲学，在 1993 年出版的《政治自由主义》和在 2000 年出版的《道德哲学史讲义》中只在几处地方简单提到政治哲学，在 2001 年出版的《作为公平的正义》中也只以短短一节的篇幅谈了“政治哲学的四种作用”。不过，在其逝世后出版的，即 2007 年出版的《政治哲学史讲义》的“导论：论政治哲学”中，我们可以看到他对何为政治哲学的较为全面的论述。从罗尔斯的相关论述来看，他把其讲的政治哲学称为与古典政治哲学不同的现代政治哲

① ［美］施特劳斯：《什么是政治哲学》，李世祥等译，华夏出版社 2011 年版，第 27 页。

② 同上书，第 68 页。

学，这种政治哲学的特征如下。

第一，它主要涉及政治正义和共同善的问题。政治哲学与其受众密切相关，由于其受众会因社会的不同而改变，因此，政治哲学所要探讨的问题实际上“取决于受众所在社会的社会结构及它所面临的紧迫问题”。[①] 现代西方社会是宪政民主社会，政治哲学的受众是可以通过投票对所有的政治问题行使最终的宪法权威，而且如有必要可以通过修改宪法来行使这一权威的所有公民，因而，政治哲学涉及的主要问题是公民的基本权利与自由的问题，进而言之，是“关于政治正义和公共善以及哪种制度和政策能更好地促进政治正义和公共善”[②] 的问题。所谓政治正义，指的是宪法的正义，它包括两个方面，一是“正义的宪法应是一种满足平等自由要求的正义程序”，二是“正义的宪法应该这样构成：即在所有可行的正义安排中，它比任何其他安排更能产生出一种正义的和有效的立法制度”。所谓共同善，指的是“旨在维持对每个人有利的条件并达到对每个人有利的目标”。[③] 公民想要对基本权利与自由问题做出判断，就必须掌握并理解有关政治正义和公共善的理念，而政治哲学所要做的，就是要更为深刻和全面地阐释与它们相关的基本概念，如正义、自由、平等、民主、权威、权利和义务等，因为“这些概念有助于我们澄清关于民主政体的制度与政策的判断”。[④]

第二，它试图确立规范政治制度与政策安排的原则。与政治正义和公共善理念相关的那些基本概念表达的是一些政治价值，而政治正义和共同善则是对这些价值的合理的、系统的和连贯的说明。价值意指应当追求的东西，政治价值意指应当应用于政治制度与政策安排的东西，因此，政治正义和公共善对于政治制度与政策的安排将起规范的作用。与同样起规范作用的古典政治哲学讲的善不同，政治正义和公共善不是指人类生活的最高的善理念，即“一个有吸引力的理想”，而是指人类理性的一种要求或命令，即“正当理性的权威规定，以及这些规定所产生的权利、责任和义

---

① ［美］罗尔斯：《政治哲学史讲义》，杨通进、李丽丽、林航译，中国社会科学出版社2011年版，第1页。

② 同上书，第1、5页。

③ ［美］罗尔斯：《正义论》，何怀宏、何包刚、廖申白译，中国社会科学出版社2009年版，第173—174、182页。

④ ［美］罗尔斯：《政治哲学史讲义》，杨通进、李丽丽、林航译，中国社会科学出版社2011年版，第1页。

务”。进而言之，正当对于善具有优先性，即只有在政治正义和公共善的规定得以实现之后，人们的“注意力才转移到这些规定允许我们追求和珍视的那些善上”。此外，古典政治哲学讲的善在很大程度上是“针对个人的”,[①] 而政治正义和公共善则是针对政治制度与政策的安排，或者说，是针对政府的。简言之，现代政治哲学关注的是政治制度与政策安排的“正当性”问题，它试图为接受或拒绝特定政治制度与政策安排提供规范意义上的根据。

第三，它求助于人类理性的权威。如果说政治哲学的受众是所有公民，那它的可信性基于什么？或者说它的权威性来自哪里？在宪政民主社会中，政治哲学并不具有任何权威，因为政治哲学家只是提供对政治正义和公共善理念的阐释，而是否将他们阐释的理念转化为基本的制度则要由受众即全体选民来决定。因此，“政治哲学期待的是人类理性的信任，它潜在地求助于人类理性的权威。这种理性不过是合理的思考、判断、推理所共享的力量，就像成熟的完全正常的人（即所有正常的成年公民）在从事合理的思考、判断和推理时所表现出来的那样”。政治哲学要求助于人类理性的权威，就要以一种合理而可信的方式向人们陈述政治正义和公共善的理念及其依据，以使人们能够合理地对它们做出判断。一些政治哲学的著作之所以在民主社会中产生了深远而持久的影响，原因就在于它们更为成功地求助了人类理性的权威。进而言之，政治哲学对人类理性的求助是否成功既不取决于官僚机构或由传统和根深蒂固的习惯所确认的机构的评估，也不取决于由专家组成的机构的评估，而是取决于每一个公民对其成果的评估。因此，“政治哲学家并不比其他公民拥有更多的权威，也不能对民主社会中的政治正义问题做出裁决，就像由物理学家组成的机构不能对物理学理论做出裁决那样”。[②]

第四，它是宪政民主社会的一般文化背景的一部分。在政治哲学如何介入并影响宪政民主政治的结果这一问题上，现代政治哲学与古典政治哲学存在明显的不同。古典政治哲学认为，政治哲学能够掌握关于好的生活或好的社会的真理，因此，这种观点试图寻求一个政治代理人来把这种真

① 引文参见［美］罗尔斯《道德哲学史讲义》，顾肃、刘雪梅译，中国社会科学出版社2012年版，第2、4页。

② 同上书，第2、3页。

理转化成制度安排，而不管这一真理能否被人们自由地接受或理解。换句话说，“政治哲学关于真理的知识使它获得了影响，甚至控制政治结果的权威——通过说服或强制（如果必要）”。现代政治哲学则把政治哲学视为社会一般文化背景的一部分，认为只是由于经常被引用和参考，它才成为社会基本政治理念的源泉。因此，在宪政民主制度下，“政治哲学能够恰到好处地做到的就是，影响某些通过合法的宪法程序建立起来的结构，然后，通过说服这些结构来否决多数民主的意志”。政治哲学的大部分著作，都属于一般性的背景文化的一部分，公民们对政治正义和公共善以及哪种制度和政策能更好地促进政治正义和公共善的理解，很多是来自这些著作，因此，政治哲学还具有教育的功能。可见，政治哲学主要不是通过日常政治来发挥其作用，它更多的是通过给公民（在他们介入政治之前）传授关于个人和政治社会的某些理想观念来发挥作用。因此可以说，“作为一般性的背景文化的一部分，政治哲学在为根本性的政治原则和政治理想提供源头活水方面发挥着不可替代的作用”。[①]

二

施特劳斯讲的政治哲学与罗尔斯讲的政治哲学显然是两种不同的政治哲学，为了更清楚地表明这一点，让我们再来看看因受他们的影响而在当今英美大学开设的两种不同的政治哲学课程：追随施特劳斯的政治哲学课程和追随罗尔斯的政治哲学课程。这两种课程的不同集中反映在它们各自使用的政治哲学教材的内容上。让我们以中国翻译出版的两本政治哲学教科书为例，一本是由深受施特劳斯影响的耶鲁大学史蒂芬·B. 斯密什编写的《政治哲学》，[②] 另一本是深受罗尔斯影响的伦敦大学学院乔纳森·沃尔夫编写的《政治哲学导论》，[③] 看看它们之间有什么不同。

斯密什的《政治哲学》由耶鲁大学出版社 2012 年出版，是耶鲁大学公开课的教材。这本教材在其第 1 章“为什么是政治哲学”中，先对其讲

---

① 参见［美］罗尔斯《政治哲学史讲义》，杨通进、李丽丽、林航译，中国社会科学出版社 2011 年版，第 3、4、6 页。

② ［美］斯密什：《政治哲学》，贺晴川译，北京联合出版公司 2015 年版。

③ ［英］乔纳森·沃尔夫：《政治哲学导论》，王涛、赵荣华、陈任博译，吉林出版集团有限责任公司 2009 年版。

所的政治哲学做了如下说明：

第一，政治哲学是对一切社会都必定遇到的政治生活的永恒问题的探究，这些问题包括“谁应当统治”“应当如何处理冲突”“应当怎样教育公民和政治家”等。“政治哲学旨在澄清各种塑造了政治探究的基本问题、基础概念与范畴”，[①] 因此，与其说它是政治科学的一个分支，不如说它是这门学科的根本和基石。

第二，了解“什么是政治哲学”的最好途径，是研习那些被公认为政治哲学大师的人的作品与思想，这些大师包括柏拉图、亚里士多德，一直到马基雅维利、霍布斯，再到卢梭、托克维尔、阿伦特、施特劳斯等人。在这个问题上要反对两种错误看法：一是认为政治研究就像自然科学那样是一个不断进步的领域，因而无须再研究柏拉图、亚里士多德、马基雅维利等人的前科学的尚不成熟作品；二是认为一切政治思想都是历史的，即都是一定时间、地点与环境的产物，因而没有可能将那些政治哲学大师的著述联结起来。当然，“政治哲学研究中没有永恒的答案，只有永恒的问题”，[②] 那些大师在一些问题上也常常存在深刻的分歧，但也恰恰是因为这样，才能使我们走进他们的对话，首先倾听，接着思考，然后做出我们自己的判断。

第三，政治哲学的探求是从何为最佳政制入手的。政治哲学的切入点是政治行动，而一切政治行动的目的都是为了实现某种善的理念。政治哲学家称为善的东西，常常隐藏在各式各样的名号下，有时是“美好社会”，有时是“正义社会”，而它们都可简称为“最佳政制”。政制既指一种政府形式，即要么是由一人、少数或多数人统治，要么是这三种统治要素的某种混合或结合，又指一种包含道德和宗教实践、习惯、风俗和情感在内的使一个国家成其所是的整个生活方式。由于每种类型的政制都有其特殊性，并且与其他类型的政制处于相互对立的关系之中，因此，哪种政制是最佳政制的问题“总是指引着政治哲学”。[③]

第四，最佳政制和现存政制之间的张力，是政治哲学成为可能的前提。政治哲学必然涉及最佳政制与现存政制之间的关系问题。最佳政制包

---

① ［美］斯密什：《政治哲学》，贺晴川译，北京联合出版公司 2015 年版，第 1 页。

② 同上书，第 4 页。

③ 同上书，第 9 页。

含着一种悖论，即它既是最佳的，但又是难以完全实现的。这就使得追求善的政治哲学家很难成为任何现存政制的好公民，因为除了最佳政制，他永远不会真正感到满意，永远不会对现存政制真正保持忠诚。然而，也恰恰是因为这一点，政治哲学的存在才有可能，因为最佳政制一旦实现，政治哲学就将变得毫无必要，成为多余之物。因此，政治哲学存在于，而且也只能存在于"是"与"应当"、事实与理想之间的不确定的区域。进而言之，政治哲学存在的先决条件就是"一个不完美的社会，一个需要解释也必然需要政治批判的世界"。①

基于对政治哲学的上述说明，这本教材以何为最佳政制为主题，依据历史发展的线索依次讲授了索福克勒斯的《安提戈涅》（第 2 章）、柏拉图的《苏格拉底的申辩》和《克力同》（第 3 章）、柏拉图的《理想国》（第 4 章）、亚里士多德的《政治学》（第 5 章）、《圣经》（第 6 章）、马基雅维利的《君主论》和《李维史论》（第 7 章）、霍布斯的《利维坦》（第 8 章）、洛克的《政府论》（第 9 章）、卢梭的《社会契约论》（第 10 章）、托克维尔的《论美国的民主》（第 11 章）、施密特的《政治的观念》和康德的《论永久和平》（第 12 章）中的相关内容，并引导学生去思考这样一些政治哲学中的最基本的问题：最佳政制是否像古人相信的那样，是一种由少数佼佼者依习俗而统治的贵族共和制，还是像现代人相信的那样，是一种原则上仅仅由于所有的人都是这个社会的成员，因而政治职务要对所有人开放的民主共和制？最佳政制是一个世世代代不懈追求人性完善的小型封闭社会，还是一个拥抱全人类的庞大的国际社会，或一个普世性的国际联盟？最佳政制偏爱的是民主制中的普通民众，还是贵族制中拥有品位与财富的战士，或者甚至是神权政制中的教士？

沃尔夫的《政治哲学导论》由牛津大学出版社 1996 年出版，是一本被英美许多大学使用的颇为流行的教材。这本教材在"导言"中也先对其所讲的政治哲学做了说明：

第一，政治哲学的研究对象是那些规定政府应如何运作的准则或理想的标准。有人说，政治哲学的研究对象只涉及两个问题：（1）"谁得到了什么"；（2）"谁说了算"。这种说法虽不准确，但对于了解政治哲学的研究对象是什么却是一个有益的出发点。略做思考人们就可以想到，第一个

---

① ［美］斯密什：《政治哲学》，贺晴川译，北京联合出版公司 2015 年版，第 10 页。

问题涉及物质利益的分配，以及权利和自由的分配。依据什么人们才应当拥有财产？人们应当享有什么样的权利和自由？第二个问题涉及政治权力的分配。政治权力包括命令他人的权力，以及当他们不服从时使他们受到惩罚的权力。谁应当拥有这种权力？这些问题都与政府直接相关，同时也是每一位公民在现实生活中都会遇到并且必须回答的，而政治哲学所要研究的，就是“在自治与政治权威之间寻求一个正确的平衡，或者换句话说，就是寻求政治权力的合理分配”，[①] 进而言之，就是要对政治权威、民主、自由、分配正义等问题做出令人信服的说明。

第二，“政治哲学是一门规范性学科，它试图确立规范（规则或理想的标准）”。[②] 描述性的研究试图发现事物是如何的，规范性的研究则试图发现事物应当如何，即什么是正当的，什么是正义的，或什么在道德上是正确的。一般说来，从事描述性政治研究的是政治科学家、社会学家和历史学家。例如，政治科学家关注在某个特定社会中实际存在的利益分配状况，比如说，在美国，谁拥有着财富？在德国，谁握有权力？从事规范性政治研究的政治哲学家也有充分的理由对这些问题感兴趣，但他们首先关注的却是另一类问题：支配利益（利益在这里不仅包括财富，而且也包括权力、权利和自由）分配的准则或原则应当是什么？政治哲学家所探究的问题不是“财产是如何分配的”，而是“如何分配财产才是正义的或公正的”，不是“人们拥有什么样的权利和自由”，而是“人们应当拥有什么样的权利和自由”，不是“支配社会利益分配的标准或规范是什么”，而是“支配社会利益分配的理想的标准或规范应是什么”。

第三，政治哲学运用的主要是分析的方法。政府应当如何运作？这是一个不易回答的问题。但尽管如此，还是有很多著名的哲学家，如古代的柏拉图、亚里士多德，近代的霍布斯、洛克、卢梭、康德、黑格尔，当代的罗尔斯、诺齐克，在努力回答这一规范性的政治问题，而且他们都取得了或多或少的积极成果。他们“一般都会运用与论证其他哲学问题的同样的方法来研究政治。他们划分事物间的区别，考察两个命题是否自相矛盾，论证两个或更多的命题之间是否存在逻辑上的一致。他们试图证明，

---

① ［英］乔纳森·沃尔夫：《政治哲学导论》，王涛、赵荣华、陈任博译，吉林出版集团有限责任公司 2009 年版，第 2 页。

② 同上。

令人惊讶的理论可以从显而易见的论点中推导出来”。[①] 简言之，他们提供的是基于分析方法的各种论证。

第四，政治哲学的问题是人们无法回避的问题。每一个社会中都由某人或某些人掌握着政治权力，而财产也是以这种或那种方式分配的，因而政治哲学的问题涉及每一个人，或者说，是任何人都不能回避的。当然，任何一个个人对整个社会决定的影响都很可能是微不足道的，“但是我们每个人都具有一种潜在的影响力”，[②] 这种影响力可以通过选举表现出来，也可以通过争论和讨论使我们的观点为人们所知晓而表现出来，不管争论和讨论是通过公众的舞台，还是通过私下的场合。那些不愿参与这些活动的人实际上也有政治态度，因为什么都不说和什么都不做实际上是对现状的认可。

基于对政治哲学的上述说明，这本教材主要讲述了政治哲学所要探讨的五个基本问题。第一章“自然状态”探讨的问题是：为什么一些人拥有批准控制其他人行为的法律的权力？对这个问题的探讨是先假定如果没有人拥有这样的权力，即在没有国家的“自然状态”下社会生活将会是什么样子？生活将会变得不能容忍吗？或者相反，会比现在更好？第二章“为国家辩护”探讨的是政治义务问题：假定我们承认生活在有政府的状态要比生活在自然状态下更好，这是否意味着我们有服从国家法令的道德义务？或者说，对此还存在其他的论证吗？第三章“谁应当统治？”探讨的是国家应当如何组织的问题，它应是专制的还是民主的？如果应是民主的，那民主的含义又是什么？第四章“自由的位置”探讨国家应当拥有多大的权力？或者反过来说，公民应享有多大的自由？第五章“财产的分配”探讨的是分配正义问题：公民的自由是否应当包括个人以任何自认为合适的方式获取和处置财产的自由？或者说，在自由或正义的名义下，政府可不可以对经济活动施加正当的限制？

以上表明，追随施特劳斯会导致一种政治哲学，追随罗尔斯则会导致另一种政治哲学，在它们之间不存在任何共同之处。

---

① ［英］乔纳森·沃尔夫：《政治哲学导论》，王涛、赵荣华、陈任博译，吉林出版集团有限责任公司2009年版，第3—4页。

② 同上书，第4页。

三

我之所以要表明施特劳斯讲的政治哲学和罗尔斯讲的政治哲学是两种不同的政治哲学，是因为它们都已对当今中国政治哲学的建构产生重要影响。[①]

从政治哲学传入我国的情况来看，施特劳斯讲的政治哲学要早于罗尔斯讲的政治哲学。早在1985年由商务印书馆翻译出版的詹姆斯·A. 古尔德和文森特·V. 瑟斯比主编的《现代政治思想》一书中，施特劳斯的论文《什么是政治哲学》就出现其中。相比之下，罗尔斯的《正义论》虽然在1988年就已被译成中文出版，但他对政治哲学做了较为集中论述的《作为公平的正义》却是直到2002年才被译成中文出版。不过，就对我国学者的实际影响来看，施特劳斯讲的政治哲学和罗尔斯讲的政治哲学却难分上下，因为只要检索一下近十来年涉及何为政治哲学的论著就可发现，一部分学者对这一问题的理解是基于施特劳斯的论述，一部分学者对这一问题的理解是基于罗尔斯的论述，还有一部分学者对这一问题的理解是基于对他们二者论述的综合。这里需要指出的是，其中不少学者对自己理解的政治哲学是基于施特劳斯的论述还是基于罗尔斯的论述缺乏自觉的意识，因而常常出现争论的双方虽然都在谈政治哲学，但所谈的政治哲学却只是他们各自理解的政治哲学的情况。

在我看来，如果仅从纯学术的意义上讲，对于何为政治哲学，人们基于各自的理由可以有不同的理解，因而很难说谁的理解是正确的，谁的理解是错误的。然而，当人们探讨政治哲学在当今中国的建构时，此时他们对何为政治哲学的理解，无疑含有他们理解的政治哲学是当今中国应建构的政治哲学的意思，说得更直白一点，他们实际上是将其理解的政治哲学视为当今中国应建构的那种政治哲学。前边表明，我国学者对何为政治哲学的理解主要有两种，一种理解是基于施特劳斯的论述，另一种理解是基于罗尔斯的论述，而这就引出了一个我们现在已经面临而且必须予以回答

① 就政治哲学在当代英美的发展而言，施特劳斯讲的政治哲学同罗尔斯讲的政治哲学相比其影响要小得多。但就政治哲学在中国的发展来看，这两种政治哲学的影响却难分伯仲，甚至从某种意义上讲，前者的影响似乎更大。导致这种情况的原因是什么？这是一个复杂的问题，对此我将另写论文专门论述。

的问题：我国的政治哲学建构应追随施特劳斯还是应追随罗尔斯?[①] 在对这个问题做出回答之前，让我们先来看看一种政治哲学之所以会出现和流行的原因。

仔细考察一下可以发现，任何一种政治哲学的出现和流行，都与其创立者对所在社会面临的重大现实问题的正确把握密切相关。在谈到罗尔斯的《正义论》之所以是一本伟大的著作时，世界著名左翼政治哲学家、牛津大学教授 G. A. 科恩讲了这样一段话："在造就《正义论》的伟大以及罗尔斯的全部成就中——如果同意我这样说的话，就如同黑格尔所做的那样——约翰·罗尔斯在思想上抓住了他的时代，或者更准确地说，抓住了他的时代中一个重大的现实问题。"[②] 对于政治哲学与重大现实问题的关系，加拿大著名政治哲学家威尔·金里卡明确指出："所有的政治哲学家一定是在现代社会的特殊需求、愿望和复杂的现实背景下对付一些共同的难题。理论家们就如何阐述这些难题和现实存有分歧，但如果不留意他们面对的共同问题，我们就将误解这些不同理论的意义与目的。"[③] 就施特劳斯和罗尔斯而言，前者认为当代西方社会存在的重大现实问题是因现代性而引发的"文明的危机"，这种危机源自现代政治哲学对古典政治哲学的反叛，因此，他力主复兴以追求善为宗旨的"古典政治哲学"；后者则认为当代西方社会面临的主要问题是如何保障公民的基本权利与自由，因此，他倡导的现代政治哲学试图提出并论证规定政府应如何运作的准则。如果说任何一种政治哲学的出现和流行都与其创立者所理解的所在社会面临的重大现实问题密切相关，那当今中国社会面临的重大现实问题是什么？可以说，正是由于在这个问题上人们存在不同看法，因而一些人认为在中国建构政治哲学应追随施特劳斯，而另一些人认为应追随罗尔斯。在我看来，与现今世界所有现代国家一样，当今中国社会面临的重大现实问题，也就是罗尔斯讲的如何保障公民的基本权利与自由的问题，尤其是与民主、自由、平等等政治价值直接相关的问题，尽管这些问题因我国国情

① 还有人提出应完全抛开他们而另起炉灶，但我认为这种想法显然是荒谬的，因此，我这里就不涉及这一提议了。

② ［英］G. A. 科恩：《拯救正义与平等》，陈伟译，复旦大学出版社 2014 年版，第 10 页。

③ ［加］威尔·金里卡：《当代政治哲学》，刘莘译，上海三联书店 2004 年版，第 4—5 页。

的不同而具有特殊性。[①] 这一点不但可以从我国广大人民群众的普遍呼声得到证明，而且还可从党和政府将“民主、自由、平等”列入社会主义核心价值观得到佐证。如果说当今中国社会面临的重大现实问题是如何保障公民的基本权利与自由的问题，那就政治哲学在我国的建构而言，我们就不应追随施特劳斯而应追随罗尔斯。[②]

这里需要强调指出，我这里讲的追随罗尔斯只是就其讲的政治哲学的问题框架而言。从施特劳斯讲的政治哲学与罗尔斯讲的政治哲学可以看出，它们之间的最主要的区别在于因研究对象不同而形成的不同的问题框架。施特劳斯讲的政治哲学以探求好的生活或好的社会的知识，即善的知识为目的，因而，它所涉及的问题都是有关“善”的问题，说的具体一点，都是有关理性与信念的关系、真理与信仰的关系、道德法则与统治技艺的关系、好公民与好人的关系、哲学家与立法者的关系等问题。罗尔斯讲的政治哲学以探求政府制度和政策的正当性为目的，因而，它所涉及的问题都是与国家存在、民主制度、公民权利、分配政策的正当性相关的问题。在同一问题框架下，人们对所涉及问题的回答却往往是不同的。以追随施特劳斯的斯密什的《政治哲学》为例，虽然它涉及的问题都与“善”相关，但它对何为“善”却给出了种种不同的理解，既有柏拉图的理解，也有亚里士多德的理解，既有马基雅维利的理解，也有施特劳斯的理解。再以追随罗尔斯的沃尔夫的《政治哲学导论》为例，它虽然涉及的都是与规定政府应如何运作的准则相关的问题，但它也同样给出了不同流派对这些问题的不同理解，如以罗尔斯为代表的左翼自由主义的理解、以诺齐克为代表的右翼自由至上主义的理解，和以科恩等人为代表的社会主义的理解。由此可以认为，政治哲学在我国的建构虽然应追随罗尔斯讲的政治哲学，但由此却得不出我们在民主、自由与平等的问题上都应赞同罗尔斯的观点的结论。进而言之，我们应从当今中国社会面临的重大现实问题的特殊性出发，对这些问题给出基于我们自己价值判断的创新性的回答。

我国政治哲学的建构不可能也不必要无视西方现代政治哲学的发展，因此，我们总会面临如何批判地汲取西方学术界已取得的积极成果的问

---

① 以平等问题为例，当今中国存在的不平等情况比西方发达国家要复杂得多，因为前者还存在后者已基本消灭的因社会地位导致的对机会平等的限制，如城乡二元户口的问题。

② 对于为什么不应追随施特劳斯而应追随罗尔斯，这里给出的理由只是最主要的，其他的理由我将另写论文做进一步的阐述。

题。当然，人们对于汲取什么，批判什么会有种种不同的看法，甚至会出现激烈的争论。在我看来，这是极为正常的情况。不过，需要强调指出的是，人们的争论都应基于理性，基于说理，而不能基于其他因素。因为政治哲学的力量只在于说服人，正像马克思所说的："理论只要说服人，就能掌握群众；而理论只要彻底，就能说服人。"① 我相信，只有大家都认同这一点，政治哲学在我国的建构就一定能得到顺利的发展，就一定能取得积极的成果。

［原载《四川大学学报》（哲学社会科学版）2015 年第 5 期］

① 马克思：《〈黑格尔法哲学批判〉导言》，《马克思恩格斯文集》第 1 卷，人民出版社 2009 年版，第 11 页。

政治哲学的使命及其当下意义*

孙晓春**

自20世纪70年代罗尔斯（John Rawls）的《正义论》出版以来，曾经一度沉寂的政治哲学重新恢复了生气。诸如社会正义、平等、权利等政治哲学话题，重又成为人们讨论的焦点，有关政治哲学的研究成果不胜枚举，政治哲学研究呈现出前所未有的繁荣景象。但同时我们也看到，有关政治哲学的一些基本问题却在有意无意间被人们忽略了，如，政治哲学的学科属性如何，它与通常所说的“以整个世界为对象，提供客观世界运动和发展的普遍规律”的哲学关系如何；政治哲学与现实生活中的政治是什么关系；在当前政治学通常被理解为政治科学的情况下，政治哲学存在的价值、承担的使命是什么。这些问题关系到我们对政治哲学这一研究领域的整体把握。本文试图就上述问题提出自己的看法，以就教于读者。

一　以价值判断为核心的政治哲学

我们通常所说的政治学，实际上可以分为政治哲学与政治科学两个研究领域。虽然二者有着共同的研究对象，但研究方法与研究主旨却明显不同。英国学者乔纳森·沃尔夫（Jonathan Wolff）在论及政治哲学与政治科学的差别时说：“一般说来，从事描述性政治研究的是政治科学家、社会科学家和历史学家，例如，有些政治科学家提的问题是关于某个特定社会里利益（goods）的实际分配状况。在美国谁拥有财富？在德国谁掌握着权

* 本文系国家社会科学基金重点项目“中国传统政治思想现代转型的价值重构研究”（项目号：14AZ005）的阶段性成果。

** 孙晓春：南开大学周恩来政府管理学院教授。

力？像我们这样的研究政治哲学的人当然也有充分的理由对这样的问题感兴趣，但是他或她更关心的是其他一些问题：利益的分配应该遵循什么样的规则和原则？政治哲学家探询的不是‘财产是怎样分配的’，而是‘怎样分配财产才是正义的或公平的’；‘不是人们享有哪些权利和自由’，而是‘人们应该享有哪些权利和自由’；一个社会应当用什么理想的标准或规范来指导利益的分配？”① 就政治哲学与政治科学的差别而言，沃尔夫的这一理解是准确的。换言之，政治哲学区别于政治科学的关键点，即在于政治科学是实证的和描述性的，其任务是要说明现实生活中的政治是什么（to be），而政治哲学则是有关社会政治生活的应然性判断，在政治哲学领域里，所有讨论都围绕“我们应该（ought to be）有什么样的社会政治生活”展开的。人们在政治哲学层面上对社会政治生活的思考，无非是要说明什么样的政治生活才是应该的或有价值的。

作为理性的存在者，我们实际上生活在两个世界里。一个是现实的世界，一个是观念的世界。一方面，我们赖以生存的资源无不取自现实的社会；另一方面，我们在拥有现实生活的同时，又常常认为现实的社会生活在许多方面不尽如人意，于是，我们在观念的世界里追求着更加完美的社会生活。

自人类有能力对社会政治生活进行反省时起，应该有什么样的政治生活就成为东西方思想家共同关心的主题。在科学方法尚未进入思想文化领域时，思想家大都用哲学方式来理解社会政治生活，从而对“应该”的社会政治生活做出判断。所谓哲学的方式，就是以一个概念作为假定的前提，从概念的定义入手，通过缜密的逻辑推理而形成结论性的观点。例如，古希腊的柏拉图便从正义的概念入手，以此为出发点，进一步说明了什么样的人是符合正义的，正义的人应该生活在什么样的城邦里，符合正义的城邦应该有什么样的政治这一系列的问题；中国春秋战国时期的思想家则把人性的善恶作为假定的前提，系统地阐述了礼治、仁政、法治的思想主张。可以说，古往今来人们共同追求的优良社会生活，起初主要是思想家用哲学的方式在自己的观念世界里构建起来的。

这里，首先需要说明的是政治哲学与人们通常所说的一般意义的“哲

---

① ［英］乔纳森·沃尔夫：《政治哲学导论》，王涛等译，吉林出版集团有限责任公司2009年版，第3页。

学”的关系问题。关于政治哲学的学科属性，近几十年来，一个十分流行的观点是把政治哲学看作哲学的一个分支。如新版《不列颠百科全书》便认为，政治哲学是“在最抽象的层次上研究政治主张的概念和进行论证的哲学分支”[①]。英国学者杰弗里·托马斯（Geoffrey Thomas）在《政治哲学导论》一书中也说，“哲学家一般同意，形而上学、认识论、心智哲学和语言哲学处于哲学的心脏地带，这是因为所有其他哲学分支所提的假设恰恰都落在这些领域之内”，同时，他把政治哲学、伦理学、科学哲学、宗教哲学、历史哲学等罗列为哲学“心脏地带”以外的分支学科[②]。上述说法虽然不无道理，但却忽略了一个十分重要的事实，那就是，自哲学产生时起，社会生活的正当性便是思想家所关心的首要问题。即使是前苏格拉底时期的自然哲学家在对世界的本原进行追问的时候，其主观目的也不仅仅是要说明他们所生活的世界是精神的还是物质的。例如，七贤之一的泰利士（Thales）认为“万物源于水”，诚如黑格尔所指出的那样，泰利士的哲学还有另一层含义，即“水是原则”，而且，“‘水是原则’这句话，是泰利士的全部哲学”[③]。如果黑格尔的说法不误，泰利士之所以探求世界的本原，是因为在他看来世界的本原就是人类社会生活的法则，只有遵循这个法则，人们的社会生活才算得是正当的。在这一意义上可以说，哲学，自其产生之日起，政治哲学或者道德哲学就处于它的核心地带。

那种把形而上学、认识论、心智哲学和语言哲学看作哲学的核心的观点，或许是基于近代以来哲学的“认识论转向”和“语言转向”而形成的认识[④]。事实上，近代以来的哲学家所以反思人们认识世界的方式，有一个重要的前提，即当人们认识到普遍的道德法则不是上帝意志的体现，而是人类理性思维的结果时，人们获得道德真理的方式是否可靠，便成为政治哲学或者道德哲学必须证成的问题。出于同样的道理，现代哲学对于表达媒介——语言的关注，也有其道德哲学或政治哲学的意义。

以价值判断为核心的政治哲学，实际上就是关于社会政治生活的“形

---

① *The New Encyclopaedia Britannica*, Chicago: Encyclo-paedia Britannica, Vol. 9, 1985, p. 564.

② ［英］杰弗里·托马斯：《政治哲学导论》，顾肃、刘雪梅译，中国人民大学出版社 2006 年版，第 28 页。

③ ［德］黑格尔：《哲学史讲演录》第一卷，贺麟、王太庆译，商务印书馆 1996 年版，第 186 页。

④ 关于哲学的认识论转向和语言转向，孙正聿在《哲学通论》（辽宁人民出版社 1998 年版）一书中有过较为详尽的阐述，这里不复赘述。详细内容请参见该书第一章《哲学的自我理解》。

而上学”，它体现的是人们对于普遍必然性的关注。这里所说的“形而上学”，并不是通常所说的用僵化的、静止的、片面的观点认识世界的方法，而是亚里士多德所说的那种试图在变动不居的世界中寻求“本因”和“普遍”的“科学”。历史上那些用这种“形而上学”的观点理解世界的人们，并不是看不到客观事物的变化，但他们关注的不是“变化”本身，而是事物变化的原因，也就是要在最一般的层次上说明事物变化的原因。同样的，政治哲学实际上也就是在最抽象的水平上理解社会政治生活的学科。

在最抽象的水平上理解世界和我们的社会生活，是人类特有的思维品质。人类是这个世界上唯一能够用自己的理性认识、把握世界的存在者，如亚里士多德所说，人类“凭技术和理智而生活”①。我们所生活的世界是由许许多多具体事物构成的，这些事物或许没有发生事实上的联系，但是，我们却有能力在这些具体事物之间建立起逻辑的关系，于是，在我们的观念中，世界成为一个有机联系的整体。虽然我们之中的任何个人都不可能把世界上所有事物都观察到，但我们认为，只要我们把握了客观事物的普遍本质，我们也就把握了整个世界。

同样地，如果把我们全部的社会生活看作一个过程，构成这一过程的也是许多偶然的事件。在我们看来，尽管社会生活无可避免地存在着不确定性，但全部社会生活却是循着某种必然性运行的。只要把握了这种必然性，我们就能拥有高质量的社会生活。从很早的时候起，把握“普遍的必然性”便成为思想家的自觉意识，这在中国古代的老子那里就是“道”，在宋代理学家那里就是“天理”，在古希腊哲学家那里就是“逻各斯”(logos)，在近代哲学家那里就是“自然法”或“绝对命令”，在现今的学术话语中就是不以人的意志为转移的客观规律。只要理解和把握了客观规律，便有可能自觉地顺应客观规律，只有顺应了客观规律，优良的社会生活才是可能的。

政治哲学是关于社会政治生活的伦理学。人类社会与其他动物群体重要的不同之处，就是以道德规范来约束自己的群体生活。如果说优良的社会生活就是某种意义上“对”（right）的生活，那么，这种“对”的生活应该在道德上是正当的。而政治哲学所关注的恰恰是社会政治生活的道德

① ［古希腊］亚里士多德：《形而上学》，吴寿彭译，商务印书馆1996年版，第1页。

层面。英国学者亚当·斯威夫特（Adam Swift）说："政治哲学家询问国家是如何运作的，什么样的道德原则应该主导国家对待其公民的方式，国家应该建立什么样的社会秩序。正如这些'应该'所暗示的，政治哲学是道德哲学的分支，它对正当性感兴趣，对国家应该或者不应该做什么感兴趣。"① 斯威夫特把政治哲学理解为道德哲学分支的说法似有商讨的余地，但从道德的层面来理解政治哲学无疑是正确的。

自近代政治学与伦理学相分离成为一门独立的学科以来，国内外学术界有一些学者乐于用非道德的观点理解社会政治生活。如印度学者沙尔马（R. P. Sharma）在《西方政治思想：从柏拉图到格老秀斯》一书中引述马克塞伊（Maxey）的话说："国家不知道伦理，它所做的一切既不是伦理的，也不是非伦理的，而是其中完全没有伦理。所谓的对错不过是中性的，国家所做的一切不可能是道德意义上的正确，因为它并不是道德的存在；同样也可以说，国家所做的一切都不是道德意义上的对错。在国家管理领域以及政府事务中，只有一个判断行动本质的标准，那就是结果。如果结果是好的，行动就不能说是错的，也不能说它是必然正确的，可靠的做法只能说它是适宜的。如果结果是不好的，就应该说行动是不适宜的。"② 这一说法是不可接受的。

无论对国家的本质和职能做何种理解，都必须承认一个事实，那就是，在现代社会，国家的一个重要的职能是通过调节社会分配来维护基本的社会公正。我们所生活的社会，是由目标、利益各异的人们组成的群体，在通常情况下，参与社会生活的每一个人都希望在社会分配中获得更多的份额，这就使得利益矛盾或者冲突成为社会生活的基本背景。为了使社会生活能够正常地继续下去，作为政治结构意义上的"国家"，必须承担起维护社会公正的责任。

马克塞伊所说的"国家行动"，系指国家通过一系列的政治经济政策治理社会的过程，在某种意义上也可以说是调节社会分配的过程。如果说在"国家行动"发生之前，有一个既定的分配状态，而"国家行动"的结果必然是原有分配状态的改变；那么，使哪些人的所得份额增加，哪些人

---

① ［美］亚当·斯威夫特：《政治哲学导论》，佘江涛译，江苏人民出版社 2008 年版，第 5 页。

② R. P. Sharma, *Western Political Thought*: *Plato to Hugo Grotius*, New Delhi: Sterling Publishers Private Ltd., 1984, p. 207.

的所得份额减少，就应该给出可靠的理由。而唯一能够为人们所接受的理由，只能是道德意义上的公正。事实上，“国家行动”永远无法摆脱道德对错的判断。政治哲学家关注社会政治生活的道德层面，他们所寻求的就是用于判断社会政治生活是否正当的道德尺度。

二　政治哲学与现实生活中的政治

关于政治哲学与现实政治之间的关系，有学者认为：“政治哲学思考的进路不是政治事实，而是政治价值……但是，需要指出的是，政治哲学不向实际的政治生活具体负责，政治哲学的理论规范与现实的政治生活并不具有一一对应关系。这是政治哲学的一个特点。”① 这一说法对于理解政治哲学与现实政治之间的关系显然是有益的。不过，需要澄清的是，虽然政治哲学的任务不是对现实生活中的政治做出解释性的说明，但并不意味着政治哲学不向实际的政治生活负责。作为规范理论研究，政治哲学之所以有意义，是因为它与现实的政治生活密切相关，政治哲学的价值就在于它在更深刻的层面上对现实政治负责。

首先，政治哲学承担着对现实政治生活进行合理论证的责任。如前文所说，作为有关社会政治生活的“形而上学”，政治哲学是在抽象的层面上对“应该”的社会生活做出判断，因此，政治哲学并不承担特定历史条件下的国家形态和政治制度的论证任务。对于这一点，罗尔斯在《正义论》中说得十分清楚：他阐释一种正义观的目的，就是要把洛克、卢梭以来的契约论传统上升到更抽象的水平，他没有把“原初契约”设想为“进入一种特殊社会或建立一种特殊政体的契约”②。也就是说，高度抽象的正义理论，没有为特定的社会制度进行论证的责任，所谓政治哲学“不向实际的政治生活负责”在这一意义上是成立的。但是，如果我们把“现实政治”从具体的历史条件下分离出来，把它理解为一般性的概念，这个概念代表的是人类群体生活的一部分，那么，政治哲学便有着无可推卸的为之论证的责任。

人类千百年来积累下来的有关社会政治生活的全部知识，都依赖于一

① 任剑涛：《政治哲学讲演录》，广西师范大学出版社2008年版，第21页。

② ［美］约翰·罗尔斯：《正义论》，何怀宏等译，中国社会科学出版社1988年版，第9页。

个基本前提：无政府状态不符合我们每个人的利益，国家或者政府是人类社会群体生活中无可替代的必需品。如果说国家是必要的公共设施，那么，无论我们用什么观点解释了国家，是把国家视为必要的恶，还是公共的善，抑或是阶级矛盾不可调和的产物，归根结底，我们要为国家的存在给出一个理由。这个任务只能由政治哲学来完成。在东西方的政治思想史上，我们能够看到各种各样的国家学说，在政治哲学的层面上，这些思想学说都在回答一些共同的问题：我们为什么应该有国家？国家应该如何行使它的权力，应该如何对待它的国民？在有国家的状态下我们应该有什么样的政治生活？

关于政治哲学是否以有国家的生活状态为起点，还有另一种观点。如罗伯特·诺齐克（Robert Nozick）说："政治哲学的基本问题是：任何国家是否应该存在。为什么不是无政府呢？如果无政府主义的理论是有道理的，从而意味着对政治哲学的整个主题釜底抽薪，那么，从检验作为一种理论选择的无政府主义来开始政治哲学就是非常合适的。"① 诺齐克不是一个无政府主义者，但他所主张的"最低限度的国家"却是自由主义思想链条中距离无政府主义最近的。他这段话很容易使人产生一种误解，以为政治哲学的基本问题是无政府还是有政府的问题。实际上，政治哲学的基本问题不是讨论"应不应该有国家"，而是"应该有什么样的国家"。政治哲学的任务是为国家提供充分的理论支持，而不是论证国家是否应该存在。

其次，政治哲学的一个重要任务是向社会输出价值观念。政治哲学，也有人称为公共哲学，是社会意识形态的核心结构。社会大众普遍接受的关于政治生活的价值理念，归根结底是从政治哲学领域获得的，因为价值观念都是思想家理性思维的产品。人类社会生活一方面是合规律的生活；另一方面则是合目的的生活。在古代社会，人们曾天真地认为社会生活的目的是由诸神、上帝或者有灵性的"天"为人们规定的，直至近代思想家才弄清楚，我们的生活目的是人们自己为自己规定的。我们接受了什么样的价值观念，也就为自己规定了什么样的生活目的。在这一意义上，政治哲学研究是向社会输出价值观念的过程，也就是为整个社会明确生活目的

---

① ［美］罗伯特·诺齐克：《无政府、国家和乌托邦》，姚大志译，中国社会科学出版社2008年版，第3页。

的过程。

在东西方政治思想史上，凡是对社会政治生活有过深远影响的思想学说，都含有思想家对理想的社会生活的构想，这些构想是思想家对社会政治生活的先行设计。由于有了思想家的理论设计，现实社会也就获得了基本的制度理念，于是，也就有了现实的制度安排。在世界各民族的历史上，我们可以看到各种各样的社会制度，每一种社会制度都有特定的价值观念提供理论支持。在这一意义上说，政治哲学虽然不承担对具体的政治经济制度的解释责任，但是，它却在根本上规定了每一个国家政治经济制度的基本精神，规范着社会政治生活的运行方向。

从政治哲学领域输出的价值观念，在根本上决定着现实政治生活的质量。一个社会里流行的政治哲学，或公共哲学，不仅代表着这个社会普遍的道德指向，而且也体现着人们对于诸如平等、社会公正等一系列问题的理解能力和水平，这恰恰是决定社会政治生活质量的要素。可以断言，一个社会的政治生活质量在很大程度上取决于这个社会流行的公共哲学。近几十年来，我们国家的社会生活中最有标志意义的事情，就是党的十一届三中全会提出，要“把全党工作的着重点和全国人民的注意力转移到社会主义现代化建设上来”[①]，从而使我们国家的政治生活逐渐走上了正常的轨道。其实，党的十一届三中全会的意义，不仅仅在于它意味着“十年动乱”的结束，更重要的是，它宣告了“以阶级斗争为纲”的“斗争哲学”的终结。正是从党的十一届三中全会以后，我们的社会成员中不再有一部分人被假定为“阶级敌人”，也不再有人因为“家庭出身”之类的原因而受到歧视性对待。党的十一届三中全会的真实意义在于观念上的拨乱反正。

最后，政治哲学的另一项重要任务就是建构现实政治生活的评价标准。柏拉图在论及其讨论正义问题的目的时说：“我们当初研究最理想的正义本身的性质时，我们想要一个正义的样板”，从而据此认识现实生活中的正义和不正义[②]。柏拉图这句话道出了十分重要的一点：政治哲学的基本取向是建立一个有关现实政治生活的评价标准，并据此来说明现实政

① 引自中国共产党历次代表大会数据库，中国共产党新闻网。

② ［古希腊］柏拉图：《理想国》，载《柏拉图全集》第二卷，王晓朝译，人民出版社 2003 年版，第 460 页。

治的优劣良否。其实，思想家所认识和把握到的“普遍必然性”，在他们的观念中，就是人类社会政治生活必须遵循的普遍法则，这个法则也就是有关现实政治的评价标准。

在政治哲学领域里建立起来的政治评价标准，是独立于现实政治过程之外的标准。世界上没有什么事物可以用自己来说明自己，现实生活中的政治也是如此。对于生活在特定历史条件下的人们来说，如果想要知道现实的政治生活在怎样的程度上是优良的，他们只能在现实的政治过程之外去寻求一个客观的尺度。这一尺度，只能在人们理性反思的过程中建立起来。

中国政治思想史上曾有一桩公案，即南宋时期朱熹与陈亮之间关于王霸问题的论辩。所谓王道，是指符合道义原则的政治，而霸道大约相当于我们今天所说的强权政治。在倡导王道、反对霸道这一点上，朱陈二人没有什么分歧，但对判别王霸的标准有着各自的理解。朱熹认为：“尝谓天理、人欲二字，不必求之于古今王霸之迹，但反之于吾心义利邪正之间，察之愈密则其见之愈明，持之愈严则其发之愈勇。”[①] 对朱熹这段话，陈亮则讽之为“诸儒自处者曰义曰王，汉唐做得成者曰利曰霸”[②]。简单地说，朱熹认为判断好与不好的政治标准，不应该是以往历代王朝的事功成败，而应该是人们在主观上认同的原则，而陈亮的主张恰好相反，他认为判别王霸的标准应该是古今帝王的事功，而不应该由诸儒根据自己的偏好来确定。在以往的思想史研究中，许多人认为陈亮是主张实功实利，而朱熹则是空谈义理，这是一个不小的误会。

如果说“不求之于古今王霸之迹，但反之于吾心义利邪正之间”是很有主观性的说法，那么，陈亮以古今帝王的事功来判别王霸，也同样是思想家的主观选择。从表面上看，陈亮的主张更有符合历史实际的意味，但把古今帝王的功业作为政治评价标准却有其内在的理论风险，如时人所说，“功到成处，便是有德，事到济处，便是有理”[③]，其逻辑结果必然是成者王侯败者寇。两相对照，朱熹的主张显然更富于思想家的理性精神。

在政治哲学的视野里，社会政治生活是否优良在根本上只能用道德意

---

① 朱熹：《寄陈同甫书六》，载《陈亮集》卷二十八附，下册，中华书局 1987 年版，第 360 页。

② 陈亮：《又甲辰秋书》，载《陈亮集》卷二十八，下册，中华书局 1987 年版，第 340 页。

③ 陈傅良：《致陈同甫书》，载《陈亮集》卷二十九附，中华书局 1987 年版，第 393 页。

义上的对错来说明。近代以来的政治哲学家，无论是以边沁（Jeremy Bentham）和约翰·密尔（John S. Mill）为代表的功利主义思想家，还是以康德（Immanuel Kant）为代表的义务论思想家，都把道德上的对错看作最重要的评价标准，即使是把“功利或最大幸福原则”当作道德信条的功利主义思想家，所关注的也是国家应该如何增进社会大众幸福的问题[①]，这在根本上还是道德问题。也就是说，社会政治生活的正当性，人们在社会政治生活中的行为对错，只能通过道德的尺度来说明。

当然，现实的政治过程并不是孤立存在的，它影响我们社会生活的方方面面，因此，有关现实政治的评价标准也应该是多元的，例如经济增长的快慢、人均收入的高低、贫富差距的大小等，都是衡量社会生活质量的指标，在任何时候都没有理由否认这些指标的重要意义。但是，从政治哲学的视角来看，所有这些都是现实的政治过程带来的社会效果，其在道德意义上的正当性同样不是自明的，也仍然需要理性的验证。

三　政治哲学在现代政治学研究中的意义

20 世纪是崇尚科学的时代，我们今天所拥有的全部物质生活条件，无不源于现代科学技术的发展与进步。德国哲学家卡西尔（Ernst Cassirer）说：“科学是人的智力发展中的最后一步，并且可以被看成人类文化最高最独特的成就。它是一种只有在特殊条件下才能得到发展的非常晚而又非常精致的成果”，近现代科学之于人类社会生活的意义，在于它给予我们对“永恒世界的信念”，“在变动不居的宇宙中，科学思想确立了支撑点”[②]。近代科学建立了一套不同于以往的描述和理解客观世界的概念体系，对客观世界做了更加精致的描述，使我们对客观事物之间关系的理解更加可靠，也使得人类能够更加准确地把握客观世界的规律。

科学不仅使我们在真正的意义上认识了我们生活于其中的物质世界，而且，科学实证的观念与科学方法的广为流行，也使我们更加真实地理解了社会政治生活。特别是 20 世纪四五十年代以来，自然科学领域里的某些理论与方法，如系统论、控制论、行为主义等，被引入政治学的研究领

① 参见［英］约翰·密尔《功利主义》，徐大建译，商务印书馆 2014 年版，第 8 页。
② ［德］卡西尔：《人论》，甘阳译，上海译文出版社 1985 年版，第 263 页。

域，人们对于个体的政治行动以及公共政治过程的描述和解析更为透彻，对于社会政治生活中各种因素之间的因果联系的认识也更为真实。政治学（political science）之所以能够成为一个独立的学科，在根本上受赐于科学的发展。

不过，当人们日益习惯于用科学的方式审视社会生活的时候，也有人因此而产生了某种错觉，他们以为，人们在社会生活中所面对的所有问题，包括道德问题与人生问题，都是可以用科学实证的方法来解决的。这种误会至少在笛卡儿的时代便已经出现了。例如，笛卡儿认为："当一切知识都成为科学知识之日，就是一切人生问题（包括伦理道德问题）都得到解答之时。"① 到了20世纪五六十年代，行为主义政治学的代表人物戴维·伊斯顿（David Easton）甚至断言，政治理论、政治哲学已经没有存在的价值②。事实上，欧美许多大学的政治学系也不设政治哲学这门课，这门课很多是在哲学或宗教专业里开设的。那么，在政治学被认为是一门科学的学术背景下，政治哲学的使命是否已经终结，规范研究是否还有意义，是很值得讨论的话题。笔者认为，现今政治哲学的使命远未终结。因为，人类对优良的社会生活的追求没有改变，这在客观上决定了以价值判断为核心的政治哲学研究的必要性。

优良的社会生活是古往今来人们的共同追求，不过，由于社会历史环境、思维方式以及人们认识能力的差异，不同时代的人对于优良的社会生活有着不同的理解。如果在更抽象的水平上看，我们便不难发现，历史上大多数思想家对优良社会生活的构想有着共同的特征，那就是，优良的社会生活应该与普遍道德法则相适应。在希腊哲学家那里，优良的社会生活就是符合正义的城邦和符合正义的政治，在中国古代春秋战国时期的儒家那里，就是符合道义的政治过程和政治秩序。可以说，社会正义是全部政治哲学史上一以贯之的思想主题，这一主题体现的是人类的普遍道德诉求。我们有理由假定，现实生活中的每一个人，无论其生活在什么样的社会位置上，无论其贫穷还是富有，都希望获得公平的对待，与此相应，他也希望公平地对待别人。公平正义是人类不可放弃的道德承诺。于是，什

① 这一观点是江天骥先生对笛卡儿的哲学进行概括时总结出来的，参见江天骥《科学主义和人本主义的关系问题》，《哲学研究》1996年第11期。

② 关于这一点，任剑涛在《政治哲学讲演录》一书中有较为详细的叙述，参见该书第32页。

么样的社会是正义的社会成为每个时代人们必须回答的问题。

与物质文明的历史一样，思想、观念发展进化的历史也是一个过程。由于历史环境和认识能力的限制，每一时代的政治哲学所反映的只能是那个时代的反思水平，当生活在特定历史条件下的人们在思考“什么是真正优良的社会生活”这一主题的时候，人们给出的答案都不可避免地带有时代的印记。古希腊思想家曾经把符合正义的城邦作为自己的政治理想，他们也曾认识到了自由的可贵，可是却不知道自由不仅应该属于希腊人，也应该适用于非希腊人。于是，奴隶制便成了雅典民主政治的伴生物。传统儒家曾经构想了一个“天下为公”的大同社会，可是，他们的认识能力所及的只能是“君君、臣臣、父父、子子”的伦理规则，直到明末清初，中国思想家所能想到的最好的政治制度也还是以“圣王明君”为特征的开明专制。显然，以往思想家所构想的理想社会并不符合我们的价值观。因此，对于以往时代的人们曾经回答过的问题，我们仍然要给出自己的答案，以我们的理性做出逻辑的构想，所以，我们也仍然需要以逻辑推理为基本方法的政治哲学。

毋庸置疑，近代以来政治学的进步主要是在科学方法的推动下实现的。政治科学不依托于任何形而上的理论预设，力求对现实的政治过程做出真实的判断。通过田野调查和统计分析，我们可以确切地知道一个社会财富的占有状况、社会成员之间的贫富差距等。可是，如果没有来自政治哲学的价值判断，没有对社会正义原则、公平分配理念的基本理解，我们就无从知道现实的贫富差距在什么意义上合理的，更无从知道我们应该以什么方式来调节社会分配以及社会成员之间的贫富差距。在现代社会，对于以实证分析为基本方法的政治科学来说，政治哲学是其须臾不可离的学术背景。

在社会科学领域有一种价值中立的说法，这种认识最早发端于大卫·休谟（David Hume），其本意是说，应该把事实描述与应然判断分离开来，不应该从实然的“是”与“不是”推论出“应该”与“不应该”。后来，人们又进一步认为，“价值中立”是社会科学研究的基本原则，每一个人都不应该用自己的价值观念来衡量其他的人和事。这方面的典型实例便是一些政治学家和人类学家有关文化的研究。据一些文化相对论者的说法，每一个民族都有自己的文化，每一种文化都有其自身的价值，不同的文化模式之间是没有优劣之分的，所以，文化研究乃至政治文化研究的任务是对一个民族的文化做出描述，即说明它是什么，而不是做出价值的判断。站在科学实证的立场上，这一观点应该不错，可是，在实际的研究中，却很少有哪一个研究者能够真正做到价值中立。即使是鲁斯·本尼迪克特（Ruth Benedict）的《菊花与刀》这本被认为客观、准确地描述、理解了日本文化的著作，因为是应美国政府之邀所作，其内在的价值取向也是不言而喻的。更何况，我们的政治文化研究还要面对许多极端的特例，如法西斯德国的政治文化，卡扎菲统治时期利比亚的政治文化，如果离开了关于文化的价值判断，只是局限于对这些文化做出事实的描述，着意于说明这些政治文化自身的价值，那么，这种研究又有什么意义？对于政治学研究来说，政治哲学之所以应该存在，就在于它无时无刻不在为政治科学规定着价值前提，如果没有了政治哲学，政治科学研究将会陷入意义的迷失。

（原载《天津社会科学》2016 年第 6 期）